本书是国家社科基金年度项目《"三个倡导"视域下高校思想政治工作机制创新研究》（批准号13BKS080，结题证书号20183455）结题成果。

| 博士生导师学术文库 |
A Library of Academics by
Ph.D. Supervisors

# "三个倡导"视域下
# 高校思想政治工作机制创新研究

刘邦凡 等 著

光明日报出版社

图书在版编目（CIP）数据

"三个倡导"视域下高校思想政治工作机制创新研究 / 刘邦凡等著． -- 北京：光明日报出版社，2021.5
ISBN 978-7-5194-5959-8

Ⅰ.①三… Ⅱ.①刘… Ⅲ.①高等学校—思想政治教育—教学研究—中国 Ⅳ.①D641

中国版本图书馆 CIP 数据核字（2021）第 070766 号

## "三个倡导"视域下高校思想政治工作机制创新研究
"SANGE CHANGDAO" SHIYU XIA GAOXIAO SIXIANG ZHENGZHI GONGZUO JIZHI CHUANGXIN YANJIU

| | |
|---|---|
| 著　　者：刘邦凡 等 | |
| 责任编辑：宋　悦 | 责任校对：傅泉泽 |
| 封面设计：一站出版网 | 责任印制：曹　净 |

出版发行：光明日报出版社
地　　址：北京市西城区永安路 106 号，100050
电　　话：010-63169890（咨询），63131930（邮购）
传　　真：010-63131930
网　　址：http://book.gmw.cn
E - mail：songyue@gmw.cn
法律顾问：北京德恒律师事务所龚柳方律师

印　　刷：三河市华东印刷有限公司
装　　订：三河市华东印刷有限公司

本书如有破损、缺页、装订错误，请与本社联系调换，电话：010-63131930

| | | | |
|---|---|---|---|
| 开　　本：170mm×240mm | | | |
| 字　　数：431 千字 | | 印　　张：24 | |
| 版　　次：2021 年 5 月第 1 版 | | 印　　次：2021 年 5 月第 1 次印刷 | |
| 书　　号：ISBN 978-7-5194-5959-8 | | | |
| 定　　价：99.00 元 | | | |

版权所有　　翻印必究

# 内容简介

第一章题为"社会主义核心价值观的研究与发展"。主要论述了社会主义与价值的关系，并界定了"社会主义价值"概念的内涵与外延。把社会主义在中国的发展界定为四个阶段：发展社会主义模式、和谐社会主义模式、科学发展社会主义模式和新时代中国特色社会主义模式。对社会主义价值研究进行文献梳理，以中国知网收录的文献为样本，大致可以把我国关于社会主义价值的研究分为四个阶段。一是社会主义经济价值研究阶段，这是社会主义价值研究的第一阶段。20世纪50年代，是我国社会主义价值研究第一个高潮期，以社会主义经济价值规律研究为主题。二是社会主义经济价值规律研究阶段，这是社会主义价值研究的第二阶段。20世纪60年代到改革开放前，是社会主义价值研究低潮期，以社会主义经济价值规律为主题。三是社会主义核心价值研究初期阶段，这是社会主义价值研究的第三阶段。改革开放到21世纪前，是社会主义价值研究第二个高潮期，以社会主义经济价值规律研究为主，开始关注社会主义核心价值问题，属于我国社会主义核心价值研究的初期。四是社会主义核心价值观研究阶段，这是社会主义核心价值研究的第四阶段，也是社会主义价值研究第三个高潮期，以社会主义核心价值研究为主题。

第二章题为"我国高校思想政治教育机制创新的理论思考"。第一节论述了"思想政治教育社会化与评价模式"。首先对思想政治教育社会化从理论到实践进行了概括性阐述，尤其是就我国思想政治教育社会化的存在问题进行了辨析，从实践和现实指导方面提出了有效推进我国思想政治教育社会化的对策：整合学校教育、家庭教育、社会教育，充分利用网络和媒体，推动教育形式多样化，重视发挥党和政府的主导作用，完善思想政治教育运行和协调机制。然后对高校思想政治教育的层次分析评价模式进行了阐释，验证了这一模式对评价我国高校思想政治教育教学情况的有效性。第二节阐述了"思想政治教育机制与主体间性转型"。首先对思想政治教育机制进行了论述，认为思想政治教育机制就是由思想政治教育体系元素间的相互作用和它的内部操作程序、方法所形成的一种相对稳定的关系。然后论述了思想政治教育的主体间性引导机制，阐述了这一机制在我国高校思想政治教育教学中具有重要价值和适用性。第三节为"信息时代的思想政治教育机制与转型"。首先认为在信息时代，我国高校思想政治教育必须且应该充分利用信息化平台，建立思想政治教育管理信息平台，推进思想政治教育信息化教育和网络化教学。然后，提出通过网络多媒体平台将传统的情境教育方法与思想政治教育有机结合起来，教师利用网络资源和网络平台，创造模拟生活的情景，从而大大提升教育教学的趣味性和有效性。再次，对大数据的思想政治教育机制创新进行了阐述，认为在大数据时代，我国高校思想政治教育与管理要创新思想政治教育观念，创新思想政治教育工作方法，发展思想政治教育新载体，建设大数据思想政治教育创新团队。最后，基于高校思想政治教育数据挖掘的方法，尝试构建了基于改进k－均值聚类算法的思想政治教育管理平台。

  第三章题为"东北高校思想政治工作机制创新"。分为三节，分别对我国东北三省高校的思想政治教育工作机制进行分析。第四章题为"华北高校思想政治工作机制创新"。分为五节，分别对内蒙古、北京、天津、河北、山西五省（市、自治区）高校的思想政治教育机制情况做了分析与论述。第五章题为"西北高校思想政治工作机制创新"。分为五节，分别对陕西、宁夏、甘肃、青海、新疆五省（自治区）高校思想政治教育机制现状和创新进行分析与阐述。第六章题为"西南高校思想政治工作机制创新"。分为五节，分别对西藏、四川、重庆、云南和贵州五省（市、自治区）高校思想政治教育机制现状和发展对策进行分析和论述。第七章题为"华中高校思想政治工作机制创新"。分为三节，分别对河南、湖南、湖北三省高校的思想政治教育工作机制进行了现状分析和发展展望阐述。第八章题为"华东高校思想政治工作机制创新"。分为六节，分别对山东、江苏、浙江、安徽、上海、江西六省（市）高校思想政治教育工作机制现状进行梳理和分析，并提出相应的推进对策。第九章题为"华南高校思想政治工作机制创新"。分为四节，分别对广东、广西、福建、海南四省（自治区）高校思想政治教育工作机制现状与发展进行论述。

# 前　言

十八大报告提出，倡导富强、民主、文明、和谐，倡导自由、平等、公正、法治，倡导爱国、敬业、诚信、友善，积极培育社会主义核心价值观。这是对社会主义核心价值观的最新概括，第一次明确提出了社会主义核心价值观就是"三个倡导"。十九大报告多次强调："坚持社会主义核心价值体系……培育和践行社会主义核心价值观，不断增强意识形态领域主导权和话语权。""培育和践行社会主义核心价值观。社会主义核心价值观是当代中国精神的集中体现，凝结着全体人民共同的价值追求。要以培养担当民族复兴大任的时代新人为着眼点，强化教育引导、实践养成、制度保障，发挥社会主义核心价值观对国民教育、精神文明创建、精神文化产品创作生产传播的引领作用，把社会主义核心价值观融入社会发展各方面，转化为人们的情感认同和行为习惯。""加强思想道德建设……加强爱国主义、集体主义、社会主义教育，引导人们树立正确的历史观、民族观、国家观、文化观……加强和改进思想政治工作，深化群众性精神文明创建活动。"社会主义核心价值观，是习近平新时代中国特色社会主义思想的重要内容和重要组成部分，针对这一主题的研究，在我国，不仅是哲学社会科学理论界的热点问题，而且是全社会在政治生活中非常关注的焦点问题。从十八大召开以来，针对这一主题的理论研究和会议讨论的文献大量涌现，反映出以"三个倡导"为标识的社会主义核心价值观产生了巨大的理论价值与实践效益。

国内关于高校思想政治教育工作具体问题的研究很多，但从"三个倡导"的视域对高校思想政治教育工作机制问题进行系统性研究还没有展开。回顾以往针对高校思想政治教育工作机制的研究，多数流于宏观层面的分析或对某一问题的微观探讨，存在理论研究不系统、不深入，实践分析不明晰、不具体等情况。目前国内关于高校思想政治教育机制研究的参考资料相对较少，少有"高校思想政治教育工作机制创新研究"的专著或学位论文出版，说明学术界针对这一问题的研究有待深入、深化。

进入信息时代，社会发展和世界形势变化加快，并且随着教育全球化的不断推进，在积极吸纳世界现代文明成果的同时，各种社会思潮以不同形式，通过多种途径，冲击着高校思想政治教育阵地。西方敌对势力加紧对我国"西化""分化"，在文化和思想意识等方面的渗透愈演愈烈，深刻地影响着大学生的世界观、人生观和价值观的形成。高校传统的思想政治教育机制受到挑战，需要在"三个倡导"指导下，积极探索新形势下高校思想政治教育工作的新机制、新活力。

不可否认，传统的思想政治教育工作在过去取得了巨大成就，但国际环境已经发生了非常大的改变。改革开放以来，我国社会经济也发生了翻天覆地的变化，高校的管理体制、规模、结构也发生了空前的巨大变化，这些都使得传统思想政治教育工作机制的内在局限性日益显现出来，其不适应性在现实工作中表现得更为突出。思想政治工作的对象是人，社会在不断地变化，人也在不断地变化。不同的对象在不同的时代，处于不同的地位和不同的环境，其思想意识也不相同。特别是近年来，大学生思想观念变化之快、之大，超过历史任何时期。然而，高校的思想政治教育机制却变化不大，基本保持着传统机制的操作模式，高校学生思想政治教育工作所承担的任务比以往任何时候都繁重、艰难。因此，在"三个倡导"指导下，进一步分析思想政治工作自身的特点和规律，研究高校思想政治教育的机制创新问题，就成了一项十分重要且有战略意义的新课题。

本项目自立项以来，课题组广泛开展调研，对全国上千所高校的思想政治工作情况进行了网络调研，获得了大量第一手材料，在总结整理分析这些材料的基础上，围绕主题，大力开展学术研究和对策分析，发表了该项目的阶段性论文43篇，以此为基础完成了本项目结题成果专著《"三个倡导"视域下高校思想政治工作机制创新研究》。本项目课题组组织召开了多次课题组学术研讨会，课题组成员20多人次参加与本项目有关的学术会议，该项目在研究过程中，严格遵守国家社科基金项目有关管理规定，严格按规定使用经费，严格遵守学术规范。

本项目完成成果主要包括专著《"三个倡导"视域下高校思想政治工作机制创新研究》和阶段性论文43篇。

本项目在研究过程中注重理论探索与实践考察相结合，注重理论演绎与实践归纳相结合，注重书面资料与网络资料综合分析相结合。一方面，我们对31个省（市、区）所在地高校的思想政治教育工作体制机制现状进行了梳理和分析，以"三个倡导"为主语词的社会主义核心价值观为理论指导提出了改进对策，力求为各省（市、区）高校思想政治工作创新提供参考建议；另一方面，我们围绕本项目研究主题，对社会主义核心价值观研究进行了文献梳理和理论概括，在围绕项目主题理论创新方面，对思想政治教育社会化从理论到实践进行了概括性阐述，对思想政治教育机制进行了理论性概括与提炼，对信息时代的思想政治教育机制与转型进行了理论论证和分析。

本项目研究成果的价值主要表现在以下四个方面。

第一，本项目研究应用"三个倡导"去梳理高校思想政治工作机制的系统运行，揭示和再现了我国思想政治教育复杂、生动的现实实践过程，并通过对思想政治教育系统进行动态运行过程的考察，对多因素、多变量的思想政治教育运动过程进行了一种整体、动态的把握，提出了促进优化思想政治教育运行机制和培育社会需要的新型人才的针对性对策，对于指导各省（市、区）高校思想政治工作具有一定现实意义。

第二，本项目研究以社会主义核心价值观去分析高校思想政治教育机制的优化整合功能、能动发展功能和动态育人功能，指出：在管理机制方面，要强化齐抓共管的领导机制，建立公平与效率兼顾的激励机制，创建质量统一的评价机制；在过程机制和约束机制方面，努力实现过程机制与评价机制、培养机制与社会机制的接轨，培养大学生自我教育能力、自我约束能力，通过实践提升社会教化张力；在保障机制方面，物质上保证并加大必要的经费投入，制度上规范思想政治教育工作运行，环境上优化思想政治教育工作氛围。

第三，本项目研究，不仅对我国社会主义价值研究进行了文献整理与分析，而且基于"三个倡导"和我国高校思想政治工作实际及其所面临的社会环境，创新地对思想政治教育社会化与评价模式进行深入阐释，并创新地围绕"思想政治教育机制与主体间性转型"和"信息时代的思想政治教育机制与转型"两大主题展开了深入讨论，这些理论研究对指导思想政治教育工作及其研究都具有启迪作用。

第四，本项目研究成果，包括一部专著和43篇相关论文，在发表的论文中，北大中文核心期刊论文 6 篇、CSSCI 收录期刊论文 5 篇、SCD 收录期刊 40 篇，这些论文共被引用 86 次，平均每篇被引用 2 次，单篇论文被引用最高次数达到 14 次，产生了较大的学术影响力。这些成果对指导我国高校思想政治工作在"三个倡导"下实现体制机制创新具有参考价值。

该书项目的负责人是何太淑，由刘邦凡主持完成了该项目，刘邦凡、粟俊杰、李浩然、李雪莲、贾丽洁、刘冰、赵欧荣、詹国辉、赵兴华、陈妍、张贝、连凯宇、王啸宇、戴苗、段晓宏、肖俏、田秀娟、王力为、张朦、王萌、董聪娜、农云霞、王丽伟等参与研究。该书出版过程中由刘邦凡统稿和修订，岳佳、回晓文、王闻珑和王阔等人参加修订。

限于作者水平，书中必有错漏，敬请读者批评指正。该书在出版过程中，得到出版社编辑同志的精心编辑，在此深表谢意。

# 目 录
## CONTENTS

**第一章 社会主义核心价值观的研究与发展** ………………………… 1
 第一节 社会主义与价值 ……………………………………………… 1
 第二节 社会主义价值研究概览 …………………………………… 20
 本章小结 ……………………………………………………………… 62

**第二章 我国高校思想政治教育机制创新的理论思考** …………… 71
 第一节 思想政治教育社会化与评价模式 ………………………… 71
 第二节 思想政治教育机制与主体间性转型 ……………………… 80
 第三节 信息时代的思想政治教育机制与转型 …………………… 88
 本章小结 …………………………………………………………… 107

**第三章 东北高校思想政治工作机制创新** ………………………… 115
 第一节 黑龙江省高校思想政治工作机制创新 ………………… 115
 第二节 吉林省高校思想政治工作机制创新 …………………… 121
 第三节 辽宁省高校思想政治工作机制创新 …………………… 126
 本章小结 …………………………………………………………… 132

**第四章 华北高校思想政治工作机制创新** ………………………… 135
 第一节 内蒙古自治区高校思想政治工作机制创新 …………… 135
 第二节 北京市高校思想政治工作机制创新 …………………… 141

第三节　天津市高校思想政治工作机制创新 …………… 150
第四节　河北省高校思想政治工作机制创新 …………… 155
第五节　山西省高校思想政治工作机制创新 …………… 171
本章小结 ……………………………………………………… 175

## 第五章　西北高校思想政治工作机制创新 …………… 179

第一节　陕西省高校思想政治工作机制创新 …………… 179
第二节　宁夏回族自治区高校思想政治工作机制创新 … 185
第三节　甘肃省高校思想政治工作机制创新 …………… 191
第四节　青海省高校思想政治工作机制创新 …………… 198
第五节　新疆维吾尔自治区高校思想政治工作机制创新 … 203
本章小结 ……………………………………………………… 209

## 第六章　西南高校思想政治工作机制创新 …………… 212

第一节　西藏自治区高校思想政治工作机制创新 ……… 212
第二节　四川省高校思想政治工作机制创新 …………… 217
第三节　重庆市高校思想政治工作机制创新 …………… 224
第四节　云南省高校思想政治工作机制创新 …………… 231
第五节　贵州省高校思想政治工作机制创新 …………… 236
本章小结 ……………………………………………………… 241

## 第七章　华中高校思想政治工作机制创新 …………… 245

第一节　河南省高校思想政治工作机制创新 …………… 245
第二节　湖南省高校思想政治工作机制创新 …………… 252
第三节　湖北省高校思想政治工作机制创新 …………… 257
本章小结 ……………………………………………………… 263

## 第八章　华东高校思想政治工作机制创新 …………… 265

第一节　山东省高校思想政治工作机制创新 …………… 265
第二节　江苏省高校思想政治工作机制创新 …………… 276
第三节　浙江省高校思想政治工作机制创新 …………… 293
第四节　安徽省高校思想政治工作机制创新 …………… 300
第五节　上海市高校思想政治工作机制创新 …………… 310

第六节　江西省高校思想政治工作机制创新 …………………… 323
　　本章小结 ……………………………………………………………… 327

## 第九章　华南高校思想政治工作机制创新 …………………………… 332
　　第一节　广东省高校思想政治工作机制创新 …………………… 332
　　第二节　广西壮族自治区高校思想政治工作机制创新 ………… 338
　　第三节　福建省高校思想政治工作机制创新 …………………… 345
　　第四节　海南省高校思想政治工作机制创新 …………………… 351
　　本章小结 ……………………………………………………………… 361

# 第一章

# 社会主义核心价值观的研究与发展

## 第一节 社会主义与价值

### 一、什么是社会主义

(一) 社会主义的内涵与外延

研究社会主义有什么价值,就要首先搞清楚"什么是社会主义"和"社会主义是什么"。

关于"什么是社会主义"这个问题,不仅在我国马克思主义经典作家那里有论述,而且各国学术界、理论界也有讨论。

社会主义(socialism)一词最早出现于18世纪中期的意大利,原意指人的社会性。最初,社会主义是一种社会学思潮,主张将整个社会应作为整体,由社会拥有和控制产品、资本、土地、资产等资源,而这些资源的管理和分配都要基于公众利益。18世纪20年代,空想社会主义者欧文使用"社会主义"一词来表示一种克服资本主义制度弊病和矛盾的新型社会制度。19世纪30至40年代,"社会主义"的概念在西欧广为流传,发展出不同分支。19世纪中叶,国际工人运动由于欧洲形形色色的社会思潮影响和批判资本主义社会弊端的社会主义学说表现出空想性质而陷入迷茫,马克思、恩格斯在唯物史观和剩余价值两大发现的基础上创立了科学社会主义,并为区别于其他社会主义学说而将之称为"共产主义"。在马克思、恩格斯那里,共产主义与社会主义是通用的。在《共产党宣言》中,马克思、恩格斯将未来社会,即共产主义社会描述为"自由人的联合体""代替那存在着阶级和阶级对立的资产阶级旧社会的,将是这样一个联合体,在那里,每个人的自由发展是一切人的自由发展的条件"①。马克思、恩格斯的"自由人的联合体"阐述了社会主义的理想目标和一般本质。社会主义社会不是一成不变的东西,而是"经常变化和改革的社会"②。

这个问题,首先由马克思在《资本论》中做了精辟的阐述。他指出:在这个"自由人的联合体"中,人们"用公共的生产资料进行劳动,并且自觉地把他们许多个人劳动力当作一个社会劳动力来使用。在那里,鲁滨孙的劳动的一切规定又重演了……这个联合体的总产品是社会的产品。这些产品的一部分重新用作生产资料。这一部分依旧是社会的,而另一部分则作为生活资料由联合体成员消费。因此,这一部分要在他们之间进行分配。这种分配的方式会随着社会生产机体本身的特殊方式和随着生产者的相应的历史发展程度而改变。仅仅为了同商品生产进行对比,我们假定,每个生产者在生活资料中得到的份额是由他的劳动时间决定的。这样,劳动时间就会起双重作用。劳动时间的社会的有计划的分配,调节着各种劳动职能同各种需要的适当的比例。另一方面,劳动时间又是计量生产者个人在共同劳动中所占份额的尺度,因而也是计量生产者个人在共同产品的个人消费部分中所占份额的尺度"③。

这就是科学社会主义的创始人对社会主义社会的基本状况所做的预言。如果我们将马克思的上述文字做一个简单的概述,那就是:第一,生产资料与劳动力为公共或全社会所有;第二,劳动时间的社会的有计划的分配与国民经济协调发展,即按需生产;第三,对个人消费品实行按劳分配。这就是社会主义社会表现在经济方面的基本特征或本质体现。

马克思对"社会主义"所做的这种规定,得到了恩格斯由衷的赞同与支持,并且这也是他同马克思一起研究所得出的共同成果。早在1847年,恩格斯就完成了《共产主义原理》的创作,并将其作为纲领性文件提交给共产主义者同盟。在该文中,恩格斯阐述了科学社会主义理论的诸多核心问题,其中自然包括对社会主义本质问题的回答。其中指出:"在这个新的社会组织里,工业生产将不是由相互竞争的厂主来领导,而是由整个社会按照确定的计划和社会全体成员的需要来领导。"④ 因此,"私有制也必须废除,代替它的是共同使用全部生产

---

① 马克思,恩格斯.马克思恩格斯选集:第1卷[M].北京:人民出版社,1995:294.
② 马克思,恩格斯.马克思恩格斯选集:第4卷[M].北京:人民出版社,1995:693.
③ 马克思.资本论:第1卷[M].北京:人民出版社,1972:95-96.
④ 马克思,恩格斯.马克思恩格斯全集:第4卷[M].北京:人民出版社,1958:364.

工具和按共同协议来分配产品"①。"使每一个社会成员都能够完全自由地发展和发挥他的全部力量和才能。"② 1848年，马克思和恩格斯接受共产主义者同盟的委托，以宣言的形式为之制定纲领，于是，共同完成了《共产党宣言》的创作。在《共产党宣言》中，马克思、恩格斯对科学社会主义理论第一次做了全面完整的阐述。就经济方面来说就是，工人阶级必须"利用自己的政治统治，一步一步地夺取资产阶级的全部资本，把一切生产工具集中在国家即组织成为统治阶级的无产阶级手里"，建立生产资料公有制，并"按照共同的计划"，组织社会生产，消灭剥削，以实现"每个人"或"一切人的自由发展"。③《共产党宣言》对共产主义的重要原理再一次做了阐述。

《共产党宣言》的问世，标志着科学社会主义正式诞生（也标志着马克思主义整个科学思想体系的正式诞生）。这一科学的诞生，并不是马克思和恩格斯二人主观意识或臆造的结果，而是他们运用辩证唯物主义和历史唯物主义的科学世界观与方法论分析了资本主义社会的基本矛盾及其阶级斗争的状况与发展趋势而得出的科学结论。列宁曾指出："资本主义社会必然要转变为社会主义社会这个结论，马克思完全是从现代社会的经济的运动规律得出的。"④他还指出，马克思关于"资本主义的发展必然导致共产主义"这一命题，"主要的是他完全地依据对资本主义社会所做的最确切、最缜密和最深刻的研究"⑤。

中国社会科学院原副院长朱佳木教授认为："毛泽东在对什么是社会主义、怎样建设社会主义的探索中虽有失误，但也提出和回答了马克思主义经典作家没有条件或虽有条件而未能很好解决的许多重大理论问题，为科学社会主义的发展做出了重要贡献，也为后来邓小平理论把对社会主义的认识提高到一个新的科学水平提供了一定的理论准备和经验积累。毛泽东对什么是社会主义、怎样建设社会主义的探索重要贡献有三点：一是提出促进社会主义社会生产力的发展，必须继续变革生产关系，调整上层建筑，依靠和发动群众，提高人的思想觉悟；二是提出促进社会主义社会生产力的发展，必须不断改进劳动生产中人与人的关系，保证党的各级干部始终以平等态度对待劳动者，坚持为人民服务的宗旨和保持与人民群众的密切联系；三是提出促进社会主义社会生产力的

---

① 马克思，恩格斯. 马克思恩格斯全集：第4卷 [M]. 北京：人民出版社，1958：365.
② 马克思，恩格斯. 马克思恩格斯全集：第4卷 [M]. 北京：人民出版社，1958：364.
③ 马克思，恩格斯. 马克思恩格斯文集：第2卷 [M]. 北京：人民出版社，1995：53.
④ 列宁. 列宁全集：第26卷 [M]. 北京：人民出版社，1988：74.
⑤ 列宁. 列宁全集：第39卷 [M]. 北京：人民出版社，1986：298.

发展，必须认真解决分配领域的问题，注重共同富裕，防止两极分化。"① 朱佳木教授的论述得到理论界一致赞同。

(二) 邓小平论"什么是社会主义"

可以说，在论述或回答"什么是社会主义"问题时，邓小平同志的论述是结合中国发展实际需要做出了第一个务实界定。邓小平同志对"什么是社会主义"这一问题的阐述，奠定了中国特色社会主义理论的基础，更是邓小平理论的核心观点和主体思想。

关于邓小平同志对"什么是社会主义、怎样建设社会主义"问题的论述，我们在这里引用中共中央党校李君如教授的文章转摘如下②。

邓小平同志是中国特色社会主义理论的创立者。邓小平同志思考和回答"什么是社会主义、怎样建设社会主义"的基本逻辑过程大致分为两个阶段。

第一阶段，酝酿提出阶段。

首先，邓小平同志关于社会主义本质的论断，是以"四人帮"鼓吹的"宁要贫穷的社会主义"这一谬论为反面教材提出来的。邓小平同志于1979年7月29日指出："我们的政治路线就是搞社会主义现代化建设。'四人帮'提出宁要穷的社会主义，不要富的资本主义，社会主义如果老是穷的，它就站不住。"1980年4月12日，他尖锐地指出："宁肯要穷的社会主义，不要富的资本主义。其本质就是说，社会主义就是穷的。马克思主义历来认为，社会主义要优于资本主义，它的生产发展速度应该高于资本主义。所以，林彪、'四人帮'完全背离了马列主义、毛泽东思想的根本原则。"正是经过这样的马克思主义分析，他提出了"贫穷不是社会主义，社会主义要消灭贫穷"的著名论断。

其次，邓小平同志关于社会主义本质的论断，是根据社会主义制度最根本的优越性提出来的。邓小平同志对社会主义问题的重新思考，最初就是从"什么是社会主义的优越性"开始的。1978年9月16日他就已经指出："我们是社会主义国家，社会主义制度优越性的根本表现，就是能够允许社会生产力以旧社会所没有的速度迅速发展，使人民不断增长的物质文化生活需要能够逐步得到满足。"并且尖锐地问道："如果在一个很长的历史时期内，社会主义国家生

---

① 朱佳木. 毛泽东对什么是社会主义、怎样建设社会主义的探索及其贡献 [J]. 马克思主义研究，2013 (12): 21-33, 161; 朱佳木. 毛泽东对什么是社会主义、怎样促进生产力发展的探索及其贡献 [J]. 中华魂，2014 (1): 10-13.
② 李君如. 邓小平是怎样思考和回答"什么是社会主义"的？ [J]. 科技文萃，1995 (11): 24-28.

产力发展的速度比资本主义国家慢,还谈什么优越性?"从社会主义制度的优越性入手揭示社会主义的本质,是完全正确的方法。因为,任何一种社会制度都是由一定的生产关系和建立于这种经济基础之上的上层建筑(包括意识形态)构成的,这是毫无疑问的。但是,人们选择某种社会制度的根据不是这种制度的特征,而是它在当时的社会条件下具有的优越性,这也是毫无疑义的。那么,这种"优越性"是什么呢?它实际上就是某种社会制度内在本质的外部显现。

最后,邓小平同志关于社会主义本质的论断,是根据社会主义在人类社会发展过程中所处的特定地位及其根本任务提出来的。1980年5月5日,他说:"社会主义是一个很好的名词,但是如果搞不好,不能正确理解,不能采取正确的政策,那就体现不出社会主义的本质。"1985年8月21日,他说:"对内搞活经济,是活了社会主义,没有伤害社会主义的本质。"1986年9月2日在接受美国记者迈克·华莱士采访时,他说:"社会主义是共产主义第一阶段,当然这是一个很长很长的历史阶段。社会主义时期的主要任务是发展生产力,使社会物质财富不断增长,人民生活一天天好起来,为进入共产主义创造物质条件。不能有穷的共产主义,同样也不能有穷的社会主义。致富不是罪过。但我们讲的致富不是你们讲的致富。社会主义财富属于人民,社会主义的致富是全民共同致富。社会主义原则,第一是发展生产,第二是共同致富。"人们不难发现,这个论断同邓小平同志关于社会主义本质的科学概括,具有明显的一致性。而且从解放生产力、发展生产力,到消灭剥削、消除两极分化,最终达到共同富裕,正是从社会主义向共产主义发展的过程。

第二阶段,明确定义阶段。

1987年4月26日,在会见捷克斯洛伐克总理什特劳加尔时,邓小平同志提出:"我们过去固守成规,关起门来搞建设,搞了好多年,导致的结果不好。经济建设也在逐步发展,也搞了一些东西,比如原子弹、氢弹搞成功了,洲际导弹也搞成功了,但总的来说,很长时间处于缓慢发展和停滞的状态,人民的生活还是贫困。'文化大革命'当中,'四人帮'更荒谬地提出,宁要贫穷的社会主义和共产主义,不要富裕的资本主义。不要富裕的资本主义还有道理,难道能够讲什么贫穷的社会主义和共产主义吗?结果中国停滞了。这才迫使我们重新考虑问题。考虑的第一条就是要坚持社会主义,而坚持社会主义,首先要摆脱贫穷落后状态,大力发展生产力,体现社会主义优于资本主义的特点。"相似的话早在1985年10月23日会见美国高级企业家代表团时他就说过:"三中全会以来,我们一直强调坚持四项基本原则,其中最重要的一条是坚持社会主义制度。而要坚持社会主义制度,最根本的是要发展社会生产力,这个问题长期以来我们并没有解决好。社会主义优越性最终要体现在生产力能够更好地发展上。多年的经验表明，要发展生产力，靠过去的经济体制不能解决问题。所以，我们吸收资本主义中一些有用的方法来发展生产力。"1990年12月24日，他说："社会主义最大的优越性就是共同富裕，这是体现社会主义本质的一个东西。"

邓小平同志这些论述，出发点是相同的，基本观点是相同的，论述的逻辑也是相同的。邓小平同志在思考和回答"什么是社会主义"这个首要的基本理论问题时，有着一以贯之的思路：

——社会主义制度是好的，但是在社会主义经济基础建立以后，很长时间经济发展缓慢，人民生活还是贫困，现实迫使我们考虑这个问题；

——考虑的第一条是要坚持四项基本原则，不能因为发生一些问题就动摇社会主义信念，否定四项基本原则；

——问题是怎么坚持社会主义，怎么坚持四项基本原则，那就是必须选择好的政策，建立好的体制；

——什么叫好的政策和体制？就是能使生产力大大发展，体现社会主义优于资本主义的特点的政策和体制。

因此，在1992年初南方谈话中，邓小平同志关于社会主义本质的科学论断，就完全明确化："社会主义的本质，是解放生产力，发展生产力，消灭剥削，消除两极分化，最终达到共同富裕。"

由此可见，邓小平同志对于"什么是社会主义"这个首要的基本理论问题的思考，有着一个十分明确的基本思路：要在坚持社会主义基本制度的基础上，进一步认清社会主义的本质。也就是说，对于要坚持社会主义基本制度这一点，我们从来没有动摇过。邓小平同志反复强调要坚持四项基本原则，其实质就是要求我们坚持社会主义基本制度。需要进一步搞清楚，是的社会主义的本质问题。

总之，邓小平同志早在1980年就已经提出"什么是社会主义"这一问题，并且经过长达十多年的思考才逐步解决这一重大理论问题。但是，仅仅这样排列和分析是不够的，它还不能说明邓小平同志是怎样形成这一新的概念，怎样解决这一重大理论问题的。因此，有必要对此做深入的考察和研究。

## 二、什么是中国特色社会主义

社会主义是世界性的，世界社会主义是存在的，同时世界社会主义是发展中的。一方面，世界社会主义国家的社会主义发展稳定；另一方面，非社会主义国家的社会主义运动日显新潮。社会主义的主体是科学社会主义。科学社会主义在中国的发展经历了传统社会主义和中国特色社会主义两大阶段。党的十八大对发展社会主义和建设中国特色社会主义进行了新的阐释。中国特色社会主义理论已经成为包含发展社会主义、和谐社会主义、科学发展社会主义三个层面的理论体系，这一体系必将成为指导我国社会主义建设事业取得更好更快发展的核心价值导向和基本方法选择，将成为中国特色社会主义理论与实践在新实践中的具体体现和科学规划，将成为影响世界社会主义发展的重要理论和原动力。

（一）科学社会主义的发展与发展社会主义

科学社会主义理论始自1848年《共产党宣言》发表，历经170多年的发展历程。科学社会主义理论的发展历史是"一部在理论上凸显科学社会主义基本原理和思想精髓与时代发展和各国具体情况紧密结合，科学社会主义理论不断发展、创新的历史；也是一部在实践上表现为科学社会主义由理论论证到社会实践，在社会主义实践中凯歌行进与暴风雨交织在一起的历史"[①]。这一历史大体以50年为期分为三个阶段：第一阶段，19世纪40年代后半期到19世纪90年代中期，这是科学社会主义基本原理形成和发展的阶段，科学社会主义发展的主题是资本主义必然被社会主义所取代，也就是社会主义必然取代资本主义；第二阶段，19世纪末到20世纪50年代中期，这是科学社会主义基本原理运用于实际，科学社会主义理论预言转变为社会革命、建设实践的阶段，科学社会主义发展的主题转换为社会主义如何取代资本主义；第三阶段，20世纪50年代中期以后，这一阶段是科学社会主义基本原理广泛地运用于实际，科学社会主义由革命实践为主转变为建设实践、改革实践迅速发展的阶段，科学社会主义发展的主题逐渐转换为社会主义如何在与资本主义共存、交流和冲突、对抗中发展自身并最终取代资本主义。

科学社会主义在当代中国的最新实践和科学实现就是中国特色社会主义。中国特色社会主义是由中国改革开放的总设计师邓小平提出的。自邓小平在党的十二大开幕词中提出"走自己的道路，建设有中国特色的社会主义"以来，党的十三大、十四大、十五大、十六大、十七大、十八大都始终强调高举中国特色社会主义旗帜。中共十三大报告题为《沿着有中国特色的社会主义道路前进》，十四大报告题为《加快改革开放和现代化建设步伐夺取有中国特色社会主

---

① 顾海良.科学社会主义的发展阶段及其主题转换[J].中国人民大学学报，2005（3）.

义事业的更大胜利》，十五大报告题为《高举邓小平理论伟大旗帜把建设有中国特色社会主义事业全面推向二十一世纪》，十六大报告题为《全面建设小康社会开创中国特色社会主义事业新局面》，十七大报告题为《高举中国特色社会主义伟大旗帜为夺取全面建设小康社会新胜利而奋斗》。胡锦涛同志在中国共产党第十八次全国代表大会所做的题为《坚定不移沿着中国特色社会主义道路前进为全面建成小康社会而奋斗》的报告（简称"十八大报告"）指出，中国共产党第十八次全国代表大会的主题是："高举中国特色社会主义伟大旗帜，以邓小平理论、'三个代表'重要思想、科学发展观为指导，解放思想，改革开放，凝聚力量，攻坚克难，坚定不移沿着中国特色社会主义道路前进，为全面建成小康社会而奋斗。"这再次明确中国未来发展道路是：高举中国特色社会主义的旗帜，坚定不移走中国特色社会主义道路。发展社会主义，推动社会主义发展，是这次大会核心主题。在十八大报告中，有146处使用"社会主义"和70处使用"中国特色社会主义"。可见，"社会主义"和"中国特色社会主义"是十八大报告紧紧扣住的核心概念和论证重点。

在马克思、恩格斯的著作中，对社会主义这个概念的界定有广义和狭义之分。广义的社会主义，是按照"社会主义就是对资本主义进行批判的思潮和实践"来界定的。广义的社会主义不仅是一种制度，同时还是一种思想观念、一种社会心理、一种社会运动、一种社会关系、一种社会组织、一种生活方式和一种生活体验，等等。狭义的社会主义，单指科学社会主义以及社会主义制度。通常没有特殊说明，所谓"社会主义理论"一般就指"科学社会主义理论"。

"社会主义发展"包括三层含义：社会主义理论的发展，社会主义事业的发展，社会主义运动的发展。针对这三层含义又有两大横向视野：中国和世界（国际）——中国社会主义理论的发展，中国社会主义事业的发展，中国社会主义运动的发展；世界社会主义理论的发展，世界社会主义事业的发展，世界社会主义运动的发展。"发展社会主义"包括三层含义：发展作为动词，"发展社会主义"指"发展社会主义事业"；发展作为形容词，"发展社会主义"指"发展中的社会主义理论"或"发展的社会主义理论"。本研究中，"发展社会主义"指基于传统发展观的社会主义理论和建设模式，专指邓小平理论中关于中国特色社会主义的理论与建设模式，属于中国特色社会主义模式的第一阶段或者第一个层面。发展社会主义的升华就是基于科学发展观的社会主义理论和建设模式，即科学发展社会主义，另外，"科学发展社会主义"的概念也可以指科学地发展社会主义，即"科学发展"作为动词使用。本书中"科学发展社会主义"具有这两方面的含义。

(二) 从传统社会主义到中国特色社会主义的发展

科学社会主义在中国的发展经历了两大阶段：一是传统社会主义模式阶段，二是中国特色社会主义模式阶段。

传统社会主义指在国际共产主义运动史上和社会主义发展史上，在战争与革命的国际环境下，教条地按照马克思和恩格斯关于社会主义的设想进行并形成的建设社会主义的道路，主要就是指苏联建设社会主义的道路。它形成于20世纪30年代的苏联，却影响了包括中华人民共和国在内的几乎所有实行社会主义制度的国家。这些国家在社会主义建设过程中基本照搬苏联式的社会主义道路。中华人民共和国成立后，毛泽东等国家领导人认识到苏联模式的弊端，提出"以苏为鉴"，积极探索中国的社会主义建设道路，形成了许多富有创见的理论观点，并取得了一定的实践成果。毛泽东在1956年中国建立社会主义制度后，领导党和国家创造了在政治、经济、意识形态上均不同于苏联和东欧的中国独特的社会主义模式，即传统社会主义模式。从政治体制上看，我国采取的是人民民主专政的国体，实行的是人民代表大会制度的政体，坚持的是共产党领导下的多党合作与政治协商制度。从经济体制上看，我国在农村实行的人民公社制和在工厂、企业中实行的党委领导下的厂长负责制和工会监督制等，与苏联、东欧都有区别。我国经济的发展，采取以农轻重为序，工业和农业并举，土洋结合，大中小并举的方案。从意识形态上看，我国坚持了马克思列宁主义在意识形态领域里的统治地位，采取"百花齐放、百家争鸣"的方针，既发扬科学学术民主，遵循文学艺术发展规律，鼓励创新，又坚持必要的思想斗争，批判资产阶级思想，宣传社会主义、集体主义精神。毛泽东领导全党和全国人民所创造的上述社会主义模式，在经济、政治、意识形态这三个主要方面都具有自己的特点，而且这些特点之间是相互联系着的。[①] 但从总体上看，还没有取得突破性的进展，也没找到一条适合我国国情的社会主义建设道路。

第一，发展社会主义模式。

1976年之后，鉴于中国长期处于贫穷落后的状态，邓小平开始思考如何突破传统社会主义模式，使人民走上富裕道路。"考虑的第一条就是坚持社会主义，而坚持社会主义，首先要摆脱贫穷落后状态，大力发展生产力，体现社会主义优于资本主义特点。"从这个现实出发，邓小平同志对社会主义本质的认识进行了深化。他说："社会主义的本质，是解放生产力，发展生产力，消灭剥

---

① 仇文利. 论邓小平理论对科学社会主义的发展 [J]. 扬州职业大学学报，2005（2）.

削，消除两极分化，最终达到共同富裕。"这个界定，是邓小平同志对社会主义理论的一个重大发展，是他那个时代对社会主义本质所做的最完全、最深刻、最科学的总结。[①] 针对改革开放过程中一些人抽象谈论姓"社"姓"资"的思维定式，邓小平指出："判断的标准，应该主要看是否有利于发展社会主义社会的生产力，是否有利于增强社会主义国家的综合国力，是否有利于提高人民的生活水平。"只要符合"三个有利于"的，就是社会主义的，或者是为社会主义所允许的；而一切违背"三个有利于"的，肯定不是社会主义的，也是社会主义所不允许的。[②] 党的十二大提出了"走自己的道路，建设有中国特色的社会主义"，其最大的特色就是以发展生产力、促进经济增长为中心。从这个意义上讲，改革开放以来，我们所走的中国特色社会主义道路，就是发展社会主义的模式。

事实上，邓小平的社会主义发展观也有一个发展过程。早在1982年10月，他在同国家计委负责同志谈话时就指出，工作准备有个抢时间的问题，要抓紧时间赶快发展。1987年6月，他在会见南斯拉夫共产主义者联盟中央主席团委员科罗舍茨时，更是强调："改革步子要加快。"同年10月，在会见匈牙利社会主义工人党总书记卡达尔时，他再次强调："我们现在真正要做的就是通过改革加快发展生产力，坚持社会主义道路，用我们的实践来证明社会主义的优越性。"1988年，国家决定对经济秩序进行治理整顿时，他强调，治理整顿不能影响改革和发展，不能影响经济发展速度。1989年，他指出"经济不能滑坡"，态度十分坚决地说："凡是能够积极争取的发展速度还是要积极争取。""要用快刀斩乱麻的办法解决，不能拖。当断不断，要误事。看准了的，积极方面的，有利于发展事业的，抓着就可以干。要在今后的十一年半中争取一个比较满意的经济发展速度。"到20世纪90年代，世界和中国的形势发生了重大的变化，中国的经济发展迎来了一个弥足珍贵的大好机遇。抓住这个机遇，加快我国的经济发展，是实现我国三步走发展战略的关键，也是邓小平夙夜牵挂的头等大事。这一时期，他在各种场合都反复强调抓住机遇，保持经济发展速度的重要意义。1991年，他又提出要反对单纯求稳的发展思想。1992年，中国历史进入了一个关键时刻。这一年初，邓小平在南方发表了重要谈话，明确提出了"抓住机遇发展自己""发展是硬道理"等战略思想，为我国的经济发展指明了方

---

① 徐绍刚. 坚定地捍卫和发展马克思主义 [J]. 毛泽东邓小平理论研究，2004（9）.
② 刘吟霄. 马克思实践哲学与实践科学发展观 [J]. 西南农业大学学报（社会科学版），2009（5）.

向。关于抓住时机，加快发展，邓小平说："抓住时机，发展自己，关键是发展经济。现在，周边一些国家和地区经济发展比我们快，如果我们不发展或发展得太慢，老百姓一比较就有问题了。所以，能发展就不要阻挡，有条件的地方要尽可能搞快点，只要是讲效益，讲质量，搞外向型经济，就没有什么可以担心的。低速度就等于停步，甚至等于后退。要抓住机会，现在就是好机会。我就担心丧失机会。不抓呀，看到的机会就丢掉了，时间一晃就过去了。"关于发展是硬道理，邓小平说："要注意经济稳定、协调地发展，但稳定和协调也是相对的，不是绝对的。发展才是硬道理。这个问题要搞清楚。如果分析不当，造成误解，就会变得谨小慎微，不敢解放思想，不敢放开手脚，结果是丧失时机，犹如逆水行舟，不进则退。"

邓小平同志以伟大的无产阶级革命家、理论家的勇气，以社会主义的实践为标准，坚持、发展和创新了历史唯物主义，对社会主义本质的认识不断进行深化，在总结社会主义发展的经验教训的基础上，系统地提出了发展的社会主义观，继承和发展了科学社会主义理论，对于社会主义运动的不断前进具有重大的指导意义。彻底的发展论是科学社会主义方法论的基础。邓小平对传统社会主义模式的突破，表明中国共产党人对马克思主义和当代中国社会发展规律和世界形势的认识达到了一个新水平。

江泽民同志对发展社会主义模式做了理论的深化和实践的细致刻画。他在党的十四届五中全会闭幕时讲话时指出："改革、发展、稳定三者存在着不可分割的内在联系。发展是硬道理。中国解决所有问题的关键要靠自己的发展。增强综合国力，改善人民生活；巩固和完善社会主义制度，保持稳定局面；顶住霸权主义和强权政治的压力，维护国家主权和独立；从根本上摆脱经济落后状况，跻身于世界现代化国家之林，都离不开发展。今后十五年我们有充分条件继续实现经济较快增长，必须抓住机遇，珍惜机遇，用好机遇，加快发展。"他在《论社会主义市场经济》中强调："我们搞的是社会主义市场经济，'社会主义'这几个字是不能没有的，这并非多余，并非画蛇添足，而恰恰相反，这是画龙点睛。所谓'点睛'，就是点明我们的市场经济的性质。西方市场经济符合社会化大生产和市场一般规律的东西，毫无疑义，我们要积极学习和借鉴，这是共同点；但西方市场经济是在资本主义制度下搞的，我们的市场经济是在社会主义制度下搞的，这是不同点，而我们的创造性和特色也就体现在这里。"他在《全面建设小康社会，开创中国特色社会主义事业新局面》（2002年11月8日）中进一步指出："发展必须坚持以经济建设为中心，立足中国现实，顺应时代潮流，不断开拓促进先进生产力和先进文化发展的新途径。发展必须坚持和深化改革。一切妨碍发展的思想观念都要坚决冲破，一切束缚发展的做法和规定都要坚决改变，一切影响发展的体制弊端都要坚决革除。发展必须相信和依靠人民，人民是推动历史前进的动力。要集中全国人民的智慧和力量，聚精会神搞建设，一心一意谋发展。"

进入21世纪后，为了推动我国社会主义事业更快更好地发展，江泽民提出了"三个代表"的重要思想。他指出，贯彻"三个代表"的根本要求"关键在坚持与时俱进，核心在保持党的先进性，本质在坚持执政为民"。具体而言，要做到"四个必须"，即"必须使全党始终保持与时俱进的精神状态，不断开拓马克思主义理论发展的新境界；必须把发展作为党执政兴国的第一要务，不断开创现代化建设的新局面；必须最广泛最充分地调动一切积极因素，不断为中华民族伟大复兴增添新力量；必须以改革的精神推进党的建设，不断为党的肌体注入新活力"。"三个代表"重要思想是对"什么是社会主义，怎样建设社会主义"这一基本问题的进一步科学回答，是对发展社会主义或社会主义发展观的进一步深化。

第二，和谐社会主义模式。

无疑，发展社会主义模式对指导我国改革开放后二十余年的社会主义事业产生了巨大的作用，但发展社会主义模式在追求更快发展的同时，也遇到了一些困境。例如，政府对经济管得过多，形成政府垄断经济；经济增长方式粗放，对资源环境造成很大压力；创业和就业受到抑制，收入差距过大；对民生关注不够，各项社会事业发展滞后；区域发展不平衡加剧。在这样的背景下，以胡锦涛为总书记的新一代中央领导集体，解放思想，实事求是，与时俱进，开拓创新，在继承中发展，提出了科学发展观、构建社会主义和谐社会等一系列重大战略思想，积极探索社会主义新的发展模式。

和谐社会主义，是对十六届三中全会以来，以胡锦涛为总书记的新一代中央领导集体探索出的社会主义建设模式的概括，它是在总结和发扬了我们党在长期的社会主义建设和改革中积累的宝贵经验，大胆吸收和借鉴人类社会创造的一切文明成果，吸收了其他发达国家发展经验和教训的基础上提出来的，是对传统社会主义发展模式的继承和发展，是解决传统社会主义发展面临的困境的必由之路。和谐社会主义全面准确地反映了社会主义本质特征，和谐社会主义社会是包括经济、政治、文化、社会和党的建设为一体的社会，是以科学发展为统领推动经济社会又好又快发展的社会。

第三，科学发展社会主义模式。

发展是世界都关注的主题，发展观也是发展的。传统的发展观没能区分增长和发展的区别，不重视环境保护，忽视可持续发展。进入21世纪后，传统发展观越来越不适应世界各国的发展需要，我国也不例外。基于此，以胡锦涛为总书记的中央领导集体适时提出了科学发展观。

从中国经济社会发展的实际出发，以全面、协调、可持续的科学发展观指导中国社会主义发展实践，已经成为建设中国特色社会主义的重大课题。从十六届三中全会开始，党中央具体提出了基于科学发展观推进社会主义事业发展的一系列重大战略措施。可以说，目前，我国社会主义发展模式已经进入基于科学发展观的中国特色社会主义模式阶段，可以简称为"科学发展社会主义"。

如何推进"科学发展的社会主义事业"，是以胡锦涛为总书记的中央领导集体在那几年集中关注的重大课题。十六届三中全会提出了"五个统筹"，即"统筹城乡发展、统筹区域发展、统筹经济社会发展、统筹人与自然和谐发展、统筹国内发展和对外开放"。"五个统筹"是科学发展观指导中国特色社会主义发展进程的具体实践。十六届四中全会鲜明地提出，加强党的执政能力建设是关系社会主义事业兴衰成败、关系中华民族前途命运、关系党的生死存亡和国家长治久安的重大战略课题。这充分体现了我们党对人民的事业和中华民族前途命运高度负责的政治意识和使命意识。十六届五中全会审议通过了《中共中央关于制定国民经济和社会发展第十一个五年规划的建议》，提出六个必须："必须保持经济平稳较快发展，必须加快转变经济增长方式，必须提高自主创新能力，必须促进城乡区域协调发展，必须加强和谐社会建设，必须不断深化改革开放。"这"六个必须"充分体现了全面贯彻落实科学发展观的基本要求，充分展示了党中央推进科学发展的社会主义建设健康发展的决心与方略。

十七大将科学发展观和经济建设、政治建设、文化建设、社会建设"四位一体"的中国特色社会主义事业总体布局写入党的章程。十七大决议指出："科学发展观，是对党的三代中央领导集体关于发展的重要思想的继承和发展，是马克思主义关于发展的世界观和方法论的集中体现，是同马克思列宁主义、毛泽东思想、邓小平理论和'三个代表'重要思想既一脉相承又与时俱进的科学理论，是我国经济社会发展的重要指导方针，是发展中国特色社会主义必须坚持和贯彻的重大战略思想。"大会要求全党同志全面把握科学发展观的科学内涵和精神实质，增强贯彻落实科学发展观的自觉性和坚定性，着力转变不适应不符合科学发展观的思想观念，着力解决影响和制约科学发展的突出问题，把全社会的发展积极性引导到科学发展上来，把科学发展观贯彻落实到经济社会发展各个方面。从十七大之后，我国社会主义理论与事业发展全面进入科学发社会主义模式。

十七届二中全会提出构建社会主义和谐社会，要遵循以下原则：必须坚持以人为本，必须坚持科学发展，必须坚持改革开放，必须坚持民主法治，必须坚持正确处理改革发展稳定的关系，必须坚持在党的领导下全社会共同建设。这是科学发展社会主义的科学规划和行动指南。十七届三中全会通过了《中共中央关于推进农村改革发展若干重大问题的决定》，指出："加快推进社会主义新农村建设，大力推动城乡统筹发展，对于全面贯彻党的十七大精神，深入贯彻落实科学发展观，夺取全面建设小康社会新胜利，开创中国特色社会主义事业新局面，具有重大而深远的意义……把建设社会主义新农村作为战略任务，把走中国特色农业现代化道路作为基本方向，把加快形成城乡经济社会发展一体化新格局作为根本要求，坚持工业反哺农业、城市支持农村和多予少取放活方针，创新体制机制，加强农业基础，增加农民收入，保障农民权益，促进农村和谐，充分调动广大农民的积极性、主动性、创造性，推动农村经济社会又好又快发展。"十七届四中全会指出："我国经济建设、政治建设、文化建设、社会建设以及生态文明建设全面推进，工业化、信息化、城镇化、市场化、国际化深入发展，我国正处在进一步发展的重要战略机遇期，在新的历史起点上向前迈进。"这是首次提到"五位一体"的概念。

2012年的十八大明确提出了"五位一体"的概念并加以深入论述。十八大报告指出："必须更加自觉地把全面协调可持续作为深入贯彻落实科学发展观的基本要求，全面落实经济建设、政治建设、文化建设、社会建设、生态文明建设'五位一体'总体布局，促进现代化建设各方面相协调，促进生产关系与生产力、上层建筑与经济基础相协调，不断开拓生产发展、生活富裕、生态良好的文明发展道路……建设中国特色社会主义，总依据是社会主义初级阶段，总布局是'五位一体'，总任务是实现社会主义现代化和中华民族伟大复兴。中国特色社会主义，既坚持了科学社会主义基本原则，又根据时代条件赋予其鲜明的中国特色，以全新的视野深化了对共产党执政规律、社会主义建设规律、人类社会发展规律的认识，从理论和实践结合上系统回答了在中国这样人口多底子薄的东方大国建设什么样的社会主义、怎样建设社会主义这个根本问题，使我们国家快速发展起来，使我国人民生活水平快速提高起来。实践充分证明，中国特色社会主义是当代中国发展进步的根本方向，只有中国特色社会主义才能发展中国。""五位一体"总布局不是凭空的理论创造，而是中国共产党在领导人民建设中国特色社会主义的实践中认识不断深化的结果。"五位一体"总布局是在科学发展观指导下产生的，更加强调均衡、可持续和以人为本的发展。

"五位"就是五大建设，是相互影响的有机整体：经济建设是根本，政治建设是保障，文化建设是灵魂，社会建设是条件，生态文明建设是基础。只有不断推进生态文明建设，着力绿色发展、循环发展、低碳发展，为人民创造良好的生产生活环境，才会不断减少因环境问题而引发的群体事件，也才会更加顺利地推进和谐社会建设。五大建设要协调推进，不能"顾此失彼"，也不能"单兵突进"。比如，要从加快发展方式转变和生态文明建设的双重角度来看待中国发展中存在的高耗能、高污染、高成本问题，以生态文明建设实现生产方式和生活方式的根本变革，从而为发展方式的转变奠定基础。要"五位一体"地建设好中国特色社会主义，还需要第六大建设——党的建设。我党要首先把自身建设好，不断提高科学执政、民主执政、依法执政水平，党的干部才能真正发挥作用，才能有效地推进经济、政治、文化、社会和生态文明五大建设。没有党的自身建设，也就没有"五位一体"社会主义建设。

第四，新时代中国特色社会主义模式。

十九大报告中，习近平总书记系统论述中国特色社会主义进入新时代，他指出："中国特色社会主义进入新时代，意味着近代以来久经磨难的中华民族迎来了从站起来、富起来到强起来的伟大飞跃，迎来了实现中华民族伟大复兴的光明前景；意味着科学社会主义在21世纪的中国焕发出强大生机活力，在世界上高高举起了中国特色社会主义伟大旗帜；意味着中国特色社会主义道路、理论、制度、文化不断发展，拓展了发展中国家走向现代化的途径，给世界上那些既希望加快发展又希望保持自身独立性的国家和民族提供了全新选择，为解决人类问题贡献了中国智慧和中国方案。

"这个新时代，是承前启后、继往开来、在新的历史条件下继续夺取中国特色社会主义伟大胜利的时代，是决胜全面建成小康社会、进而全面建设社会主义现代化强国的时代，是全国各族人民团结奋斗、不断创造美好生活、逐步实现全体人民共同富裕的时代，是全体中华儿女勠力同心、奋力实现中华民族伟大复兴中国梦的时代，是我国日益走近世界舞台中央、不断为人类做出更大贡献的时代。

"中国特色社会主义进入新时代，我国社会主要矛盾已经转化为人民日益增长的美好生活需要和不平衡不充分的发展之间的矛盾。我国稳定解决了十几亿人的温饱问题，总体上实现小康，不久将全面建成小康社会，人民美好生活需要日益广泛，不仅对物质文化生活提出了更高要求，而且在民主、法治、公平、正义、安全、环境等方面的要求日益增长。同时，我国社会生产力水平总体上显著提高，社会生产能力在很多方面进入世界前列，更加突出的问题是发展不平衡不充分，这已经成为满足人民日益增长的美好生活需要的主要制约因素。"

可以预见，新时代中国特色社会主义模式在我国未来一段时间内，将成为指导我国社会主义建设事业取得更好更快发展的核心价值导向和基本方法选择，将成为中国特色社会主义理论与实践在新实践中的具体体现和科学规划，将成为影响世界社会主义发展的重要理论和原动力。

事实上，中国的成功实践提供了一种"非西方"的现代化道路。美国《时代周刊》一期封面用汉字书写的《中国赢了》，再次表明世界舆论对中国发展模式和中国道路、中国故事、中国方案的高度关注。各国都有自己的发展模式。中国共产党领导中国人民取得的伟大胜利，使中国这个世界上最大的发展中国家在短短30多年里摆脱贫困并跃升为世界第二大经济体，创造了人类社会发展史上惊天动地的发展奇迹。我们要看到，新时代中国特色社会主义是从有着五千年优秀历史文化的中国大地生长出来的，具有"原生性"和"独创性"。中国特色社会主义进入了新时代，其世界意义突出体现在，突破了以"历史终结论""西方中心论"和"文明冲突论"为代表的西方主流范式，开辟了科学社会主义发展新境界，对人类社会政治文明做出了新贡献。中国的成功实践，证明社会主义具有强大生命力和无限生机活力，决不是昙花一现的乌托邦。当下，中国以自身成功的制度构建和道路探索向世界各国特别是广大发展中国家证明，另一条道路是走得通的。正如习近平总书记所说："历史没有终结，也不可能被终结。"新时代中国特色社会主义的生动实践，必将对世界社会主义进程和人类文明进程产生深远影响。新时代、新气象、新作为。中国特色社会主义进入新时代，宣传思想文化战线要抓住机遇，坚定文化自信，在实践创造中进行文化创造，在历史进步中实现文化进步，为进行伟大斗争、建设伟大工程、推进伟大事业、实现伟大梦想提供坚强思想保证和强大精神力量。

### 三、什么是社会主义价值

（一）价值与社会主义价值的定义

价值是人类对自我本质的维系与发展，为人类一切实践要素本体，包括任意的物质形态。价值是定义人本身存在的核心概念，其是人这一存在与发展的本质。人类一切自我解放行为，即本质规律（人性）下对于自我的创造及再创造并最终达成对于这一规律的本质的维持及发展，简单地表述就是人类一切实践中具有对于自我的维持及发展所在的本质，一切价值形态都脱离不了这个范畴，不能脱离这个范畴。价值在很多领域有特定的形态，如社会价值、个人价值、经济价值、法律价值、政治价值等。这些价值的存在是人在不同领域发展中范畴性规律性的本质存在。同时由于意识上一些概念化的维系与提高人类的思想意识没有形成实际的物理力量，此类价值单独定义为名义价值。

价值包含人的意识与生命的双重发展，包含人与自然的统一发展。价值的核心本质是自由人，人创造自我的存在即为自由人。人本身是价值的根本对象，人即价值本体，人的行为即价值源泉，人的发展即价值结果。人的发展是人的内在矛盾与外在矛盾的统一发展，是人的意识与人的生命的整体发展，也是人与自然的整体发展。

关于价值的定义，没有定论，通常可见有十多种定义，如以下 10 种。

（1）本性说。这种观点认为，我们赖以生活的价值是天生的，像包括真、善、美在内的人类的古老价值，以及后来的愉快、正义和欢乐等价值，都是人类本性固有的，是人的生物性质的一部分，是本能的而非后天获得的。

（2）情感说。这种观点认为，价值的源泉在于情感：当合理性遭遇它的限度，当开明的理性的求助不再帮助我们时，那么思维的对位形式即情感可以帮助。情感是通过我们的感觉释放的，它帮助我们感知世界和辨认价值。这里提及的价值是不能测量或计算的价值，只能通过感觉经验或感知领会，如美的价值。

（3）抽象说。这种观点认为，价值是抽象的信念、理想、规范、标准、关系、倾向、爱好、选择等，它看不见、摸不着，但是时时处处起作用，指导人的思想，支配人的行动，评价某一事物就是来源于并反映了抽象的理想价值。

（4）奥妙说。这种观点认为，价值是一个深奥的、微妙的概念，包容量大且含义模糊，其内涵和外延难以把握，其精神实质难以领悟。价值决不是实在，既不是物理的实在，也不是心理的实在。价值的实质在于它的有效性，而不在于它实际的事实性。价值的最后基础在于人类的自许，在于人类对世界的冀望，在于人类对人性（包括理性和感性）的祈愿。

（5）关系说。这种观点认为价值是一种关系范畴，表示客体与主体之间的相互联系。文德尔班把价值当作一种联系和关系，并认为是诸事物之间的联系和关系，而不是专指人类与客观世界的联系和关系，即任何有联系的事物之间都可能存在价值，这样，价值就成了联系和关系的代名词，从而混淆了主体与客体的本质区别。

（6）意义说（需要说）。这种观点认为价值是一种关系范畴，表示客体对主体的意义，客体满足主体需要的关系。然而，这种观点并没有解释"意义"或"需要"本身又是什么内涵，因此这种观点只能是两个名词之间的"同义反复",没有多少实际意义。

(7) 属性说(效用说)。这种观点认为价值是指客观事物的一种有用属性。这种观点把价值等同于事物的功能属性,忽略了主体特性和介体特性对于价值的决定性作用。

(8) 主体性说(态度说)。这种观点认为价值是主体根据自己的需要自觉地、有意识地赋予客体的属性,它反映了主体对客体的态度。这种观点把价值与价值的主观反映混淆起来了。

(9) 劳动量说。这种观点认为价值就是劳动价值,它由劳动者所付出的劳动量来决定。这种观点把劳动价值这样一种特殊的价值形态当作了一般的价值形态。

(10) 时间说。这种观点出现在《贝侬乱谈》中,认为价值是事物的价格 $P$ 与其价格存在时间 $T$ 的乘积($PT$)。把价值理解为一段视频,价格就是这段视频中的帧。提出价格决定价值。

以上这些观点从不同角度、不同程度上反映出价值的某些外部或内部特性,但都有其片面性,均不能全面反映价值的哲学本质。

按照马克思政治经济学的观点,"价值"就是凝结在商品中无差别的人类劳动,即产品价值。马克思还将价值分为使用价值和交换价值。所以,在我国社会主义价值研究的很长时间内,所谓的"社会主义价值研究"主要就是针对"社会主义生产产品价值的研究"。直到改革开放以后,尤其是 21 世纪以来,人们才开始思考社会主义的其他价值问题,如社会主义核心价值的研究。

学术界对"社会主义价值"所做的概念定义和内涵界定也有很多角度。

例如,马德普认为任何社会都有一些相对于工具价值而言的基本价值追求,这些追求是该社会生存发展需要的体现;社会主义的基本价值是社会主义主体——无产阶级和广大劳动人民生存发展的利益要求;社会主义基本价值包括四个方面:社会主义主体在物质方面、社会方面、精神方面的基本价值要求,以及对作为客体的人的基本价值要求。①

再如,李德顺结合社会主义核心价值体系问题,认为社会主义核心价值体系除了主体定位以外,还有一个价值观的内容定位问题,即,无论从理论还是实践上看,社会主义最核心的价值就是在尊重和保障自由的基础上进一步实现

---

① 马德普. 社会主义基本价值初探 [J]. 社会主义研究,1995 (1): 11 – 16;马德普,贺永方. 市场经济与社会主义基本价值 [J]. 郑州大学学报(哲学社会科学版),1995 (4): 61 – 66.

以平等为特征的公平正义,这是社会主义高于资本主义的价值追求。①

进入21世纪以来,社会主义价值研究开始并主要转向社会主义核心价值的研究,社会主义价值的界定,在十八大被明确定义为"三个倡导"。

(二) 社会主义价值的分类

价值的形式千差万别、复杂多样,可以根据它的不同特点进行具体分类。例如,可以做以下16种分类。

(1) 根据变化方向的不同,价值可分为正向价值与负向价值。

(2) 根据作用主体类型的不同,价值可分为个体性价值、集体性价值和社会性价值。个体性价值是指事物对于个人所产生的价值,集体性价值是指事物对于集体所产生的价值,社会性价值是指事物对于社会所产生的价值。

(3) 根据价值层次的不同,价值可分为温饱类价值、安全与健康类价值、他尊与自尊类价值和自我实现类价值四大类。

(4) 根据作用社会领域的不同,价值可分为经济类价值、政治类价值和文化类价值。

(5) 根据个人作用过程的不同,价值可分为生活资料价值和生产资料价值,其中,生活资料作用于人的消费过程,生产资料作用于人的生产过程。生产资料价值包括生产资料使用价值和劳动价值两种具体形式。

(6) 根据作用方向的不同,价值可分为使用价值和劳动价值。其中,使用价值反映客观事物对于人的作用,劳动价值则反映人对于客观事物的反作用。

(7) 根据作用效果的不同,价值可分为生存类价值和发展类价值。

(8) 根据作用事物类型的不同,价值可分为真假感、善恶感和美丑感三种。真假类价值是指思维性事物(如知识、思维方式等)对于主体所产生的价值,善恶类价值是指行为性事物(如行为、行为规范等)对于主体所产生的价值,美丑类价值是指生理性事物(如生活资料、生产资料等)对于主体所产生的价值。

(9) 根据价值的主导变量的不同,价值可分为主体性价值、客体性价值和介体性价值。当主导变量是人类主体(个人、集体和社会)时,该价值就是主

---

① 李德顺. 面对多元化,坚持主体性——关于社会主义价值体系及其核心的思考 [J]. 中国政法大学学报, 2008 (3): 138-145; 李德顺. 社会主义核心价值与当代普世价值 [J]. 学术探索, 2011 (5): 1-7; 李德顺. 公平正义是社会主义价值体系的核心 [J]. 江汉论坛, 2014 (12): 28-31; 李德顺. 谈社会主义核心价值"公正" [J]. 中国特色社会主义研究, 2015 (2): 60-64.

体性价值；当主导变量是客观事物时，该价值就是客体性价值；当主导变量是环境时，该价值就是介体性价值。

（10）根据价值作用时期的不同，价值可分为追溯性价值、现实性价值和期望性价值。追溯性价值是指过去事物对于主体的价值，现实性价值是指现实事物对于主体的价值，期望性价值是指未来事物对于主体的价值。

（11）根据价值的动态变化的不同特点，可分为确定性价值和概率性价值。确定性价值是指确定性事物对于主体的价值，概率性价值是指不确定性事物对于主体的价值。

（12）根据表现方式的不同，价值可分为显性价值和隐性价值。

（13）根据作用方式的不同，价值可分为直接性价值和间接性价值。

（14）根据作用时间范围的不同，价值可分为近期性价值和长远性价值。

（15）根据作用空间范围的不同，价值可分为局部性价值和整体性价值。

（16）根据载体类型的不同，价值可分为物质性价值和精神性价值。

## 第二节　社会主义价值研究概览

中国学术界关于社会主义价值问题的研究，随着价值哲学的兴起经历了从理论研究到经验研究的过程，随着社会主义认识的深入经历了从性质讨论到结合实践研究的过程，随着社会主义实践的深入经历了从被动反思到主动探求的过程。

在这里，我们以中国知网收录的文献为样本，大致可以把我国关于社会主义价值的研究分为四个阶段。

### 一、社会主义经济价值研究

这是社会主义价值研究的第一阶段。20世纪50年代，是我国社会主义价值研究第一个高潮期，以社会主义经济价值规律研究为主题。

中华人民共和国成立之初，由于世界社会主义运动高涨，社会主义国家发展蒸蒸日上，人们对社会主义价值问题没有给予集中关照，认为建立社会主义制度就是对社会主义价值的认定，建设社会主义就是社会主义价值的实现。虽然有学者在探讨社会主义特征和优越性时涉及社会主义价值问题，但大多从社会主义单一客体出发，而很少涉及价值主体认知角度。

从中国知网收录的文献看（以"社会主义价值"为题名做模糊检索，检索时间为 2018 年 4 月 7 日），20 世纪 50 年代直接关于社会主义价值的论文主要有 54 篇，对那些文献进行分析，大致可以得到以下两点结论。

（一）文献的研究主题都是关于社会主义经济价值规律的

总体看，大部分文献都是关于社会主义的经济价值及其规律的认识和阐述的期刊论文和报纸文章。

目前中国知网收录的最早的一篇论文，是我国著名经济学家、马克思主义理论家、复旦大学经济学院教授、博士生导师蒋学模（1918—2008）1955 年写的《我国向社会主义过渡时期的商品生产和价值法则》一文。首先论述了我国向社会主义过渡时期商品生产的特点，进而论述了价值法则在我国过渡时期发生作用的范围和形式，然后论述了党和政府对价值法则的自觉应用。他在 1959 年的《关于价值规律对社会主义生产的"影响"作用和"调节"作用》一文中，进一步论述道：

> 价值规律本身的含义，根据马克思的经典说明，价值规律是各种商品按照其生产所耗费的社会必要劳动量互相交换，即按照等价的原则交换的一种必然趋势。在货币出现以后，由于一切商品在交换过程中首先必须与货币相等，一切商品的价值都由货币来表现，所以价值规律也就是商品的价格倾向于与价值一致的一种必然趋势……
>
> 研究价值规律对社会主义生产的作用，目的是自觉地利用它来为我国的社会主义建设服务。既然价值规律对集体所有制企业的生产还有着一定的调节作用，而这种调节作用又是通过价格与价值的背离来实现的，因此国家就可以通过调整各类产品的比价，来诱导集体所有制企业的生产朝着国家所希冀的方向发展，使价值规律的调节作用成为国家计划调节的补充。①

我国著名经济学家汪旭庄（1956）认为：

> 由于社会主义改造事业的胜利，社会主义经济已经在我国占据了绝对的统治地位。多类型的商品生产已经基本上变为单一的社会主义性质的商品生产，社会主义的统一市场已经形成了。在有商品生产的地方，就不能没有价值规律。价值规律在我国经济生活中还起着一定的并且相当重要的作用。因此，正确地认识并运用价值规律，以为促进工农业生产、扩大商

---

① 蒋学模. 关于价值规律对社会主义生产的"影响"作用和"调节"作用 [J]. 经济研究，1959（1）：37-41.

品流通和更好地满足人民生活服务，就具有重要的意义。①

我国著名经济学家厦门大学陈克俭（1924—）教授（1956）认为：

> 实践证明，过去我们对于价值规律的消极作用，即盲目破坏作用的一面注意得太多，而对它积极作用，即刺激社会生产力发展的一面注意得不够，因此，正确阐明这个问题，对于领导和改进当前的经济工作将有很大的帮助。②

我国著名经济学家厦门大学谢佑权（1920—）和蒋绍进（1927—）两位教授（1956）认为：

> 价值规律是商品生产的经济规律，凡有商品生产的地方，就有价值规律的作用。把价值规律的作用区别为调节与影响，是斯大林同志在《苏联社会主义经济问题》一文中第一次提出的，这无疑是一个具有重大价值的理论创见。③

从目前中国知网被引用最多的文献看，最多的几篇也都是直接论述经济价值规律的文章。如：

被引用19次的论文是我国著名经济学家孙冶方（1908—1983）教授1959年的《论价值——并试论"价值"在社会主义以至于共产主义政治经济学体系中的地位》。该文开篇就说：

> 什么是价值？什么是价值规律？仅仅新中国成立以后十年间，我们经济学者就这两个题目所写的论文和专著，就何止数百万言。其中固然有不少精辟的见解；但是的确也有不少文章"仅仅是概念的争论，而没有触及问题的实质"。对于这样的争论，不仅不搞经济学的人感觉不到兴趣，就是经济学界人士也感觉到有些腻烦。薛暮桥同志的"避免卷入概念的争论"的建议也就是对此而发的。④

---

① 汪旭庄. 价值规律在我国社会主义统一市场中的作用 [J]. 财经研究，1956（2）：1-13.
② 陈克俭. 价值规律对社会主义生产作用的几个问题的研究 [J]. 厦门大学学报（社会科学版），1956（6）：13-37.
③ 谢佑权，蒋绍进. 关于价值规律在社会主义经济条件下作用问题的探讨 [J]. 厦门大学学报（社会科学版），1956（6）：54-70.
④ 孙冶方. 论价值——并试论"价值"在社会主义以至于共产主义政治经济学体系中的地位 [J]. 经济研究，1959（9）：42-69.

然后他在"先从什么是价值规律谈起"中论述道：

什么是价值？大家都会说价值是社会必要劳动量决定的，劳动是"形成价值的实体"。对于这一点，大家似乎是认识一致，没有什么争论的。但是一提到什么是价值规律，这规律如何起作用，大家的解释就很不一致了。①

接下来，他对诸多有关价值规律的论述进行分析道：

杨英杰同志在1957年第6期《计划经济》上发表的《对于计划经济和价值规律的研究》一文中说："价值规律是商品生产和商品交换的经济规律。"

关梦觉同志在《关于当前的商品生产和价值规律的若干问题》那篇文章中……关梦觉同志把价值规律人格化的生动描述，也是生动地反映出了经济学界对价值规律的一种相当普遍的看法。这种看法的特点是混淆了离开我们的主观意志而独立存在的客观经济规律和由我们主观决定的政策，混淆了客观经济规律本身和这规律在不同的社会历史条件下所起的不同作用。

因此，薛暮桥同志在《红旗》1959年第10期发表的《社会主义制度下的商品生产和价值规律》这篇文章中对价值规律所做的解说，比他自己以前的文章所做的解说以及其他许多经济学者所用的价值规律的概念是要完全多了。但是我个人觉得他对价值规律的概念也还不是十分明确的，他的解释也不是前后一贯的……

同样我也不赞成薛暮桥同志年初在《经济研究》第1期《对商品生产和价值规律问题的一些意见》中对这问题的提法……

什么是价值规律呢？顾名思义应该是价值这个客观范畴的存在和运动的规律。而价值，照现在大家似乎一致同意的定义：是"形成价值实体"的社会必要劳动决定的，那么价值规律应该就是"形成价值实体"的社会必要劳动的存在和运动的规律。但是现在大多数经济学者是反对这样解释的。②

---

① 孙冶方.论价值——并试论"价值"在社会主义以至于共产主义政治经济学体系中的地位[J].经济研究，1959（9）：42-69.
② 孙冶方.论价值——并试论"价值"在社会主义以至于共产主义政治经济学体系中的地位[J].经济研究，1959（9）：42-69.

随后,他围绕"什么是价值"这一主题,对王亚南的文章《价值规律在我国社会主义经济中的作用》(1959年1月17日,《人民日报》)和《充分发挥价值规律在我国社会主义经济中的作用》(1959年5月15日,《人民日报》)、胡寄窗的《价值决定不是价值规律》(《经济研究》,1959年第7期)、骆耕漠的《社会主义制度下的商品和价值问题》(科学出版社版,第120页)等论述展开批判性分析和梳理,对价值、交换价值和价值决定等概念做了深入分析,最后认为:

> 因此,归结起来,我认为价值规律是价值的存在和运动全部过程的规律,价值决定是这规律的基础,亦是这规律的起点。①

通过孙冶方以上论述看,我国20世纪50年代对于社会主义的经济价值及其规律的理论研究是当时经济学研究的热点和难点问题。

同一个年代被引用较多的(中国知网目前引用16次)的文章是南冰和索真的《论社会主义制度下的商品生产和价值规律》一文。南冰和索真应该是两个人的笔名。

我国当代学者、思想家、经济学家、会计学家、历史学家顾准(1915—1974)1957年《试论社会主义制度下的商品生产和价值规律》一文中对社会主义制度下的商品生产和价值规律做了深入的分析,被认为是我国提出社会主义条件下市场经济理论的第一人。②

总览20世纪50年代的文献,所有关于价值的论述都是关于经济价值的论述,并不涉及政治价值、法律价值、社会价值和人性价值(包括道德伦理的价值)。当然,关于社会主义的优越性论述中,存在大量本书稿中所涉及的价值主题论述,待在其他论述中阐述。

(二)所列文献分类大多是学术期刊

这54篇文章,大致分类情况如下。

从文献来源看,有《经济研究》(15)③、《学术研究》(6)、《财经科学》(5)、《教学与研究》(3)、《学术月刊》(3)、《读书》(3)、《江汉论坛》(3)、《复旦学报(社会科学版)》(2)、《前线》(2)、《厦门大学学报(哲学社会科学版)》(2)、《中南财经政法大学学报》(2)、《财经研究》(2)、《北京大学学

---

① 孙冶方. 论价值——并试论"价值"在社会主义以至于共产主义政治经济学体系中的地位[J]. 经济研究, 1959 (9): 42-69.
② 这样的评价,我们经过仔细考究,只是转述他人观点。参见:顾准,360百科.
③ 指在《经济研究》期刊发表了15篇,下同。

报（哲学社会科学版）》（1）、《四川大学学报》（哲学社会科学版）（1）、《西北师大学报》（社会科学版）（1）、《吉林大学社会科学学报》（1）和《创造》（1）等。

从被引用的文献看，引用这些文献的论文大多是21世纪以来的文献。例如，孙冶方《论价值——并试论"价值"在社会主义以至于共产主义政治经济体系中的地位》一文的引证文献，在目前知网中的情况是这样的。

期刊引证文献有16次，即：

［1］张旭. 破产会计理论探讨. 内蒙古煤炭经济，2016（1）.

［2］刘昌用. 国内外劳动二重性研究综述. 天府新论，2014（2）.

［3］赵丁琪. 孙冶方的价值与价值规律理论简评. 前沿，2013（15）.

［4］夏春玉，丁涛. 孙冶方流通理论的回顾与再认识. 财贸经济，2013（1）.

［5］何炼成. 重温孙冶方同志的《论价值》——纪念孙冶方《论价值》一文发表50周年. 当代经济研究，2010（1）.

［6］白永秀，吴丰华. 新中国60年社会主义市场经济理论发展阶段研究. 当代经济研究，2009（12）.

［7］霍丽，张晓宁. 新中国60年农业组织形式的演化研究——基于农产品价格、农业合作社与农村家庭承包制的视角. 延安大学学报（社会科学版），2009（5）.

［8］冒天启. 转型经济学研究的创新与发展. 山东社会科学，2009（10）.

［9］袁恩桢. 社会主义公有制与市场经济关系的艰难探索——中国经济发展60年的一条主线. 毛泽东邓小平理论研究，2009（5）.

［10］冒天启. 重新解读孙冶方经济学思想——纪念孙冶方诞辰100周年. 经济研究，2008（10）.

［11］许光伟. 企业价值构成的理论建构和解析——基于广义价值分析视角. 制度经济学研究，2007（2）.

［12］许光伟，洪渊. 企业价值构成问题研究——兼论"广义价值转型". 经济评论，2007（2）.

［13］朱妙宽. 新政治经济学的价值理论刍议. 海派经济学，2004（3）.

［14］周冰. 中国转型期经济改革理论的发展. 南开学报，2004（2）.

［15］陆立军，王祖强. 社会主义：从商品经济到市场经济. 当代经济研究，2000（9）.

［16］西内尔·契伦·林，尤来寅. 当前中国经济学的复兴. 世界经济与政

治论坛，1982（10）．

中国博士学位论文全文数据库引证文献有 2 次，即：

[1] 丁涛．流通理论的发展历程与展望．东北财经大学，2013．

[2] 曾友中．马克思货币理论与当下金融危机．武汉大学，2010．

中国重要会议论文全文数据库引证文献有 1 次：许光伟，洪渊．企业价值构成问题研究——兼论"广义价值转型"．全国高校社会主义经济理论与实践研讨会第 20 次会议论文集（第一册），2006．

孙冶方（1959）一文的引证文献不会只有这 19 次，应该还有更多，但可能是知网收录 21 世纪以前的文献资源还很有限，同时 21 世纪以前的一些期刊报纸文献的撰写规范不符合知网的数据采集规范，没有被有效采集进来。但从现有的这些引证文献看，20 世纪 50 年代关于社会主义经济价值及其规律的论述，对当前社会主义经济规律的认识仍然具有理论借鉴价值。

**二、社会主义经济价值规律研究**

这是社会主义价值研究第二阶段。20 世纪 60 年代到改革开放前，是社会主义价值研究低潮期，以社会主义经济价值规律为主题。

我国在 20 世纪 60 年代理论研究和学术研究都受到极大的影响，对于"社会主义价值"的研究没有新的深入，大多是重复以前的论述。可以说，这一时期是我国社会主义价值研究的低潮阶段。

从 1960 年到 1978 年 11 月（改革开放前）（检索截至 2017 年 4 月 7 日），在中国知网中收录的关于社会主义价值论述的文章只有 23 篇。可见，我国关于社会主义价值的理论研究，20 世纪 60 年代处于低潮，20 世纪 70 年代末出现转机。

在二十世纪六七十年代，我国关于社会主义价值论述的文献，比 20 世纪 50 年代少了很多，而且以上文献全部是期刊论文，在这近二十年间，没有一篇报纸文章对"社会主义价值"加以讨论或关注。这些文献大多是 1965 年之前的，1965 年到 1974 年十年间，一篇文章都没有，到了 1975 年，出现了关于社会主义价值论述的 2 篇文献，1976 年和 1977 年没有，1978 年有 3 篇。这 5 篇文献的基本观点大致如下。

陈克 1975 年论述道：

> 价值规律是商品生产和商品交换的经济规律，只要有商品生产和商品交换的地方，价值规律就必然存在并发生作用……价值规律的作用是受客观经济条件制约的，社会主义的商品生产主要是在公有制的条件下进行的，

因而价值规律发生作用的方式、范围及其后果就有所不同……社会主义社会既然还存在商品生产和商品交换，价值规律就必然要起作用。①

同年陈书生论述道：

> 使用价值与价值是商品本身的两种属性，使用价值与价值的矛盾是商品的内在矛盾……商品的使用价值与价值是互相依赖的。使用价值是价值的物质担当者，没有使用价值的东西，就没有价值，反之，没有价值的产品，也不是商品……社会主义社会既然存在商品制度，社会主义国家就必须利用使用价值与价值来计划经济……总之，我们在利用商品制度的同时，必须限制它的消极作用，正确认识和处理使用价值与价值的矛盾，更好地为社会主义革命和社会主义建设服务。②

陈克和陈书生这两篇文章，在一些论述上有很明显的政治口号的论述特点，其中关于社会主义经济价值及其规律的认识，与我国学者20世纪50年代论述相比较，并没有很大的新意，但是在"文化大革命"还没有结束之际，提出重视甚至充实社会主义商品生产并且把握其价值规律，还是难能可贵的。

1978年，我国已经基本肃清了"文化大革命"的严重影响，开始大力推进经济建设，发展社会主义商品生产已经成为国家经济生活的主流趋向。在这一背景下，干部群众和学者开始解放思想，讨论社会主义价值规律问题。

曾经任中共四川省委讲师团副团长的吴世泰教授（1978）认为：

> 价值规律问题，如同按劳分配问题一样，是前几年被"四人帮"在理论上搞得十分混乱的一个问题……价值规律是商品经济本身所固有的规律。有商品经济存在，就有价值规律存在，这是不以人们意志为转移的一种客观必然性……价值规律在社会主义制度下的作用是极其重要的，是不可忽视的。价值规律的确是一个伟大的学校，这个学校，可以教会我们正确处理政治与经济的关系……端正对价值规律的认识，自觉利用它来为我们的社会主义建设事业服务。③

---

① 陈克. 正确认识价值规律在社会主义社会的作用 [J]. 郑州大学学报（哲学社会科学版），1975（3）：44-49.
② 陈书生. 正确认识和处理社会主义商品使用价值与价值的矛盾 [J]. 郑州大学学报（哲学社会科学版），1975（3）：52-55.
③ 吴世泰. 自觉利用价值规律为社会主义服务 [J]. 四川师范学院学报（社会科学版），1978（2）：6-11.

"干部轮训班第三支部四组"应该是一次高级干部学习社会主义商品经济理论研讨班,他们在1978年的学习心得《伟大的学校有力的工具——浅谈社会主义社会价值规律的作用》一文中,认为:

> 在社会主义条件下,价值规律主要有以下四种积极作用。第一,利用价值规律作为计划经济的一种计算工具……第二,利用价值规律,搞好经济核算……第三,利用价值规律作为实现国民经济计划的辅助手段……第四,利用价值规律调节某些产品的供求关系……因此,价值规律在社会主义社会里有着客观的必然性,我们必须进一步认识和掌握价值规律,正确利用价值规律。①

宋养琰(1925—)是我国著名经济学家,他(1978)认为:

> 价值规律是商品经济的规律。在社会主义社会,由于存在着商品生产和商品交换,价值规律也就必然存在,并起着一定的作用……在社会主义社会中价值规律的作用,就是指在社会必要劳动量决定价值量、商品交换要以价值量为基础的这两种必然趋势中,对社会再生产的各个方面所产生的种种影响和调节作用……事实充分说明,在过去很久一段时间内,人们总不愿意承认以至完全否定价值规律对生产的调节作用。这种观点不仅在理论上是错误的,在实践上也是有害的。因为它会导致人们在现实生活中不去很好地研究、认识和自觉地利用价值规律,而让价值规律自发地、强制地起作用,从而造成它对生产的破坏,对人们的惩罚。②

以上论述对于社会主义经济价值规律及其对于社会主义建设的作用,已经达到了新的认识高度。这在当时不论是在实践制度上还是理论创新上,都应该是有新意的,对于推进我国经济建设和改革开放有积极作用。

### 三、社会主义核心价值研究初期

这是社会主义价值研究的第三阶段,改革开放到21世纪前的社会主义价值研究第二个高潮期,这一阶段以社会主义经济价值规律研究为主,开始关注社会主义核心价值问题,属于我国社会主义核心价值研究的初期。

---

① 干部轮训班第三支部四组. 伟大的学校有力的工具——浅谈社会主义社会价值规律的作用 [J]. 实事求是,1978(3):56-59.
② 宋养琰. 价值规律在社会主义总劳动分配和生产中的调节作用 [J]. 经济研究,1978(11):20-27.

20世纪70年代,"真理标准"大讨论的兴起,催生了人们对价值问题的反思,激发了中国价值哲学的萌芽。价值哲学的兴起为后来社会主义价值研究奠定了学理基础。这样的讨论,为1978年12月的改革开放启动打下了坚实的理论基础。

20世纪80年代末,西方人道主义、民主社会主义思潮泛滥,我国学术界由反驳这股思潮引发了对社会主义民主、人道主义等问题的思考,但学术界并没有就此延伸至社会主义价值问题,只是有学者提出了关于社会主义价值的几个基本问题。东欧剧变后,社会主义失败论、过时论甚嚣尘上。同时,西方社会主义政党纷纷修改党纲党章,把价值提高到民主社会主义本质的高度,民主社会主义思潮进一步泛滥。在这样的大背景下,我国学术界出现了多视角探讨社会主义价值的热潮。有的挖掘经典作家的论述,有的论证当代社会主义的新价值追求,有的以批判资本主义为视角论证社会主义价值,有的以批判苏东为视角论证中国对社会主义的价值追求和价值维护。这一阶段的社会主义价值研究虽然繁多,但更多地显现出为现实解说的痕迹,即捍卫反"和平演变"的成果,抵制错误思想观念等。所以,突破性的研究成果并不多。

到了20世纪90年代中期以后,哲学研究越来越把价值哲学研究的社会关怀与当代中国的时代主题结合在一起,社会主义研究领域也逐步由社会主义本质研究而进一步深化。同时,学术界对西方民主社会主义等思潮由批判进入反思阶段。这个时期出现了一批研究成果,如马德普《社会主义基本价值论》(中央编译出版社,1997)、郁建兴、朱旭红《社会主义价值学导论》(浙江人民出版社,1997)等。

从1978年12月改革开放到1999年12月之间,查阅中国知网关于社会主义价值研究的文献有724篇(以"社会主义价值"为题名模糊检索,检索时间为2016年10月19日),这些文献的分类情况如下。

按发表年度分组情况是:1999(47)①、1998(44)、1997(49)、1996(58)、1995(67)、1994(77)、1993(31)、1992(18)、1991(24)、1990(26)、1989(10)、1988(25)、1987(27)、1986(34)、1985(50)、1984(35)、1983(25)、1982(19)、1981(20)、1980(14)、1979(23)、1978(1)。如图1-1所示。

按来源数据库分组情况是:中国学术期刊网络出版总库(703)、特色期刊(11)、中国重要会议论文全文数据库(6)、中国学术辑刊全文数据库(4)。

---

① 指1999年度发表文章47篇。下同。其他分组标识也类似。

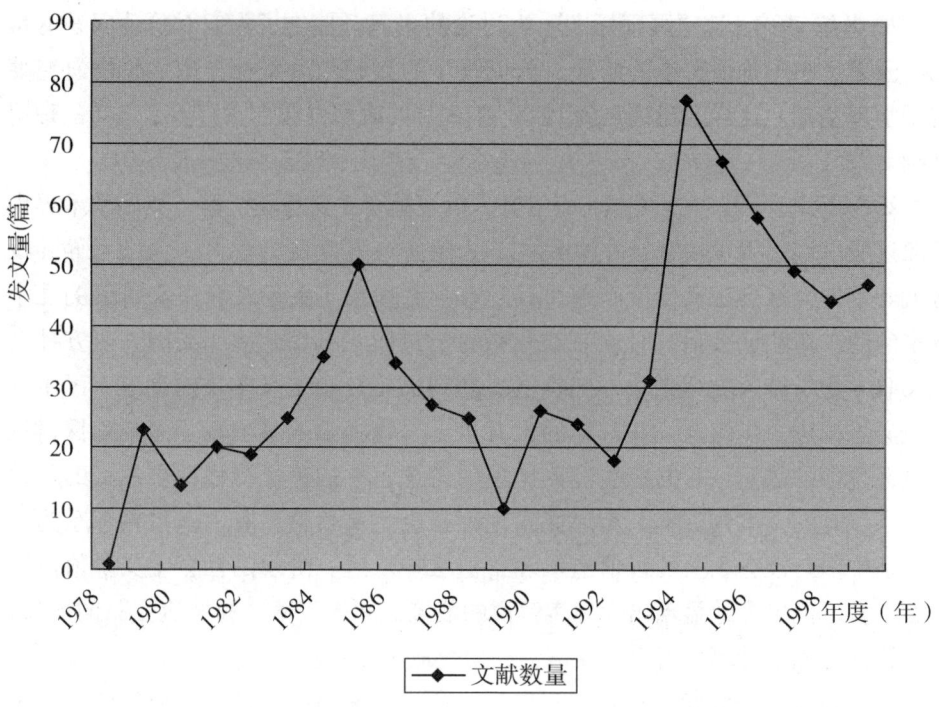

**图1-1　1978—1999年中国知网"社会主义价值"题名文献年度分布**

按作者分组情况是：孟东方（4）、吴绍琪（3）、杨从荣（3）、卫兴华（3）、赵心宪（3）、朱勋春（3）、李志（3）、刘井山（3）、赵甲明（3）、魏英敏（3）、周顺文（3）、李一鸣（3）、杨玉川（2）、王寿春（2）、华兰英（2）、沈世纬（2）、张国杰（2）、谷书堂（2）、俞明仁（2）、李云晋（2）、王锐生（2）、包心鉴（2）、李瑜青（2）、邹放鸣（2）、肖百冶（2）、宋才发（2）、林子华（2）、国世平（2）、袁恩桢（2）、宋萌荣（2）、朱林（2）、郭道夫（1）、胡刘（1）、朱旭红（1）、徐子白（1）、杜奋根（1）、大白（1）、王庆五（1）、陈吉元（1）、蒋永甫（1）等。

按机构分组情况是：中国人民大学（16）、中共中央党校（10）、北京大学（8）、南昌大学（6）、浙江大学（5）、陕西师范大学（5）、湘潭大学（4）、重庆大学（4）、中共四川省委党校（4）、清华大学（4）、渝州大学（4）、华南师范大学（4）、重庆教育学院（3）、福建师范大学（3）、华中师范大学（3）、中山大学（3）、中共陕西省委（3）、中国社会科学院（3）、中国矿业大学（3）、重庆医科大学（3）、武汉大学（3）、重庆师范学院（3）、杭州大学（3）、郑州大学（2）、广西大学（2）、中共江苏省委党校（2）、广州医学院（2）、北京师范学院（2）、南开大学（2）、湖南师范大学（2）、首都师范大学（2）、中共河南省委党校（2）、安徽师范大学（2）、华北水利水电学院（2）、山东大学（2）、山东省社会科学界联合会（2）、上海大学（2）、中共南宁市委党校（2）、北京师范大学（2）、西南师范大学（2）等。

按发表来源分组情况是：《经济研究》(17)、《上海中医药报》(9)、《教学与研究》(9)、《中州学刊》(8)、《中央财经大学学报》(7)、《人文杂志》(7)、《东岳论丛》(6)、《长白学刊》(6)、《学术月刊》(6)、《复旦学报（社会科学版）》(6)、《学术研究》(6)、《价格理论与实践》(5)、《国外社会科学》(5)、《学习与探索》(5)、《财贸经济》(5)、《湘潭大学学报（哲学社会科学版）》(5)、《湖南师范大学社会科学学报》(5)、《高校理论战线》(5)、《江西社会科学》(5)、《哲学研究》(5)、《经济问题探索》(5)、《浙江大学学报（人文社会科学版）》(5)、《中南财经政法大学学报》(5)、《理论前沿》(5)、《中国石油大学学报（社会科学版）》(5)、《经济问题》(5)、《社会科学报》(5)、《江汉论坛》(4)、《社会科学研究》(4)、《社会科学辑刊》(4)、《理论探讨》(4)、《聊城大学学报（社会科学版）》(4)》、《价格月刊》(4)、《南京政治学院学报》(4)、《求是学刊》(4)、《理论与改革》(4)、《安徽师范大学学报（人文社会科学版）》(4)、《齐鲁学刊》(4)等。

按文献关键词分组情况是：市场经济（10）、社会主义市场经济（9）、价值取向（7）、价值导向（6）、价值观念（6）、价值（3）、集体主义（3）、儒家伦理（3）、价值目标（2）、道德价值导向（2）、劳动价值论（2）、道德价值观（2）、契合点（2）、利益（2）、道德价值（2）、道德（2）、社会主义（2）、思想建设（1）、资本主义（1）、共同富裕（1）、知识价值功能（1）、社会主义社会的分配（1）、利益关系（1）、社会主义本质（1）、价值同构（1）、货币价值尺度（1）、人的价值（1）、价值决定（1）、共产主义（1）、西方价值论（1）、功利主义（1）、硬件（1）、社会主义商品经济（1）、个人主义（1）、功利价值观念（1）、重大价值（1）、社会平等（1）、社会利益（1）、构建应用（1）、价值观（1）等。

被引用超过4次的文献有56篇。

从以上分组情况看，可以得到以下几点结论。

（一）这一阶段，学者们仍然关注对社会主义经济价值及其规律的研究

文献题名中含有"价值规律"一词的有166篇，以"市场经济""社会主义市场经济""价值规律"为关键词的文献有30篇。在166篇中，文献发表最多的年份是1985年、1979年和1986年，分别为30篇、22篇和17篇。这些文

章中被引用最多的3篇文章是：

［1］周叔莲，吴敬琏，汪海波．价值规律和社会主义企业的自动调节．经济研究，1979（S1）．

［2］谷书堂．重新认识社会主义经济中的商品生产和价值规律．经济研究，1979（S1）．

［3］陆南如，问敏．社会主义经济中价值规律的作用和企业独立性的关系问题．经济研究，1979（3）．

这3篇文章都肯定了价值规律在社会主义经济建设中的重要作用。

总体看，改革开放以后，我国从学术到实践上都已经高度认可价值规律在社会主义市场经济中的指导作用。

（二）这一阶段，人们已经开始更多关注社会主义核心价值问题

从前文关于这段时间所有文献所使用关键词来看，这一时期我国学者已经开始关注社会主义核心价值的研究，尽管还没有提出"社会主义核心价值"的概念，但已经涉及并研究了关于社会主义核心价值的观念和关于社会主义核心价值体系的建构问题。

"价值取向、价值导向、价值观念、集体主义、社会主义本质、价值观、道德价值、道德价值观、实践标准、价值原则、效率、公平、道德、传统美德、社会平等"等关键词在大量文献中使用，而这些关键词也是社会主义核心价值所关注的观念或概念。

在以上所查阅的724篇文献中，有258篇题名含有"社会主义核心价值观"。这些文章中被引用超过5次的文献有22篇。这22篇文献都是学术论文，这些论文中被引用最多的几篇论文的观点摘要转述如下。

著名伦理学研究专家吴潜涛1999年的《价值观多样化态势与坚持社会主义集体主义价值观导向》一文被引用86次（截至2016年10月19日，下同），该文认为：

> 集体主义价值观要适应市场经济发展的要求，就必须进行体系结构的调整和内容更新。这种新的集体主义应具有三个特点：①强调集体形成的出发点是维护集体成员的正当的个人利益；②要体现道德要求的先进性与广泛性的统一；③要体现践行道德义务与谋求切身利益的统一。①

---

① 吴潜涛．价值观多样化态势与坚持社会主义集体主义价值观导向［J］．道德与文明，1999（4）：3-6.

在这里，吴潜涛教授对集体主义在社会主义价值观中的地位和作用做了深刻的评析，对社会主义制度中的集体主义做了建构性解读。

我国著名思想家于光远1981年的《社会建设与生活方式、价值观和人的成长》一文被引用40次，该文认为：

> 价值观，简单说来，指的是一个人在对各种社会实践（其中当然主要是对各种生活方式）进行评价时所持的观点。例如一个人在他的生活中会发生这样的问题：怎样的社会目的或怎样的生活方式应该给予高度的评价，值得自己为此奋斗；怎样的社会目的、怎样的生活方式不应该给予高度的评价，甚至不应该给以肯定评价，不值得自己为此奋斗。而在对这样的问题做出回答时会有一定的社会观点、哲学观点。这样的观点人们就把它叫作价值观……就科学社会主义的价值观来说，身心的健康发展是一个良好的社会目的。社会主义社会的目的是人的幸福，而身心的健康就是社会主义最终目的的最重要的一个方面。对健康不利的享受，是与社会主义的本性不相符合的。在社会主义建设中应该对用于享受的闲暇时间进行正确的引导。除了享受之外，还有一个发展的问题。这里所说的发展，是发展自己的才能，发展自己良好的个性。一个人要发展自己除了必要的发展资料外，也要有闲暇时间。虽然在一种适宜于发挥创造性或个性的工作岗位上，在劳动时间内一个人也可以提高自己的文化科学程度。但是闲暇时间更是一个普遍可以用来发展自己，使自己进一步成长的时间。在社会主义制度下，应该鼓励每个劳动者利用闲暇时间来发展自己的个性，在各个领域中取得尽可能好的成就。[①]

在这里，于光远第一次提出了社会主义价值观包括人们的休闲状况，清晰地呈现了社会主义制度中人性发展的重要性。

武汉市房地产管理局的王新华1998年所作的《论中国特色社会主义价值观及其构建》一文被引用15次，该文认为：

> 作为一种意识范畴，价值总是特定社会存在的反映，在不同的社会、不同的阶级、不同的时代，人们有着不同的价值观。价值观存在着个体之间的差异，也表现出一种群体上的普遍倾向。由于价值观直接主导着人们的行为，并间接地对整个社会的存在与发展产生影响，因而作为社会阶级

---

① 于光远. 社会主义建设与生活方式、价值观和人的成长 [J]. 中国社会科学，1981 (4)：3-12.

利益的代表,亦即社会的组织管理者及其代言人,都会有意识地构建一种具有导向性的价值评判系统,使之有利于社会健康有序发展。①

在这里,王新华对社会主义价值观在社会系统及其社会管理中的重要作用做了初步阐释,对社会主义价值观的定位有初步思考。

黑龙江省社会科学院金增林1997年的《论社会主义初级阶段的价值观建设》一文被引用14次,该文认为:

> 价值观建设是精神文明建设的基础性工程,关系到改革开放和社会主义现代化建设事业的成败,关系到党和国家的前途命运……价值观建设具有长期性、复杂性和深层次性。我们所要建设的价值观是社会主义的价值观,社会主义价值观建设必须坚持集体主义的导向原则,必须以培养"四有"新人为根本目的,必须贯彻"重在建设"的方针……培养"四有"新人是社会主义精神文明建设的根本目标,当然也是社会主义价值观建设的根本目标……"四有"就是有理想、有道德、有文化、有纪律。②

在这里,金增林教授将社会主义价值观的核心内容界定为"四有"。事实上,这是我国20世纪90年代对社会主义价值观的基本阐释,也是我国第一次对社会主义价值观的关键词进行概括和提炼。

浙江省委政策研究室王永昌1994年的《社会主义市场经济条件下价值观的变革与建设》一文被引用13次,该文认为:

> 改革开放和发展社会主义市场经济,将中国历史推进到了一个崭新的阶段。急速剧变、纷纭繁杂的现实生活,日趋自主的个性发展,纵横交错的利益关系和人际关系等,都带来了人们是非、利弊、得失、善恶等价值观念的种种变化……当代中国社会价值观念的深刻变化,有其历史的合理性和现实的客观根据。正确而自觉地引导这场变革,不但是必需的,而且日益显得迫切起来……价值观念作为一个社会存在和发展的重要条件,它有着广泛的内容。从一定意义上说,社会上存在的任何一种现象和人们做出的任何一种行为,背后都隐藏着相应的价值观念……当前着重要从三个方面来建设有中国特色社会主义的价值观。一是社会主义市场经济价值观建设。二是整个社会生活中普遍起控制和规范作用的现实价值观建设。三

---

① 王新华. 论中国特色社会主义价值观及其构建 [J]. 学习与实践, 1998 (7): 57-59.
② 金增林. 论社会主义初级阶段的价值观建设 [J]. 学习与探索, 1997 (6): 52-57.

是作为社会发展方向和社会要倡导的、指向未来的理想价值建设。①

在这里,王永昌对社会主义市场经济对社会主义价值观的影响及其在社会主义市场经济条件下如何建构社会主义价值观做了系统性阐释。

王永昌1997年的《论社会主义市场经济与社会主义价值观的统一》一文被引用11次,该文提出:

> 以解放思想、实事求是为当代中国价值观的哲学基础,以人民群众为当代中国价值观的最高主体,以建设有中国特色社会主义为当代中国价值观的共同理想,以经济建设和社会全面进步为当代中国价值观的总体内容,以"三个有利于"为当代中国价值观的根本标准,以"三个主义"和艰苦创业为当代中国价值观的基本导向……总之,有中国特色社会主义价值观必须理直气壮地倡导爱国主义、集体主义、社会主义和艰苦创业的价值导向,旗帜鲜明地反对极端个人主义、利己主义、拜金主义和享乐主义的价值观。②

在这里,王永昌对社会主义价值观做了比较系统和有高度的概括。

哲学家王锐生(1928—)1990年的《关于社会主义的价值和价值观》一文被引用13次,该文认为:

> 社会主义的价值是客观存在的,一是每个社会主义社会成员每日每时都可以感受到的。消灭剥削、人的个性全面发展、共同富裕、对劳动的尊重……都属于社会主义价值的范围。另一方面,如上所述,社会主义价值的实现又离不开一定的物质基础。因此科学理解的社会主义的价值观必然包含这两个方面。……要用马克思主义的立场、观点和方法去研究社会主义的价值和价值观及其与一般人类价值的关系。③

在这里,王锐生教授对社会主义价值的主要范畴——"消灭剥削、人的个性全面发展、共同富裕、对劳动的尊重"等联系当时社会经济发展状况展开了细致分析。

庞立生和王艳华1994年的《论社会主义价值观的发展历程》一文被引用10

---

① 王永昌. 社会主义市场经济条件下价值观的变革与建设[J]. 浙江社会科学,1994(2): 49-54,61.
② 王永昌. 论社会主义市场经济与社会主义价值观的统一[J]. 马克思主义研究,1997(2): 7-11.
③ 王锐生. 关于社会主义的价值和价值观[J]. 哲学研究,1990(1): 52-57.

次,该文提出:

> "三个有利于"标准的提出,标志着作为真、善、美高度统一的我国社会主义价值观的确立。它作为现实、全面、系统的社会主义价值观,反映了全体人民共同的价值期待,统摄着中国社会的价值取向,构成了社会成员实现其完整人生的价值基础,也是有中国特色的社会主义赖以生存和发展的唯一的现实的理性的抉择。①

正如上文所论述的,"三个有利于"是21世纪以前我国对社会主义价值观的最高概括。

**四、社会主义核心价值观研究**

这是社会主义核心价值研究的第四阶段。21世纪以来,社会主义价值研究进入第三个高潮期,以社会主义核心价值研究为主题。

进入21世纪以来,我国改革开放取得突出成就,社会经济飞速发展,政治与文化走向昌明繁荣,学术研究注重理论与实践相结合的创新发展。在这样的大背景下,社会主义价值研究不论从内容上,还是从形式上,越来越丰富多彩、成就突出,尤其是社会主义核心价值观的研究和提出,为社会主义价值研究指明了方向,确立了目标。

这一阶段,有两个标志性成就,一是2006年10月召开的党的十六届六中全会提出构建社会主义核心价值体系,推动了社会主义价值研究的进一步深化。二是十八大提出的社会主义核心价值观——"三个倡导",全面推进了社会主义价值研究。

这一时期的研究,大致可以分为四个部分:一是社会主义价值研究,二是社会主义价值观研究,三是社会主义价值体系研究,四是社会主义核心价值观研究。

(一)社会主义价值研究文献情况

从中国知网收录的文献看(以"社会主义价值"为题名模糊检索,至2018年4月7日),总数有13729篇,可以分组如下。

按发表年度分组:2018(48)、2017(321)、2016(393)、2015(595)、2014(895)、2013(1300)、2012(2059)、2011(1742)、2010(1690)、2009(1309)、2008(1480)、2007(1078)、2006(257)、2005(100)、2004(73)、

---

① 庞立生,王艳华. 论社会主义价值观的发展历程[J]. 东岳论丛,1994(2):14-17.

2003（102）、2002（159）、2001（87）、2000（38）。如图1-2所示。

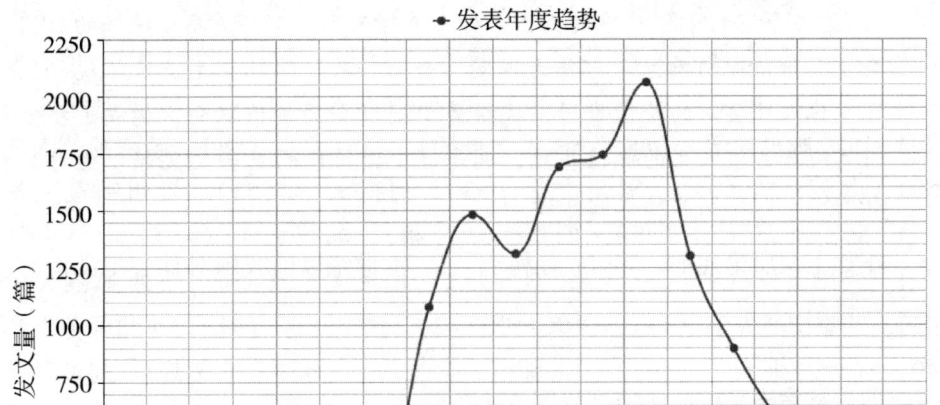

图1-2　2000—2018年中国知网"社会主义价值"题名文献年度分布

可以看出，21世纪以来，我国关于社会主义价值的研究，数量上总体呈现上升趋势，尤其是从2007年到2012年，数量持续增长，但2014年之后的五年有所下降。

按来源数据库分组：期刊（10379）、报纸（1874）、硕士论文（529）、国内会议（460）、教育期刊（374）、学术辑刊（57）、博士论文（40）、国际会议（16）。

可以看出，绝大多数文献是论文，说明我国学术界对于社会主义价值的研究是很重视的。

按作者分组：韩振峰（22）、田海舰（20）、周玉（18）、罗建文（14）、周家荣（14）、崔志胜（13）、廉永杰（12）、柯健（12）、李抒望（10）、王琴（10）、唐志龙（10）、马建军（9）、谢松明（9）、韩震（9）、刘爱莲（9）、宁晓菊（9）、陈赵阳（9）、王占锋（8）、迟成勇（8）、郝孚逸（8）、周家荣（8）、邱仁富（7）、王孝哲（7）、陈延斌（7）、李义丰（7）、胡宝平（7）、申维辰（7）、陆树程（7）、陆岩（7）、万生更（6）、陈清波（6）、李义丰（6）、王雪婴（6）、赵飞（6）、郑珠仙（6）、令小雄（6）、陈新汉（6）、王新红（6）、熊荣伍（6）等。

按所在机构分组：中国人民大学（146）、武汉大学（140）、中共中央党校（133）、东北师范大学（116）、西南大学（108）、福建师范大学（103）、华中师范大学（100）、河北大学（93）、吉林大学（84）、上海大学（79）、华东师范大学（75）、南京政治学院（75）、南京师范大学（74）、广西师范大学（70）、北京师范大学（70）、安徽大学（60）、复旦大学（59）、湖南师范大学（58）、南京大学（54）、郑州大学（53）、河南大学（53）、贵州师范大学（52）、云南师范大学（49）、四川大学（48）、苏州大学（47）、山东大学（47）、兰州大学（47）、南昌大学（45）、北京大学（45）、陕西师范大学（43）、北京交通大学（43）、中南大学（42）、南开大学（41）、河北师范大学（40）、合肥工业大学（39）、上海师范大学（39）、集美大学（37）、湖南科技大学（37）、辽宁大学（35）、天津师范大学（35）等。

从核心作者所在单位看，大部分作者是高校教师。从文献所在机构看，绝大多数文献来源于高校。这都说明，高校是我国社会主义价值研究的基本阵地和主要阵地。

按所资助基金分组：国家社会科学基金（601）、江苏省教育厅人文社会科学研究基金（78）、湖南省社会科学基金（32）、中国博士后科学基金（22）、四川省教委重点科研基金（12）、内蒙古教育厅基金（12）、全国教育科学规划（9）、黑龙江省社会科学基金（8）、跨世纪优秀人才培养计划（8）、江苏省科委社会发展基金（8）、辽宁省教育厅高校科研基金（8）、河南省软科学研究计划（7）、湖南省教委科研基金（7）、湖北省教委科研基金（6）、安徽省教育厅科研基金（6）、陕西省教委基金（6）、四川省教育厅自然科学基金（6）、上海市重点学科建设基金（5）、山东省软科学研究计划（5）、贵州省优秀科技教育人才省长专项基金（4）、浙江省教委科研基金（4）、湖南省科委基金（3）、江苏省青蓝工程基金（3）、安徽省高等学校青年教师科研资助项目（3）、黑龙江省博士后科研启动基金（2）、福建省教委科研基金（2）、辽宁省科委基金（2）、教育部科学技术研究项目（1）、广东省自然科学基金（1）、国家留学基金（1）、湖南省软科学研究计划（1）、甘肃省教委科研基金（1）、陕西省软科学研究计划（1）、重庆市科委基金（1）、重庆市教委科研基金（1）、山西省软科学研究计划（1）、河北省软科学研究计划（1）、北京市教委科技发展基金（1）、宁夏大学科研基金（1）等。

从资助基金看，我国国家哲学社会科学基金对社会主义价值研究是高度重视的，相关项目达到601项。

按发表来源分组：《学校党建与思想教育》（206）、《学理论》（172）、《光明日报》（155）、《思想理论教育导刊》（118）、《人民日报》（86）、《思想教育研究》（84）、《思想政治工作研究》（75）、《才智》（75）、《人民论坛》（72）、《求实》（71）、《前沿》（70）、《团结报》（66）、《经济研究导刊》（66）、《科学社会主义》（64）、《改革与开放》（62）等。

可以看出，《人民日报》《光明日报》等重要报纸和思想政治类期刊对社会主义价值研究都十分关注。

按关键词分组：社会主义核心价值体系（5354）、大学生（1144）、核心价值体系（1062）、社会主义（1036）、思想政治教育（572）、社会主义核心价值观（417）、高校（393）、价值（332）、引领（304）、社会主义核心价值（303）、核心价值（301）、和谐社会（294）、建设（268）、社会思潮（257）、教育（249）等。

可以看出，社会主义价值研究，重点和关键点都在社会主义核心价值研究。

（二）社会主义价值观研究文献梳理

以"社会主义价值观"为题名在中国知网精确检索（检索时间为2016年10月24日），文献数量总计275篇，起止时间为1989年到2016年。这些文献大致分类情况如下。

按发表年度分组：2016（17）、2015（23）、2014（18）、2013（18）、2012（12）、2011（14）、2010（12）、2009（11）、2008（12）、2007（10）、2006（24）、2005（11）、2004（5）、2003（4）、2002（5）、2001（12）、2000（11）、1999（7）、1998（6）、1997（6）、1996（11）、1995（9）、1994（7）、1993（1）、1992（3）、1991（3）、1990（2）、1989（1）。

按来源数据库分组：中国学术期刊网络出版总库（223）、特色期刊（22）、中国博士学位论文全文数据库（1）、中国优秀硕士学位论文全文数据库（9）、中国重要会议论文全文数据库（1）、中国重要报纸全文数据库（18）、中国学术辑刊全文数据库（1）。

按作者分组：孙伟平（6）、李德顺（3）、董丽娇（3）、赵静（3）、杨永志（3）、韩华（3）、白琳（2）、韩强（2）、王诚安（2）、宁健（2）、谭国太（2）、张传鹤（2）、李燕（2）、那青阳（2）、田佑中（2）、胡振平（2）、刘文德（2）、胡义成（2）、张伟新（2）、王琦（2）、元德保（2）、苏伟（2）、赵守运（2）、彭穗宁（2）、刘朝晖（2）、方爱东（2）、董丽娇（2）、展海冰（1）、李家珉（1）、杨小云（1）、韩仲志（1）、颜晓峰（1）、邹谨（1）、王植（1）、吉颖（1）、段如春（1）、周宁新（1）、方德乐（1）等。

按机构分组：中国社会科学院哲学研究所（5）、南开大学（5）、中共重庆市委党校（5）、中共中央党校（4）、浙江大学（4）、黑龙江科技大学（4）、郑州大学（4）、清华大学（3）、中共陕西省委党校（3）、北京大学（3）、燕山大学（3）、南京政治学院（3）、中共浙江省委（3）、东北师范大学（3）、西南大学（3）、安徽大学（3）、中共四川省委党校（3）、中国人民大学（3）、邯郸学院（2）、上海大学（2）、沈阳音乐学院（2）、泰山学院（2）、山西师范大学（2）、南京大学（2）、孝感学院（2）、上海社会科学院哲学研究所（2）、中共哈尔滨市委党校（2）、中国辩证唯物主义研究会（2）、中国政法大学（2）、江苏省泰兴市第四高级中学（2）、中共山东省委党校（2）、湖南师范大学（2）、南京工程学院（2）、阜新矿业学院（2）、安徽师范大学（2）、东北农业大学（2）、武汉大学（2）、陕西省社会科学院（2）、中共广西区委党校（2）、中共浙江省委党校（2）等。

按文献来源分组：《科学社会主义》（4）、《前沿》（4）、《湖北社会科学》（4）、《光明日报》（4）、《重庆行政》（4）、《当代世界与社会主义》（4）、《鸭绿江（下半月版）》（3）、《求实》（3）、《马克思主义研究》（3）、《才智》（3）、《上海中医药报》（3）、《四川省社会主义学院学报》（3）、《哲学研究》（3）、《世纪桥》（2）、《东岳论丛》（2）、《桂海论丛》（2）、《社会科学报》（2）、《胜利油田党校学报》（2）、《成功》（教育）（2）、《北京大学学报（哲学社会科学版）》（2）、《前线》（2）、《浙江社会科学》（2）、《党政干部学刊》（2）、《学理论》（2）、《河南大学学报（社会科学版）》（2）、《思想工作》（2）、《毛泽东邓小平理论研究》（2）、《学习与实践》（2）、《企业家天地下半月刊（理论版）》（1）、《中共浙江省委党校学报》（1）、《陕西社会主义学院学报》（1）、《上海集邮》（1）、《黑龙江社会科学》（1）、《当代思潮》（1）、《理论探讨》（1）、《党建研究》（1）、《九江职业技术学院学报》（1）等。

按关键词分组：社会主义价值观（78）、价值观（46）、社会主义（20）、大学生（15）、邓小平（13）、社会主义核心价值观（10）、核心价值观（8）、全球化（7）、中国特色社会主义（7）、市场经济（7）、集体主义（6）、和谐社会（5）、社会主义市场经济（5）、教育（4）、社会主义核心价值体系（4）、中国特色社会主义价值观（4）、西方价值观（4）、意义（3）、马克思主义（3）、以人为本（3）、塑造（3）、毛泽东（3）、传统价值观（3）、价值导向（3）、构建（3）、价值取向（3）、对策（3）、学生（3）、价值（3）、价值目标（3）、价值系统（3）、社会本位（2）、社会主义荣辱观（2）、科学发展观（2）、恩格斯（2）、核心（2）、人民利益（2）、一般价值观（2）、马克思主义价值观

(2)、指导意义（2）等。

（三）社会主义价值体系研究文献梳理

以"社会主义价值体系"为题名在中国知网精确检索（检索时间为2018年4月7日），文献数量总计40篇，起止时间为1983年到2018年。如果以"社会主义价值体系"为题名在中国知网模糊检索（检索时间为2018年4月7日），文献数量总计10843篇，除1959年的一篇文献之外①，起止时间仍然为1983年到2017年。精确检索与模糊检索结果相差很大，主要是由于从2006年提出社会主义核心价值体系之后关于"社会主义核心价值体系"的研究论文增加。我们这里只统计精确检索出的文献，关于"社会主义核心价值体系"的研究文献在后文中梳理。

这些文献大致分类情况如下。

按发表年度分组：2014（3）、2013（1）、2012（6）、2011（3）、2010（3）、2009（3）、2008（8）、2007（5）、2006（1）、2003（1）、2002（2）、1995（1）、1994（1）、1983（1）。

按来源数据库分组：中国学术期刊网络出版总库（35）、特色期刊（1）、中国优秀硕士学位论文全文数据库（1）、国际会议论文全文数据库（1）、中国重要报纸全文数据库（1）。

使用两次以上的关键词有：价值体系（8）、社会主义（8）、社会主义价值体系（8）、社会主义核心价值体系（5）、核心价值体系（3）、高校思想政治教育（3）、价值（2）、价值观念（2）、核心价值观（2）等。

被引用十次以上的论文只有3篇，以下为这3篇论文的基本论点。

黄斌（2006，被引用23次）认为：

> 人的自由全面发展深刻体现了科学主义价值理想，是现实社会主义理论与实践必须坚持的最本元的核心价值观。贯彻科学发展观，以人为本，构建与社会主义和谐社会相适应的价值体系，就必须遵循人的全面发展的价值逻辑，将自由民主、公正共富和新集体主义等置于社会主义价值体系的关键地位。②

黄莉（2010，被引用12次）认为：

---

① 孙冶方. 论价值——并试论"价值"在社会主义以至于共产主义政治经济学体系中的地位 [J]. 经济研究, 1959（9）: 42-69.
② 黄斌. 人的全面发展与社会主义价值体系的当代构建 [J]. 社会主义研究, 2006（5）: 10-12.

社会主义核心价值体系得到党员干部的普遍认同，但也存在着马克思主义指导"空壳化"，精神信仰"真空化"，主流道德"虚幻化"等主要问题。认真解决以上问题，积极探索社会主义核心价值体系的认同路径，模范践行社会主义核心价值观念，是党员干部的必由之途。①

刘林元（2008，被引用11次）认为：

增强社会主义意识形态的吸引力和凝聚力的关键，是把社会主义集体主义作为我们时代的主导价值观，反对个人利己主义的价值观。在社会主义市场经济条件下，我们要面对价值观多元化的现实，但必须提倡社会主义集体主义作为主导价值观。②

最早以"社会主义价值体系"为题名的论文是1983年霍茨·罗伯特撰写，严佩翻译的《社会主义价值体系》一文。③

2014年之后，就再没有以"社会主义价值体系"为题名的文献，这也说明，这一概念已经被舍弃。总体看，我国理论界使用"社会主义价值体系"这一概念并没有得到高度认同，相关研究也不够深入和系统。

（四）社会主义核心价值体系研究文献梳理

以"社会主义核心价值体系"为题名在中国知网精确检索（检索时间为2018年4月7日），文献数量总计10591篇，起止时间为2006年到2018年。如果以"社会主义核心价值体系"为题名在中国知网模糊检索（检索时间为2018年4月12日），文献数量总计10656篇，除了一篇文章是发表于1994年之外④，其他文献起止时间都是从2006年到2018年。对这10653篇文献进行分类，大致情况如下。

按发表年度分组：2016（152）、2015（339）、2014（699）、2013（1147）、2012（1861）、2011（1565）、2010（1551）、2009（1185）、2008（1317）、2007（899）、2006（79）、1994（1）。

按来源数据库分组：中国学术期刊网络出版总库（7749）、特色期刊

---

① 黄莉. 核心文化：社会主义价值体系认同状况探析 [J]. 中华文化论坛，2010（2）：5-8.
② 刘林元. 集体主义是社会主义价值体系的灵魂 [J]. 江海学刊，2008（6）：13-18.
③ 霍茨·罗伯特著，严佩译. 社会主义价值体系 [J]. 国外社会科学，1983（6）：47-48.
④ 赵永清. 民主社会主义思想体系的理论核心——基本价值论剖析 [J]. 江苏社会科学，1994（5）：44-48.

(695)、中国博士学位论文全文数据库（27）、中国优秀硕士学位论文全文数据库（396）、中国重要会议论文全文数据库（344）、国际会议论文全文数据库（9）、中国重要报纸全文数据库（1562）、中国学术辑刊全文数据库（24）。

按作者分组：周玉（18）、田海舰（17）、韩振峰（14）、周家荣（14）、崔志胜（13）、柯健（12）、廉永杰（12）、王琴（10）、马建军（9）、迟成勇（9）、陈赵阳（9）、唐志龙（9）、刘爱莲（9）、谢松明（9）、宁晓菊（9）、郝孚逸（8）、王占锋（8）、周家荣（8）、韩文乾（7）、李义丰（7）、邱仁富（7）、郑洁（7）、李前进（7）、韩振峰（7）、陆树程（7）、胡宝平（7）、申维辰（7）、陆岩（7）、陈新汉（7）、韩震（7）、杜向民（6）、陈成文（6）、周青山（6）、王新红（6）、梁晓宇（6）、汪早容（6）、万生更（6）、熊荣伍（6）、黎开谊（6）、陈清波（6）等。

按机构分组：武汉大学（100）、中国人民大学（95）、西南大学（87）、福建师范大学（86）、东北师范大学（84）、河北大学（80）、华中师范大学（76）、上海大学（69）、中共中央党校（64）、南京政治学院（52）、南京师范大学（50）、云南师范大学（48）、广西师范大学（47）、贵州师范大学（47）、华东师范大学（47）、湖南师范大学（46）、吉林大学（46）、北京师范大学（42）、复旦大学（41）、苏州大学（40）、郑州大学（39）、河南大学（39）、中南大学（39）、北京交通大学（34）、安徽大学（34）、四川大学（34）、哈尔滨师范大学（32）、上海师范大学（32）、南昌大学（32）、兰州大学（31）、西安理工大学（31）、山东大学（31）、哈尔滨理工大学（31）、河北师范大学（30）、河北农业大学（29）、南通大学（28）、贵州大学（28）、南开大学（28）、河海大学（27）、南京大学（27）等。

按基金分组：国家社会科学基金（403）、江苏省教育厅人文社会科学研究基金（66）、湖南省社会科学基金（21）、中国博士后科学基金（17）、四川省教委重点科研基金（12）、全国教育科学规划（8）、跨世纪优秀人才培养计划（7）、辽宁省教育厅高校科研基金（7）、黑龙江省社会科学基金（7）、内蒙古教育厅基金（7）、四川省教育厅自然科学基金（6）、江苏省科委社会发展基金（5）、河南省软科学研究计划（5）、湖南省教委科研基金（4）、湖北省教委科研基金（4）、上海市重点学科建设基金（4）、山东省软科学研究计划（4）、贵州省优秀科技教育人才省长专项（4）、安徽省教育厅科研基金（3）、浙江省教委科研基金（3）、辽宁省科委基金（2）、江苏省青蓝工程基金（2）、湖南省科委基金（2）、黑龙江省博士后科研启动基金（2）、河南省科技攻关计划（2）、陕西省教委基金（2）、福建省教委科研基金（2）、北京市教委科技发展基金

(1)、湖南省软科学研究计划（1）、山西农业大学科技创新基金（1）、陕西省软科学研究计划（1）、南京大学985项目（1）、天津市教委基金（1）、甘肃省教委科研基金（1）、重庆市科委基金（1）、重庆市教委科研基金（1）、江西省软科学研究计划（1）、河北省软科学研究计划（1）、国家自然科学基金（1）等。

按文献来源分组：《学校党建与思想教育》（181）、《学理论》（140）、《光明日报》（127）、《思想理论教育导刊》（100）、《思想教育研究》（74）、《人民日报》（70）、《思想政治工作研究》（67）、《团结报》（66）、《才智》（62）、《求实》（58）、《教育与职业》（55）、《前沿》（55）、《人民论坛》（51）、《学习月刊》（51）、《思想理论教育》（50）、《经济研究导刊》（49）、《思想政治教育研究》（49）、《文教资料》（48）、《世纪桥》（47）、《前进论》（46）坛、《科技信息》（46）、《传承》（46）、《改革与开放》（46）、《法制与社会》（44）、《湖北社会科学》（40）、《科学社会主义》（36）、《高校理论战线》（36）、《理论界》（34）、《光明日报》（34）、《山西高等学校社会科学学报》（34）、《社科纵横》（33）、《中国科教创新导刊》（32）、《湖北省社会主义学院学报》（32）、《广西社会科学》（32）、《辽宁行政学院学报》（32）、《党建》（30）、《理论导刊》（30）等。

按关键词使用分组：社会主义核心价值体系（5338）、大学生（1087）、核心价值体系（1080）、社会主义（708）、思想政治教育（549）、高校（383）、引领（293）、建设（261）、社会思潮（251）、教育（247）、核心价值（197）、价值观（178）、社会主义核心价值（177）、路径（174）、大众化（166）、认同（166）、途径（158）、意识形态（152）、校园文化（151）、社会主义核心价值体系教育（146）、价值体系（128）、马克思主义（123）、和谐社会（122）、社会主义核心价值观（107）、核心价值观（97）、和谐文化（97）、创新（91）、构建（90）、对策（84）、高职院校（80）、文化建设（80）、意义（79）、大学生思想政治教育（79）、践行（76）、内涵（73）、价值（72）、思想政治理论课（71）、中国特色社会主义（71）、民族精神（63）、作用（62）等。

从以上分组情况，得到以下几点结论。

一是从时间看，我国社会主义核心价值体系研究开始于2006年，发表文献最多的3年是2012年、2011年和2010年，而最早发表文章的年份是1994年，即赵永清的《民主社会主义思想体系的理论核心——基本价值论剖析》①。近年来，有关社会主义核心价值体系的研究文献，数量有所下降，也许主要原因是十八大以来随着社会主义核心价值观——"三个倡导"的提出，人们更加注意从社会主义核心价值观出发去研究问题和解决问题。

二是从来源数据库看，期刊论文占了绝大多数，占78.14%；其次是报纸文章，占14.46%；然后是硕士论文，占3.66%；国内会议文章，占3.18%。

三是从作者群看，发表论文最多的5位作者是周家荣（28）、韩振峰（27）、周玉（20）、田海舰（20）、崔志胜（17）。

四是从作者署名机构看，排名前5的是武汉大学（100）、中国人民大学（95）、西南大学（87）、福建师范大学（86）和东北师范大学（84）；在排名前40的机构中，师范院校比较多，占37.5%，这说明属于文科综合类的师范院校更加重视社会主义核心价值体系的研究与教学。

这5位作者的情况是：周家荣（1975—），男，安徽定远人，发表这些文章时为昆明医学院人文学院讲师，西安理工大学人文社科学院博士，主要从事马克思主义理论研究。韩振峰（1959—），男，河北清河人，发表这些文章时先后为河北大学党委宣传部部长（邓小平理论研究院院长）、北京交通大学人文学院院长，教授，博士生导师，主要从事思想政治教育研究。周玉（1975—），女，苗族，重庆人，法学博士，发表这些文章时为成都医学院思政部教授，主要从事马克思主义中国化研究与教学。田海舰（1970—），男，河北易县人，发表这些文章时最后署名是河北大学马列部教授，硕士生导师和中国社会科学院马克思主义研究院博士后，主要从事马克思主义理论研究。崔志胜（1974—），男，河南濮阳人，博士，发表这些文章时为河南大学马克思主义学院副教授，硕士生导师，主要从事中国特色社会主义研究。

排名前100的文献都被引用39次以上，在这100篇文献中，有96篇是期刊论文，占96%；有3篇是报纸文章，占3%；有1篇是博士论文②。从这一个角度看，期刊论文被引用率要高于报纸文章，这可能是由于期刊论文论述更学术化、电子化和网络化，容易获取和使用；而报纸文章多处于纸张传播中，上传网络较慢，影响了使用效率。

---

① 赵永清.民主社会主义思想体系的理论核心——基本价值论剖析［J］.江苏社会科学，1994（5）：44-48.
② 韩国顺.以社会主义核心价值体系引领大学生思想政治教育研究［D］.吉林大学，2011.

被引用最多的论文是《求是》发布的社论,该文是我国推进社会主义核心价值体系建设的标志性论文,代表了官方的声音,因此,被多次引用。该文认为:

> 党的十六届六中全会……第一次明确提出了"建设社会主义核心价值体系"这个重大命题和战略任务。这是我们党理论创新的又一重要成果,是加强社会主义和谐文化、和谐社会建设的重大举措,对于我们深化对中国特色社会主义本质的认识,全面推进中国特色社会主义伟大事业,具有重大而深远的意义。①

接下来,该文用三个部分阐释了社会主义核心价值体系的问题。首先,论述价值、价值观念、改革开放与社会主义价值观念及其发展的关系,分析了社会主义核心价值体系及其建设的重大意义。其次,围绕社会主义核心价值体系四个方面进行了深刻论述。论证了作为指导思想的马克思主义、毛泽东思想、邓小平理论和"三个代表"重要思想、科学发展观——社会主义核心价值体系的灵魂,论证了中国特色社会主义共同理想——社会主义核心价值体系的主题,论证了以爱国主义为核心的民族精神和以改革创新为核心的时代精神——社会主义核心价值体系的精髓,论证了社会主义荣辱观——社会主义核心价值体系的基础。最后,就社会主义核心价值体系四个方面的关系进行了阐释,认为社会主义核心价值体系重在建设:一是广泛深入的宣传教育十分重要;二是人民群众的亲身实践是最好的学习教育;三是建设社会主义核心价值体系,既是一个重大的现实课题,又是一项长期的历史任务,需要全党全社会共同努力。

中国人民大学吴潜涛教授2007年的《社会主义核心价值体系的科学内涵》一文,被引用344次,其中被期刊引用162次,被博士论文引用35次,被硕士论文引用145次,被会议论文引用2次。这篇论文被引用率高,原因可能就是该文界定了社会主义核心价值体系的内涵,也就是论证了社会主义核心价值体系包含哪些内容。该文认为:

> 社会主义核心价值体系是立足于社会主义经济基础之上的价值认同系统。在社会主义核心价值体系这一有机体中,马克思主义指导思想居于最高层面,是指对作为认识世界、改造世界的理论基础的马克思主义的价值认同,从根本上说,是指对人类社会发展规律的价值认同;中国特色社会

---

① 吴潜涛. 用中国特色社会主义核心价值体系引领大学生成长成才[J]. 思想理论教育导刊,2007(11):28-30.

主义的共同理想是指对国家、民族追求的未来美好发展前景的价值认同；以爱国主义为核心的民族精神和以改革创新为核心的时代精神，是指对实现共同理想的动力之源的价值认同；社会主义荣辱观居于重要地位，它指的是对公民思想行为选择标准的价值认同。①

显然，该文把社会主义核心价值体系界定为马克思主义、中国特色社会主义、爱国主义、社会主义荣辱观四个方面的价值认同。应该说，这是在社会主义核心价值观——"三个倡导"提出之前，对社会主义核心价值的最好概括。当然，这篇文章并没有突破秋石2007年的《论社会主义核心价值体系》一文对社会主义核心价值体系的定位。

戴木才、田海舰2007年的《论社会主义核心价值体系与核心价值观》一文首次对社会主义核心价值体系与核心价值观的关系做了系统阐释，该文认为：

> 社会主义核心价值体系与社会主义核心价值观，既有内在联系，又各有侧重，相互区别。社会主义核心价值体系是社会主义核心价值观的基础和前提，是社会主义核心价值观形成和发展的必要条件；社会主义核心价值观是社会主义核心价值体系的内核和最高抽象，体现社会主义的价值本质，决定社会主义核心价值体系的基本特征和基本方向，引领社会主义核心价值体系的建构。社会主义核心价值观渗透于社会主义核心价值体系之中，通过社会主义核心价值体系表现出来。②

该文还明确提出了社会主义核心价值观，该文认为：

> 以"富强、民主、文明、和谐"与"人的自由全面发展"为基本内容的社会主义核心价值观，体现着社会主义的价值本质，指导着社会主义的奋斗目标和前进方向，贯穿并渗透于以马克思主义理论为指导的社会主义伟大实践之中，是社会主义核心价值体系的内核，是社会主义制度的灵魂。抓住了这个核心价值观，就抓住了社会主义的价值需求、价值创造、价值体系、价值实现的前提和关键。③

该文对上述内容的清晰阐述，是多次被引用的原因。

---

① 吴潜涛. 社会主义核心价值体系的科学内涵 [J]. 道德与文明, 2007 (1)：4-7.
② 戴木才, 田海舰. 论社会主义核心价值体系与核心价值观 [J]. 中国党政干部论坛, 2007 (2)：36-39.
③ 戴木才, 田海舰. 论社会主义核心价值体系与核心价值观 [J]. 中国党政干部论坛, 2007 (2)：36-39.

在所有文献使用关键词方面，使用"社会主义核心价值体系"5339次，排名第一；其次就是"大学生"，使用1087次，排名第二；使用"高校"383次，排名第六。这说明，在社会主义核心价值体系建设过程中，高校或大学生是一个重要阵地、节点和平台。有关高校或大学生的社会主义核心价值体系的研究论文被引用率高，也是必然的。

李斌雄和张小秋（2007）认为：

> 社会主义核心价值体系反映了中国社会发展的历史规律和趋势，体现了人民的根本利益、全局利益和长远利益。要增强大学生对社会主义核心价值体系的认同，就必须充分理解价值认同的一般规律，注重灌输教育与自我教育、自我修养相结合，注重价值理论学习和价值生活实践相结合，引导大学生准确理解社会主义核心价值体系的精神实质，躬行践履社会主义核心价值体系的基本要求。①

徐柏才和张俊（2007）认为：

> 用社会主义核心价值体系指导大学生思想政治教育，必须以马克思主义作为指导思想，以中国特色社会主义共同理想作为核心内容，以爱国主义为核心的民族精神作为主旋律，以改革创新为核心的时代精神作为现实要求，以社会主义荣辱观作为道德准则，才能全面提高大学生的思想政治素质。②

张远新和何煦（2007）认为：

> 党的十六届六中全会系统阐发的社会主义核心价值体系为大学生核心价值观教育提供了依据和蓝本，大学思想政治教育应结合当代大学生价值观的特征，突出教育重点，逐步探索出大学生社会主义核心价值观教育的策略与途径。③

"红色资源"，也就是革命时期留下的革命遗址、革命文物、革命人物的精神等珍贵资源。民众可以通过参观这些红色资源受到爱国主义教育、革命传统

---

① 李斌雄，张小秋．大学生对社会主义核心价值体系的认同研究［J］．思想政治教育研究，2007（4）：6-9．
② 徐柏才，张俊．用社会主义核心价值体系指导大学生思想政治教育［J］．学校党建与思想教育，2007（2）：57-60．
③ 张远新，何煦．社会主义核心价值体系与当代大学生核心价值观教育［J］．思想教育研究，2007（10）：8-11．

教育和社会主义教育等。红色资源是建设社会主义核心价值体系的重要阵地和平台，因此，围绕红色资源去论述建设社会主义核心价值体系，得到人们的高度关注。江西师范大学的两位教授李康平、李正兴2008年的《红色资源开发与社会主义核心价值体系教育》一文发表以来被引用144次。该文指出了红色资源的开发在社会主义核心价值体系教育中的功用：一是红色资源的开发和利用，为社会主义核心价值体系教育提供了丰厚的"优质资源"；二是红色资源的开发和利用，有助于坚定社会主义理想信念教育的正确导向；三是红色资源的开发和利用，是弘扬民族精神和时代精神的天然途径。红色资源的开发和利用，增强了社会主义荣辱观教育的感染力和说服力。同时也指出了社会主义核心价值体系教育中红色资源开发运用的思路：一是开发和整合红色资源，形成时代性的教育成果；挖掘和提炼红色资源，构建适时性的内容体系；推广和应用红色资源成果，构建实践性的德育基地。还指出了红色资源开发在社会主义核心价值体系教育中的运用策略：一是要着力构建全员全方位的教育模式，二是要把红色资源教育纳入国民教育的全过程，三是要把红色资源教育纳入先进文化建设的全过程，四是要把红色资源教育纳入人民群众的生活实践过程。①

在排名前100的文献中，有三篇文章的作者相同，都是吴潜涛，而且都是2007年发表的。

吴潜涛《社会主义核心价值体系的科学内涵》和《准确理解社会主义核心价值体系的科学内涵》内容相同，分别发表在《道德与文明》和《人民日报》。而《用中国特色社会主义核心价值体系引领大学生成长成才》发表在《思想理论教育导刊》，该文对如何应用社会主义核心价值体系引领大学生成长成才进行系统分析，该文提出：

> 准确把握中国特色社会主义核心价值体系的科学含义和根本要求，及时有效地做好中国特色社会主义核心价值体系进教材、进课堂、进头脑工作，是坚持"育人为本、德育为先"教育理念，加强大学生思想政治教育的首要课题。要帮助大学生深刻理解中国特色社会主义理论体系是马克思主义中国化的最新成果，在当代中国，坚持中国特色社会主义理论体系，就是真正坚持马克思主义，努力用中国特色社会主义理论武装头脑，与时俱进地坚持马克思主义；要帮助大学生永远铭记改革开放的伟大成就和宝贵经验，深刻领悟只有社会主义才能救中国，只有改革开放才能发展中国、

---

① 李康平，李正兴. 红色资源开发与社会主义核心价值体系教育［J］. 道德与文明，2008（1）：86–88.

发展社会主义这一经过实践检验的真理,树立中国特色社会主义共同理想;要帮助大学生正确认识世情,正确认识"两个不变"的基本国情和全面建设小康社会的新要求,在新的历史起点上继续发展中国特色社会主义的伟大事业中,弘扬民族精神和时代精神;要帮助大学生在成人成才的实践中,以英雄模范为榜样,自觉履行法定义务、社会责任、家庭责任,自觉实践社会主义荣辱观,不断提高思想道德素质和法律素质,涵育优良的个人品德,弘扬社会正气,促进形成男女平等、尊老爱幼、互爱互助、见义勇为的社会风尚。①

李斌雄2007年的《我国社会主义核心价值体系教育的内容结构》论述了社会主义核心价值体系教育的内涵和结构,该文认为:

> 社会主义核心价值体系教育的基本内容包括四项,即马克思主义价值理论教育和党的价值观教育,中国特色社会主义共同理想教育,以爱国主义为核心的民族价值观和以改革创新为核心的时代价值观教育,社会主义荣辱观教育。这四项基本内容具有内在的结构关系,其中马克思主义价值理论教育是基础理论性内容,党的价值观教育是核心内容,中国特色社会主义共同理想教育是实质性内容,以爱国主义为核心的民族价值观教育是民族性内容,以改革创新为核心的时代价值观教育是时代性内容,社会主义荣辱观教育是行为规范性内容和操作性切入点。②

戴木才在2007年、2009年、2011年三次发表了关于社会主义核心价值研究的论文,分别被引用335次、128次和40次。戴木才、田海舰在《社会主义核心价值体系建设需要深化研究的若干理论问题》中首次论述了有关社会主义核心价值体系建设的相关理论创新问题,该文认为:

> 加强社会主义核心价值体系建设,是我们党适应思想文化领域的新变化提出的一项重大战略任务,是加强党的思想理论建设的一项新课题,既要重视实践探索,更要重视理论创新。大力推进社会主义核心价值体系建设,需要不断深化研究社会主义核心价值体系与资本主义核心价值体系的关系、与"非科学"的社会主义核心价值体系的关系、与社会主义最高价

---

① 吴潜涛. 用中国特色社会主义核心价值体系引领大学生成长成才[J]. 思想理论教育导刊,2007(11):28–30.
② 李斌雄. 我国社会主义核心价值体系教育的内容结构[J]. 思想理论教育,2007(1):27–32.

值体系的关系、与社会主义核心价值观的关系、与人类社会文明发展共同价值的关系等理论问题。①

戴木才在2001年的《论社会主义核心价值观与核心价值体系的辩证关系——中国特色社会主义核心价值观探索之一》中论证了社会主义核心价值观与核心价值体系的辩证关系，该文认为：

> 社会主义核心价值体系是社会主义核心价值观形成和发展的必要条件、存在基础和重要载体，社会主义核心价值观渗透于社会主义核心价值体系之中，通过社会主义核心价值体系表现出来；社会主义核心价值观是社会主义核心价值体系的内核，高度概括和最高抽象，体现社会主义的价值本质，决定社会主义核心价值体系的根本性质、基本方向和基本特征，引领和主导社会主义核心价值体系的建构，两者是相辅相成、相互依存、辩证统一的有机整体。②

在100篇文章中，著有2篇以上的作者有：陈秉公、陈新汉、陈延斌、黄蓉生、李崇富、陆树程、梅荣政、秋石、石云霞、尹伶俐、张耀灿（排名不分先后）。他们的文章从不同领域、不同角度，用不同方法论述了社会主义核心价值体系建设。

（五）社会主义核心价值观研究文献梳理

以"社会主义核心价值观"为题名在中国知网精确检索（检索时间为2018年4月12日），文献数量总计20660篇，起止时间为2005年到2018年。对这2万余篇文献，我们做如下统计梳理。

按发表年度看，其分布情况是：2018（362）、2017（3752）、2016（4642）、2015（5387）、2014（4384）、2013（908）、2012（420）、2011（254）、2010（214）、2009（133）、2008（113）、2007（68）、2006（4）、2005（1）。如图1-3所示。可以看出，近五年来，社会主义核心价值观的研究如火如荼，数量都在4000篇以上，说明社会主义核心价值观得到学界的高度重视。

从这些文献所属学科看，分布如下：思想政治教育（8640）、高等教育（6834）、职业教育（1037）、中等教育（924）、新闻与传媒（640）、文化

---

① 戴木才，田海舰. 社会主义核心价值体系建设需要深化研究的若干理论问题［J］. 马克思主义研究，2009（9）：5-12，159.
② 戴木才. 论社会主义核心价值观与核心价值体系的辩证关系——中国特色社会主义核心价值观探索之一［J］. 南昌航空大学学报（社会科学版），2011（2）：1-8.

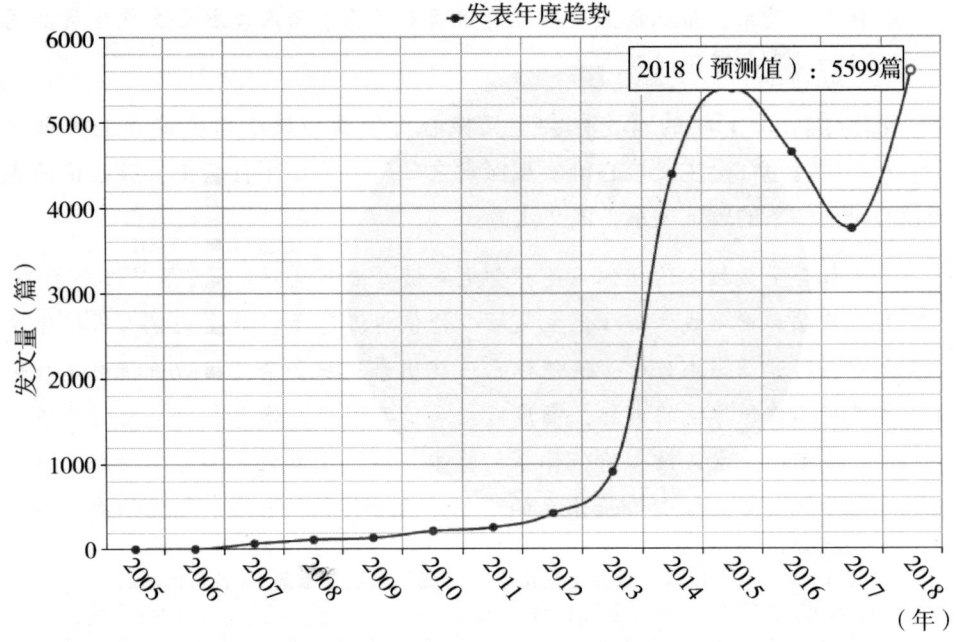

图1-3 中国知网"社会主义核心价值观"题名文献发表趋势

(528)、中国政治与国际政治(524)、政党及群众组织(500)、中国共产党(453)、教育理论与教育管理(404)、初等教育(348)、行政学及国家行政管理(203)、企业经济(185)、马克思主义(162)、工业经济(153)、哲学(151)、法理法史(126)、成人教育与特殊教育(104)、伦理学(97)、医学教育与医学边缘学科(85)、农业经济(64)、体育(64)、戏剧电影与电视艺术(62)、诉讼法与司法制度(60)、宗教(53)、出版(53)、图书情报与数字图书馆(48)、军事(47)、外国语言文字(46)、中国文学(45)、医药卫生方针政策与法律法规研究(43)、宏观经济管理与可持续发展(40)、文艺理论(37)、中国语言文字(34)、交通运输经济(30)、音乐舞蹈(30)、文化经济(30)、金融(27)、美术书法雕塑与摄影(27)、政治学(26)。可以看出排在前10位的学科领域是：思想政治教育、高等教育、职业教育、中等教育、新闻与传媒、文化、中国政治与国际政治、政党及群众组织、中国共产党、教育理论与教育管理。如图1-4所示。

从文献所属作者看，排名靠前的作者主要有：韩震(14)、黄蓉生(14)、田海舰(11)、王学俭(11)、郭超(11)、石中英(11)、戴木才(10)、浦玉忠(10)、杨兴林(10)、杨建义(9)、郭超(9)、柳礼泉(8)、杨永志(8)、迟成勇(8)、田夏彪(8)、吴潜涛(8)、刘峥(8)、刘文佳(8)、安小文

<<< 第一章 社会主义核心价值观的研究与发展

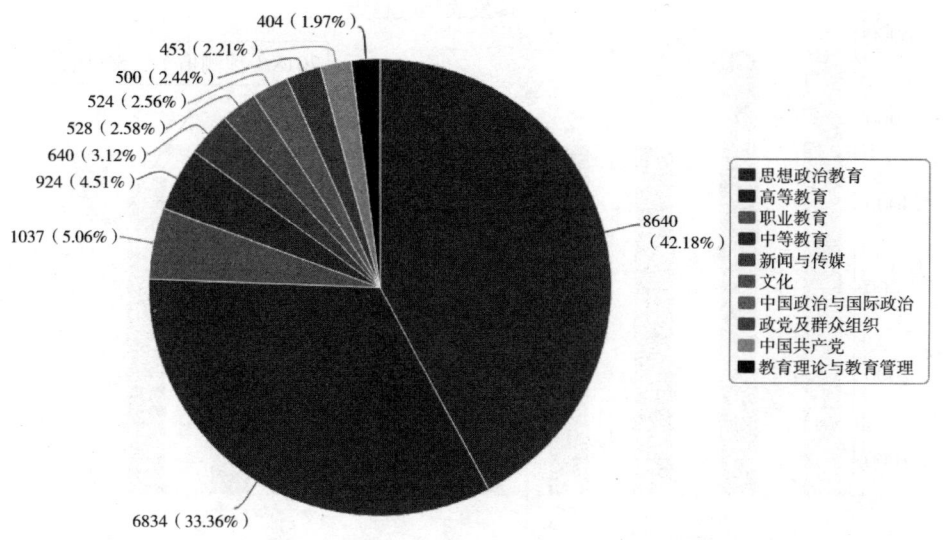

图1-4 中国知网"社会主义核心价值观"题名文献前10名学科领域

(7)、张有武(7)、邱仁富(7)、左亚文(7)、陈俊(7)、薛明珠(7)、陈延斌(7)、叶小文(7)、何临春(7)、陈佳(7)、刘艳萍(7)、王越芬(7)、徐光科(7)、胡洪彬(7)、孙兰英(7)、陈秉公(6)、赵丽丽(6)、何小春(6)、张伟(6)、余林(6)、欧清华(6)、方爱东(6)等。发表10篇以上文献的作者情况如图1-5所示,这些作者大多数是高校教师,其中部分还是高校领导,长期从事马克思主义理论研究,尤其是从事思想政治教育研究,在社会主义核心价值观理论研究与实践指导方面,都有独到的见解和针对性、可行性高的实现方法。

按文献所属单位看,排名靠前的作者单位主要有:西南大学(151)、武汉大学(136)、北京师范大学(121)、福建师范大学(110)、中国人民大学(104)、东北师范大学(81)、中共中央党校(80)、华中师范大学(80)、北京交通大学(79)、郑州大学(73)、西华师范大学(70)、内蒙古师范大学(70)、清华大学(69)、吉林大学(67)、安徽大学(66)、河北大学(66)、华东师范大学(65)、广西师范大学(61)、南京师范大学(60)、安徽师范大学(60)、辽宁大学(59)、南开大学(59)、云南大学(55)、北京大学(52)、山西师范大学(52)、沈阳师范大学(52)、电子科技大学(51)、河北师范大学(49)、兰州大学(49)、湖南师范大学(49)、河南大学(49)、山东师范大学(48)、贵州师范大学(48)、闽南师范大学(47)、首都师范大学(46)、西南石油大学(46)、上海大学(46)、山东大学(46)、辽宁师范大学(46)、江苏

53

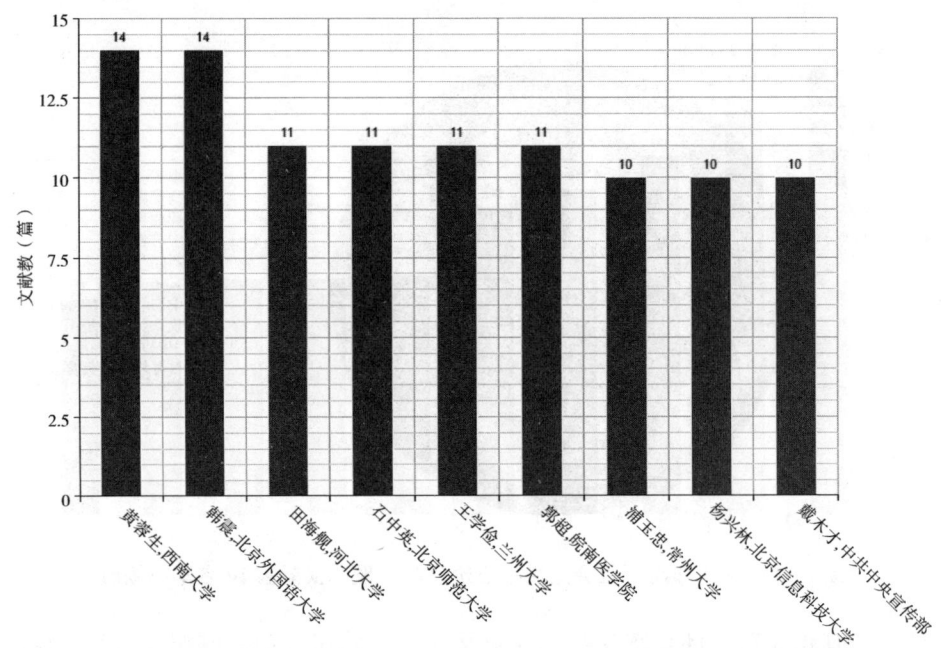

图1-5 中国知网有10篇以上"社会主义核心价值观"题名文献的作者

师范大学（45）等。从作者所在单位看，从事社会主义核心价值观研究的作者大多数都在师范院校，师范院校肩负培养中小学教师的责任，师范院校教师也就特别注重针对学生的思想品德教育，对师范类在校生进行持续的社会主义核心价值观教育是应有之义，各个师范院校也倍加重视这方面的研究。文献所属机构前10如图1-6所示。

从文献被资助情况看，主要得到以下基金的资助：国家社会科学基金（764）、江苏省教育厅人文社会科学研究基金（186）、湖南省社会科学基金（89）、陕西省教委基金（29）、全国教育科学规划（28）、黑龙江省社会科学基金（24）、中国博士后科学基金（21）、内蒙古教育厅基金（19）、湖南省教委科研基金（18）、河南省软科学研究计划（16）、浙江省教委科研基金（16）、四川省教委重点科研基金（15）、跨世纪优秀人才培养计划（12）、江苏省青蓝工程基金（11）、江苏省科委社会发展基金（10）、辽宁省教育厅高校科研基金（5）、福建省教委科研基金（5）、国家留学基金（4）、重庆市教委科研基金（4）、陕西省软科学研究计划（4）、吉林省教委科研基金（3）、教育部科学技术研究项目（3）、湖北省教委科研基金（3）、安徽省教育厅科研基金（3）、四川省软科学研究计划（3）、黑龙江省博士后科研启动基金（2）、国家自然科学

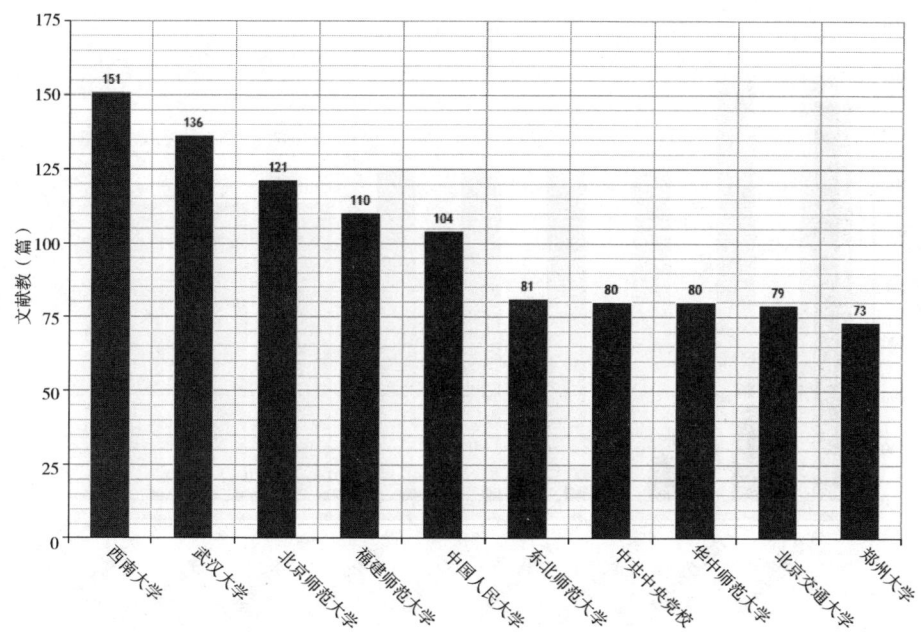

**图1-6 中国知网"社会主义核心价值观"题名文献所属机构前10名**

基金(2)、四川省高等教育新世纪教育改革工程基金(2)、上海市重点学科建设基金(2)、上海市教委曙光计划(2)、天津市教委基金(2)、河南省教委自然科学基金(1)、福建省软科学研究计划(1)、海南省教育厅科研基金(1)、贵州省优秀科技教育人才省长专项(1)、教育部留学回国人员科研启动基金(1)、北京市优秀人才基金(1)、宁夏高校科研基金(1)、中国科学院知识创新工程基金(1)等。国家社会科学基金是国家最高层次的哲学社会科学研究项目,代表了国家层级的哲学社会科学研究需要和水平,有764项国家社会科学基金涉及社会主义核心价值观研究,足见我国学界对此问题的重视。文献被资助前10情况如图1-7所示。

按文献的发表类型看,其分布是:期刊(13854)、报纸(3546)、教育期刊(1925)、硕士(801)、国内会议(370)、学术辑刊(118)、博士(36)、国际会议(12)。这说明,这一主题研究主要还是以期刊为主要发表渠道。

从关键词使用看,使用较多的关键词包括:社会主义核心价值观(10782)、大学生(2735)、核心价值观(1990)、培育(1038)、社会主义(780)、践行(596)、高校(590)、路径(551)、教育(475)、思想政治教育(417)、价值观(373)、新媒体(365)、社会主义核心价值观教育(331)、认同(303)、高职院校(246)等。从上可以看出,在社会主义核心价值观研究中,"大学生"

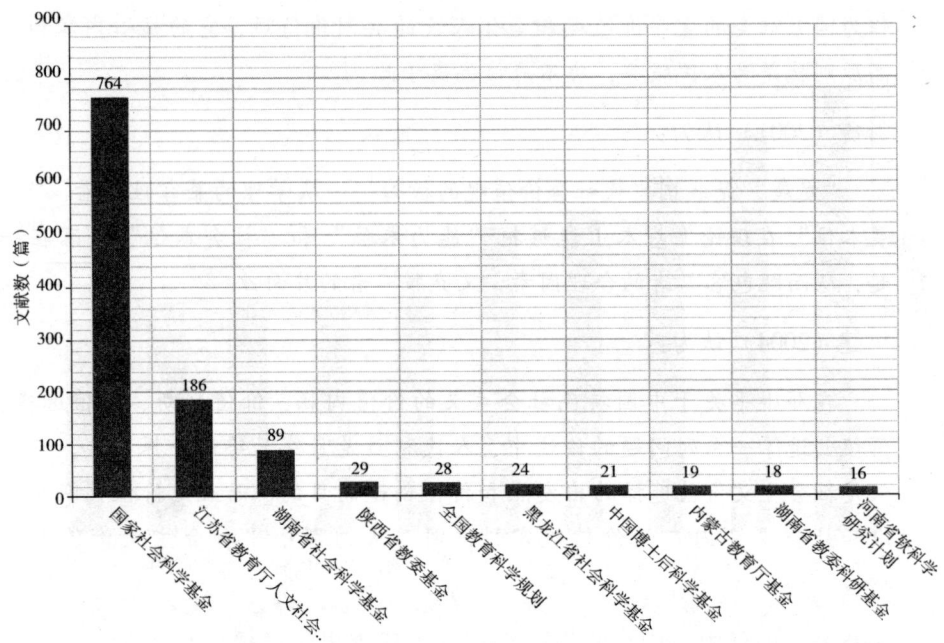

**图 1-7 中国知网"社会主义核心价值观"题名文献被资助基金前 10 名**

是一个重点和主要研究对象,如何培育、践行社会主义核心价值观等是研究的重要角度和取向。

从以上收录文献看,2005 年前,没有精确题目中含有"社会主义核心价值观"的文章。但有 4 篇文章论述到社会主义核心价值观问题。

张维祥(2000)的文章认为:

> 社会本位价值观既是社会主义基本原则的体现,也是改革开放形势的客观要求。以这一核心理念为基础,新中国成立 50 年来形成了以人民为本的政治理念、全心全意为人民服务的道德宗旨和无私奉献的个人品德等一系列具体原则和要求,指导着我们生活的各个方面,成为社会主义意识形态的一个有机组成部分。在人类刚迈入 21 世纪的时候,我们更应该继承和发扬这些原则和要求,而不是用其他的观点来修正或代替它们。①

李德顺(2001)认为:

> 社会主义价值观是一个丰富的思想体系,包含许多的具体内容和层次。

---

① 张维祥. 能力本位是社会主义价值观的核心理念吗?[J]. 北京大学学报(哲学社会科学版), 2000 (2): 5-14.

作为国家社会的主导价值观和全体人民的共同价值观，它的核心内容和最高原则就是为人民服务，决不应该偏离于此。①

彭赟（2001）认为：

"发展"是我国当代社会价值观的核心……从学理的兼容性上看，"发展本位"在理论上基本上能够把"能力本位"和"社会本位"兼容在一起，从而既包容二者的合理因素，又克服二者的片面性。②

宁健（2004）认为：

在邓小平关于中国特色社会主义的价值内涵、价值判断、价值选择、价值创造等一系列问题的论述中，人民利益是贯穿始终的一根红线，它不仅是社会主义价值选择的出发点和价值创造的目的，而且是价值判断的标准和社会主义内在的价值规定性，因而成为邓小平社会主义价值观的核心。③

2005年，时任中共中央党史研究室副主任李忠杰教授接受《科学社会主义》杂志记者采访，明确提出了"社会主义核心价值观"概念并做了专题阐述。李忠杰教授认为：

认真研究中国特色社会主义的核心价值问题，争取构建中国特色社会主义的核心价值观，可能是把中国特色社会主义理论与实践推向前进的一个着力点，也是进一步丰富和发展科学社会主义理论的一个切入点……中国特色社会主义，是立足于当代中国实际的社会主义。中国特色社会主义的核心价值既具有社会主义的共性，又有中国的个性，同时还具有时代性。我们要把中国特色社会主义的理论与实践进一步推向前进，就必须及时注意研究它的核心价值，适时构建起中国特色社会主义的核心价值观。

随着邓小平理论和"三个代表"重要思想的形成，价值问题已经越来越多地进入了我们的理论和实践。无论对于整个中国特色社会主义，还是对于日常的工作和生活，价值问题都是非常重要的。为了推动我们事业的发展，必须明确提出中国特色社会主义核心价值观的命题，认真研究和构

---

① 李德顺. 为人民服务社会主义价值观的核心和最高原则 [J]. 党政干部学刊，2001 (5)：6-7.
② 彭赟. 能力本位·社会本位·发展本位——关于"社会主义价值观核心理念"的思考与对话 [J]. 北京大学学报（哲学社会科学版），2001 (5)：33-44.
③ 宁健. 人民利益：邓小平社会主义价值观的核心 [J]. 桂海论丛，2004 (5)：24-27.

建中国特色社会主义的核心价值观……以下的一些范畴能不能算是中国特色社会主义的核心价值呢？发展、富裕、民主、文明、公平、正义、友爱、互助、安定、和谐等。①

2005年，在中国知网能够查阅到的题名精确含有"社会主义核心价值观"的论文，到了2006年，就有了4篇，而后从2007年的68篇增长到2017年的3752篇，2018年的数量会高于2017年，总体呈现快速增长的趋势。

2006年发表的题名精确含有"社会主义核心价值观"的文章，2篇是在报纸上发表，2篇是在会议上发表，说明当年学术期刊还没有注意到这个主题的研究。其中，在《光明日报》发表的《用社会主义核心价值观凝聚人心》一文提出：

要用社会主义核心价值观凝聚人心，指导工作……尽快提高干部队伍理论学习的自觉性，努力用社会主义核心价值体系武装干部的头脑。……掌握马克思主义基本立场、观点和方法，树立正确的世界观、人生观、价值观、权力观、地位观、利益观，增强政治意识、大局意识、责任意识、廉政意识、服务意识。②

《北京日报》发表的《社会主义核心价值观是构建和谐企业的根本》一文认为：

要把社会主义核心价值体系融入企业精神文明建设和企业文化建设全过程，贯穿生产经营建设的各个方面……企业党组织是坚持、倡导社会主义核心价值观，构建和谐企业的政治核心。③

在已经发表的题名精确含有"社会主义核心价值观"，并且被引用次数排名前50的文章中，有一篇被引用305次，4篇被引用超过200次以上，29篇被引用超过100次，16篇被引用超过70次。这说明以"社会主义核心价值观"为题名的文章，可以产生较大的学术影响力。

北京师范大学马克思主义学院教授、博士生导师冯留建的《社会主义核心价值观培育的路径探析》一文被引用305次，这在马克思主义理论研究中属于被引用率较高的文献。其中，被学术期刊论文引用194次，被博士论文引用7

---

① 记者. 构建中国特色社会主义核心价值观——访李忠杰教授 [J]. 科学社会主义, 2005 (2): 3-7.
② 陈建强. 用社会主义核心价值观凝聚人心 [N]. 光明日报, 2006-12-29 (3).
③ 朱继民. 社会主义核心价值观是构建和谐企业的根本 [N]. 北京日报, 2006-12-04 (17).

次,被硕士论文引用 104 次。该文认为:

("三个倡导的")核心价值观奠定了国家制度的道义基础,决定着一个社会的主导价值,堪称兴国之魂。社会主义核心价值观的培育是一个逐步积累、形成共识的过程,它的培育路径是多元的,理论认知是社会主义核心价值观培育的思想基础,理论认知有助于理解社会主义核心价值观的凝练历程,把握社会主义核心价值观的内在逻辑及其历史地位。价值认同是社会主义核心价值观培育的本质要求,要实现自觉的价值认同必须建立接受内化机制、实践强化机制和灌输引导机制。道德规范是社会主义核心价值观培育的内在保障,道德规范既要加强公民个人品德建设,又要提高公民道德修养,同时还要健全道德规范机制。①

《着力培育和践行社会主义核心价值观》被引用 282 次,其中,被学术期刊论文引用 196 次,被博士论文引用 9 次,被硕士论文引用 75 次,被会议报告引用 2 次。

《大学生认同与践行社会主义核心价值观研究》是一篇博士论文,总被引用 255 次,其中,被学术期刊论文引用 129 次,被博士论文引用 14 次,被硕士论文引用 108 次,被会议报告引用 4 次。该文认为:

研究大学生认同与践行社会主义核心价值观,就是要在找准大学生认同核心价值观的理论依据的基础上,科学规划认同的导引体系,深入探讨认同的内化机理;准确把握大学生认同与践行核心价值观的辩证互动关系,探索和寻求大学生践行核心价值观的动力机制和外化途径,为社会主义核心价值观进校园、进课堂、进头脑,进而促进大学生思想政治教育工作的创新发展,提供清晰的思路、途径、切入点和切实可行的方法体系。②

《把培育和弘扬社会主义核心价值观作为凝魂聚气强基固本的基础工程》一文总被引用 226 次,其中被学术期刊论文引用 169 次,被博士论文引用 4 次,被硕士论文引用 49 次,被会议报告引用 4 次。

《积极培育和践行社会主义核心价值观》一文总被引用 207 次,其中被学术期刊论文引用 137 次,被博士论文引用 11 次,被硕士论文引用 57 次,被会议报告引用 2 次。

除了以上中国知网收录的文献外,近年来,我国还出版了大量的社会主义

---

① 冯留建. 社会主义核心价值观培育的路径探析 [J]. 北京师范大学学报(社会科学版), 2013 (2): 13-18.
② 刘峥. 大学生认同与践行社会主义核心价值观研究 [D]. 中南大学, 2012.

核心价值观著作。查阅中国国家馆馆藏目录，题名含"社会主义核心价值观"的文献有951篇（含重复记录），其中专著346部，学位论文118篇，电子文献4篇；关键词使用最多的语词是——"社会主义建设"246次，"大学生"32次，"社会主义核心价值观"28次，"故事"12次，"社会主义建设模式"12次；著作署名最多的作者是——韩震16次，庄乾坤12次，庄会锋12次，中共日照市委12次，骆道营12次。

韩震主编的社会主义核心价值观宣传教育读本2015年在中国人民大学出版社出版。这套丛书共12本，是"十二五"国家重点图书出版规划项目，北京市社会科学理论著作出版基金重点资助项目，教育部规划的高校主题出版的成果。书中系统而简洁明了地阐释了社会主义核心价值观的12个关键词。这12本书的基本情况如下。

《社会主义核心价值观·关键词——富强》（韩震总主编，倪霞等编著）共分4章，包括"正本清源话富强""富强：中华民族的美好愿望和百年期盼""富强：社会主义的本质要求""当代中国行进在通往富强的大道上"。

《社会主义核心价值观·关键词——民主》（韩震总主编，石碧球编著）共分5章，包括"什么是民主""民主的中国历程""民主的中国式表达""中国式民主的价值""中国式民主的建构"。

《社会主义核心价值观·关键词——文明》（韩震总主编，李晓东编著）共分4章，包括"追根溯源说文明""诗书继世文明远""任重道远铸国魂""自信文明重践行"。

《社会主义核心价值观·关键词——和谐》（韩震总主编，章伟文、黄义、蒋胜英编著）包括如何理解"和谐"与"和谐社会"、中华民族传统文化对构建社会主义和谐社会的启示、"和谐"是基于中国文化传统的价值理念、"和谐"是体现社会主义特征的价值理念等内容。

《社会主义核心价值观·关键词——自由》（韩震总主编，吴玉军编著）包括"自由：人类共同的价值追求""自由：不可或缺的基本价值""自由：社会主义的题中应有之义""社会主义自由的基本原则""中国特色社会主义与自由的实现"等内容。

《社会主义核心价值观·关键词——平等》（韩震总主编，吴晓云编著）包括平等观念的由来、平等的基本含义、平等的价值指向、平等的制度实现等内容。

《社会主义核心价值观·关键词——公正》（韩震总主编，王葎编著）共分5章，包括"公正：人类社会生活的基本价值追求""东西方文化中的公正传统""公正的现代价值意涵""公平正义：中国特色社会主义的内在要求"。

《社会主义核心价值观·关键词——法治》（韩震总主编，韩震、严育编著）共分3章，包括"法治溯源：从法的统治到全面推进依法治国""走法治正道：坚持中国特色社会主义法治道路""固安邦之本：坚持依宪治国、依宪执政"。

《社会主义核心价值观·关键词——爱国》（韩震总主编，董立河编著）共分4章，包括"古今中外说爱国""中华民族的爱国传统""新时代爱国主旋律""讲好爱国故事，搞好爱国活动"。

《社会主义核心价值观·关键词——敬业》（韩震总主编，刘丹编著）共分3章，包括"何为敬业：公民的基本职业操守""为何敬业：敬业的价值与意义""如何敬业：三位一体，三管齐下"。

《社会主义核心价值观·关键词——诚信》（韩震总主编，刘翔、薛刚编著）共分4章，包括"诚信的概念梳理""诚信的历史溯源""诚信的当代意义""诚信何以可能"。

《社会主义核心价值观·关键词——友善》（韩震总主编，李荣、冯芸编著）共分4章，包括"溯本求源话友善""善以立世天下同""任重道远倡友善""践行友善自我行"。

同时，韩震还出版了题名含有社会主义核心价值观的5部专著，即《社会主义核心价值观与中国文化国际传播》（中国人民大学出版社，2017）、《社会主义核心价值观新论：引领社会文明前行的精神指南》（中国人民大学出版社，2014）、《社区居民社会主义核心价值观读本》（高等教育出版社，2014）、《社会主义核心价值观凝练研究》（北京师范大学出版社，2012）和《社会主义核心价值观五讲》（人民出版社，2012）。

2014年山东美术出版社出版了中共日照市委宣传部组织编写的宣传社会主义核心价值观的连环画，这套连环画由庄乾坤任主编，由迟星飞、王勇、周斌杰、李晓东等绘画，李政勇、骆道营、庄会锋撰写文字。这套连环画包括《社会主义核心价值观载体化工程连环画国家篇——富强》《社会主义核心价值观载体化工程连环画国家篇——民主》《社会主义核心价值观载体化工程连环画国家篇——文明》《社会主义核心价值观载体化工程连环画国家篇——和谐》《社会主义核心价值观载体化工程连环画社会篇——自由》《社会主义核心价值观载体化工程连环画社会篇——平等》《社会主义核心价值观载体化工程连环画社会篇——公正》《社会主义核心价值观载体化工程连环画社会篇——法治》《社会主义核心价值观载体化工程连环画公民篇——爱国》《社会主义核心价值观载体化工程连环画公民篇——敬业》《社会主义核心价值观载体化工程连环画公民篇——诚信》和《社会主义核心价值观载体化工程连环画公民篇——友善》。

总体来说,不论是有关社会主义核心价值观的论文,还是相关著作,从数量与质量来看都一直处于上升之势。

(六)"三个倡导"研究文献梳理

十八大报告明确将"社会主义核心价值观"的基本理念和具体内容概括为:"倡导富强、民主、文明、和谐,倡导自由、平等、公正、法治,倡导爱国、敬业、诚信、友善。"因此,社会主义核心价值观也可以用"三个倡导"来简称。在学术研究中,有时也以"三个倡导"为题名撰写文章、论证理论和提出方法。查阅中国知网,题名含有"三个倡导"的文献有110篇(查阅截至2018年4月16日),起止时间为2012年到2017年①。

在这110篇文章中,署名作者"刘邦凡"的文章有13篇,其他署名作者只有1到2篇;署名单位最多的是燕山大学15篇,其次是河海大学4篇、东北大学和西南大学各3篇,其他署名单位都是1到2篇;署名基金支持的项目有2个,即署名国家社会科学基金项目"'三个倡导'视域下高校思想政治工作机制创新研究"(13BKS080)发表15篇文章,署名2013年江苏省社会科学基金项目"社会主义核心价值体系融入高校人才培养模式的协同创新研究"(13MLD022)发表3篇文章。

对比在题名中含有"社会主义核心价值观"的文献,题名含有"三个倡导"的文献是相对较少的。因此,总体来看,近年来,我国在论述社会主义核心价值观的时候,更多的还是直接使用"社会主义核心价值观"的概念,少用"三个倡导"的概念。

## 本章小结

本章分为两节。

第一节论述了社会主义与价值的关系,并界定了"社会主义价值"概念的内涵与外延,社会主义在中国的发展界定为四个阶段:发展社会主义模式、和谐社会主义模式、科学发展社会主义模式和新时代中国特色社会主义模式。

---

① 另外,2006年有2篇和2011年有1篇含有"三个倡导"为题名的文章,但不是本文所说的"三个倡导",所以不计算在内。

第二节对社会主义价值研究进行文献梳理,以中国知网收录的文献为样本,大致可以把我国关于社会主义价值的研究分为四个阶段。一是社会主义经济价值研究阶段。这是社会主义价值研究的第一阶段,20世纪50年代是我国社会主义价值研究第一个高潮期,以社会主义经济价值规律研究为主题。二是社会主义经济价值规律研究阶段。这是社会主义价值研究第二阶段,20世纪60年代到改革开放前是社会主义价值研究低潮期,以社会主义经济价值规律为主题。三是社会主义核心价值研究初期阶段。这是社会主义价值研究的第三阶段,改革开放到21世纪前是社会主义价值研究第二个高潮期,以社会主义经济价值规律研究为主,开始关注社会主义核心价值问题,属于我国社会主义核心价值研究的初期。四是社会主义核心价值观研究阶段。这是社会主义核心价值研究的第四阶段,也是社会主义价值研究第三个高潮期,以社会主义核心价值研究为主题。

**【参考文献】**

[1] 秋石. 论社会主义核心价值体系 [J]. 求是, 2006 (24): 3-6.

[2] 戴木才, 田海舰. 论社会主义核心价值体系与核心价值观 [J]. 中国党政干部论坛, 2007 (2): 36-39.

[3] 吴潜涛. 社会主义核心价值体系的科学内涵 [J]. 道德与文明, 2007 (1): 4-7.

[4] 冯留建. 社会主义核心价值观培育的路径探析 [J]. 北京师范大学学报(社会科学版), 2013 (2): 13-18.

[5] 刘云山. 着力培育和践行社会主义核心价值观 [J]. 求是, 2014 (2): 3-6.

[6] 刘峥. 大学生认同与践行社会主义核心价值观研究 [D]. 长沙:中南大学, 2012.

[7] 李斌雄, 张小秋. 大学生对社会主义核心价值体系的认同研究 [J]. 思想政治教育研究, 2007 (4): 6-9.

[8] 张远新, 何煦. 社会主义核心价值体系与当代大学生核心价值观教育 [J]. 思想教育研究, 2007 (10): 8-11.

[9] 刘云山. 深入推进社会主义核心价值体系建设 巩固全党全国人民团结奋斗的共同思想基础 [J]. 党建, 2008 (5): 7-12.

[10] 徐柏才, 张俊. 用社会主义核心价值体系指导大学生思想政治教育 [J]. 学校党建与思想教育, 2007 (2): 57-60.

[11] 王晓晖. 积极培育和践行社会主义核心价值观 [J]. 求是, 2012

(23):32-35.

[12]把培育和弘扬社会主义核心价值观 作为凝魂聚气强基固本的基础工程[N].人民日报,2014-02-26(001).

[13]方爱东.社会主义核心价值观论纲[J].马克思主义研究,2010(12):127-135.

[14]钟明华,黄荟.社会主义核心价值观内涵解析[J].山东社会科学,2009(12):14-18.

[15]戴木才.论社会主义核心价值观与核心价值体系的辩证关系——中国特色社会主义核心价值观探索之一[J].南昌航空大学学报(社会科学版),2011,13(2):1-8.

[16]李康平,李正兴.红色资源开发与社会主义核心价值体系教育[J].道德与文明,2008(1):86-88.

[17]张利华.试析中国特色社会主义核心价值体系的结构与内涵[J].中国特色社会主义研究,2007(4):32-37.

[18]田永静,陈树文.加强大学生社会主义核心价值观教育有效途径探究[J].思想教育研究,2010(5):22-24.

[19]欧阳军喜,崔春雪.中国传统文化与社会主义核心价值观的培育[J].山东社会科学,2013(3):11-15.

[20]陈静,周丽.社会主义核心价值观基本内涵探要[J].马克思主义研究,2007(6):85-88.

[21]中共中央办公厅印发《关于培育和践行社会主义核心价值观的意见》[J].党建,2014(1):9-12.

[22]李纪岩.当代大学生社会主义核心价值观培育研究[D].济南:山东师范大学,2010.

[23]梅荣政,王炳权.坚持以社会主义核心价值体系引领社会思潮[J].思想理论教育导刊,2007(6):8-12.

[24]习近平.青年要自觉践行社会主义核心价值观——在北京大学师生座谈会上的讲话[J].中国高等教育,2014(10):4-7.

[25]袁贵仁.建设社会主义核心价值体系[J].中国社会科学,2008(1):4-9,204.

[26]王永贵.社会主义核心价值观培育的目标指向和实现路径[J].思想理论教育,2013(3):8-14.

[27]刘蕴莲.论新形势下加强大学生社会主义核心价值观教育[J].思想

理论教育导刊, 2014 (5): 106-109.

[28] 孙杰. 当代中国社会主义核心价值观研究 [D]. 北京: 中共中央党校, 2014.

[29] 习近平. 青年要自觉践行社会主义核心价值观 [N]. 人民日报, 2014-05-05 (2).

[30] 方爱东. 社会主义核心价值观的发展历程及其当代建构 [D]. 合肥: 安徽大学, 2010.

[31] 王泽应. 社会主义核心价值观的基本特征 [N]. 光明日报, 2007-04-03 (009).

[32] 张丁杰, 曾贤贵. 论大学生社会主义核心价值观教育模式的构建 [J]. 四川理工学院学报 (社会科学版), 2013, 28 (2): 67-75.

[33] 李长春. 全面准确理解社会主义核心价值体系的深刻内涵 牢牢把握和谐文化建设的正确方向 [J]. 党建, 2007 (1): 6-7.

[34] 陈秉公. 马克思主义意识形态理论与社会主义核心价值体系建构 [J]. 马克思主义研究, 2008 (3): 19-24.

[35] 刘云山. 着力培育和践行社会主义核心价值观 [J]. 党建, 2014 (2): 21-24.

[36] 隋璐璐, 王洛忠. 在大学生中培育和践行社会主义核心价值观的路径探析 [J]. 思想教育研究, 2014 (2): 67-69.

[37] 田海舰. 社会主义核心价值观研究 [D]. 北京: 中共中央党校, 2008.

[38] 邱国勇. 社会主义核心价值观教育研究 [D]. 武汉: 武汉大学, 2013.

[39] 构建中国特色社会主义核心价值观——访李忠杰教授 [J]. 科学社会主义, 2005 (2): 3-7.

[40] 王泽应. 社会主义核心价值观之本质规定性及路径选择 [J]. 湖南师范大学社会科学学报, 2007 (5): 42-45.

[41] 许志功. 大力加强社会主义核心价值体系建设 [J]. 思想理论教育导刊, 2007 (10): 19-25.

[42] 赵果. 创新大学生社会主义核心价值观培育机制的路径探析 [J]. 思想教育研究, 2013 (11): 67-70.

[43] 孙向军. 论社会主义核心价值观及其培育 [J]. 中共中央党校学报, 2013, 17 (2): 14-19.

[44] 柯缇祖. 社会主义核心价值观研究 [J]. 红旗文稿, 2012 (2): 4-7.

[45] 吴倬. 关于社会主义核心价值观问题的理论思考 [J]. 教学与研究, 2008 (6): 92-96.

[46] 刘峥, 刘新庚. 社会主义核心价值观实现路径探索 [J]. 求索, 2011 (9): 122-123, 135.

[47] 吴潜涛. 准确理解社会主义核心价值体系的科学内涵 [N]. 人民日报, 2007-02-12 (9).

[48] 张忠良. 把社会主义核心价值体系融入高校思想政治教育之中 [J]. 高校理论战线, 2007 (5): 39-42.

[49] 周蓉辉. 中国特色社会主义核心价值观研究 [D]. 北京: 中共中央党校, 2011.

[50] 杨晓慧. 社会主义核心价值体系融入大学生思想政治教育全过程论析 [J]. 东北师大学报（哲学社会科学版）, 2009 (5): 1-6.

[51] 李崇富. 建设社会主义核心价值体系从观念到现实的思考 [J]. 江西社会科学, 2007 (2): 7-11.

[52] 韩震. "民主、公正、和谐"体现了社会主义的核心价值追求——兼论社会主义核心价值观的凝练及其原则 [J]. 红旗文稿, 2012 (6): 8-12, 1.

[53] 潘玉腾, 陈赵阳. 推进社会主义核心价值体系大众化的路径选择 [J]. 福建师范大学学报（哲学社会科学版）, 2009 (1): 138-144, 165.

[54] 刘峥, 汤小兰. 大学生社会主义核心价值观教育路径探索 [J]. 南华大学学报（社会科学版）, 2010, 11 (4): 80-82.

[55] 刘川生. 在大学生中培育和践行社会主义核心价值观 为实现伟大"中国梦"提供重要思想支撑 [J]. 思想教育研究, 2013 (6): 8-13.

[56] 罗迪. 文化认同视角下的大学生社会主义核心价值观教育 [J]. 思想教育研究, 2014 (2): 106-109.

[57] 张骥, 张爱丽. 论社会主义核心价值体系与我国意识形态安全 [J]. 社会主义研究, 2007 (6): 53-56.

[58] 李春德, 李斌雄. 中国特色社会主义核心价值体系的内容结构和建设路径 [J]. 学习与实践, 2006 (12): 85-91.

[59] 徐蓉. 以社会主义核心价值体系引领大学生价值观教育 [J]. 思想理论教育, 2008 (1): 36-41.

[60] 侯惠勤. 在社会主义核心价值观的概括上如何取得共识? [J]. 红旗

文稿，2012（8）：9-13.

[61] 陆树程，李瑾. 论当代大学生社会主义核心价值体系心理认同机制[J]. 思想理论教育导刊，2009（1）：92-95.

[62] 王学俭，李东坡. 社会主义核心价值观研究述要[J]. 思想政治教育研究，2013，29（4）：18-24.

[63] 吴翠丽. 社会主义核心价值观嵌入日常生活的困境与消解路径[J]. 思想教育研究，2014（1）：37-40.

[64] 韩庆祥. 论建设社会主义核心价值体系的现实意义[J]. 中国党政干部论坛，2007（10）：18-21.

[65] 顾海良，张岂之，靳诺，等. 学习贯彻习近平总书记重要讲话精神大力培育和践行社会主义核心价值观[J]. 思想理论教育导刊，2014（7）：4-23.

[66] 黄蓉生，白显良. 马克思主义大众化与大学生社会主义核心价值体系教育[J]. 马克思主义研究，2010（2）：138-146.

[67] 李忠军. 大学生社会主义核心价值体系教育的接受机制探析[J]. 东北师大学报（哲学社会科学版），2009（5）：11-15.

[68] 冯刚. 着力培育大学生社会主义核心价值观[J]. 高校理论战线，2012（9）：4-8.

[69] 颜小燕，康树元. 新媒体环境下大学生社会主义核心价值观教育研究[J]. 教育与职业，2014（2）：61-63.

[70] 冯刚. 用社会主义核心价值体系引领高校思想政治教育深入发展[J]. 高校理论战线，2008（7）：4-7.

[71] 李春梅，魏忠明，刘会亭. 当代大学生社会主义核心价值观的培育路径[J]. 湖北社会科学，2010（9）：196-198.

[72] 张传开. 建设社会主义核心价值体系的方法论思考[J]. 求是，2007（20）：56-57.

[73] 徐京跃. 青年要自觉践行社会主义核心价值观 与祖国和人民同行努力创造精彩人生[N]. 人民日报，2014-05-05（1）.

[74] 王丽丽. 社会主义核心价值体系与大学生核心价值观构建研究[D]. 长春：东北师范大学，2013.

[75] 韩国顺. 以社会主义核心价值体系引领大学生思想政治教育研究[D]. 长春：吉林大学，2011.

[76] 何建华. 公平正义：社会主义的核心价值观[J]. 中央社会主义学院

学报，2007（3）：64-68.

[77] 陶倩，朱承. 关于社会主义核心价值体系认同的思考——以大学生群体为对象的考察 [J]. 思想理论教育，2007（23）：52-58.

[78] 张再兴，杨增崇. 社会主义核心价值体系与高校思想政治教育发展 [J]. 思想政治教育研究，2008（2）：1-4.

[79] 李斌雄. 我国社会主义核心价值体系教育的内容结构 [J]. 思想理论教育，2007（1）：27-32.

[80] 李斌雄，张俊华. 坚持以社会主义核心价值体系引领高校校园社会思潮 [J]. 学校党建与思想教育，2007（3）：9-13.

[81] 陈新汉. 社会主义核心价值体系——从价值哲学的角度看 [J]. 哲学研究，2007（11）：17-23.

[82] 杨建辉. 试论红色文化在建设社会主义核心价值体系中的价值及其实现途径 [J]. 思想理论教育导刊，2010（11）：101-103.

[83] 赵存生. 牢固树立社会主义核心价值体系 [J]. 思想理论教育，2007（1）：4-7.

[84] 焦国成. 试论社会主义核心价值体系的基本理念 [J]. 道德与文明，2007（1）：8-12.

[85] 吴桂韩. 论高校的社会主义核心价值体系教育 [J]. 毛泽东邓小平理论研究，2007（3）：55-58，84.

[86] 刘贵芹. 用社会主义核心价值体系引导大学生健康成长 [J]. 学校党建与思想教育，2007（8）：11-13，17.

[87] 朱志明，陈虹，朱百里. 大学生对社会主义核心价值体系认同度调查及对策 [J]. 中国青年研究，2010（4）：75-78.

[88] 孙武安. 论中国特色社会主义的核心价值 [J]. 毛泽东邓小平理论研究，2006（6）：41-45，83.

[89] 张耀灿，杨静. 以社会主义核心价值体系引领社会思潮的着力点 [J]. 思想理论教育，2007（19）：9-13.

[90] 史蓉蓉. 社会主义核心价值体系与大学生核心价值观培育 [J]. 思想教育研究，2010（10）：17-20.

[91] 田霞，王永芳. 大学生社会主义核心价值体系教育的调查及对策研究 [J]. 思想理论教育导刊，2010（2）：82-86.

[92] 张友谊，王杰. 中国传统文化与社会主义核心价值体系 [J]. 中国党政干部论坛，2007（5）：39-41.

[93] 程恩富, 郑一明, 冯颜利, 等. 近年社会主义核心价值体系建设情况的调查研究报告 [J]. 毛泽东邓小平理论研究, 2011 (2): 23-30, 83.

[94] 李有玉. 以社会主义核心价值体系引领高校校园文化建设 [J]. 当代世界与社会主义, 2009 (4): 82-85.

[95] 邓海英. 论"三个倡导"与积极培育和践行社会主义核心价值观 [J]. 南京政治学院学报, 2013, 29 (1): 18-22.

[96] 王萌. "三个倡导"的内在逻辑与践行要求 [J]. 理论与改革, 2013 (2): 10-12.

[97] 徐精鹏. "三个倡导"语境中的大学生思想政治教育探析 [J]. 思想理论教育导刊, 2013 (8): 126-129.

[98] 祝福恩. "三个倡导"助推"中国梦" [N]. 光明日报, 2013-03-02 (11).

[99] 苏娜. 新时期社会主义核心价值观的理性思考——对"三个倡导"的理解 [J]. 宁夏党校学报, 2013, 15 (2): 37-40.

[100] 吴俊. "三个倡导"体现高度的价值自觉和自信 [N]. 光明日报, 2013-01-05 (11).

[101] 杨永志. "三个倡导"是一面高扬的旗帜 [N]. 光明日报, 2013-01-19 (11).

[102] 谭苑芳. 用"三个倡导"筑牢"三个自信" [N]. 光明日报, 2013-02-02 (11).

[103] 王力为, 刘邦凡. "三个倡导"视域下的湖南省高校思想政治工作机制创新研究 [J]. 安徽文学 (下半月), 2016 (1): 115-116.

[104] 赵国栋. 以"三个倡导"引领高校德育深化发展 [N]. 光明日报, 2013-08-17 (11).

[105] 晋浩天. "三个倡导"将融入中小学课堂 [N]. 光明日报, 2014-02-23 (1).

[106] 刘建军. 在"价值体系"的基础上解读"三个倡导" [N]. 光明日报, 2014-06-18 (13).

[107] 喻文德. "三个倡导": 助推中国梦的强大正能量 [N]. 光明日报, 2014-12-02 (7).

[108] 段晓宏, 刘邦凡. "三个倡导"视域下上海市属高校思想政治工作机制创新研究 [J]. 安徽文学 (下半月), 2016 (1): 107-108.

[109] 栗俊杰, 刘邦凡. "三个倡导"视域下的山东省高校思想政治工作

机制创新 [J]. 安徽文学（下半月），2016（1）：109-110.

[110] 张朦，刘邦凡."三个倡导"视域下的福建省高校思想政治工作机制创新 [J]. 安徽文学（下半月），2016（1）：119-120.

[111] 赵兴华."三个倡导"视域下宁夏高校思想政治工作机制创新研究 [J]. 安徽文学（下半月），2016（1）：125-126.

[112] 董聪娜，刘邦凡."三个倡导"视域下江苏部属高校思想政治工作机制创新研究 [J]. 安徽文学（下半月），2016（1）：131-132.

[113] 农云霞，刘邦凡."三个倡导"视域下广西壮族自治区高校思想政治工作机制现状与创新 [J]. 安徽文学（下半月），2016（1）：135-136.

[114] 王丽伟，连凯宇，刘邦凡."三个倡导"视域下湖北高校思想政治工作机制创新研究 [J]. 安徽文学（下半月），2016（1）：139-140.

[115] 王啸宇，连凯宇，刘邦凡."三个倡导"视域下河北高校思想政治工作机制创新研究 [J]. 安徽文学（下半月），2016（1）：141-142.

[116] 陈妍，张贝，刘邦凡."三个倡导"视域下的浙江省高校思想政治工作机制现状与创新研究 [J]. 安徽文学（下半月），2016（1）：150-151.

[117] 戴苗，刘邦凡. 三个倡导视域下的北京市属高校思想政治工作机制现状与创新 [J]. 北京城市学院学报，2016（1）：71-74.

[118] 刘邦凡，张贝，何太淑."三个倡导"指导下的大学校园休闲治理 [J]. 高教论坛，2014（6）：93-95.

[119] 田秀娟，刘邦凡，裴杰林."三个倡导"视域下江苏省属高校思想政治工作机制创新研究 [J]. 改革与开放，2015（15）：118-119.

[120] 刘邦凡，段晓宏."三个倡导"视域下上海市属高校思想政治工作机制创新研究 [J]. 改革与开放，2015（19）：100-101.

[121] 栗俊杰，刘邦凡."三个倡导"视域下的山东省高校思想政治工作机制创新 [J]. 改革与开放，2015（17）：114-115.

# 第二章

# 我国高校思想政治教育机制创新的理论思考

## 第一节 思想政治教育社会化与评价模式

**一、思想政治教育的社会化及其发展对策**

在经济全球化、文化多元化、世界多极化的社会背景下，我国的思想政治教育社会化，已经成为一个迫切需要解决的问题。而现阶段，我国思想政治教育社会化还存在不够广泛和不够深入，唯政治性的限制，教育形式单一，党和政府作用未能充分发挥等欠缺。针对这些欠缺，我们提出了以下建议：整合学校、家庭以及社会组织教育，充分利用网络和媒体，推动教育形式多样化，发挥党和政府的主导作用，完善教育运行和协调机制。

（一）什么是思想政治教育社会化

我国学者关于"思想政治教育社会化"的研究，开始于 20 世纪 80 年代，形成了比较丰富的理论成果。但是，这些成果已经不能满足实践的需要。尤其是进入 21 世纪以来，由于我国社会、政治、经济的快速发展，社会公众的道德水平和政治素养需要进一步提高，思想政治教育的对象范围需要进一步扩大，网络时代与外来文化的不断冲击，这些方面都对我国思想政治教育的社会化提出了更新更高的要求。要使我国的思想政治教育适应社会的发展，就要不断发现并解决其存在的各种问题，建立并完善思想政治教育体系和运行机制，使思想政治教育的作用与价值能够充分发挥出来，为社会成员形成良好的思想政治品格做出努力。

思想政治教育是指一定的阶级、政党、社会群体通过一定的思想观念、政治观点和道德规范，对其成员的思想、观念和行为的培养教育，使其形成符合一定社会需要的思想政治品德的社会实践活动。所谓"思想政治教育社会化",就是指为了适应社会的发展,在教育主体(主要是政府、学校等)的推动下,使思想政治教育的目的、内容、方法、形式等多方面与社会发展有机融合,提高思想政治教育的针对性和有效性,极大地提升思想政治教育的功能与价值。

思想政治教育社会化具有以下特征。

1. 政治性

在我国,思想政治教育社会化的政治性集中表现为:不仅具有社会主义性质、党的教育性质,而且其最终服务于中国特色社会主义事业,服务于我国的政治经济文化的发展。

2. 大众性

思想政治教育社会化是面向大众的,其教育目标符合广大群众自身的发展方向,这就要求社会化思想政治教育,其教育方式要形式多样,教育方法要简单有效,教育内容要通俗易懂。思想政治教育只有适合大众,才能易于被大众所接受,也才能不断实现社会化。

3. 生活性

思想政治教育社会化是针对人的思想、观念以及行为进行的,所以,有效地进行思想政治教育就要深入人们的生活,了解人们的个性特点、生活经历和所处的生活环境,从而对人们进行有针对性的思想政治教育,这样才能使得思想政治教育更加全面和深入,不断地与社会融合,实现其自身的社会化。

4. 发展性

思想政治教育社会化不是一成不变的,其教育目的、内容、方法和形式等都是随着时代的发展和需要不断进行调整,其发展是与社会发展相互协调的。

(二)我国思想政治教育社会化存在的问题

在我国,思想政治教育通常作为学校教育的一部分。事实上,思想政治教育应该是终身教育的重要内容。不仅未成年人教育、学校教育、学历教育需要思想政治教育,而且成人教育、继续教育、非学历教育、家庭教育也需要思想政治教育。总体上,我国社会教育中对于思想政治教育的社会化问题是有所忽视的,集中表现在以下几个方面。

1. 思想政治教育社会化的范围有待扩大

现阶段,我国思想政治教育范围主要设定在学校教育,忽视了思想政治教育的大众性、社会性,忽视了思想政治教育是针对整个社会全体成员开设的教育这个特点。即使在我国城市社区所进行的面向社会公众的思想政治教育,也大多是侧重于某个群体（如老年大学、农民工的培训等）或者人们的某个特定发展阶段，而面向全体社会公众的（尤其是广大农村或农民）思想政治教育太少。我国思想政治教育范围的这一局限性，就使得社会大众接受到的思想政治教育不广泛、不充分、不深入，最终也可能导致思想政治教育的社会化程度不够。

2. 思想政治教育社会化的内容有待深入

思想政治教育社会化要求对全体社会成员进行教育，但就目前而言，我国除了在政党内部、社会组织内部和高校进行了较为深入的思想政治教育之外，对其他社会成员的思想政治教育没有形成机制，没有教育计划、教育目的和教学大纲，整体上还处于起步阶段。同时，思想政治教育社会化需要多方面知识给予支撑和有机融合，尤其是需要政治学、管理学、心理学、社会学等方面的知识，而现阶段我国思想政治教育的内容，没有能够有机地与这些知识融合，这就使得我国社会化的思想政治教育内容过于单一，政治口号式的内容过于泛滥，严重阻碍了思想政治教育社会化的深入发展。

3. 思想政治教育的社会化自身受到唯政治性的限制

政治性只是思想政治教育的一个重要属性，思想政治教育并不等于政治教育。但是，在我国思想政治教育社会化的进程中，过分重视思想政治教育的政治性。目前，我国的思想政治教育，有时更多地体现为一种政治活动，更多地服务于政治和体现在政治制度和文件指示之中，忽视了思想政治教育在社会经济发展和人的全面发展中的具体指导作用，把思想政治教育的目的局限在促进人的政治发展，而没有考虑到思想政治教育的文化功能、社会功能和经济功能。

4. 思想政治教育社会化的教育形式单一

现阶段，我国思想政治教育主要以党、政府和学校的理论灌输为主，尚未形成教育形式的多元化。纯粹的理论灌输不仅使得教育的内容枯燥，人们很难理解理论的深刻含意，而且人们被动接受的教学方式使得思想政治教育事倍功半，这就有可能使得思想政治教育所倡导的思想和观点难以为人们所理解和掌握，也就很难真正地影响人们的观念和行为。

5. 思想政治教育社会化进程中党和政府的主导作用有所忽视

思想政治教育社会化，不是社会的自我滋生，而是政治向社会发展和延伸。以往的思想政治教育社会化过分强调社会组织的推动，而忽视了思想政治教育自身的特质要求的党和政府的主导作用。由于思想政治教育对社会成员具有一定的导向性，所以更多地需要党和政府把握思想政治教育社会化的发展方向，防止思想政治教育社会化偏离党和政府的价值规范，无法实现思想政治教育自身的价值目标。

6. 教育运行和协调机制不健全

虽然我国实施思想政治教育的主体很多,包括党、政府、学校、家庭以及社会组织等,但是各个教育主体之间尚未形成一个合力,这样就会造成教育资源的短缺或者分配不均,各个教育主体之间没有形成相应的优势互补,这样就使得思想政治教育不能在全体的社会成员中有效推行。

(三)推进我国思想政治教育社会化的对策

如何推进我国思想政治教育社会化,不仅是一个理论问题,更是一个实践和现实问题。在理论方面,我国目前的相关研究还有待深入。从实践和现实指导方面看,有效推进我国的思想政治教育社会化,要从以下几个方面去把握。

1. 整合学校教育、家庭教育、社会教育

青少年阶段是一个人的人生观、价值观和世界观逐渐形成的时期,所以,学校教育、家庭教育、社会教育对一个人的思想政治品德养成有重要的作用。学校要通过完善其教育体系,将思想政治教育有效、有机地融入教材和课程之中。家庭是一个人接受教育的起点,在个体发展中起着重要的作用。现在,在思想政治教育社会化进程中,家庭是一个较为薄弱的环节,其作用还没有充分发挥出来。要不断加强家庭思想政治教育的氛围,使得思想政治教育融入家庭教育之中,这也能有效地促进思想政治教育的社会化。社会组织需要加强针对成人的思想政治教育工作,而且可以通过参观博物馆、纪念馆、历史遗迹,以及组织讲座、竞赛等方式加强对未成年人的思想政治教育。

2. 充分利用网络和媒体

网络和媒体由于传播速度快、范围广、信息量大、发展速度快等优势,在人们的生活中发挥着越来越大的作用。近年来,网络和媒体成为政府和新闻媒体发布消息、进行报道以及社会公众获取信息的重要途径。通过网站、微博、电视、电影等形式潜移默化地影响社会公众的思想、观念和行为,从而实现思想政治教育的效果是十分突出的。因此,要充分利用信息时代的各种有效资源,促使思想政治教育社会化更广泛、更深入。当然在利用网络的过程中,要对网络加以严格规范,防止政治谣言和不良的虚假信息对人们的生活造成负面影响,错误地引导人们的思想和行为。

3. 推动教育形式多样化

传统的灌输和说教形式的思想政治教育已经不能有效地发挥思想政治教育的作用。要让思想政治教育从课堂上更多地扩展到社会实践当中,使得理论和实践充分结合。课堂上教授的思想和行为要通过学校开展的社会服务活动、参观博物馆、参观红色旅游胜地、观看爱国教育影片和宣传伟人事迹等形式更加深刻地教育学生，使得正确的思想观念能够深入人心。同时，要鼓励社会成员积极参与到政治活动当中，培养政治参与热情。通过这种形式使人们从原来的被动接受思想政治教育逐渐转变成主动培养，使得思想政治教育社会化更加充分，更加深入。在社会生活中，可以通过在公共区域建造具有教育意义的建筑物，免费开放博物馆、纪念馆、展览馆等方式向社会成员传播正确的价值观，营造健康的公共氛围，促进公共文明和提高个人道德水平。

4. 重视发挥党和政府的主导作用

把思想政治教育只落实在文件上，仅仅重视对其内部成员的思想政治教育是不够的，更要充分重视思想政治教育在社会治理中的重要作用，积极推动思想政治教育社会化。党和政府要根据社会发展的需要，正确引导思想政治教育的方向，通过观念上提高重视和行动上不断推动，使思想政治教育能够成为社会发展的一个重要的方面，甚至成为改造社会的一个重要动力。

具体的方法包括：加强对学校思想政治教育的管理，树立社会典型和榜样，对网络和媒体建立制度，加以规范，投资建立倡导良好社会风尚的建筑物，加大对思想政治教育的宣传力度等。与此同时，对于党和政府的路线、方针和政策等要为大众进行解读，并且根据不同群体的学习能力和特点，采取适当的教育方法和适度的教育内容，使党和政府的大政方针能够真正地为社会成员所理解和接受，从而实现对社会成员的思想政治教育。

5. 完善思想政治教育运行和协调机制

要建立并完善思想政治教育运行和协调机制，首先就要求党和政府根据社会的发展和需要，制定战略性的目标和政策，并制定相关的制度和规范指导各个教育主体充分发挥其思想政治教育作用。各个教育主体在明确自身职责，加强内部协调，充分发挥自身优势的基础上，要加强相互之间的沟通和合作，促进思想政治教育机制在全社会的有效运行和协调。

在经济全球化、文化多元化、世界多极化的社会背景下，我国的社会环境也日益复杂。西方国家强势文化的渗透以及国家之间的密切联系，都迫切需要我国高度重视思想政治教育社会化，同时，这样的社会背景条件对于我国的思想政治教育社会化也提出了更高的要求。但是，我国尚未形成健全的思想政治教育体系，主要表现在思想教育主体作用没有充分发挥，教育资源的匮乏以及教育的运行机制不健全。

因此，要加强对于思想政治教育社会化的重视程度，促进党、政府、学校、家庭、社会组织以及网络媒体等主体形成覆盖面广、层次深的思想政治教育网络，建立健全相应的制度体系，完善思想政治教育工作的合作运行机制，这样才有可能不断推进思想政治教育社会化进程，从而不断提高我国公民的思想政治水平和道德素养，更充分地发挥我国思想政治教育的功能。

## 二、高校思想政治教育的层次分析评价模式

（一）什么是高校思想政治教育的层次分析评价模式

所谓"高校思想政治教育的层次分析评价模式"，就是指一种用于评价高校思想政治教育的新的层次分析法。层次分析法（AHP）是一种重要的评价方法，非常适合处理复杂系统的评价。层次分析法是最广为人知和广泛使用的多标准方法，已被成功地用于帮助人们在各种复杂的情况下做出更好的决策。层次分析法的主要优势在于它是设计特性的独特组合。

在层次分析法中，所有输入包括仅两个决策元素之间的比较，并且因为使用从成对比较导出的简单尺度所以输出易于理解。

思想政治教育评价包括教育方法和教育效果两个维度。教育方法包括多媒体教学和教学活力，教育效果包括学生的人际关系、学生的思想道德标准和学生的心理健康状况。在层次分析法算法中，通过使用成对比较来建立判断矩阵。该量表用于评估两个评估因素的相对重要性。然后，我们计算评估因子的权重，并采用五个评估水平来衡量思想政治教育评价指标的评价等级。

（二）高校思想政治教育层次分析评价模式建构

1. 高校思想政治教育评价的评价因素

表2-1给出了高校思想政治教育评价的评价要素。思想政治教育评价包括教育方法和教育效果。教育方法包括多媒体教学和教学活力，教育效果包括学生的人际关系、学生的思想道德标准和学生的心理健康状况。

表2-1 高校思想政治教育评价要素

| 思想政治教育 | | | | | |
|---|---|---|---|---|---|
| 教育方法 | | 教育效果 | | | |
| 多媒体教学 | 教学活力 | 学生的人际关系 | 学生的思想道德标准 | 学生的心理健康状况 | |

在层次分析法的算法中，通过使用成对比较来建立判断矩阵。该量表用于评估两个评估因素的相对重要性。二级九点量表在表2-2中描述。

表2-2 评估因素的相对重要性要素设计

| 规模 | 含义 |
|---|---|
| 1 | 相等规模 |
| 2 | 中等规模和相等规模之间的中间水平 |
| 3 | 中等规模 |
| 4 | 中等规模和强规模之间的中间水平 |
| 5 | 强规模 |
| 6 | 极端规模和强规模之间的中间水平 |
| 7 | 极端规模 |
| 8 | 极端规模和绝对规模之间的中间水平 |
| 9 | 绝对规模 |

2. 基于一个新层次分析法的高校的思想政治教育评价方法

提出的层次分析法是在成对比较矩阵中,为每个决策准则产生最有利的权重,这个权重可以描述如下:

最大化从属于 $w_o = \sum_{i=1}^{n} a_{o\,i} v_i ; w_i = \sum_{i=1}^{n} a_{ji} n_i \leq 1 ; vi - \frac{wi}{n} \leq 0 ; v_i - \frac{wi}{\beta} \geq 0 ; v_i \geq ,$ $w_i \geq 0.$

其中 $v_i$ 和 $w_i$ 是决策变量。

如表2-3所示,根据教育方法($r_1$)和教育效应($r_2$)的相对重要性,一级评价矩阵建立如下:

$R = \begin{bmatrix} 1 & 1 \\ 1 & 1 \end{bmatrix}$

然后我们计算评价因子的权重,其结果是 $w = [0.5, 0.5]$。评价因子的权重的计算结果是有效的,因为矩阵是一致的。

表2-3 教育方法与教育效果的相对重要性

| r | $r_1$ | $r_2$ | 权重 |
|---|---|---|---|
| $r_1$ | 1 | 1 | 0.5 |
| $r_2$ | 1 | 1 | 0.5 |

如表2-4所示,根据多媒体教学($r_{11}$)和教学活力($r_{12}$)的相对重要性,二级评价矩阵建立如下:

$$R_1 = \begin{bmatrix} 1 & 1 \\ 1 & 1 \end{bmatrix}$$

然后,我们计算评价因子的权重,其结果是 $w = [0.5, 0.5]$。由于矩阵一致,评价因子权重的计算结果是有效的。

表 2-4 多媒体教学与教学活力的相对重要性

| $r_1$ | $r_{11}$ | $r_{12}$ | 权重 |
| --- | --- | --- | --- |
| $r_{11}$ | 1 | 1 | 0.5 |
| $r_{12}$ | 1 | 1 | 0.5 |

表 2-5 中,根据学生人际关系($r_{21}$),学生的思想道德标准($r_{22}$)和学生的心理健康状况($r_{23}$)的相对重要性,建立如下的二级评价矩阵:

$$R = \begin{bmatrix} 1 & 3 & 2 \\ 1/3 & 1 & 1/2 \\ 1/2 & 2 & 1 \end{bmatrix}$$

然后,我们计算评估因子的权重,其结果是 $w = [0.5396, 0.1634, 0.2970]$。因为矩阵是一致的,所以评价因子的权重的计算结果是有效的。

表 2-5 学生人际关系、思想道德标准和心理健康状况的相对重要性

| $r_2$ | $r_{21}$ | $r_{22}$ | $r_{23}$ | 权重 |
| --- | --- | --- | --- | --- |
| $r_{21}$ | 1 | 3 | 2 | 0.5396 |
| $r_{22}$ | 1/3 | 1 | 1/2 | 0.1634 |
| $r_{23}$ | 1/2 | 2 | 1 | 0.2970 |

表 2-6 给出了思想政治教育评价指标的相对权重和绝对权重。在本研究中,我们采用五个评价等级来衡量思想政治教育评价指标的评价等级。思想政治教育评价指标评价等级如下:"非常好""好""公平""差""很差"。

表 2-6 思想政治教育评价指标的相对权重和绝对权重

| 二级指标 | 相对权重 | 绝对权重 |
| --- | --- | --- |
| $r_{11}$ | 0.5 | 0.25 |
| $r_{12}$ | 0.5 | 0.25 |
| $r_{21}$ | 0.5396 | 0.2698 |

续表

| 二级指标 | 相对权重 | 绝对权重 |
| --- | --- | --- |
| $r_{22}$ | 0.1634 | 0.0817 |
| $r_{23}$ | 0.2970 | 0.1485 |

### （三）高校思想政治教育层次分析评价模式验证

对江苏某高校的思想政治教育情况，基于这所高校公开的数据与信息，我们通过层次分析法做出如下评价。

思想政治教育评价指标的绝对权重，如图 2-1 所示，为 [0.25, 0.25, 0.2698, 0.0817, 0.1485]。

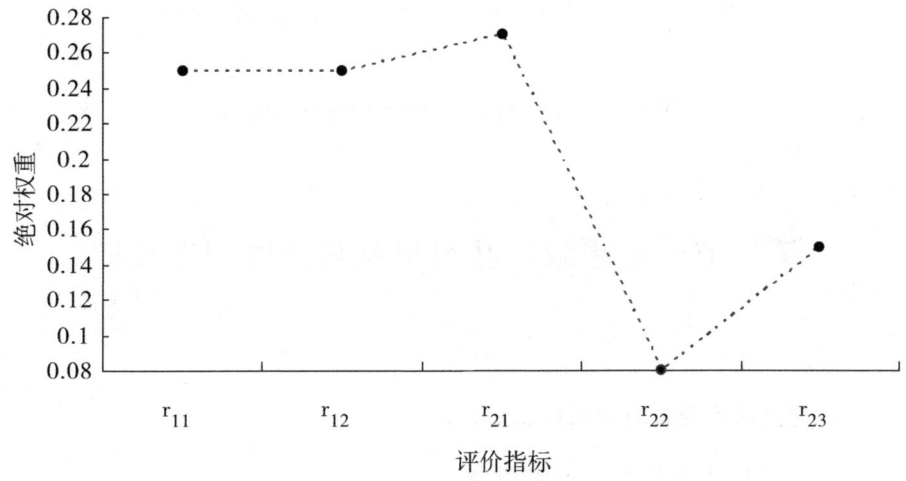

**图 2-1 思想政治教育评价指标的绝对权重**

思想政治教育评价指标评价水平，如图 2-2 所示。

图 2-2 给出了该高校思想政治教育层次分析法的评价结果。说明思想政治教育的评价水平总体较好，这个结果符合实际情况。

层次分析法是一种重要的评价方法，是最广为人知和广泛使用的多标准方法。层次分析法的主要优势在于它是设计特征的独特组合。我们计算评价因素的权重，并运用五个评价水平来衡量思想政治教育评价指标的评价等级。通过对江苏某高校进行层次分析法评价，发现评价结果与事实相一致。这说明，该模式具有一定的评价有效性。

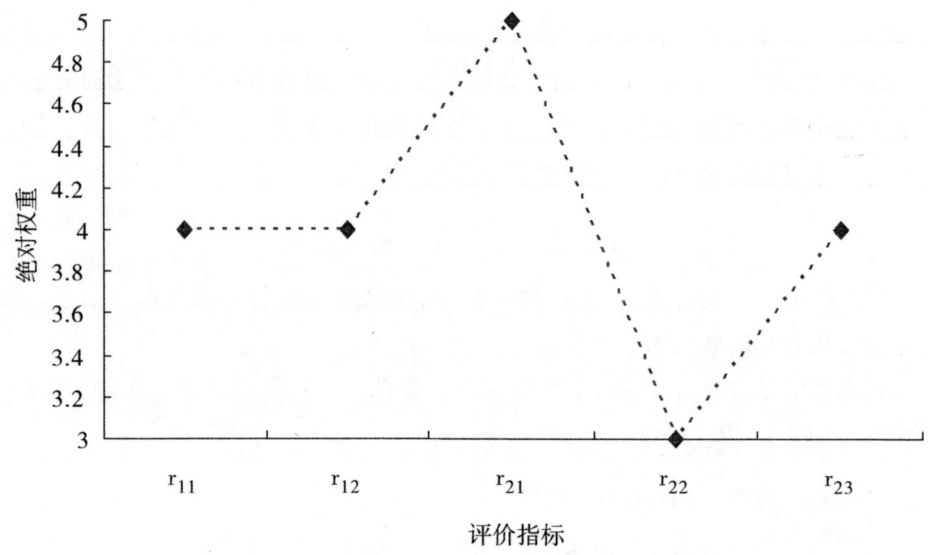

图 2-2　思想政治教学评价指标的评价水平

## 第二节　思想政治教育机制与主体间性转型

### 一、思想政治教育机制的内涵与外延

（一）思想政治教育机制的内涵

"机制"是机械工程学中的一个概念，是指机械的结构和工作原理，它主要应用于医学和生物学。"机制"概念起源于医学，最初意味着医生为维持和促进身体健康成长（如人体）提供的一套饮食、运动方法或治疗方法。后来"机制"被应用到物理学和其他自然科学中，主要是指自然物体或物体的结构、工作原理、工作过程和功能。再后来，它逐渐被引入社会学、经济学、政治学、教育学等学科领域并被视为研究的一个重要范畴，被应用到研究要素、结构、功能和社会事务操作的原理和过程中。20 世纪 20 年代以后，机制一直用来指事物的要素、结构和功能，更多的是用来说明事物的内在运行原理和系统论、控制论、信息理论、自组织理论等的发展过程，并且相关深入的研究也在不断进行。目前，"机制"由于其不断扩展的内涵已经成为一个被不断应用于各个学科的重要范畴，其内涵从初始的机器构造和工作原理发展到社会系统相对稳定的

相互作用、操作原理、操作模式和操作过程。

20世纪80年代以后,"机制"被引入思想政治教育学科中。许多研究者开始关注思想政治教育的机制,并取得了丰硕的研究成果。经过系统梳理,目前形成了三个具有代表性的"思想政治教育机制"观点。

第一种观点是从关系视角和运作模式解读思想政治教育机制。"思想政治教育机制是指基于因果联系及其在思想政治教育过程中构成要素的操作模式的机制。"或者说:"思想政治教育机制是基于思想政治工作体系的内部要素之间或内部要素和外部要素之间的有机关系的因果联系和运作模式。"

第二种观点从系统、标准和工作方法的角度解释思想政治教育机制。"思想政治运作机制是工作制度、管理实践和工作方法等,包括思想政治工作制度内部因素的相互关系、相互作用和相互约束等耦合方法。"

第三种有影响的观点是从法律的角度理解思想政治教育机制,"思想政治教育机制是一套标准化的、稳定的运行规则"。

可以说,这三种观点都有一定的价值,它们分别从一定的角度和一定的层次对思想政治教育机制的内涵、性质和特征进行了积极的探讨。它们的研究成果对理解和把握思想政治教育机制的内涵具有重要的启示、借鉴和指导作用。但需要指出的是,这三个观点都没有充分揭示思想政治教育机制的科学内涵和本质特征,存在着片面性。

思想政治教育机制是由思想政治教育体系元素间的相互作用和它的内部操作程序、方法所形成的一种相对稳定的关系。这一定义包含四个要点。第一,思想政治教育机制是一个具有系统意义的范畴。思想政治教育是一个有机的系统,其机制的研究不仅要考察系统的构成要素,而且要探索这些要素之间的相互关系和系统的功能。第二,思想政治教育机制是一个具有动态意义的范畴。它反映和揭示了机制的构成要素之间的相互关系和运作过程。第三,思想政治教育机制也是一个比较稳定的范畴。思想政治教育机制一旦建立,其构成要素在一定时期和一定阶段将保持相对稳定的关系和运行程序。第四,思想政治教育机制是有规律的。它的建立必须以思想政治教育的规律为基础,其运行必须遵循自己的规律。

(二)思想政治教育机制的外延

思想政治教育机制不是一个空洞的或抽象的概念,而是一个由相互关联和相互作用的若干具体机制组成的机制体系,它是一个机制组。根据不同的标准,思想政治教育机制可以分为不同类型,然后产生不同的配置。因为"世界不是一个事实的集合，而是一个过程的集合，在这个过程中，那些明显稳定的事物正在不断地变化，这与我们头脑中那些事物的意象是一样的"，思想政治教育作为特定的社会实践具有显著的过程特征。因此，本书以思想政治教育过程为标准，将思想政治教育机制划分为四种具体的类型，即沟通机制、疏导机制、激励机制和评价机制。

1. 思想政治教育的沟通机制

思想政治教育沟通机制作为机制体系的基础，在思想政治教育机制体系中起着基础性的作用，这主要是由沟通的基本地位和作用决定的。沟通是人类的基本实践活动，从人类存在的时代开始，沟通就存在了，可以说沟通是伴随着人类发展而进行的一种实践活动。简而言之，沟通是一个动态的过程，通过传递信息和情感以实现人与人之间或人与群体之间的特定目标。这个过程包括一些基本要素，比如，沟通对象、沟通主体、沟通内容、沟通方法等，以及这些元素之间的相互作用产生的交往实践活动。所谓思想政治教育沟通，是指"教育者为了实现特定的教育目标而对特定的教育内容和客体进行的交往活动"。

具体而言，思想政治教育沟通的基本要素包括沟通对象、沟通主体（教育者和受教育者）、沟通内容、沟通方法等。思想政治教育沟通的基本程序包括了解教育的实际情况、选择适当的沟通方式和方法、教育者和受教育之间提供和接收信息和情感、反馈和修正教育效果。这些要素和程序之间的相互关系以及相互作用的方法和过程构成了思想政治教育的沟通机制。沟通机制的有序运行为思想政治教育的疏导机制、激励机制和评价机制的顺利实施提供了条件。

2. 思想政治教育的疏导机制

思想政治教育的疏导机制处于机制体系的核心地位，在思想政治教育机制体系中起着关键性的作用。思想政治教育的疏导机制指的是根据实际的思想和行为以及一定条件下教育的变化规律，通过讲事实和真理，把党和国家的科学理论和政策转化为受教育者的思想和行为的内部过程。由于思想政治教育的疏导机制是一个有机系统和动态运行过程，它的正常运行和功能的有效发挥要求五要素密切配合，其中包括教育者、受教育者、教育内容、教育形式、教育背景，以及过程的相互作用。

在思想政治教育的疏导机制中，准确把握思想政治教育对象的实际情况是前提，认真选择思想政治教育的科学内容是核心，不断改进思想政治教育的方法是重要条件，认真推进思想政治教育的整体素质是关键，切实营造思想政治教育的环境是保障。这五个要素和程序不是孤立存在的，而是相互联系、相互影响、相互作用的，是不可或缺的辩证统一的过程。它们要共同推进思想政治教育疏导机制的顺利进行，实现思想政治教育的目标。

3. 思想政治教育的激励机制

激励机制在思想政治教育机制体系中起着能动的作用，首先可以从激励的含义来理解。激励，字面意思意味着刺激和鼓励。在管理学中，激励是指管理主体（激励主体）为了实现特定的目标，运用各种手段和方法来调动管理对象（激励对象）的积极性和主动性的过程。一般来说，激励的构成要素包括激励目标、激励主体、激励对象、激励方式、激励情境等，这些要素之间的相互作用促进了激励活动的实施。至于激励机制的内涵，一些学者指出："激励机制是指激励主体通过激励方式与客体之间产生的相互作用和相互约束的结构、方法、关系和演变规律的总和，并通过在组织系统中使用各种激励措施进行规范化和相对固定化。"

从对激励和激励机制内涵的学习，结合思想政治教育的特点，可以得出，所谓的思想政治教育激励机制是指在思想政治教育过程中，激励主体为了实现特定的目标，采用各种方式方法来调动激励对象的积极性和主动性的相对稳定的内在方法和过程。激励机制的有效运行可以促进其他三个机制的顺利发展。

4. 思想政治教育的评价机制

评价机制是整个思想政治教育机制体系中不可缺少的一部分，它起着重要的监督和指导作用。评价，即评价一个人或一件事物是否具有价值和其价值的大小，本质上是一个价值决定过程。一般来说，评价的基本要素包括评价标准、评价主体、评价对象、评价方法等；评价的基本程序包括标准的制定、方法选择、评价实施、结果运用等。当评价的要素和程序相互影响、相互作用形成了相对稳定的方法和程序时，评价机制就被建立起来了。

思想政治教育评价机制是指在思想政治教育过程中，评价主体按照一定的评价标准，以各种评价方法对评价对象进行价值判断的相对稳定的内在方法和过程。有效利用思想政治教育的评价机制，可以促进其他三个机制的发展和完善。

思想政治教育的四个机制，即沟通机制、疏导机制、激励机制和评价机制，相互联系、相互作用形成了思想政治教育机制的系统性体系，促进了思想政治教育活动的发展和壮大。当然，从过程的角度来看，并不是简单地将思想政治教育分为沟通机制、疏导机制、激励机制和评价机制四部分，四个子机制是密切联系的一个有机整体。

**二、思想政治教育的主体间性引导机制**

主体间性理论是 21 世纪哲学构建的一种互动实践范畴,在其出现以后很快进入许多领域,包括教育。近年来,思想政治教育领域开始以主体间性视角审视问题。主体间性理论提供了一种新的思路和视角来指导大专院校和高校的思想政治教育,可以正确了解思想政治教育的主体,可以理解教育与被教育之间的关系,可以创新思想政治教育的方法和模式等。

(一) 主体间性视角下的教育者与受教育之间的关系

当前,教育学术界的教育者与被教育者之间的思想政治研究的评论有很多,如主客体关系、单主体主导、两主体、两主体相互作用等。其中主客体关系和单主体主导已经被主流学术所反驳。原因是这些理论把教育者置于主导地位,把受教育者视为转化的对象,把教育活动视为一个理解和改造对象的过程,而忽视了受教育者的主动性、动机以及创造力。

两主体和两主体互动理论仍然具有很重要的影响。两主体理论认为,在教育活动中教师是课程的主体,学生是学习过程的主体。这一理论尝试在政治思想教育过程中建立教师与学生之间的关系。但是它割离了教师的教学和学生的学习。事实上,在思想政治教育过程中,教学和学习相互发生,而不是简单的两个过程的叠加。一些教育家认为承认受教育者主体的主导地位,将削弱教育的主导地位。同时,受教育者是不成熟的,不利于促进教育和管理,思想政治教育的目的可能不会实现,只有确定其主体地位,才可以广泛地发挥主体性作用。

当代西方主体间性哲学的兴起给思想政治带来了新的模式。现象学创始人胡塞尔(Edmund Gustav Albrecht Husserl)在《笛卡尔式的沉思》中第一次提出了主体间性理论。存在主义的代表海德格尔(Martin Heidegger)和雅斯贝斯(Karl Jaspers)以及对话概念的代表马丁(Martin Buber)继承和发展了主体间性的理论。他们认为主体间性理论超越了一个主体理论,也超过了两个主体理论,其主体可以是一个或是两个以及两个以上的主体。教育者和受教育者同时作为思想政治教育的主体,他们是平等的,通过沟通的方式相互了解,来实现思想政治教育的目标。

中国学者张耀灿指出主体间性思想政治教育的定义,主体间性思想政治教育是两种关系的统一。一种关系是教育者作为教育主体,与作为思想政治受教育主体的受教育者的关系,二者构成主体和主体之间的关系;另一种关系是教育者和受教育者之间的主客体关系是思想政治教育多元主体的主要主体，同时和教育具有相同的主体。从这个角度来研究思想政治教育，教育工作者和作为思想政治教育的受教育者的活动是并存的。

教育资源作为两者的主体遵循：主体（教师）——客体（教育内容与教学）——主体（学生）模式。教育家不再是教育活动的主人，受教育者也不再完全处于从属地位。他们平等地进行沟通、交流，促进思想和道德的发展，使接受的思想政治教育的内容融入自身的思维、信念和价值观等。

主体间性理论不仅有助于协调教育者和受教育者在思想政治教育过程中的关系，也有助于可以消除他们之间的冲突，还对改善思想政治教育具有重大意义。

（二）主体间性理论指导下的思想政治教育原则

1. 平等原则

平等原则就是指主体之间平等的沟通，这也意味着平等地看待教育者和受教育者这两个部分的人。其目的是使思想政治教育的道德境界得到发展，并且通过学习不断创新以及理解主体之间主要内容的相互联系。海德格尔认为，主体间性是其自身生存的基础，其在平等对话主体中是以自我为主体的。主体间的平等应该真正地体现在"你我"关系的平等。每一个教育主体应充分、平等地参与教育活动，此外，在教育活动中的每一个接触者都应该平等。

教育工作者应尊重受教育者的认知和情感世界，把他们看成是完全独立和自由发展的人，然后可以引导他们互相交流，鼓励他们表达不同的看法，培养他们的思维和创造力，即"消除对待学生的不平等，创造最佳条件和教育环境，以提高他们认识和民主参与的能力，让学生发挥教育主体的作用。总之，其中重要的是要尊重学生的品格和权利，以解放主体和创新"。

2. 理解和沟通的原则

理解和沟通的原则是指教育者和受教育者达成共识，相互理解和倾听的沟通方式。海德格尔认为个体之间的理解是一种对话行为，是一种参照他人的精神，其维度不仅包括古代与现代人之间的对话，也有多极世界的主要对话。哈贝马斯（Jürgen Habermas）从互动理论的视角，把交际的概念作为"合理化理论"的基础。所有这些都是通过理解和沟通的过程形成的。例如，交换思想、兴趣、个性特征塑造的方法、理想和生活的态度。思想政治教育的主体，教育者和受教育者不能只观察对方与自己不同的部分，而应是从自身出发与"另一个自己"共同探讨相同的话题。老师和学生应该是"参与—合作"的伙伴关系。

理解和沟通使师生这两个独立的精神主体相互交流，各部门应该把另一部分视为另一个和自己对话的"我"，无论人是否在场都能通过引起精神共鸣、沟通和对话来完成思想政治教育工作。

3. 互动的原则

互动的原则，指的是思想政治教育要通过交流来体现主要联系人之间的相互关系，不是教师简单地传输信息，而是通过思想、需要等的交流，使学生在积累知识和经验中形成自己的观点。德国的宗教哲学家马丁·布伯认为人与人之间的关系是一种"我—你"关系，而不是"我—他"关系。"我—你"的关系是一种真正的对话关系，它是"你"和"我"之间非常活跃的"邂逅"关系。只有这样一个开放性、直接性、互惠性的真正"我—你"关系，才能达到互动的效果。

思想政治教育的完成是通过互动的两个特点：一方面，学生通过消化和理解内容反映自身主体性、自主性、选择性、动态性。另一方面，学生与教师的交流、互动和融合反映这些特点。为了不断更新自己的知识、感受、观点，交流双方应该全方位地进行交流互动、互相影响。因此，教育工作者和受教育者在思想政治教育整个过程中成长，不仅学生而且老师也会成长。

（三）思想政治教育主体间性转型对策

1. 树立平等教育的观念，从"管理"到"服务"

传统思想政治教育的评价标准以"管理"和"服从"为特征，限制学生的自主性、主动性和创造力，所以学生在其中不能扮演主要角色。而当代主体间性理论指导下的思想政治理论主要是以培养平等观点为特征，观念从"管理"到"服务"转变，也就是说，教育者以平等的姿态进行交流是很重要的，教师要通过引导使大学生积极参与思想政治教育。教师和学生应该互相尊重彼此独特的个性，教师应该激励学生的自主性、主动性、创造性等，使他们发自内心地积极接受思想政治教育，以完成思想政治教育。这样，思想政治教育的价值才可以体现。

教育者树立平等教育观，认识和尊重受教育者的主体地位，体现尊重人民、关心人民、发展人民的"以人为本"的原则。从"管理"到"服务"意味着满足学生需要，激发学生兴趣，引导启发学生等。可以建立一些学生服务机构，如自我管理中心、生活咨询室、专业班级、学生服务队等，进行各种活动，使教育工作者可以从严格的管理者变成一个指导者、一个顾问，最重要的是变成一个服务者。

2. 建立科学的教育模式从"独白"到"对话"

传统思想政治教育的弊端直接体现在教师填鸭式的实践模式上，已被证明无效。在这种教育模式里，学生是一种不会反应的存在主体，其只需要被理解和转化，这种模式是很难进行深入的交流和对话的。从雅斯贝斯的"交换观"来看：对话是探索真理和了解自己的途径，对话以人和环境为内容，其中的逻辑和存在的意义是显而易见的。

主体间性理论指导下的思想政治教育需要激发学生的兴趣，使学生以主体的身份参与到思想政治教育中来。学生的兴趣不仅可以来自自我意识，也可以来自外部培训和激励。成功的思想政治教育必须实现师生参与合作，师生之间分享彼此的理解和经验，并通过对话解决问题，更重要的是，教师应该在适当的时候给学生一些方向上的指导。

思想政治教育从"独白"到"对话"不仅可以消除传统教育方法和手段中对教育者的依赖，也可以消除受教育者对书本知识和教师权威的依赖。此外，学生可以积极参与到思想政治教育过程。改变传统思想政治教学方式，教师和学生可以尝试进行关于社会和现实中的难点问题和热点问题的讨论。在交换观点的过程中，教育者引导学生从马克思主义原理出发去分析和创造性地解决社会现实问题，提高其用马克思主义理论、观点和观察方法分析和处理实际问题的能力。

3. 探索合理的教育模式，从"单向灌输"到"互动实践"

传统思想政治教育模式是一个单向的灌输模式，这也是以"一个说，另一个听"为特点。这样的思想政治教育缺乏互动性。老师认为学生是"容器"，老师说什么学生都必须接受。教师是知识的"给予者"，学生是知识的"接受者"，包括书本和老师教授的知识。学生很少有机会互相学习，师生之间很少进行交流和合作，很难形成师生之间的积极互动。

互动实践模式，通过"主体（教师）、客体（教育内容）、主体（学生）"显示人与人之间特殊的社会关系。由此，可以看出以互动实践理论为基础的思想政治教育活动，为实现人的全面发展奠定了发展基础。只有在人与人之间进行交流的基础上，人才能实现完美的建设，正如马克思所说，"一个人的发展直接或间接地与其他人的发展相联系"。

"互动实践"模式能指导学生深入了解社区，服务社会，其中要求教育工作者积极拓展思想政治教育的有效途径。例如，探索和建立一些结合专业学习的实践活动，为个人和社会发展服务，通过校园文化建设活动、企业文化建设活动、社区服务、社会调查和访问革命教育基地等活动，可以将静态学习改变为动态学习，提高受教育者的思想、个人素质。

总之，思想政治教育的当代潮流应该是，教师和学生之间通过活动进行交流，而不只是"独白"说教。教师和学生都被认为是教育信息化的主体媒介，通过连接双方，使双方达成理解和对话，共同营造和谐的氛围，最后提高思想政治教育的水平。

## 第三节　信息时代的思想政治教育机制与转型

**一、建立一个思想政治教育信息管理平台**

（一）信息时代要求思想政治教育改革创新

信息技术的快速发展使我国高等学府的思想政治教育受到了强烈的冲击。在教育效果方面，随着网络的普及和校园网的建设，大学生视野更加开阔，思想和行为越来越个性化。在教育方式方面，面对日益丰富的网络多媒体资源，传统思想政治教育课堂的教师教育方法出现暗淡和苍白，难以获得理想的教育效果。因此，如何充分将信息技术融入思想政治教育，探索更有效的思想政治教育方法，是思想政治教育研究与实践面临的重要课题。

随着信息和通信技术的快速发展，电子媒体和网络已经改变了人们的工作方式，并影响着人们教育和学习方法。计算机技术成为一个必要的技能，社会对计算机素养和信息技能的需要在不经意间增加。信息和知识是现代社会发展的燃料，关系着一个社会的繁荣。教育部门要为高校提供充足的资金，为教师和学生提供适当的信息技术培训，并在高校内开展各种形式的信息技术活动。要适应社会的发展和教育体制的改革，在高校思想政治教育中使用现代信息技术成为一种必然。

随着信息时代的到来，许多国家的教育体制进入了全面改革的现代化新阶段，师生关系发生了变化。教育部在2008年提出的《关于进一步加强高等学校思想政治理论课教师队伍建设的意见》中明确指出："重视发挥多媒体和网络等信息技术的重要作用，倡导在教学中使用新技术新手段，逐步实现教学手段现代化，开发网络教育资源，形成网上网下教学互动、校内校外资源共享。"

信息技术的不断发展，传统文化推广在各种综合性多媒体实验中取得了巨大的进步，图像文化对人们的全方位感官冲击相比传统方式对文字的传播抑制有着巨大优势。在现代科技和新媒体影响力如此之大的情况下，高校思想政治教育还要坚持旧的教育模式，必然成效不大。

现代信息技术的广泛应用，使得思想政治教育教师面临着教学内容和传播平台的新变化。高校不应被视为一个客户服务中心、一个购物中心或一个将知识轻而易举地包装出售、消耗的机构，而应是一个工作自由、提供心灵空间的机构，在其中无论是熟练的还是没有经验的，接受过培训的人员还是初学者，老的和年轻的研究人员都可以参与对想法、方法和解决方案的争论。

现代信息技术在改变人们生活方式、思维方式、沟通方式的同时，也创造了新的文化形式，特别是在5G网络、手机等新媒体工具的驱动下，更加突出了多元化个性。学生思维的另一个重要变化就是从简单化的思维变成更加成熟、复杂、情境化的现实观（相对主义）。

因此，在新的历史条件下，在中国特色社会主义新时代，思想政治教育面临着新的挑战和新的任务，思想教育工作要主动，要尊重发散性、包容性和多样性，而且要有效抵制错误和腐朽思想的影响。高校作为意识形态在思想政治教育中的重要阵地，一方面要服务社会主义意识形态，在经济快速发展的中国发展模式中提供一个有凝聚力的核心价值体系；另一方面也要以开放和批判的立场，广泛引用新的理论与方法，尤其是新的教育理论与教学方法来推进和提升思想政治教育的成效与水平。

提高高校教师思想政治教育的现代信息技术素养，是高校思想政治教育队伍建设适应信息化现代化面临的新任务。随着教学模式转型教师面临着新的任务。教师在教育中将不经意间受到信息技术的影响，不管他们是否已经准备好了，或者他们是否喜欢它。

加强教师队伍建设是一个系统的项目，一方面需要改变人才的概念，牢固树立人才是第一资源的意识；另一方面，应根据各自的学校情况，制定实际措施，建立、完善教师队伍的持久效应机制。

许多高校正在试图建立一个合理的管理系统，实现教育信息化。在信息化高等教育的过程中逐步引入信息主管化。Chief Information Officer 翻译为"首席信息官"。美国在高校的信息化过程中逐步引入CIO管理模式。中国一些高校也开始尝试这种做法。

（二）信息系统台设计

通常，可以使用 ASP.NET2.0 作为思想政治教育信息管理平台开发软件，设计和建构一个思想政治教育信息管理平台系统。该系统设计主要包括思想政治教育、思想政治宣传、思想政治协商与沟通和思想政治监督四个核心功能模块和系统管理模块的内容。

在开发语言上，ASP.NET是一种动态的Web应用技术，它是基于NET Frame，抛弃VB脚本和Java脚本语言，并使用基于NET Frame work SDK支持VB.NET的模块化程序设计语言。这使得强大的Web应用和服务的快速发展可以实现。ASP.NET技术提供了一种方便、灵活的方法来构建、部署和运行WEB应用程序，并且适用于任何浏览器或设备。ASP.NET应用程序运行时第一次需要编译，编译后不需要修改源代码就不需要重新编译，因此在速度和效率方面可以比ASP技术高得多。同时它还具有代码的可重用性、可维护性等诸多优点。与其他WEB技术相比，ASP.NET可以更快、更容易地建立一个灵活、安全和稳定的WEB应用程序下一代的ASP产品，而不是ASP的简单升级。它是ASP在性能上的一个非常大的提高，不仅使开发人员更容易创建动态WEB内容，还可以使其更容易创建复杂而稳定的WEB应用程序。

作为Microsoft.NET框架的一部分，ASP.NET是ASP（Active Server Pages）最新版本的Active Server页面技术，也是创建动态互动网页的强大工具。由于在IIS（Internet Information Service，因特网信息服务）程序上运行，并且在ASP文件中与HTML文件类似，文件可以包含文本、HTML文件、XML文件和脚本，并且可以执行ASP文件中的脚本。当浏览器请求一个ASP文件时，IIS会将请求传播给ASP引擎，然后ASP引擎逐行读取文件，并执行脚本，纯HTML将返回浏览器文件。

（三）功能分析

由于思想政治教育活动的特殊性，思想政治教育信息平台建设不仅是一个技术问题，更多的是处理人与信息技术的应用的关系问题。因此，要解决这个问题，首先需要充分理解思想政治教育的内容，为需求分析打下良好的理论基础。在高校信息化思想政治教育的基础上，根据未来的发展方向，结合思想政治教育的实际情况来进行系统要求分析。平台系统功能结构如图2-3所示。

思想政治教学子系统：通过网络教学系统的建设，开展网络教学。根据教师和学生的不同活动，子系统分为教师工作和学生学习模块，内容包括网络教学、小组学习、工作管理、回答问题和考试等。

思想政治宣传子系统：思想政治宣传应该遵循一定的原则和指导思想，即真实信息真实地报道，引导不确定性信息，宣传积极的信息，通过网站宣传和"第二课堂"活动渗透到学生网络思想政治教育生活的各个方面。

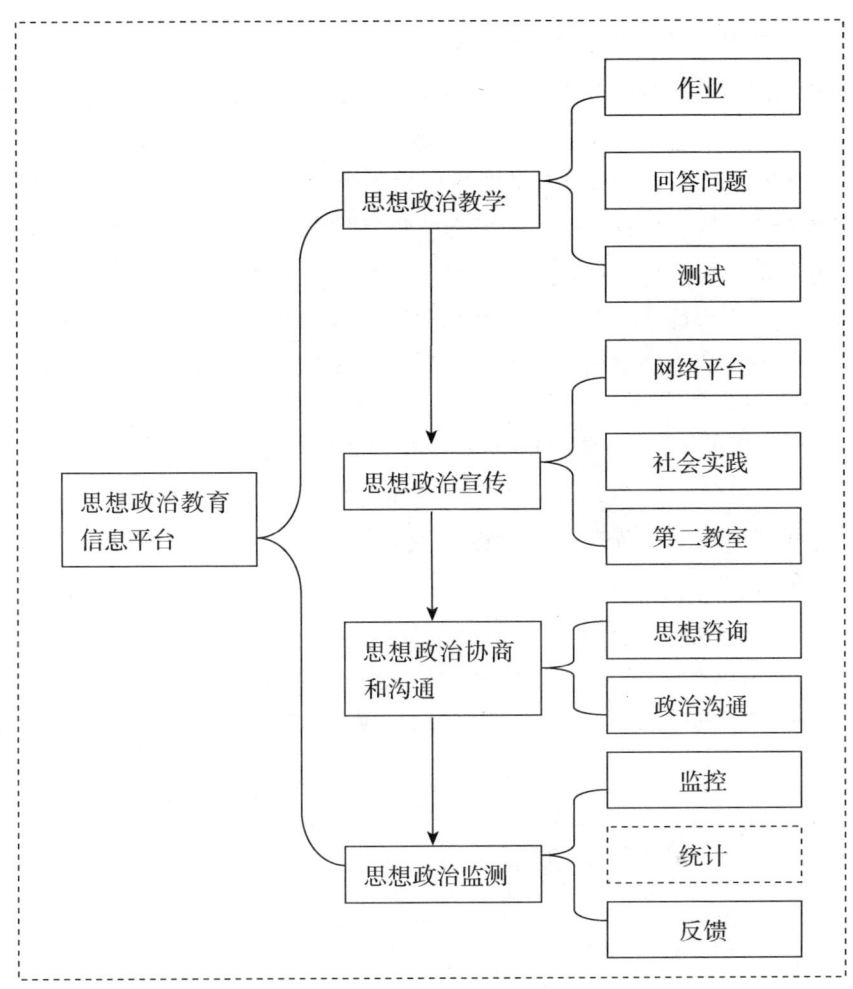

图 2-3 平台系统功能结构图

思想政治协商和沟通子系统：针对许多大学生不愿意公开讨论的主题，如情绪困扰、人际障碍、性教育和精神分裂症等，大学生可以在匿名的平台向思想政治教育全职教师或其他专家咨询。另外，学生还可以加入各种网络社区，共同讨论感兴趣的主题。

思想政治的监督控制子系统：在大力推广积极信息的同时，也希望通过各种措施最大限度地阻止负面信息对学生的影响，尽量不要让学生直接接触坏的信息，可以采取网络信息监控，管理员的相关统计信息要及时反馈给有关部门，建立早期预警机制等措施。

## （四）思想教育管理信息平台设计

由于思想政治教育信息平台的建设目的是改变传统教育模式，实现从单向沟通到优先考虑以老师与学生互动为主要形式的双向沟通，教师从以往的领导角色，转为引导、互动教学，培养学生的自主学习、合作学习和探索学习能力，确保思想政治宣传，实现咨询、沟通和监测功能的目标。因此，在开发集成的局域网和互联网接入时，局域环境、信息平台所提出的交互式 B/S 结构的整体架构，包括用户界面层、应用层和中间层三层数据管理数据库和服务器结构，构建了以用户为核心的结构化信息资源组织。如图 2-4 所示。

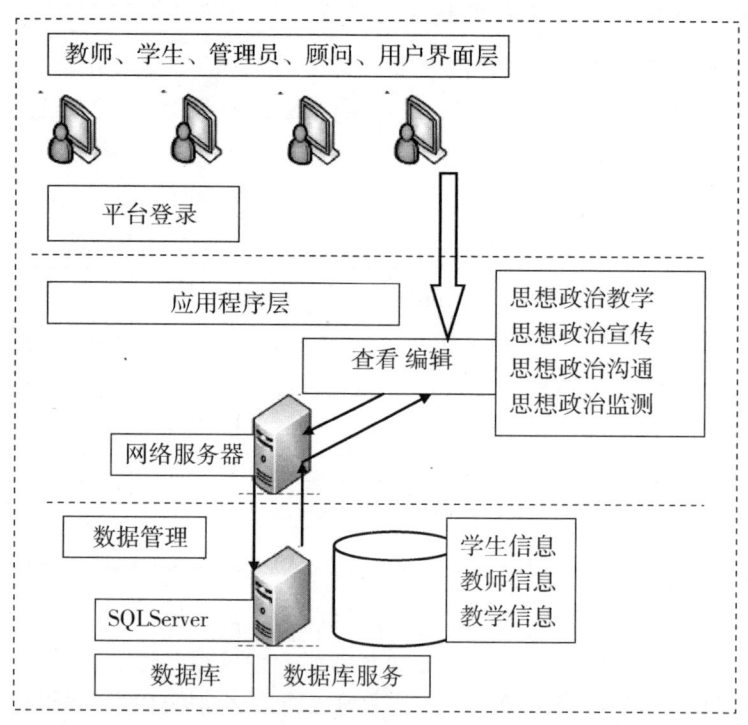

图 2-4　意识形态教育信息平台的设计

用户界面层：用户界面层为用户提供与系统操作界面交互，用户只需安装一个 WEB 浏览器即可访问意识形态教育信息平台，系统管理员属性通过 WEB 浏览器进行系统配置。

应用层：应用层在中间，在所有具体的业务应用层中包括系统模块，如意识形态和政治教学模块，宣传、咨询、监控模块及通信模块，并负责具体的业务逻辑处理系统，通过用户请求使用户界面层数据访问层进行处理。

数据管理：作为系统的底层数据库，它存储系统的所有相关数据，如教师信息、学生信息、教育教学信息和各种统计信息等。数据库服务器选择 SQL Server 2000，它负责处理 Web Server SQL 请求。

思想政治教育信息作为数字化校园建设教学体系的一部分，更应积极抓住良好发展机遇，对思想政治教育信息模块进行合理规划、设计，为提高学生思想政治教育水平打好基础。

**二、推进网络多媒体视域下的思想政治情境教学**

（一）情境教育方法与思想政治教育

近二十年来，我国思想政治教育的新途径之一，就是使用了以网络为平台的多媒体课堂教育方式。以网络为平台的多媒体的方式，可以简称为"网络多媒体"。这是一个行之有效的教学方法，互联网丰富多彩的生活世界为教学内容提供了用之不竭的资源，它使得教学乏味的思想政治课程教学内容，得以充实，使教学改革方案实现了"回归生活"。

这种回归生活的教学方式，起源于情境教育论。"情境"一词起源于一本由美国社会学家托马斯在 1918 年写的《欧美波兰农民》一书。它指的是行为与环境、主体和客体之间的相互关系。在现代教育学中，情境通常用于指影响某些主题教学的外部条件。教学情景的广义内涵是指包括学习主体和情感反应在内的客观环境。其狭义意义是指教学过程影响学生的作用，对积极学习产生情感反应。在这种情景下，学生和条件达成了和谐统一。

以生活为导向的教学形式，要求教师从学生的现实生活中选择材料，创造学生生活的一种情境，使学生在生动、具体、真实的情景下学习。多媒体的生活导向教学情景，主要指通过网络资源创建一种模拟学生生活环境的网络虚拟教室，激发学生的探索欲望，引导其学习兴趣，从而提高教学效果。

创造思想政治教育的生活导向教学是指教学模式。在这种模式下，教师根据教学内容和学生状况，在现代多媒体的帮助下，利用生动的话语和丰富多彩的图片，创造了一个熟悉的生活情景。这种教学致力于激发学生的学习兴趣，帮助学生体验和接受生活中的思想政治教育和道德教育。这种教学方法在激发学生的积极情绪方面起着很大的作用，能够帮助学生提高发现问题、分析问题和解决问题的能力。

（二）思想政治情景教学的特点

思想政治教学的任务是培养学生世界观、生活观和价值观的正确观念。它负责培养拥有理想、道德、文化和纪律的社会主义新人。思想政治教育是学校道德教育的主要渠道，对塑造学生的高贵人格起着重要的作用。这要求教师应该考虑学生在创造生活教学情境中的知识、能力、情感和价值观，以及学生分析和解决问题的能力，这反映了思想政治教育的特点。

1. 综合性：全面反映教学目标

思想政治学科是科学的、独特的，不仅教导学生理论知识，而且注重学生的情感、态度和价值观的培育。创造以生活为导向的教学情景应有利于实现教学目标，塑造学生的道德和价值观。

首先，选定的情景资源应该是真实可靠的。应选择符合教学目标要求的最典型、最具代表性和说服力的材料。其次，以生活为导向的教学形式必须具有典型性。教学情景的创建要求在课堂教学中找到关键和难点，抓住核心问题，紧紧联系教学目标，激发学生参与的积极性。最后，生活教学情景的创造应该是多样的。对于不同的教学内容和不同的学生，创造生活导向的教学情景，必须在相应的安排上有所不同。如表演、辩论、团体合作、音乐、电影欣赏等。

2. 适应性：接近学生的现实

适应性要求教师选择适合学生为创造教学情景的资源。青春期是一个人道德成长的关键时期。生活的展望和价值观已经开始形成，但不稳定，非常容易受到不利因素和负面信息的影响，甚至存在一些思维混乱。熟悉的事情往往会刺激学生的学习兴趣，引起学生的共鸣。

因此，在创造生活教学的情景下，应选择"贴近学生，贴近生活，接近现实"的教学资源，强调重点，减少困难，把知识和兴趣相结合。教师应该理解学生并进入他们的现实生活，以便拦截课堂教学中的生活片段，引导学生积极地探究"现实生活"的教学情景，使每个学生都能快乐地成才。

3. 当代性：关注社会热点

教师应该选择适应社会发展和时代精神的资源，创造教学情景。年轻人思维积极快速，善于接受新事物。教师应该紧密联系社会生活实践，跟上时代，跟随社会热点，把这些热点与教学联系起来，最终创造出丰富多彩的生活型教学形式。首先，要选择教学资源，教师应该寻找当前的热点作为背景材料，引导学生关注社会，提高责任感。其次，注意教材与突出问题和热门政治的结合，在热门问题中寻找关键知识，在关键知识中搜索热点问题。最后，密切关注国内外的重大事件和学生的发展，以及国家建设、科技、社会发展和学生现实生活中的社会热点问题。

(三) 思想政治情景教学的方法

思想政治课程，不仅应该来自生活，还应该回到学生的生活中，让学生意识到他们学到的东西是有用的。教师可以通过利用网络资源，如校园网和互联网，建立网络中的虚拟教室，创造一个模拟生活的情景。

1. 模拟生活——场景诱导

通过对生活的感知，教师引导学生沉浸在情境中，激发其对学习的兴趣。要熟悉学生的生活，瞄准最好的连接点，捕捉真实可靠的感知材料，并将生活资源引入课堂教学，从而创造一种生活教学的情景，使学生自然地处于相应的状况。

不同的生活导致不同的情景。学生的生活丰富多彩。只有符合学生生活实际的情景，才能引起学生积极地参与，真正反映生活型教学的功能。因此，教师应该"接近"和"进入"学生的生活，从学生的生活背景中截取符合教学需要的片段，创造接近学生生活的教学情境。同时，教师应保持与社会生活的密切联系，跟踪社会热点，聚焦并将其放在知识点的教学中，以保持教学内容的时代性，引起学生的兴趣，创造社会生活的特点。例如，在课堂教学中，这个环节可以使用电子公告板系统（BBS），通过"集体合作研究"完成。

在 WWW 平台上，学生可以通过标准浏览器进入 BBS 讨论。通常，他们可以通过嵌入在网页中的表单输入讨论信息，然后启动相关计算机程序来处理信息。结合思想政治课程的内容，学生选择生活中常见的问题、社会热点问题和感兴趣的问题，形成研究课题，并借助多媒体展示。学生搜索信息，然后思考、学习和讨论，最后写研究报告或论文参加集体交流。这是一种创造以生活为导向的教学形式的常见方式。其过程如图 2-5 所示。

对于关心可持续发展的学生，我们可以通过交通堵塞、资源稀缺、环境污染等主题，提出"保护人类家园"的相关问题，引导学生利用知识进行分析。"我们如何解决这些问题？""你有什么建议吗？""我们应该做什么？"这些问题可能会激发学生的思维，最终找到问题的答案。这样，校园网成为师生彼此沟通的重要舞台，教师和学生可以在互联网上自由地分析当前的问题，解释问题的原因并提出解决的方案，不仅可以巩固知识而且也加强了教师和学生之间的情感交流。

## 2. 分享生活——情境沟通

在理解学生需求的基础上，教师为学生创造相应的情境。通过相互交流，教师和学生彼此分享生活的经验和智慧。在创造生活教义时，教师应指导和鼓励所有学生参与和交流，在小组活动中相互合作，学习如何学习和如何生活。

这个环节可以通过"集体课件网络教学"实现。

具体操作如下：根据教学任务和学生的实际需要，教师设计教学，从网络收集丰富的多媒体数据并制作网络教学课件，存储在校园网中。在课堂上，老师布置学习任务，并指导学习。学生从电脑上学习材料，通过在线学习和在线对话，他们可以随时咨询教师或学生完成学习任务。老师可以回答学生的在线问题，检查他们的家庭作业，参加讨论，布置典型作业，并完成教学总结。过程如图2-6所示。

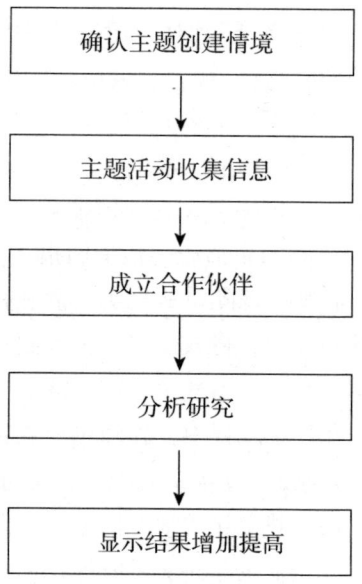

图2-5 小组合作和探索的图表

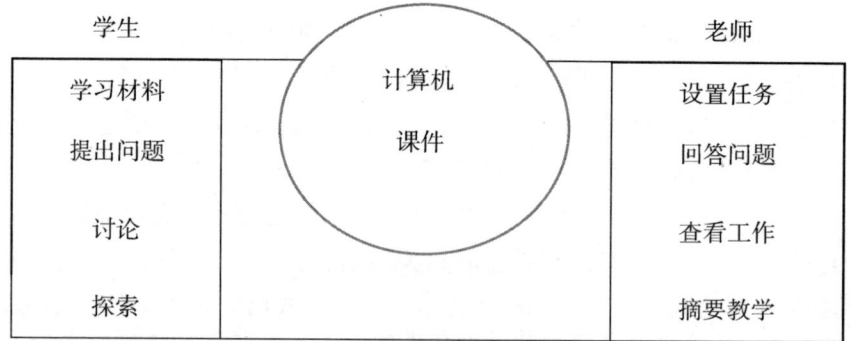

图2-6 集体课件网络教学图表

例如，在"运动是物质的基本属性"的研究中，教师首先根据教学目标、教学任务，结合实际情景，制成网络教学课件，存储在校园网，并通过互联网发送给每个学生。教师通过网络系统控制教学进度。在困难问题的讨论和反馈中，老师打开电脑，通过BBS监督学生，检查学生的作业，参加讨论，了解学生的疑惑和知识掌握情况。

(1) 搜索数据：名为"神舟十一号"的航天器成功发射。了解其基本类型的运动。

(2) 网络实践：搜索"神舟十一号"航天器在互联网上的运动形式。填写各种形式的运动。掌握"所有材料都在移动，运动是材料的本质"的原则。

(3) 网络分配：如何理解"人不能两次踏进同一条河流"的观点？

3. 参与生活——情境回报

教师应该随时从真实生活和社会现实中选择学生所关注的话题，并将问题延伸到外面，将教学空间扩大到社会领域，在教学中实现"从生活走向生活"。意识形态和政治教学不仅应该来自学生的生活，而且应该回归生活。

在教学过程中，教师可以在网站上发布每节课的知识点、要求和重点。在学习相应的内容后，学生可以展示他们的学习经历或论文。

在这种交互式学习网络中，学生彼此交流和学习。一方面，学生根据自己的兴趣和生活选择学习内容是非常自由的；另一方面，相互交流和学习有利于相互共享和改善。过程如图2-7所示。

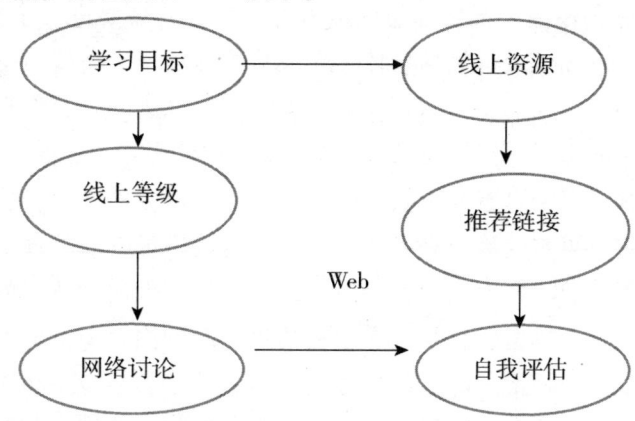

图2-7 网络互动学习的图表

例如，在"工人的基本权利和义务"的研究中，根据教学目标和任务，教师可以首先将课件上传到网络。然后，在网站上发布学习目标、在线课程、网络资源、自我评估、推荐链接并发起在线讨论。学生可以在学习目标中搜索辅助材料。当学习目标基本达到时，学生可以做自我测试，积极参与教师和同学之间的讨论。具体课堂网络使用节选：

(1) 网络预学习：学生熟悉计算机前的学习目标并预先准备。

(2) 网络视频：农民工要求提高工资。

(3) 网络论坛：工人的哪些权利遭到侵犯？如何处理？提供三种情景，连接在线论坛，选择一个用于分析，并监控学生的演讲。

（4）网络论坛：工人必须提高专业技能，迎接21世纪的挑战。只有不断提高专业技能，才能成为合格的工人。

（5）网络练习：自我评估。界面会出现评价："不要气馁，你还有机会！""是的，再试一次！""好，你很好！"

这三种情境创造的方法，可以在不同类型和内容的课堂教学中使用，也可以在同一教学中用作"生活三步"。生活导向的情景应根据教学方法、教学内容、学生年龄和教师经验等适当选择，针对不同人与不同时间选取不同的情景。

### 三、基于大数据的思想政治教育机制创新

#### （一）大数据环境下大学生思想政治教育的新形势

随着各种计算机、网络和通信技术的全面覆盖，产生了大量的信息数据，人类进入了大数据时代。随着大数据时代的到来，人们享受到信息技术的便利，如何更好地在信息环境下开展思想政治教育工作，还需要进一步探索和实践。大学生是最活跃、知识最密集的群体，在大数据环境下，高校的思想政治教育将面临更大的挑战。在信息技术环境下，大学生的思想观念、思维方式和行为方式受到了深刻的影响，传统的思想政治教育管理模式需要创新。

大数据时代，高校思想政治教育的载体发生了巨大的变化，思想政治教育的载体担负着进行思想政治教育的责任，它是连接思想政治教育工作中主要对象的媒介。在新形势下，大数据作为思想政治教育工作的载体，可分为静态和动态两大类。大部分静态信息存储在学校信息系统的内存中，个人或个人信息的变化不大，如学生档案。静态信息能反映学生的成长环境。动态信息是通过各种信息采集工具收集，或在网络应用过程中获取的。高校大数据的动态信息有两种：一种是学生的日常活动数据，另一种是网络信息数据。例如，日常课堂行为记录、学分记录、图书馆借阅记录、网上交流软件数据、网络交互数据和网络行为数据等。这些动态数据能反映学生的日常行为倾向和思维倾向。

在大数据时代，高校思想政治教育的新载体有三个方面的特点：第一，大数据具有海量、全面的特点，如学生的出勤率、实时监控等信息，将会越来越多，形成一个巨大的数据库。第二，大量不同类型的非结构化和半结构化数据，使得大数据类型日趋复杂化、多样化和异质化。第三，数据传输速度快，大大减少了思想政治教育工作的准备时间，提高了思想政治教育的时效性。这些都有助于提高学生思想政治教育工作的有效性。

在大学生的思想政治教育过程中，有许多数据没有得到充分地利用，很多数据都是通过简单的统计或列表来实现的。其实，这种数据是一种丰富的被隐藏的资源，利用数据挖掘技术可以进一步促进学生的思想政治教育工作，找到规则，把现有的单一功能、简单的数据转换为可利用的知识。为学校管理提供决策支持，提高管理水平和教学质量，是当前高校研究和探讨的主要焦点。本研究针对高校思想政治教育管理的思想政治教育学科，结合数据挖掘技术进行了聚类分析和研究。辅导员工作评价量化表的分析，是本研究的重要组成部分。传统的分析方法是基于绝对评分，在评价结果的客观性和准确性上存在一些缺陷和不足。按照传统的分析方法来评价辅导员是不公平的，它不能有效、正确地评价辅导员的管理效果。因此本研究采用数据挖掘中聚类分析的思想，使用k－均值算法对辅导员的工作量化考核表数据进行分析。进一步验证了该方法能有效克服传统分析方法的缺陷和不足。

大数据时代高校思想政治教育的特点。

1. 思想政治教育的主要对象更加全面

在信息技术环境下，思想政治教育的主体不是随意抽取的样本，而是全体学生。传统模式下，由于人员、精力不足，思想政治教育工作不够全面深入，导致一些工作存在疏忽，忽视了一些被隐藏的问题。在大数据环境下，通过各种手段对数据进行全面、深入地环境分析，教育者可以了解每个学生的具体情况。与传统模式相比，数据采集与分析不是针对个人和某些群体，而是针对所有高校，如果要有效地提取信息，就需要对大数据进行分析和处理。这些都需要由专业人才进行统计分析，才能使信息更加准确、科学、客观。

2. 大数据信息混合

大数据信息混杂而烦琐，不需要过多地要求数据的精确性，但需要思想政治工作者把握好总的方向。关注宏观层面，可以让教育工作者有更好的洞察力，能够掌握教育工作的总体方向。例如，鉴定贫困学生，除了调查家庭经济情况外，只需要看学生过去的消费情况，而不用详细地来看每个费用的实际使用是否合理。因此，在大数据环境下，需要教育工作者对宏观图景有思想和远见。

3. 大数据的内在关联

在大数据环境下，相关信息的使用无须探索事物之间的因果关系，只需要找到事物之间的相关性。思想政治教育工作者只需要知道数据是什么，而不必探究为什么。应用到具体工作的实践中，就是只需要利用数据之间的相关性来指导工作，而不需要去探索为什么。例如，在关注学生的思想状态时，经常看到学生们更新微信、微博和QQ，就知道他的心情已经变好了，而不需要了解他喜欢在网上发表自己的想法与他的性格是否有关。教育工作者只需在具体的思想政治教育工作指导思想下，关注学生是否具有思想混乱或极端情绪的现象，然后尝试着去理解和引导。

（二）思想政治管理中的数据挖掘思想

高校中存在着许多"管"与"学"的情况，这就要求建立一支高素质、有较强工作能力的学生工作队伍，即学生辅导员。在优化辅导员队伍素质，提高利用率的同时，要重视辅导员队伍建设。因此，构建一个高效、控制良好的高校管理决策支持系统是非常迫切的。DSS 除了具有常用的搜索、维护和统计和之外的许多其他功能，还能全面管理各种信息，协调各方面工作。通过对数据的变化进行分析，利用数据挖掘技术对数据库中隐藏的有用信息进行提取和处理，能为教学管理和推广提供一定的指导。过去，数据信息对辅导员工作的作用主要是查找大量信息。DSS 可以用一种基于聚类分析的数据挖掘方法来处理辅导员的数据信息的效用，它可以将大量的数据转换成聚类结果，然后更好地利用这种类型的数据。传统的数据挖掘过程如下所述。

步骤 1：明确数据挖掘对象。首先要理清数据挖掘的目标，这是数据挖掘的第一步。

步骤 2：数据采集。在明确挖掘对象后，我们需要最基本的数据采集。学生的思想教育不仅是通过"工作量化评价表"来表现，还包括相关的问卷数据。

步骤 3：数据预处理。当学生工作的数据形式被收集起来后，数据格式之间存在很大的差距。因此，在本研究中，我们采用 ETL 技术，把数据统一成数学模型来进行分析。

步骤 4：用 k – 均值算法实现对数据对象组的划分。

步骤 5：聚类结果分析。通过对上述数据挖掘的分析，可以得到挖掘结果。

（三）大数据时代高校思想政治教育工作的创新举措

1. 创新思想政治教育观念

大数据时代，数据是最宝贵的资源，对于大数据的分析和挖掘具有很大的科学价值和社会价值。因此，在思想政治教育工作中，首先，需要建立大教育观，一方面让学校高度重视思想政治教育工作，另一方面综合各职能部门的数据，统一到大数据平台，重点分析数据的深度与广度。其次，在思想政治教育工作中，还需要具备大数据意识，增强数据敏感性，要从大量信息中找出可以反映思想动态的价值取向数据和信息，并进行科学的数据存储和有效利用，以便提高大数据环境下高校思想政治教育工作的实效性。在看待大数据的相关性时，应避免过于注重数据微观层次的准确性，注意从宏观去把握学生思维的动态变化。利用不同数据之间的相关性探索学生信息背后隐藏的内容，如学生的思想意识和价值取向等。

2. 创新思想政治教育工作方法

大数据环境下，大学思想政治教育工作方法的创新主要有两个方面：一是通过数据分析指导思想政治教育工作，利用大学生数据库，实现评价多样化；二是通过大数据分析做好思想政治教育的预警和预报，教师可以通过收集、分析和处理数据，了解学生的思想倾向，从而指导思想政治教育工作。例如，依据近年来学生组织的活动，制订一些新的活动计划。以学生喜欢的形式开展教育活动，有助于提高思想政治教育工作的吸引力和号召力，激发学生的兴趣，促进思想教育活动的开展。

每个大学生都有自己独特的个性和多面性，教育工作者需要运用多元评价体系对学生进行评价。大数据环境下，教育工作者可以利用数据库对每个学生进行多重评价，并建立每个教育对象的成长档案。根据每个学生的特点，制订个性化的培养计划，体现学生的主体地位，真正做到以人为本的教育模式。

对大数据的分析可以用来预测学生的行为，如正遭受挫折的学生，会通过各种方式寻求帮助或发泄，教师可以通过对他们在互联网和搜索引擎的记录进行分析和处理，发现学生的心理状态和行为趋势，并基于此进行有针对性的教育或干预。

3. 发展思想政治教育新载体

在互联网信息技术深度发展的大环境下，自媒体时代到来后，目前的智能手机、移动电脑、平板电脑，促使各种社会网络出现在高校。高校要积极跟进大数据时代，占领网络思想政治教育的前沿，充分利用这些从媒体方面推动思想政治教育的网络化发展。网络不仅是大数据源，也是思想政治教育最有效的载体之一。思想政治教育工作应牢牢把握网络控制，积极主动地互动，拉近师生之间的距离，采用学生乐于接受的有效途径，促进思想政治教育工作的开展。

4. 建设大数据思想政治教育创新团队

培养适应大数据时代的思想政治教育工作人才，是有效开展思想政治教育活动的基础。专业化程度高、素质过硬的人才队伍，是保证思想政治教育工作顺利开展的关键。因此，高校应在培养人才上进行有效的创新，使思想政治教育工作者树立大数据感，研究大数据技术，掌握大数据的性能，具备洞察数据的能力。教育工作者还要把思想政治教育工作的专业知识和技能结合起来，提高思想政治教育工作的成效。这就要求教育工作者自身要有坚定的政治立场，能分清是非,才能在大数据的海洋中提炼出对教育工作有用的信息,更好地开展思想政治教育工作。

(四) 基于改进 k-均值聚类算法的思想政治教育管理平台构建

近年来,数据挖掘研究发展迅速,信息化教学管理系统的建设也得到了长足的进步。大量的管理系统积累了大量的数据。但是,数据挖掘在教学管理系统中的应用还处于初级阶段,因此,对如何将数据挖掘技术应用于教学管理系统的研究具有重要的理论和实践意义。

传统的分析方法是基于绝对点的计算,这在结果的客观性和真实性方面有缺点和不足。基于思想政治教育管理,结合数据挖掘技术中的聚类分析,我们分析了辅导员的工作考核量化表,这是该课题中最重要的环节。使用传统的方法对辅导员来说是不公平的,他们的管理工作的效果不能被有效地和适当地判断。在数据挖掘中应用聚类分析的思想,利用 k-均值算法分析的绩效评价量化表,可以克服传统分析方法的缺点。

K-均值聚类算法是基于聚类分析中分割的经典算法。它非常简单并且适应性强,也可以在各种数据类型上执行。同时,由于其良好的可扩展性,k-均值聚类也可以用于大数据集的有效处理。因此,k-均值聚类算法仍然是聚类算法研究领域的重点。这种算法的主要问题是聚类的数量是不确定的,这直接影响聚类的效果。另外,聚类结果过于依赖初始中心点的设置,因为不同的初始中心点对聚类结果的稳定性有很大的影响。针对 k-均值算法的这些缺点,我们介绍了一定的改进方法。

1. 改进的 k-均值算法

假设数据集 $D$ 包含 $n$ 个数据对象。有 $k$ 个聚类。分割方法用于将数据对象分类到合适的聚类 $C_1, \cdots, C_k$,这使得每个对象属于一个聚类,$1 \leq i, j \leq k$,$C_i \in D$, $C_i \cap C_j \neq \emptyset$。

$$E = \sum_{i=1}^{K} E = \sum_{P \in C_i} dist(p, c_i)^2$$

E 表示所有数据对象的误差平方和,p 是数据对象,Ci 表示簇 Ci 的重心。

聚类的数目需要用户指定。k-均值算法首先要求用户指定聚类数目,K 值的确定直接影响聚类的结果。在正常情况下,K 值需要自己根据经验和对数据集的理解来确定。指定值不理想,也不能保证聚类结果。

一旦我们错误地选择了初始中心,将对后续的聚类过程产生强烈影响,并且不可能获得最佳聚类结果。与此同时,聚类迭代的数量很可能也会增加。随机初始中心有很大的不确定性,这也直接影响聚类的效果。改进初始中心点选择方案如下。

输入：数据集 D 和聚类数 k，输出为 k 初始中心点。

步骤1：从数据集 D 中的 n 个数据对象中选择最小的数据对象 min（D）。

步骤2：计算所有的数据对象和 min（D）之间的距离。

步骤3：按照距离从小到大依次排列数据对象，1 +（i - 1）·（n - 2）/（k - 1）作为初始中心点，i∈1，⋯，k.

步骤4：对于没有被分组的数据对象，计算每个组中每个成员之间的距离，同时，将数据对象分配给最近的组。

$$c_{i_d} = \frac{1}{n_i} \sum_{j=1}^{n_i} p_{j_d}$$

$c_{i_d}$ 表示初始中心点 $c_i$ 的 d 维数据，$p_j$ 表示属于聚类 $C_i$ 的数据，$n_i$ 表示聚类 $C_i$ 中数据的数量。

我们提出了一种改进的确定聚类数量的方法，其不执行聚类，并且直接分析数据的差异程度以确定最合适的聚类数量。同时，由于没有聚类，它也在一定程度上提高了效率。假设数据集被分类为 k 个聚类。

$$DC = \sum_{q=1, q \neq p}^{k} \sum_{p=1}^{k} \sum_{d=1}^{m} (c_{pd} - c_{qd})^2$$

$c_{p_d}$ 表示第 p 个初始中心点的第 d 维数据。该数据具有 m 维，并具有初始中心点的 k 个数。DC 表示初始中心点之间的距离。DOC 表示初始中心点与全局中心点之间的平均距离。

$$DOC = \frac{1}{k} \sum_{p=1}^{k} \sum_{d=1}^{m} (c_{pd} - O_d)^2$$

$O_d$ 代表全局中心点的第 d 维数据，数据的维数是 m，初始中心点的数量是 k。Dic 表示聚类内部的差异程度。

$$DVA_{pd} = \sum_{i=1}^{n_p} (x_{i_d}^p - \overline{x_d^p})^2$$

$$Dic = k \cdot \sum_{p=1, p \neq q}^{k} \sum_{q=1}^{k} \sum_{d=1}^{m} (DVA_{pd} - DVA_{qd})^2$$

$X_{i_d}^p$ 表示聚类 p 中的第 i 个数据的第 d 维数据，$x_d^p$ 是聚类 p 中的所有 d 维数据的平均值。$n_p$ 表示聚类 p 中的数据项的数目，$DVA_{pd}$ 表示聚类 p 中第 d 维的总差异程度，m 表示数据的维数。DMA 表示聚类中的最大距离。

$$DMA = \sum_{P=1}^{K} \max \sum_{j=1, j \neq i}^{n_p} \sum_{i=1}^{n_p} \sum_{d=1}^{m} (x_{id}^p - x_{jd}^p)^2$$

聚类之间的最小距离是：

$$DMI = \sum_{P=1}^{K} \min \sum_{j=1, j\neq i}^{n_p} \sum_{i=1}^{n_p} \sum_{d=1}^{m} (x_{id}^m - x_{jd}^p)^2$$

评价函数是：

$$APK = \frac{DC \cdot DOC \cdot DMI}{Dic \cdot DMA}$$

最大的 APK 就是最理想的聚类效果，确定最佳聚类数的过程如下：

步骤1：确定聚类数的范围。

步骤2：假设聚类数为1，计算整个数据集的全局中心点 O。

步骤3：确定初始中心点 C。

步骤4：选择最大的 APK 值作为聚类数，并返回到该聚类的初始中心点 C。

2. 聚类的实现过程

思想政治教育管理的聚类实现过程如图2－8所示。

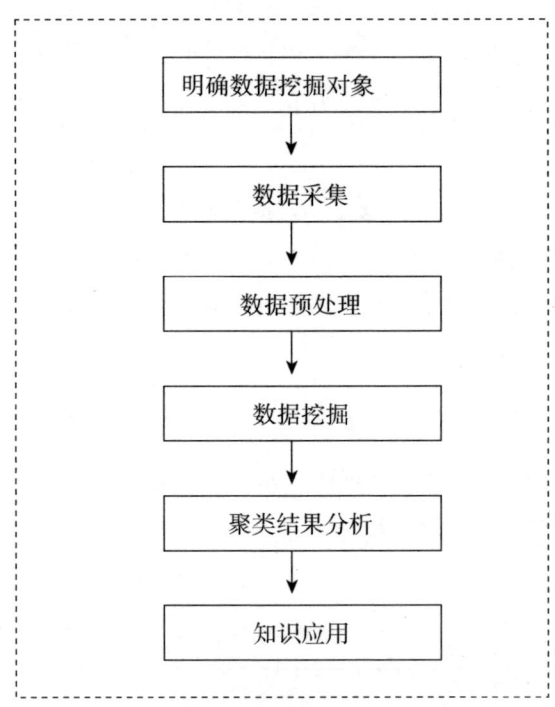

图2－8 聚类实现过程

步骤1：确定数据挖掘的对象和目的。找出数据挖掘的目标是数据挖掘过程的重要的第一步。数据挖掘虽然不能预测最终结果，但可以实现对研究问题的预期。

步骤2：数据收集。在这个过程中，任务更重，需要花更多的时间。我们需要在平时的教育管理中仔细收集数据信息。部分数据可以直接获得，部分数据来自研究。

步骤3：数据预处理。该过程是将收集的数据集转换为数据模型，根据算法准备数据模型，不同的算法对数据模型有不同的要求。

步骤4：数据聚类挖掘。数据聚类是将数据模型置于由类似对象组成的多个组中。该过程是数据输入过程的主要模型，也是聚类算法和实现过程的选择。

步骤5：聚类结果分析。该过程是在聚类数据挖掘后对类属性进行的分析。

步骤6：知识的应用。这个过程中的有用信息被纳入辅导员的管理和教育。辅导员将能够使用该结论来促进教学管理并形成良好的管理政策。

3. 聚类结果

我们采用改进的k-均值算法来分析120个样本数据。三个样本分别代表良好、中等、差。工作考核量化表中的117个数据被用来分析。所有样本数据包含四种类型的属性，即管理态度（A），管理能力（B），管理方法（C）和管理效果（D）。最后的聚类结果如表2-7所示。表示良好的聚类数为36，表示中等的聚类数为74，表示差的聚类数为10。聚类1占30%，聚类2占62%，聚类3占8%。

表2-7 聚类结果

| | A | B | C | D | 数量（个） |
| --- | --- | --- | --- | --- | --- |
| 良好 | 0.79 | 0.79 | 0.75 | 0.81 | 36 |
| 中等 | 0.61 | 0.59 | 0.55 | 0.56 | 74 |
| 差 | 0.30 | 0.30 | 0.26 | 0.30 | 10 |

为了进一步验证数据挖掘的最终结果，我们从某些高校的学生事务部获得了260名学生的资料，得到了相关的综合定量评分。最后聚类结果如表2-8所示。

表2-8 定量评分

| | 样本数量（个） | 百分比 |
| --- | --- | --- |
| 超过80分 | 512 | 21% |
| 80~60分 | 1686 | 68% |
| 低于60分 | 282 | 11% |

基于以上分析，三种得分的比例分别为21%、68%和11%，与样本比例基本一致。这意味着这种数据挖掘模型是高校辅导员工作的一种非常成功的教育

和管理模型，具有一定的参考意义和指导意义。

　　DNA 和 IRIS 数据集用于验证算法的聚类效率。DNA 和 IRIS 数据集的迭代时间比较分别如图 2-9 和图 2-10 所示。通过实验对比，我们发现改进的 k-均值算法的初始中心选择方法具有很高的稳定性。同时，与 k-均值算法相比，在选择初始中心点时迭代次数大大减少，这大大提高了聚类算法的效率。

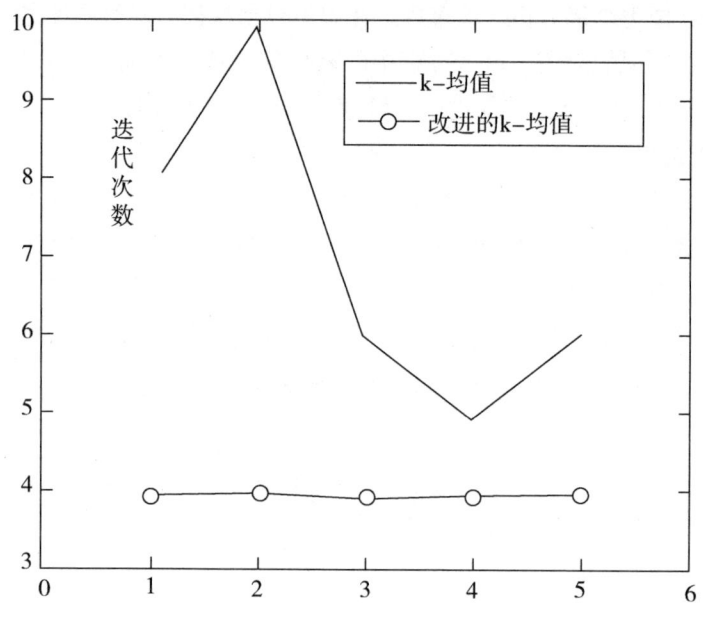

图 2-9　DNA 数据集上的迭代次数比较

　　我们对经典的 k-均值聚类分析做了较为全面的介绍，包括算法的实现和优缺点。通过比较目前流行的聚类方法，指出 k-均值算法在确定最优聚类数时存在明显的不足。因此，提出改进 k-均值算法的思想，以便可以更好地确定最优聚类数，提高其适用性和可用性。基于数据挖掘中的聚类算法，我们进一步探讨了 k-均值算法在高校思想政治教育管理中的应用。把高校思想政治教育管理绩效评价量化表作为聚类分析的数据源，并基于改进的 k-均值算法进行了聚类分析，最终得到了一些实用的结论。

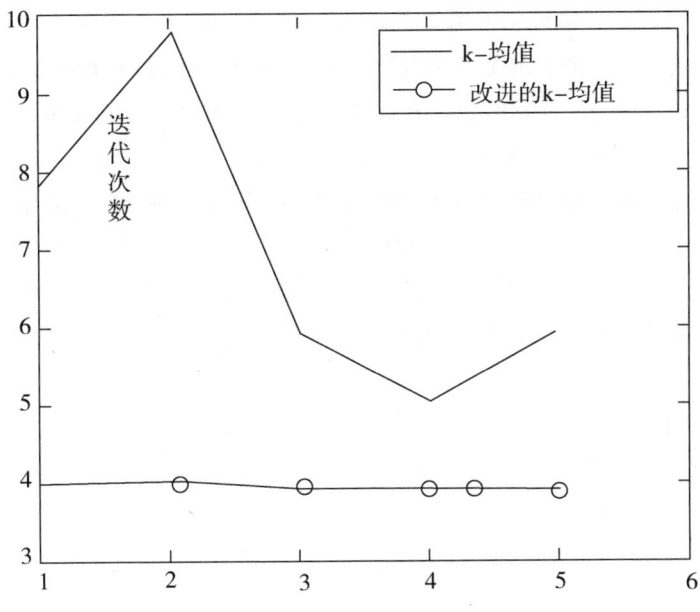

图 2-10　IRIS 数据集上的迭代次数比较

## 本章小结

本章分为三节。

第一节，首先对思想政治教育社会化从理论到实践进行了概括性阐述，尤其是对我国思想政治教育社会化的存在问题进行辨析，从实践和现实指导方面提出了有效推进我国的思想政治教育社会化的对策：整合学校教育、家庭教育、社会教育，充分利用网络和媒体，推动教育形式多样化，重视发挥党和政府的主导作用，完善思想政治教育运行和协调机制。然后对高校思想政治教育的层次分析评价模式进行了阐释，验证了这一模式对评价我国高校思想政治教育教学情况的有效性。

第二节，首先对思想政治教育机制进行了论述，认为思想政治教育机制就是由思想政治教育体系元素间的相互作用和它的内部操作程序、方法所形成的一种相对稳定的关系。然后论述了思想政治教育的主体间性引导机制，认为这一机制在我国高校思想政治教育教学的过程中具有重要价值和适用性。

第三节，首先认为在信息时代，我国高校思想政治教育必须且应该充分利用信息化平台，建立思想政治教育管理信息平台，推进思想政治教育信息化和网络化教学。然后，提出通过网络多媒体平台将传统的情境教育方法与思想政治教育有机结合起来，教师利用网络资源和网络平台，创造模拟生活的情景，从而大大提升教育教学的趣味性和有效性。再次，对大数据的思想政治教育机制创新进行了阐述，认为在大数据时代，我国高校思想政治教育与管理要创新思想政治教育观念，创新思想政治教育工作方法，发展思想政治教育新载体，建设大数据思想政治教育创新团队。最后，基于高校思想政治教育数据挖掘的方法，尝试构建了基于改进k–均值聚类的思想政治教育管理平台。

【参考文献】

[1] 张耀灿，郑永廷，刘书林，等. 现代思想政治教育学 [M]. 北京：人民大学出版社，2001：6.

[2] 宋劲松，王滨. 论思想政治教育社会化的特征 [J]. 求实，2009 (11)：84–87.

[3] 王雪霏. 浅析思想政治教育的社会化趋势 [J]. 法制与社会，2013 (7)：222–223.

[4] 陈慧英. 探讨思想政治教育的社会化路径 [J]. 佳木斯教育学院学报，2012 (10)：69，77.

[5] 曹慧娟. 思想政治教育社会化研究 [D]. 锦州：渤海大学，2013.

[6] 袁长青. 美国现代公民教育的核心理念与方法 [J]. 高等教育管理，2010 (1)：28.

[7] 张汉萍. 基于层次分析法的高职思想政治理论课教学评价模型 [J]. 高师理科学刊，2015，35 (6)：24–27.

[8] 冯利英. 层次分析法在高校思想政治教育评价中的应用 [J]. 内蒙古统计，2015 (4)：19–21.

[9] 姚运肖，武宇清. 基于层次分析法对大学生思想政治工作的探索 [J]. 山西农业大学学报（社会科学版），2011，10 (6)：541–544.

[10] 嵇雷，单文丽. 基于层次分析法的高校思想政治理论课教学方法评价指标权重研究 [J]. 湖北经济学院学报（人文社会科学版），2011，8 (12)：184–185.

[11] 杨静慧. 家庭变迁背景下未成年人道德养成研究 [D]. 北京：中国矿业大学，2018.

[12] 葦珺. 社会主义教育公平观及其实践对策研究 [D]. 兰州：兰州大

学，2017.

[13] 徐园媛. 大学生社会主义核心价值观教育"四位一体"课程实施路径研究 [D]. 西南大学，2017.

[14] 李丹丹. 新媒体环境下高校思想政治教育方式创新研究 [D]. 西安：西安理工大学，2017.

[15] 易刚. 社会主义核心价值观大众认同机理研究 [D]. 成都：西南交通大学，2017.

[16] 徐瑞鸿. 大学生中国特色社会主义理论体系教育链研究 [D]. 成都：电子科技大学，2017.

[17] 周成贤. 当代思想政治教育的人学基础研究 [D]. 长沙：吉林大学，2016.

[18] 杨果. 网络思想政治教育规律论 [D]. 湖南大学，2016.

[19] 张耀灿，刘伟. 思想政治教育主体间性含义初探 [J]. 学校党建与思想教育，2006（12）：8-10，34.

[20] 付安玲，张耀灿. 大数据时代马克思主义理论教育的思维变革 [J]. 学术论坛，2016，39（10）：169-175.

[21] 石书臣，周跃新. 主体间性理论对思想政治教育主客体关系发展的启示 [J]. 学校党建与思想教育，2017（1）：7-10.

[22] 冉红平. 主体间性视野下思想政治教育教学研究 [J]. 教育理论与实践，2017，37（3）：53-54.

[23] 石书臣. 主体间性视域下思想政治教育主客体关系的新形态及其建构 [J]. 学校党建与思想教育，2017（5）：4-7.

[24] 索春艳，张耀灿. 习近平思想政治教育主导性思想研究 [J]. 学校党建与思想教育，2017（5）：8-13，17.

[25] 周俊森. 主体间性理论视阈下高校网络思想政治教育有效性探究 [J]. 高教学刊，2017（7）：161-162，164.

[26] 陈玲敏. 微时代下主体间性思想政治教育转向研究 [D]. 扬州：扬州大学，2017.

[27] 李佳俐. 高校主体间性思想政治教育研究 [D]. 咸阳：西北农林科技大学，2017.

[28] 张耀灿. 推进思想政治教育学科创新发展的若干思考 [J]. 思想理论教育，2017（7）：62-65.

[29] 张晓明，恽安平. 主体间性观照下的思想政治教育个性化研究 [J].

学术探索, 2017 (7): 146 – 151.

[30] 侯广斌, 王颖. 主体间性视域下高校思想政治理论课教学范式研究 [J]. 北京教育 (高教), 2017 (Z1): 75 – 78.

[31] 石涌泉. 主体间性视域下高校社会主义核心价值体系教育初探 [J]. 新西部, 2017 (34): 122 – 123, 125.

[32] 吴璧葵, 张少兰. 主体间性视域下交往范式对大学生思想政治教育的指导 [J]. 黑龙江高教研究, 2018 (1): 133 – 135.

[33] 郭静. 基于主体间性理论的高校思想政治教育研究 [J]. 学理论, 2018 (2): 242 – 243.

[34] 张洪坤, 曲乐. 主体间性视域下研究生思想政治教育提升途径构建 [J]. 吉林广播电视大学学报, 2018 (2): 29 – 30.

[35] 卢宁, 高世杰. 全天候时代创新大学生思想政治教育的思考 [J]. 教育评论, 2018 (3): 95 – 98.

[36] 韦振明. 信息、管理、思想政治工作与成果和效益 [J]. 农业科技管理, 1995 (3): 38 – 40.

[37] 中共中央宣传部, 教育部. 关于进一步加强高等学校思想政治理论课教师队伍建设的意见 [EB/OL]. 中华人民共和国教育部门户网, 2008 – 09 – 25.

[38] 施一满. 大学生"道德银行"建构论 [D]. 长沙: 中南大学, 2012.

[39] 贾国华. 加强思想信息管理网络建设 推进企业思想政治工作创新 [N]. 山西日报, 2002 – 06 – 30 (A04).

[40] 杨建义. 论思想政治工作中的信息管理 [J]. 思想教育研究, 2003 (5): 15 – 16.

[41] 王瑞. 浅议构建大学生思想政治教育信息管理机制 [J]. 传承, 2012 (4): 54 – 55.

[42] 张璇. 网络背景下的大学生思想政治教育工作探究——以山东外贸职业学院信息管理系为例进行的调查研究 [J]. 剑南文学 (经典教苑), 2013 (8): 363.

[43] 陶新. 基于 WEB 的高校"博雅教育"信息管理平台的设计与实现 [D]. 电子科技大学, 2013.

[44] 王瑞. 基于 WebService 技术的高等教育自学考试信息管理平台的分析与设计 [J]. 中国考试, 2013 (12): 41 – 45.

[45] 谌贵桃. 用阳光平台来规范网络教育学生信息管理 [J]. 高等继续教育学报, 2014, 27 (1): 65 – 67.

[46] 蒋恒. 广东省教师继续教育信息管理平台的研究与分析 [D]. 昆明: 云南大学, 2015.

[47] 王馨晨. 面向教育信息资源建设的知识管理平台构建方案研究 [J]. 电脑与电信, 2017 (3): 75-77.

[48] 于春梅. 借力信息管理系统推进思想政治工作 [N]. 中国国门时报, 2017-10-13 (3).

[49] 冯刚. 新媒体技术的思想政治教育功能研究 [J]. 北京教育 (德育), 2009 (10): 5-9.

[50] 邓红彬. 运用新媒体技术增强大学生思想政治教育实效性 [J]. 学校党建与思想教育, 2011 (13): 49-50.

[51] 李建军. 新媒体技术背景下大学生思想政治教育研究 [D]. 济南: 山东师范大学, 2010.

[52] 王婧. "新媒体技术背景下的大学生思想政治教育"学术研讨会述要 [J]. 高校理论战线, 2009 (5): 65.

[53] 陈梅香. 情境学习理论与我国当前高校教学改革 [J]. 江苏高教, 2008 (2): 75-78.

[54] 杨焓. 情境学习理论及其对教学改革的启示 [D]. 武汉: 华中师范大学, 2012.

[55] 李建军. 新媒体技术在大学生思想政治教育中的应用 [J]. 山东省青年管理干部学院学报, 2010 (4): 60-63.

[56] 杜俊峰. 新媒体技术对大学生思想政治教育的影响及对策研究 [D]. 锦州: 渤海大学, 2014.

[57] 王静. 运用新媒体技术增强大学生思想政治教育实效性 [J]. 新媒体研究, 2015, 1 (13): 19, 28.

[58] 邹慧, 徐志远. 基于新媒体技术的思想政治教育创新研究 [J]. 广西社会科学, 2016 (2): 204-207.

[59] 刘皓, 樊强. 新媒体技术在公安高校思想政治教育中的作用研究 [J]. 网络安全技术与应用, 2014 (7): 230, 234.

[60] 浦香. 高中思想政治课教学与课程标准契合度研究 [D]. 苏州: 苏州大学, 2016.

[61] 刘树琪. 新媒体技术对大学思想政治教育带来的机遇与对策 [J]. 中共银川市委党校学报, 2016, 18 (3): 47-51.

[62] 孙颖美. 论情境学习理论及其教学意义 [J]. 科教文汇 (中旬刊),

2016(9):29-31.

[63] 李晓梅,王鹤岩,刘阳.基于情境学习理论的高校思想政治理论课实践教学设计[J].思想政治教育研究,2014,30(4):70-73.

[64] 侯静.新媒体技术在高校思想政治教育中的应用[J].黑龙江高教研究,2017(11):136-138.

[65] 姜娓.思想政治教育中新媒体技术应用研究[J].课程教育研究,2015(13):56-57.

[66] 贾绍俊,刘忠孝.大数据和新媒体时代高校思想政治教育功能拓展研究[J].黑龙江高教研究,2017(12):147-150.

[67] 李正军.大数据与思想政治教育映射关系的实践研究[J].学校党建与思想教育,2018(1):83-85,91.

[68] 周良发.大数据思想政治教育研究的现状、问题与发展路径[J].湖北民族学院学报(哲学社会科学版),2018,36(1):172-177.

[69] 昝玉林,朱小段.大数据思想政治教育研究综述[J].广西教育学院学报,2017(5):97-102.

[70] 刘宏达,潘开艳.融合创新:思想政治教育大数据研究的视角转换[J].学校党建与思想教育,2018(3):52-56.

[71] 王兴波.大数据时代高校思想政治教育改革探析[J].学校党建与思想教育,2018(3):60-61.

[72] 李小平,姚芳.大数据背景下高校思想政治教育创新研究[J].学校党建与思想教育,2018(6):51-53,56.

[73] 陈晓晶.大数据时代思想政治教育的媒介运用[J].常州信息职业技术学院学报,2018,17(1):70-73.

[74] 李亚东.大数据时代高校思想政治教育探析[J].教育现代化,2018,5(8):245-246.

[75] 杨丽.大数据视域下大学生思想政治教育有效性研究[D].重庆:重庆师范大学,2017.

[76] 朱苗苗.大数据时代背景下大学生思想政治教育创新研究[D].石家庄:河北经贸大学,2017.

[77] 刘国龙,陈波.高校思想政治教育大数据平台运行机制探析[J].思想政治教育研究,2016,32(3):120-124.

[78] 张颖,刘兴国.大数据时代给研究生思想政治教育带来的启示[J].学位与研究生教育,2016(3):39-42.

[79] 刘召鑫. 大数据时代高校思想政治教育的变革之道 [J]. 浙江教育科学, 2016 (1): 13-15, 6.

[80] 王民忠, 闫华. 高校思想政治教育运用大数据分析的多维路径 [J]. 思想理论教育, 2016 (5): 76-79.

[81] 王璐. 大数据时代高校思想政治教育现实困境探析 [J]. 高教论坛, 2016 (8): 3-6.

[82] 傅雅琦, 蓝少鸥. 大数据时代的高校思想政治教育变革 [J]. 黑龙江高教研究, 2016 (9): 103-106.

[83] 李怀杰. 大数据时代思想政治教育研究范式的转型——以电子科技大学为例 [J]. 思想教育研究, 2016 (12): 17-21.

[84] 徐亮. 挑战与创新: 大数据在高校思想政治教育工作中的运用 [J]. 理论导刊, 2016 (9): 96-98, 107.

[85] 刘春波. 大数据时代思想政治教育模式的创新 [J]. 湖北社会科学, 2016 (9): 193-198.

[86] 崔建西, 邹绍清. 论大数据时代思想政治教育方法的创新 [J]. 思想理论教育, 2016 (10): 83-87.

[87] 杨桂兰, 刘蕾, 鄢章华. 大数据思维在大学生思想政治教育中的应用研究 [J]. 思想理论教育导刊, 2016 (11): 144-148.

[88] 邱启照, 孙鹏. 大数据时代高校思想政治教育的机遇和挑战 [J]. 教育理论与实践, 2016, 36 (9): 35-37.

[89] 赵浚. 大数据创新高校思想政治教育方法的探析与应用 [J]. 贵州社会科学, 2016 (3): 120-123.

[90] 檀江林, 吴玉梅. 大数据时代大学生思想政治教育路径探究 [J]. 思想理论教育, 2016 (3): 72-75.

[91] 王学俭, 王瑞芳. 大数据时代高校思想政治教育的创新发展 [J]. 思想政治教育研究, 2016, 32 (3): 105-110.

[92] 蒲清平, 朱丽萍, 赵楠. 大数据思想政治教育研究综述 [J]. 思想教育研究, 2016 (3): 119-123.

[93] 石振强. 基于教育数据挖掘的学习者聚类分析与研究 [J]. 电脑知识与技术, 2018 (6): 154-156.

[94] 李仕伟. 基于聚类算法的标准化K12教育在线平台关键技术研究 [D]. 西华师范大学, 2017.

[95] 王传毅, 查强. 基于聚类分析的高等教育系统多样性测量 [J]. 统计

与决策, 2016 (19): 32-36.

[96] 崔凤. 基于聚类算法的教育资助系统的设计与实现 [D]. 长沙: 湖南大学, 2016.

[97] 张文宇, 王秀秀, 任露, 等. 改进的主成分聚类分析法在教育信息化中的应用 [J]. 软件, 2015, 36 (7): 10-16.

[98] 吴林静, 刘清堂, 黄焕, 等. 面向 e-Learning 的教育资源聚类系统的设计与实现 [J]. 中国电化教育, 2014 (10): 85-89, 95.

[99] 田明泉. 教育教学发展性评价的一点思考——模糊聚类分析刻画评价指标关联度的尝试 [J]. 齐鲁师范学院学报, 2014, 29 (4): 76-79.

[100] 苏娜. 基于因子分析和聚类分析的我国高等教育发展差异研究 [J]. 高等职业教育（天津职业大学学报）, 2013, 22 (4): 7-10.

[101] 申丽霞. 聚类方法在网络教育教学管理中的应用 [D]. 天津: 天津大学, 2009.

[102] 王新颖, 王向丽, 张文华. 基于关联规则的聚类挖掘在远程教育中的应用 [J]. 现代远距离教育, 2008 (4): 12-14.

[103] 张文华, 王新颖. 聚类挖掘在远程教育中的应用 [J]. 唐山师范学院学报, 2007 (5): 86-88.

[104] 孙德梅, 王莉. 基于灰色关联聚类分析的教育信息化水平评价方法分析 [J]. 科技与管理, 2007 (5): 10-12.

[105] 国伟, 王浩. 模糊动态聚类算法在网络教育中的应用 [J]. 电脑开发与应用, 2007 (6): 51-53, 57.

[106] 许科红. 大学生个性因素的聚类分析与教育管理 [J]. 中国心理卫生杂志, 1998 (3): 50-51.

# 第三章

# 东北高校思想政治工作机制创新

## 第一节 黑龙江省高校思想政治工作机制创新

### 一、引言

高校思想政治工作机制的优化与创新关系到大学生健康"三观"的养成与综合素质的全面发展,同时也是构建和谐社会的必经之路。"三个倡导"思想的提出,为高校的思想政治工作注入新的理念与活力的同时也对新时期高校思想政治工作机制提出了新的任务与挑战。

党的十八大报告在"扎实推进社会主义文化强国建设中"曾提出"三个倡导"重要精神,即"倡导富强、民主、文明、和谐,倡导自由、平等、公正、法治,倡导爱国、敬业、诚信、友善,积极培育和践行社会主义核心价值观"。"三个倡导"分别从国家、社会与个人的层面对当下中国发展提出了具有指导意义及切实可行的目标体系,三个层次各有侧重又融会贯通。"三个倡导"的提出体现了新时期党对社会主义价值观认识的丰富与提升,是党在社会主义核心价值体系建设取得的新进展与新成就。

高校思想政治工作的重要性,已经毋庸赘言。思想政治工作的开展能否取得预期的成效,一定程度上取决于思想政治教育工作机制是否科学与完备。根据《中共黑龙江省委高等学校工作委员会、黑龙江省教育厅 2015 年工作要点》,2015 年黑龙江省教育工作的总体思路中明确要求了要"深入学习贯彻习近平总书记系列重要讲话精神,切实加强教育系统党的建设"。具体而言就是深入理解与宣传习近平总书记系列重要讲话的精神,加强教育系统的党建工作,加强教育系统的意识形态工作等。

因此,将"三个倡导"重要精神融入高校思想政治工作,对其工作内容可以起到丰富与拓展的作用,对其工作机制可以起到创新与推动的作用,是当下高校思想政治工作的一个必须要关注的重点问题。

**二、黑龙江省思想政治教育工作现状分析**

(一) 黑龙江省高校情况统计

黑龙江省目前共有80所高等学校,其中本科院校35所(民办7所),高职(专科)院校43所(民办7所)。全省高校中共有部委属高校3所(分别是教育部主管的东北林业大学,国防科工委主管的哈尔滨工业大学与哈尔滨工程大学),地方属高校77所。全部高校中同时有"985""211"资格的院校为哈尔滨工业大学,"211"资格院校为哈尔滨工程大学、东北林业大学、东北农业大学。根据黑龙江省教育厅发布的《黑龙江省教育改革发展概况》数据,截至2013年,全省高等教育共有学生103.70万人,高等教育毛入学率达44.83%。普通本专科招生20.27万人,在校生71.79万人。教职工7.72万人,专任教师4.62万人;生师比(按折合在校生)为16.2∶1。

(二) 黑龙江省高校学生思想状况分析

高校思想政治工作的成效与反馈情况的好坏在于思想政治工作开展过程中的针对性、科学性与时效性。姜玉洪等学者对黑龙江省大学生思想政治状况的调查与分析,显示黑龙江省高校学生具有较为坚定的理想信念与日益增强的政治认同感,以及对于中国特色社会主义事业的信心。

当下的高校大学生,特别是90后高校大学生,受到社会多元化思潮的影响,价值观有多元化发展的趋向,在认同集体主义与奉献精神的基础上,对于人生的追求也更加务实。另外,随着网络技术的发展与普及,网络对高校学生思想政治影响的双面性也日益凸显,黑龙江省高校大学生普遍表现出了对网络的依赖与对网络知识的欠缺。

根据孙美晖以黑龙江省部分高校为例对90后大学生思想观念与行为特征的调研,90后大学生在政治观念上能够接受主流价值体系,在政治的参与上有较强的主动性,大多数人都能选择较为理性的方式表达自己的政治立场。相对于以往的学生群体,90后大学生更加注重自我的表达,拥有较为清晰的生活目标,对公益事业比较热心,敢于承担责任,选择也呈现出多样化的特点。90后大学生比较崇尚自主学习的态度与氛围并擅长制订学习计划,但是对计划的执行力比较差。

## （三）黑龙江省高校思想政治教育工作机构建设

黑龙江省高校思想政治教育工作的开展，本科院校一般是依托高校自身设立的马克思主义学院或思想政治理论教学研究部，这类机构通常是直属学校领导的二级机构。黑龙江省首家马克思主义学院 2006 年 12 月 20 日在黑龙江大学成立，此后，省内多家具备成立马克思主义学院条件的高校陆续整合其思想政治教育资源，相继成立马克思主义学院或是设立思想政治教育理论课教研部等机构。

此外，也有本科高校将其思想政治教育工作的开展依托于其人文学院（如佳木斯大学）、社会科学部（如齐齐哈尔医学院），这样的机构通常是在其院内或部内设置具体思想政治教育学科的教学研究室以开展具体的思想政治教育工作。专科院校中，受自身办学条件的限制，其思想政治教育工作的机构通常为思想政治理论教学研究部，或是（人文）基础部（如黑龙江护理高等专科学校、黑龙江技术职业学院）、马克思主义理论课教学部（如黑龙江农业职业技术学院）、基础教育学院下设的马列教研部。

## （四）黑龙江省高校思想政治教育师资队伍

目前高校进行思想政治教育的最直接实施者就是从事思想政治教育的教师，因此，高校师资队伍的建设直接影响着高校思想政治教育工作开展的成效。由于黑龙江省高校众多，文章篇幅有限，因此随机选取不同类型（农林、理工、综合、医科、师范、财经）与属性（公办、民办）的高校，对其思想政治工作的师资队伍进行统计分析，见表 3 - 1。需要注意的是表格中的教师数量为专、兼职教师的总数，学生数量为在校本科生或是专科生。

表中数据来自各高校官方网站（哈尔滨工程大学的教师学历因官网数据不全而并未录入，实际上根据哈尔滨工程大学马克思主义学院博士生导师与硕士生导师的数量即可推导出其博士学历教师比例高）。教育部规定的师生比为 1：350～1：400，然而，通过统计分析可以发现，统计计入的七所高校中只有两所符合教育部的规定。并且，未达标的师生比还是在把各个高校内兼职思想政治教育教师都算入的情况下。

由此可见，黑龙江省思想政治教育工作存在比较严重的师资缺口。对黑龙江省思想政治教育教师的年龄结构进行统计，分析可得其目前教师年龄结构较为合理。在学历结构上，公办本科类院校学历教师普遍多于公办与民办专科院校，博士、硕士占其教师比例也相对较大，副教授及以上职称教师比例也有较为明显的优势。

表 3-1  黑龙江省部分高校师资情况统计表　　　（单位：人）

| 院校 | 层次 | 类型 | 属性 | 教师 | 教授 | 副教授 | 讲师 | 助教 | 博士 | 硕士 | 学生数（万） | 理论课师生比 |
|---|---|---|---|---|---|---|---|---|---|---|---|---|
| 东北林业大学 | 本 | 农林 | 公 | 51 | 7 | 13 | | | 19 | 8 | 3.0 | 1∶588 |
| 哈尔滨工程大学 | 本 | 理工 | 公 | 46 | 12 | 17 | 12 | | | | 1.5 | 1∶326 |
| 黑龙江大学 | 本 | 综合 | 公 | 47 | 8 | 13 | 24 | | 28 | | 2.9 | 1∶617 |
| 齐齐哈尔医学院 | 本 | 医科 | 公 | 28 | 6 | 13 | 5 | 1 | 8 | 15 | 1.9 | 1∶679 |
| 大庆师范学院 | 本 | 师范 | 公 | 29 | 2 | 7 | | | 5 | | 1.1 | 1∶379 |
| 哈尔滨商业大学 | 本 | 财经 | 公 | 31 | 5 | 14 | 9 | | 12 | 18 | 2.4 | 1∶774 |
| 哈尔滨广厦学院 | 本 | 财经 | 民 | 19 | | 8 | 6 | | | 15 | 0.8 | 1∶421 |
| 牡丹江大学 | 专 | | 公 | 20 | 5 | 7 | 6 | 2 | | 6 | 1.0 | 1∶500 |
| 黑龙江林业职业技术学院 | 专 | | 公 | 13 | | 11 | 2 | | | | 0.7 | 1∶538 |
| 哈尔滨职业技术学院 | 专 | | 民 | 17 | 3 | 13 | 1 | | | 5 | 0.9 | 1∶529 |

（五）黑龙江省高校思想政治工作融入"三个倡导"的突出案例

黑龙江省一些高校在将"三个倡导"思想融入政治工作中也取得了突出成绩。

黑龙江东方学院以培育和践行社会主义核心价值观为载体，把培养学生良好的政治思想道德素质和精神文化心理品质放在首要位置，作为构建人才培养规格的首要目标,作为衡量学校教育教学质量的首要尺度,在实践教学中努力让学生将基本理论知识转化为内在品行修养,落实到自己的实际行动中,达到育人的效果。该校思想政治理论课实践教学始终坚持以"学生为本、注重实践"的原则,不断加深民办高校大学生对该课程的思想性、时代性、知识性和应用性认识,从而达到"以知所用""以践所学"的目的。

黑龙江大学以社会主义核心价值观引领和谐校园建设,注重以校园文化为根基,营造文明、和谐的校园文化氛围;注重依法治校和以德治校并举,促进民主、自由、平等、公正的法治建设,培养爱国、敬业、诚信、友善的良好品德;重视发挥网络阵地的作用,加强网络宣传,促进精神文明建设。

黑龙江八一农垦大学把北大荒精神作为思想政治课培育和践行社会主义核心价值的载体,通过专题教学、穿插教学、网络热点问题反衬式教学、校内外实践教学等教学改革,在思想政治课教学中融入北大荒精神,使学生认识垦区现代农业发展的伟大实践,做懂得感恩的北大荒人;使学生四年接受北大荒精神教育不断线,学做北大荒人。以北大荒精神为引领,为思想政治课教师团队,打造政策平台,提供交流机会,让思想政治课教师深入黑龙江垦区一线深刻体悟北大荒精神,搭建学习、研究平台,让感性的北大荒精神转化为理性成果;拓展学科建设平台,将以北大荒精神为核心的地域文化资源挖掘提升为团队的研究方向。黑龙江八一农垦大学还大力推进新媒体平台在学生思想政治工作中的重要作用,在学生理论社团活动中引入新媒体形式,增强社会主义核心价值观教育深度;在文娱型社团活动中引入新媒体形式,增强社会主义核心价值观教育广度;大力发展新媒体社团,丰富社会主义核心价值观教育形式。

### 三、"三个倡导"视域下的黑龙江省高校思想政治教育工作机制创新

#### (一)"三个倡导"丰富思想政治教育工作的内涵

思想政治教育工作能够顺利并且富有成效地开展,在于思想政治教育工作者与思想政治的受教主体共同努力。"正确理解和准确把握社会主义核心价值体系与社会主义核心价值观之间的联系与区别,以及体现"三个倡导"的科学含义及其辩证关系是促进社会主义核心价值观向大学生思想政治教育的全面渗透,创新大学生思想政治教育的重要前提。"

"三个倡导"所强调的"倡导富强、民主、文明、和谐,倡导自由、平等、公正、法治,倡导爱国、敬业、诚信、友善,积极培育和践行社会主义核心价值观"分别从国家、社会与个人的层面对社会主义核心价值体系的实现提出了

宏观而又具体的要求。

"三个倡导"指导下的高校思想政治教育工作的开展，应该充分考虑省内高校大学生的主体性特点，紧抓社会主义核心价值观的灵魂，强调用更加具体、科学、可持续的理论与实践来开展更具有针对性与成效的高校思想政治工作。

（二）强化思想政治教育师资队伍能力与结构建设

思想政治教育教师的资质评估是思想政治教育工作开展的重中之重，思想政治教育教师对思想政治教育内涵的认同、掌握，对思想政治教育内容的讲授方式直接影响受教主体的学习效果。通过对黑龙江省各高校思想政治教育课师生比的调研，最直观的结论就是黑龙江省思想政治教育教师的队伍亟待壮大，必须在现有基础上结合各个高校实际对思想政治教育教师进行增加。同时，思想政治教育教师能够优质、高效地完成教学任务的基础是教师自身的文化与理论素养达标，并对社会主义核心价值体系的内涵与外延有较为深入透彻的研究与体悟。

"三个倡导"重要思想指导下的高校思想政治教育工作应该在具有高素质、高水平的教师队伍的带领下逐步展开，熟练地运用多种形式、多样方法对社会主义核心价值进行讲授。因此，要逐步提高各个高校思想政治教育教师的学历与能力水平，并不断优化思想政治教育教师的年龄结构，使老、中、青教师根据自身特点有的放矢进行教学。

另外，辅导员是课外与学生接触最为密切的，自中央16号文件与教育部24号文件颁布实施以来，黑龙江省着力强化了对辅导员队伍的建设，通过每年向教育部高校辅导员培训和研究基地投入专项资金，先后已经培训了新辅导员2700名以上。今后的辅导员队伍建设也应该在"三个倡导"重要思想的指导下，强调辅导员与思想政治教育教师多方参与、共同配合，立体、全方位地完善高校思想政治教育工作的师资格局。

（三）创新思想政治教育工作理念与工作方式

"三个倡导"思想所强调的社会主义核心价值观是在充分肯定人的主体性价值的前提下，在实践的基础上凝练而成，体现了"培养造就中国特色社会主义事业建设者和接班人的客观要求"更是"新形势下提高大学生思想道德素质的迫切需要"。因此当下黑龙江省高校思想政治工作应该及时调整工作理念与工作方式，并在日常教学中创新教学方式。目前省内各个高校由于思想政治教育师资力量的不足，普遍采取大班授课的方式。这种方式由于学生众多、教师授课任务重，往往导致教师授课力不从心，更加倾向于采用填鸭式教学，即教师讲授、学生听课，课堂上很少或几乎没有教师与学生互动或答疑的时间。

"三个倡导"是推动社会主义核心价值体系与思想政治教育工作相结合的重要契机，强调各个层面的努力，因此，思想政治教育教师在进行授课时，也应该树立学生参与的理念，并根据学生的课堂反应适时与学生进行沟通与互动，提高学生对思想政治教育课程的认同感与主动参与的积极性。另外，为了丰富思想政治教育课的外延，思想政治教育教师应该与高校辅导员保持一定的沟通与联系，随时了解学生动态与思想变化，不能仅仅是对教材的照本宣科，应该贴近学生生活实际，结合教材进行思想政治教育。

（四）重视网络教育与思想政治教育宣传的重要性

姜玉洪等学者对黑龙江省高校大学生对网络的态度与应用的调查显示："90后大学生在回答'您日常获取社会信息的最主要渠道'时，49%的学生选择了网络，排在第一位；33%的学生选择了报纸和杂志，位列第二。"

随着网络技术的发展与普及，网络在高校大学生群体中的地位与作用越来越重要，然而网络的虚拟性与各项监管工作的困难性也导致相当长的时间内思想政治教育教学与网络脱离。在"三个倡导"指导下的高校思想政治教育工作也应适应经济、社会、技术的发展，与时俱进。"核心价值观的实践过程，必须要深入人民群众丰富多彩的日常生活中，结合各种时机和场合，形成促进核心价值观宣传、发展的生活场景和社会氛围。"

"三个倡导"强调全方位、多层次的目标，应用于思想政治教育工作，就要注重校园文化的建设，强化思想政治教育工作的宣传。黑龙江省红色资源丰富，无论是物质形态的红色资源如东北抗联博物馆、萧红故居，还是精神红色资源如铁人精神、北大荒精神、张丽莉精神，都是黑龙江省高校思想政治教育工作得天独厚的鲜活教材。因此，校园文化的建设应该重点突出对红色资源等核心价值体系承载的精神，采用多样化的手段强化宣传手段，提高高校思想政治教育工作的成效。

## 第二节 吉林省高校思想政治工作机制创新

一、引言

高校思想政治工作机制的优化与创新，关系到大学生健康三观的养成与综合素质的全面发展,同时也是构建和谐社会的必经之路。"三个倡导"思想的提出,为高校的思想政治工作注入了新的理念与活力,同时也对新时期高校思想政治工作机制提出了新的任务与挑战。分析吉林省高校思想政治教育工作的现状,进一步厘清其优势与困境,将"三个倡导"融入高校思想政治工作,创新思想政治教育的内容、形式与体系可以推动其工作机制的创新与优化,逐步加强高校思想政治教育的适应性与针对性。

"三个倡导"的提出,不仅为国家实现全面建成小康社会的宏伟目标提供了价值观导向,也为作为塑造大学生社会主义核心价值观重要阵地的高校思想政治教育工作提供了崭新的工作理念与研究视角。"三个倡导"重要思想提出后,亟待各省高校根据自身实际对其思想政治教育工作机制进行优化与创新。吉林省高校众多,以"三个倡导"思想促进高校思想政治工作机制的创新对高校、学生大有裨益。

**二、吉林省高校思想政治工作机制现状分析**

高校思想政治教育工作机制,是指高校在开展思想政治工作时,其内部各要素按照一定机理而形成的相互作用、相互影响的工作体制、方法与规范,主要包括领导机制、教育机制与保障机制等。2013年吉林省教育发展概况数据显示,目前吉林省共有58所高校,其中本科院校有31所,独立学院6所,高职专科院校21所。对58所高校官网中可查的院系与教学机构设置进行统计,发现58所高校思想政治教育工作的开展本科院校主要依托马克思主义学院与人文社会科学部,专科院校主要依靠其公共基础部,各院与各部下辖思想政治各学科教研室进行日常教学与研究,教研室一般为马克思主义基本原理课程、毛泽东思想和中国特色社会主义理论体系概论课程、中国近现代史纲要课程、形势与政策课程、思想道德修养与法律基础课程教研室。

在各高校日常思想政治的教学研究管理中,领导机制是思想政治工作开展的关键性环节。吉林省在思想政治工作的领导机制中原则上采用党委领导下的校长及行政系统共同参与、协同监管的方式,但在实际中普遍存在"两张皮"现象,即党委与行政系统合作管理效益差,经常表现为行政系统的缺位。教育机制明确了思想政治工作的教育主题,吉林省思想政治工作的教育机制普遍采用大班额的"两课"形式,主要以任课教师进行灌输式讲解为主。保障机制是高校思想政治工作得以顺利开展的重要依托,吉林省高校思想政治工作的保障机制主要指高校为开展思想政治工作所投入的经费与各项资源及为保障思想政治工作正常开展所进行的制度设计。

**三、吉林省高校思想政治工作机制优势及困境**

"回顾高校思想政治教育工作的特点及变化,不同时期的政治主题及思想路线直接引领高校思想政治教育工作的创新和完善。""三个倡导"即是当代高校思想政治教育的主旨要义,吉林省必须根据新的历史使命与条件及时总结、调整其高校思想政治工作的主题与目标,分析其思想政治工作机制的优势与困境,推动其大学生思想政治健全与完善。

**(一)吉林省高校思想政治工作机制的优势**

高校思想政治工作的重要性毋庸赘言,吉林省的高度重视为高校思想政治工作的开展,并为其提供了监督与保障。就中国当前的政策环境而言,政府的重视无疑是相关工作开展的重要政策保障与优势。吉林省深入贯彻《中共中央国务院关于进一步加强和改进大学生思想政治教育的意见》,并根据吉教思想政治字〔2010〕7号《关于开展吉林省大学生思想政治教育检查评估工作的通知》文件精神,对省内高校展开思想政治工作检查评估,客观上促进了省内高校对思想政治工作的认识与重视,也使各高校可以通过此次评估与检查检视自身不足以加强改进。

近年来,吉林省各高校都逐步认识到思想政治工作的重要性,并对自身工作理念与工作方式进行了优化创新。如吉林大学马克思学院坚持"政治指导、学术引领、教师主导、学生为本"的办院理念,充分发挥"两课"的主渠道功能,把握高校思想政治教育的政治导向,重视学科科研研究,已在《哲学研究》《政治学研究》《光明日报》等重要学术期刊上发表论文1400余篇,学术成果丰硕。另外省内越来越多的高校重视大学生作为教育主体的能动性,从工作理念、形式与内容等方面都进行了大胆的创新与尝试。如吉林农业大学"坚持一个核心,建强两支队伍,拓展三个课堂,完善四项机制,构建五个体系,深化六点感悟"的思想政治工作新模式,丰富和充实了思想政治工作的内容与形式。

近年来,吉林一些高校也注重新时代先进典型对践行社会主义核心价值观的示范引领作用。吉林大学高度重视和全面弘扬全国优秀共产党员、时代楷模、吉林大学已故"千人计划"特聘专家黄大年教授的先进事迹和崇高精神,在学校思想政治工作中,激发了人们的思想认同、情感共鸣和效仿意愿,生动诠释了社会主义核心价值观的丰富内涵,弘扬了新时代中国特色社会主义新风尚,对在社会各个领域广泛开展理想信念教育,大力推进公民思想道德建设,深化中国特色社会主义和"中国梦"宣传教育,弘扬民族精神和时代精神,加强爱国主义、集体主义、社会主义教育，引导人们树立正确的历史观、民族观、国家观、文化观，都起到了积极作用和深远影响。

### （二）吉林省高校思想政治工作机制的困境

尽管吉林省不断改进与优化其思想政治工作机制，并努力将"三个倡导"思想融入其中，但在实际的教育教学中也仍然存在一些问题。

第一，目前吉林省高校思想政治工作中的领导机制普遍存在"两层皮"现象，即本该由各高校党委与行政系统共同实施的思想教育领导机制，在实践中却普遍仅由党委来管理与组织思想政治工作。

第二，高校思想政治工作是一项系统工程，环环相扣。思想政治教育工作成果的取得与日常的学科研究密不可分，然而，吉林省的思想政治工作中的教育机制也存在一定问题。例如，全国高等学校思想政治教育研究会副会长郑永廷在全国思想政治教育前沿论坛中提到的问题，即"当前思想政治教育学科研究出现如下趋势：教育与研究呈现离散、杂乱和缺乏主导倾向，在思想政治教育或德育过程中淡化甚至排斥政治内容，把思想政治道德问题归为心理问题，引用内容偏重西方与古代，热衷于边缘内容的教学与研究"。

第三，由于省内各高校办学层次的差异，吉林省高校思想政治工作的保障机制并不健全。保障机制的不健全首先体现在师资队伍建设。如对全省高校思想政治师资的统计显示：本科院校思想政治教师中已获得博士学位教师的比例较大且逐年上升，而专科院校中获得博士学位的思想政治教师几乎为零。其次，省内各高校尤其是专科院校在思想政治教育中经费不足也是制约吉林省思想政治工作水平升级与机制创新的重要原因。

## 四、"三个倡导"对吉林省高校思想政治工作机制创新的指导

"正确理解和准确把握社会主义核心价值体系与社会主义核心价值观之间的联系与区别，以及体现'三个倡导'的科学含义及其辩证关系是促进社会主义核心价值观向大学生思想政治教育的全面渗透、创新大学生思想政治教育的重要前提。"因此，吉林省应该将"三个倡导"思想作为贯穿高校思想政治工作的主线，将"三个倡导"的思想体现在日常教学与工作中，进一步改革高校思想政治教育的体制、内容，创新其工作机制，充分发挥高校思想政治教育的导向性与实效性。

### （一）强化齐抓共管的领导机制

建立和完善高校思想政治教育的领导机制，是当前吉林省高校创新思想政

治工作的前提,也是确保高校思想政治教育方向正确的重要途径。"要想发挥思想政治工作的整体效能,就必须创新高校思想政治教育领导机制,真正形成党、政、工、团、学分工负责、齐抓共管的思想政治教育工作格局。"基于此,省内与高校各级领导应充分重视高校思想政治教育工作的必要性与重要性,逐步强化与创新其领导机制,形成由高校党委为管理终端、教育主管部门监督与指导、省市党政机关宏观领导的纵向领导、监督、管理相结合的领导体制,并逐步实现高校思想政治教育工作领导机制的规范化、制度化与长期化。其中,高校党委作为思想政治工作的具体组织实施者,更应该落实其政治责任,积极协调各部门之间的合作,切实使"三个倡导"思想融入日常的教学与科研工作中,以期形成推动思想政治教育工作发展的巨大合力。

(二)建立健全评价与激励机制

目前吉林省高校在思想政治工作方面现行的评价机制普遍存在重现状性评价而轻发展性评价,重总结性评价而轻形成性评价,重学校评价而轻自我评价的问题;在激励机制方面也存在着激励不足、方式不当、途径单一的问题。针对评价机制问题,应该注意以下几点。

第一,应该合理定位评价内容。"高校思想政治教育的评价内容应从受教育者、思想政治工作者、领导部门三方面合理定位,同时对思想政治工作过程中的途径、形式、方法、内容的评价和对整个过程也要有辩证的把握。"

第二,建立科学的评价体系。应根据高校大学生思想实际、发展要求与本校思想政治教育实际,建立合理、准确、可行的系统评价机制。

第三,应当对评价结果进行及时、全面地反馈。有条件的高校应该设立专门的反馈部门并由专人负责,努力使其制度化、长期化。处理激励机制问题,要处理好效率与公平的问题。

马克思认为:"对不希望把自己当愚民看待的无产阶级来说,勇敢、自尊、自豪和独立感比面包还要重要。"因此,首先应该重塑精神激励在思想政治工作中的主导地位,引导教师与学生在竞争的环境中,在市场经济的冲击下,仍能理解与践行"三个倡导"中的和谐、平等与公正的要义;其次要在评价机制的基础上以工作优劣用奖惩的方式强化激励效果,"三个倡导"强调要建设富强的中国,倡导自由与公正,因此在实施高校思想政治激励机制时也应该秉持以上原则,在公平竞争的基础上有奖有罚,促进高校思想政治教育工作的良性发展。

(三)强化教育主体价值与创新思想政治教学方式的协调机制

"三个倡导"思想所强调的社会主义核心价值观是在充分肯定人的主体性价

值、在实践的基础上凝练而成的,体现了"培养造就中国特色社会主义事业建设者和接班人的客观要求",更是"新形势下提高大学生思想道德素质的迫切需要"。因此当下吉林省高校思想政治工作应该充分发挥教育主体性价值,并在日常教学中创新教学方式。

当前吉林省高校思想政治工作开展的阻滞因素之一就是部分高校受其自身办学层次与经费限制,难以在短期内提高思想政治工作人员的学历水平与综合素质。因此,在思想政治工作实践中,吉林省高校间应建立良好的思想政治工作沟通机制,并由相关教育部门牵头,使诸如吉林大学、东北师范大学等具有较高办学层次与师资队伍的高校定期、长期向民办高校及专科院校开展思想政治工作交流会与相关讲座。此外应充分发挥思想政治工作"主阵地"与"主渠道"的结合作用,加强网络思想政治工作平台与教育平台建设,合力建设和谐、生动的校园文化,积极开展课外活动,充分利用学生喜闻乐见的渠道与方式,将思想政治教育的核心精神与"三个倡导"强调的社会主义核心价值观熔铸于其中。

## 第三节 辽宁省高校思想政治工作机制创新

### 一、引言

高校作为为国家建设和发展培养后备人才的重要基地,承担着开展思想政治教育,增强中国特色社会主义共同理想,引导广大在校学生形成正确的世界观、人生观和价值观的重要工作。而传统的思想政治教育工作机制,已难以适应不断变化发展的社会环境和日益受多元思潮影响的高校学生。以"三个倡导"的提出为契机,总结辽宁省内各高校多年来在思想政治教育工作机制方面的成功经验,并结合学生、学校和社会实际进行改革创新,成为辽宁省高校思想政治工作的必由之路。

"三个倡导"即党的十八大报告中所提出的"倡导富强、民主、文明、和谐,倡导自由、平等、公正、法治,倡导爱国、敬业、诚信、友善"。"三个倡导"用24个字从国家、社会和公民层面诠释了社会主义核心价值观,其中国家层面的"富强、民主、文明、和谐",概括了我国经济、政治、文化和社会四大层面的发展目标,也是中国特色社会主义的奋斗方向。社会层面的"自由、平等、公正、法治",提出了社会发展过程中所要实现的基本价值诉求,同时也是保证全民共享全面小康社会建成成果，促进社会持续、稳定、健康发展的基本要求。公民层面的"爱国、敬业、诚信、友善"作为公民的基本道德纲要，既是广大公民应共同遵守的道德准则，同时也是评价公民道德的基本标准。"三个倡导"中的三个层次之间，既相互关联、贯通，又层次分明，各有侧重，是全社会应该共同学习的重要内容。

高校是整个社会体系的重要组成部分，更是全面建成小康社会的重要阵地。高校思想政治工作的开展，可以使广大在校学生正确分析和认识现实社会，促进大学生树立正确的世界观、人生观和价值观，增强其马克思主义信仰，在引导其成为社会主义事业合格的建设者和接班人方面，发挥着重要作用。而作为高校思想政治工作开展保障的工作机制的不断改革和创新，就显得更加重要。进入21世纪以来，面对主流价值观念弱化、社会多元化思潮加剧等影响，借助"三个倡导"的提出，开展对社会主义核心价值观的学习和教育，成为高校思想政治工作机制在新时代背景下改革创新的必然选择。

**二、辽宁省高校思想政治工作的现状分析**

**（一）辽宁省高校概况**

辽宁省共有高等院校116所，其中本科层次院校62所（含公办、民办及独立院校），专科层次院校54所（含公办及民办院校），办学类型涵盖综合、理工、政法、财经、农林、医科、师范、外语、体育、艺术等多个类别。在41所公办本科院校中，共有"985"工程、"211"工程院校2所，"211"工程院校2所；部委直属院校4所（见表3-2）。与其他省份相比，辽宁省高等院校数量处于国内前列，但综合办学实力处于中等水平。

表3-2 辽宁省高校概况

| 省份 | 办学层次 | 办学类别 | 数量 | 备注 |
| --- | --- | --- | --- | --- |
| 辽宁省高校116所 | 本科院校62所 | 公办本科院校 | 41所 | 包含"985""211"院校2所，"211"院校2所，部委直属院校4所 |
| | | 民办本科院校 | 8所 | |
| | | 独立院校 | 13所 | |
| | 专科院校54所 | 公办专科院校 | 44所 | |
| | | 民办专科院校 | 10所 | |

## (二) 辽宁省高校思想政治工作现状

辽宁省各高校充分发挥思想政治教育教师、学工系统、党团组织等人员及部门的作用，并借助专题网站的开设，借助课上学习、课下活动、社会实践、志愿服务、在校学习等多种途径，开展大学生思想政治工作。

### 1. 思想政治教育教师总体情况

思想政治领域专任教师，通过思想道德修养与法律基础、马克思主义基本原理、中国近代史纲要、毛泽东思想和中国特色社会主义理论概论等四门专业课程，用必修课的形式，向广大学生开展思想政治教育。但部分高校由于学生众多，师生比例不够合理，形成大班授课现象，一定程度地影响了教学的效果。部分非专业教师兼职代课、思想观念陈旧等原因，也使得课堂上常见"填鸭式教学""照本宣科式教学"等现象，难以让学生接受、喜爱授课内容，甚至产生抵触情绪，背离了思想政治工作的初衷。

针对此现象，辽宁省内部分高校定期开展研讨会，以不断改进教学手段与方法，如辽宁工业大学等高校每年举办的"年度思想政治教育工作研讨会"等活动。同时，辽宁省还成立了辽宁省高校思想政治理论教育研究会，该协会由大连理工大学发起，是在辽宁省委高校工委的领导下的由全省高等院校思想政治理论课教学工作者组成的群众性教学和学术研究团体，定期开展研讨、观摩、培训等活动。

### 2. 学工管理系统情况

高校辅导员是高校开展思想政治工作的又一重要力量。与思想政治教育专任教师不同，高校辅导员通过多种形式的教育、引导，实现对学生的思想政治教育。各高校学工系统每年都会通过多种形式，借助活动的开展，来实现思想政治工作的目的。例如，东北大学学生工作处举办的"为梦想领跑"优秀大学生先进事迹报告会，沈阳航空航天大学学生工作处举办的"践行价值观，长存感恩心"年度沈航榜样颁奖典礼等活动。辽宁大学作为教育部暨辽宁省高校辅导员培训和研修基地，也定期开展各类学历培养、理论教育、业务培训等工作，并设立了辅导员网络工作室，提供网络学习、交流平台。此外，辅导员还会通过谈心谈话、年级大会、大家访、辅导员博客等多种形式和途径，开展思想政治工作。

### 3. 党团组织情况

高校党团组织或借助各类学生社团，开展主题宣传活动；或借助各类学习实践，开展培训、实践、考核等工作；或借助各类纪念日开展活动月、活动周等系列活动，以实现思想引领、弘扬社会主义核心价值观等目标。如辽宁大学团委举办的"青春实践核心价值观"活动，沈阳建筑大学团委举办的"建大志愿行，共筑中国梦"活动，辽宁现代服务职业技术学院团委举办的"培育和践行社会主义核心价值观"活动，辽宁大学党委宣传部举办的"雷锋精神与社会主义核心价值观研讨会"活动等，形式多样，内容丰富，以学生喜闻乐见的形式，潜移默化之中实现思想政治教育的目的。

4. 专题网站情况

开办思想政治工作专题网站，引导学生自觉接受思想政治教育，也成为众多辽宁高校的选择。如沈阳建筑大学"厚德网"思想政治教育专题网站，辽东学院的"红色"专题教育网站等。除此之外，辽宁省还开办了"辽宁大学生在线联盟"思想政治教育主题网站，成为整合省内思想政治教育资源、借助学生喜闻乐见形式宣传马克思主义理论、增强中国特色社会主义共同理想认同、弘扬民族精神与时代精神、建设践行社会主义核心价值观的新平台。

5. 一些高校的成功案例

辽宁金融职业学院把社会主义核心价值观的文化属性与开展大学生思想教育文化认同紧密联系起来，为积极培育和践行社会主义核心价值观，切实贯彻落实有关《高校培育和践行社会主义核心价值观的实施意见》的文件精神，学校通过社会主义核心价值观引领大学生健康成长和全面成才，进一步提升高职学校的育人水平和大学生的综合素质，并结合实际情况针对性地开展了形式多样、内容丰富的社会主义核心价值观宣传活动。学校根据具体情况，学习理论知识、加强交流讨论、发掘自身特色、创新活动形式、躬行实践，求得真学问，寻得社会主义核心价值观的文化属性与开展大学生思想教育文化认同的新思路。开展"爱校如家、荣校兴校"的主题教育活动，营造校园正能量舆论氛围；理解价值内涵，"三推进"党的先进性建设工程；树立价值目标，"三载体"助人才培养工程；多方载体，推进核心价值观培育的"三进"校园工程。

辽宁机电职业技术学院把社会主义核心价值观融入大学语文课教学中，以社会主义核心价值观教育为主线，制定大学语文课选修课程标准；开发具有时代特色、高职特色的《大学语文》校本教材；制作精美的《大学语文》课件，增强课程的审美感召力；创新大学语文课考核方式，激发学生的学习热情。

辽宁工程职业学院特别重视学生社会主义核心价值观的培养，认为新形势下的孝道文化，是对社会主义核心价值观的完美诠释。学院倡导《铁岭市职业院校学生"孝行"十个一》，以实际行动践行社会主义核心价值观；倡导传承国学经典《弟子规》，使孝敬父母，尊师重教的思想深入学生心中。

辽宁师范大学利用新媒体提高大学生社会主义核心价值观教育实效性，学校建立的"辽师自律"微信公众号平台已经成为展示该校大学生思想政治教育工作动态、体现学生自主管理理念的重要平台。

### 三、"三个倡导"与辽宁省高校思想政治工作的创新案例

（一）创办"辽宁大学生在线联盟"

辽宁大学生在线联盟是由辽宁省委高校工委、省教育厅主办，省内各相关高校共建的大学生思想政治教育主题网站，于2007年9月开通。其整合省内高校思想政治教育资源，发挥省内各高校积极性，由各高校发挥自身优势和特点，承建各子模块，并进行统一管理，有机整合，形成40多个栏目与子网站，并坚持导向性、知识性、权威性、专题性、趣味性、互动性、权威性等特色。如大连理工大学承办的"学生党建"模块，鞍山师范学院承办的"理论课堂"模块，辽宁大学承办的"学苑书香"模块等。

此外，网站还推出结合国内外大事的专题学习与报道，开发民主公开的省级优秀个人网络投票等模块，同时将网络链接设置在个高校官方网站的显著位置，提升了网站的知名度和点击量。基本实现了从学生喜闻乐见的形式和内容出发，开展"三个倡导"的思想引领和教育工作。

辽宁大学生在线联盟网站以其思想性、知识性、趣味性为越来越多的大学生所接受和喜爱。另外，该网站影响的广泛性、参与的便捷性、精彩的互动性也使其成为大学生思想政治教育的有效载体。其利用网络资源，创新教育方式，发挥网络教育优势，组织丰富多彩的网上教育活动，加强了对大学生社会主义核心价值体系的教育引导。

（二）成立"辽宁省高校思想政治理论教育研究会"

辽宁省高校思想政治理论教育研究会作为全省高等院校思想政治理论课教学工作者组成的群众性教学和学术研究团体，于2006年在辽宁省民政厅注册成立。该协会由大连理工大学发起成立，受中共辽宁省委高校工委领导，协会宗旨是积极进行思想政治理论课程改革研究，不断提高辽宁省高等院校思想政治理论课的教学质量和科研水平。凡是辽宁省内高校的思想政治理论课教师，均可以学校为单位集体加入该协会，成为协会会员。该协会每年都会举办全省高校思想政治理论教育研究会年会，邀请国内相关领域的知名学者进行思想政治工作的专题报告，探讨教学改革的思路与方法，同时会评选思想政治理论课教师年度影响人物，并进行思想政治理论课程观摩会等活动。该协会的有效运转，

为辽宁省高校思想政治教育课程教学水平的提升不断提供能量，也为辽宁省高校思想政治工作机制的改革创新注入了活力。

**四、"三个倡导"与辽宁省高校思想政治工作的改革思考**

（一）搭建平台，引导各高校发挥优势作用

网络是落实立德树人根本任务的重要载体，是大学生思想政治教育的重要阵地。随着网络的日益发展，更多学生习惯通过网络获取信息，表达看法。高校要借助网络平台的搭建，将传统课堂与网络课堂相结合，发挥线上线下的合力，提升思想政治工作的效果，使学生自觉接受"三个倡导"的认识、学习和实践。省级教育主管部门可以借鉴辽宁大学生在线联盟的经验，在各高校办好校级网站的同时，搭建省级思想政治工作教育平台，整合优势资源，除了日常更新、维护外，结合时政要事、纪念活动等开设网络专栏、网络课堂，并可将参与网上讨论、提交网络作业等作为课程考核的内容之一，为思想政治工作机制创新增添活力。

（二）成立协会，提升思想政治教育教师业务水平

思想政治教师在高校思想政治工作中扮演着重要角色，直接决定了教育的结果，因此，提升思想政治课程教师的思想认识、业务能力，是高校思想政治工作机制的基础。各高校及省级主管部门可通过成立协会、开设培训班等形式，不断提升专任教师的教学能力，尤其是使其运用科学的理论和知识，对现实中遇到的实际问题进行学以致用的分析和解决，切实帮助学生形成良好的思想道德品质，提高其解决实际问题的能力。使学生感到思想政治教育课程的"活力"，体会到其人生导航的作用，认识到"三个倡导"思想的引领作用，并与教师缩短距离，使教师成为学生的良师益友，增强亲和力。

（三）结合学生喜闻乐见形式，创新教育教学方式方法

推进"三个倡导"进课堂、进头脑、进行动，并不能只靠相关工作者的"填鸭式"教学，而应该将课上教学与课下实践相结合。高校思想政治教育采取社会实践的途径和形式，能够使高校思想政治教育在内容丰富、形式多样的社会实践活动中实现思想政治教育活动的多样化和直观化，能够实现思想政治教育理论与实践的直接结合，从而更好地实现高校思想政治教育的目的和效果。这一过程，除了思想政治专任教师之外，学工系统、党团组织、学生社团也应充分发挥自身作用，让学生在亲身实践中，学习"三个倡导"，自觉践行核心价值观。

### （四）建立健全教学评价机制，引导学生开展自主学习

高校应引入科学合理的评价机制，引导学生在课下自觉进行"三个倡导"的学习，改变思想政治教育课程的单一模式。如将社会实践、志愿服务等内容引入学生教学及思想评价体系，将网络学习计入课程考核体系，结合观影、讨论、读书会、辩论会等形式，引导学生自主学习、深化认识，并学以致用。同时将"三个倡导"的学习和实践作为校园文化建设的重要内容，使学生通过形式多样、内容丰富的活动，在校园内形成良好的践行核心价值观的文化氛围。

### （五）塑造思想政治教育品牌，提升品牌教育活动影响力

以"三个倡导"的提出为契机，各高校应打造一至两个思想政治教育的品牌系列活动，每年定期举行，不断积累和丰富活动的内涵。将日常的、相对松散的、不定期举行的教育活动整合到一个品牌之下，并设置专门机构负责组织和协调，使其更为专业，从而在学生中形成一定的权威度、知名度和品牌度，并注重学生的实践性和可参与性，激发学生的参与欲望和求知精神，使学生感受到思想政治工作机制的"感情"和"温度"。

## 本章小结

本章分三节，对我国东北三省高校的思想政治教育工作机制进行了分析。

黑龙江省思想政治教育教师队伍亟待壮大，必须在现有基础上结合各个高校实际对思想政治教育教师进行增量，强化思想政治教育师资队伍能力与结构建设，创新思想政治教育工作理念与工作方式，重视网络教育与思想政治教育宣传的重要性，充分运用铁人精神、北大荒精神、张丽莉精神、东北抗联等红色资源，采用网络平台强化宣传手段，提高高校思想政治教育工作的成效。

基于吉林省现有思想政治教育机制现状，吉林省也应该将"三个倡导"思想作为贯穿高校思想政治工作的主线，将"三个倡导"的思想体现在日常教学与工作中，进一步改革高校思想政治教育的体制、内容，创新其工作机制，充分发挥高校思想政治教育的导向性与实效性，尤其着重建立三个机制：齐抓共管的领导机制，评价与激励机制，教育主体价值与创新思想政治教学方式协调机制。

辽宁注重高校思想政治教育机制创新，创办了"辽宁大学生在线联盟"，成立了"辽宁省高校思想政治理论教育研究会"等多个平台。在"三个倡导"指

导下，还需要注重以下几点：搭建平台，引导各高校发挥优势作用；成立协会，提升思想政治教育教师业务水平；结合学生喜闻乐见形式，创新教育教学方式方法；建立健全教学评价机制，引导学生开展自主学习；塑造思想政治教育品牌，提升品牌教育活动影响力。

**【参考文献】**

[1] 姜玉洪，朱振林，王宏宇. 当代大学生思想状况调查与分析——以黑龙江省在校大学生为例 [J]. 黑龙江高教研究，2013（9）：88-90.

[2] 李卓成，蒋平. "中国梦"融入高校思想政治教育工作机制的路径选择 [J]. 学校党建与思想教育，2013（25）：12-13，70.

[3] 孙美晖. 90后大学生思想观念和行为特征——以黑龙江省部分高校为例 [J]. 黑龙江教育（高教研究与评估），2011（5）：35-36.

[4] 刘慧颖，石朋飞. 浅析社会主义核心价值观对高校和谐校园建设的引领作用——以黑龙江大学为例 [J]. 当代教育实践与教学研究，2015（10）：249.

[5] 李剑锋. 社会主义核心价值观融入思想政治理论课教育模式研究——以黑龙江东方学院思想政治理论课实践教学为例 [J]. 黑龙江教育（理论与实践），2014（2）：30-31.

[6] 于志娜，陈彦彦，刘佳丽. 社会主义核心价值观视角下的北大荒精神融入思想政治课建设——以黑龙江八一农垦大学为例 [J]. 黑河学刊，2015（11）：67-69.

[7] 李颖，常慧. 新媒体环境下高校社会主义核心价值观教育探索——以黑龙江八一农垦大学社团联合会为例 [J]. 黑龙江科学，2016，7（15）：76-77.

[8] 王萌. "三个倡导"的内在逻辑与践行要求 [J]. 理论与改革，2013（2）：10-12.

[9] 徐精鹏. "三个倡导"语境中的大学生思想政治教育探析 [J]. 思想理论教育导刊，2013（8）：126-129.

[10] 于姗姗. 新时代先进典型对践行社会主义核心价值观的示范引领作用——以吉林大学黄大年教授先进事迹和精神影响为例 [J]. 吉林教育，2018（Z1）：66-67.

[11] 李卓成，蒋平. "中国梦"融入高校思想政治教育工作机制的路径选择 [J]. 学校党建与思想教育，2013（25）：12-13，70.

[12] 范玉茹. 高校思想政治教育机制创新研究 [D]. 秦皇岛: 燕山大学, 2008.

[13] 潘虹, 马玲. 创新工作机制全面加强研究生思想政治教育 [J]. 吉林省教育学院学报（下旬）, 2013 (12): 13-14.

[14] 林正. 民办高校思想政治教育机制创新探析 [J]. 学理论, 2012 (29): 239-240.

[15] 夏跃军, 王成章, 赵文志. 新形势下大学生思想政治教育载体的创新与实践研究——以吉林农业大学为例 [J]. 电子制作, 2014 (11): 251-252.

[16] 刘志筠. 增强高校思想政治教育实效性与巩固马克思主义指导地位 [J]. 理论导刊, 2014 (8): 68-71.

[17] 于红艳. 社会主义核心价值观的文化属性与开展大学生思想教育文化认同新探——以辽宁金融职业学院为例 [J]. 商, 2015 (43): 41, 16.

[18] 由娜. 践行社会主义核心价值观构建《大学语文》选修课体系——以辽宁机电职业技术学院为例 [J]. 知识经济, 2017 (21): 109-110.

[19] 张艳, 李金元. 谈高职院校对学生社会主义核心价值观的培养——以辽宁工程职业学院为例 [J]. 职业, 2016 (34): 90-91.

[20] 阎世宝, 丰雅倪, 荣梓钦. 利用新媒体提高大学生社会主义核心价值观教育实效性的研究——以辽宁师范大学学生工作微信公众号为例 [J]. 考试周刊, 2018 (36): 141, 178.

[21] 李洪军, 王骥骏. 整合高校网络思想政治教育资源浅谈——以辽宁大学生在线联盟网站建设为例 [J]. 辽宁工学院学报（社会科学版）, 2007 (6): 56-58, 69.

[22] 张雪飞. 探析辽宁大学生在线联盟在社会主义核心价值体系教育中的作用 [J]. 理论界, 2010 (12): 193-195.

[23] 梁士朋. 利用主题教育网站开展大学生思想政治教育工作探究——以辽宁大学生在线联盟为例 [J]. 理论前沿, 2014 (9): 95.

[24] 李文英. 高校思想政治理论课教学的优化 [J]. 教育与职业, 2014 (29): 124-125.

[25] 蔡建英, 唐雪雷, 张丽娜. 高校思想政治教育体系的构建 [J]. 教育理论与实践, 2010, 30 (9): 24-26.

# 第四章

# 华北高校思想政治工作机制创新

## 第一节 内蒙古自治区高校思想政治工作机制创新

### 一、内蒙古自治区高校思想政治工作机制现状分析

"三个倡导"对高校的思想政治工作起着指导作用。内蒙古地区作为我国五个少数民族自治区之一,区内高校对提升少数民族群众对社会主义核心价值体系的认同更是发挥着重要作用。

根据内蒙古自治区2015年1月最新公布的数据,内蒙古自治区截至2014年年末,共有高校51所,其中本科院校15所(包含独立学院2所),高职院校(专科)35所,成人高等学校1所。2014年,内蒙古自治区普通本专科招生人数为122755人,在校生人数为406414人,毕业生人数为111723人;成人高等教育招生人数为49849人,在校生人数为114718人,毕业生人数为49564人。通过对内蒙古自治区50所高等学校以及1所成人院校思想政治教育相关学科建设的调查得出统计结果如表4-1所示。

表4-1 内蒙古自治区高校思想政治教育相关学科建设情况统计(单位:所)

|  | 本科学校 | 独立学院 | 专科院校 | 成人高校 | 总计 |
| --- | --- | --- | --- | --- | --- |
| 设立相关学院或专业 | 9 | 0 | 0 | 0 | 9 |
| 设立教学部或教研室 | 4 | 0 | 27 | 0 | 31 |
| 无 | 0 | 2 | 8 | 1 | 11 |
| 总计 | 13 | 2 | 35 | 1 | 51 |

高校内设立相关的院系以及专业的目的主要是负责教学管理,制订教学计

划，明确教学工作目标，能够更加系统地对学生进行管理，提高教学和学习质量。高校内设立教学部、教研部或者教研室的意义在于负责全校本专科学生公共课或必修课的教学工作，部分高校的教研部、教研室承担研究生的思想政治理论课的教学培养工作。而既没有设立相关院系及专业，也没有设立教学部、教研部、教研室的高校的思想政治工作，则由学校党委宣传部、学生工作部（处）及校团委等党群机构承担。

根据表4-1分析看出，在内蒙古自治区共51所高校当中设置马克思学院、思想政治教育学院等相关学院以及招生专业的院校共有9所，而且主要集中在本科学校当中，占本科学校数量的69.23%，占内蒙古自治区高校总数的17.65%；设有思想政治教育教学部或者教研室的高校共有31所，占内蒙古自治区高校总数的60.78%；而既没有设立院系和专业也没有设立教学教研机构的高校数量为11所，占内蒙古自治区高校总数的21.57%，并且集中于专科院校和成人高校，占各自数量的22.86%和100%。由这些数据可以看出，由于办学水平的不同，内蒙古自治区高校在思想政治教育方面的学科建设水平也存在一定的差距，本科学校思想政治教育水平较高，而专科院校次之，偏向于思想政治教育课程的教授，而成人高校思想政治教育方面的学科建设水平较低。

## 二、内蒙古自治区高校思想政治工作机制的优势和问题

### （一）内蒙古自治区高校思想政治工作的突出优势

1. 成立内蒙古社会主义核心价值观研究基地，培育和践行社会主义核心价值观成效显著

2014年10月，内蒙古民族大学、内蒙古师范大学和通辽市委宣传部共同建立了内蒙古社会主义核心价值观研究基地。该基地建立的目的在于发挥民族性和区域性特色优势，以内蒙古自治区培育和践行社会主义核心价值观作为研究的主要内容，通过专题研究、理论研讨会、读物编写、宣讲培训等形式开展活动，凝聚学者们的智慧，从而加强内蒙古自治区对社会主义核心价值体系建设的研究。该基地的建立不仅促进了党委政府与高校的合作，提高了内蒙古自治区党委政府的工作效率，也为社会主义核心价值观在内蒙古高校的宣传提供了新的契机。

这一基地建设，在内蒙古各高校产生了积极效果。例如，内蒙古农业大学紧扣"中国梦·尽责圆梦"这一主题，在师生中扎实开展了"担当尽责，兴校圆梦""立德树人，立教圆梦""敦品励学，成才圆梦"三项教育活动，活动贴

近实际,力求实效,积极引导广大师生树立和践行社会主义核心价值观,推动和促进了和谐校园建设。

2. 内蒙古自治区高校思想政治教育突出体现民族特色

内蒙古自治区作为我国少数民族自治区之一,该地区高校在思想政治教育方面更加注重民族理论和民族政策的宣传教育,从而为建立和谐的民族关系打下良好的基础。

首先,内蒙古自治区规定要将民族团结相关的理论和政策作为高校本科阶段的必修课。重视思想政治理论课程和民族政策课程对民族团结所起到的重要作用,有效地将民族团结的相关教育内容与课程教学相互结合。

其次,部分高校还根据自身情况开设了中国传统文化、民族史研究、少数民族文化、蒙古族民俗文化等选修课,为师生了解我国的民族政策,促进民族之间相互团结搭建了平台。

最后,内蒙古自治区高校在校园文化当中注重融入民族团结的因素。各高校在校园文化活动和社团文化节当中,充分体现民族特色;在学术、科技、体育和艺术活动当中,注重以民族团结作为出发点;在座谈会和报告会当中,注重宣传维护民族团结的先进事迹和榜样人物。这充分体现了内蒙古自治区高校着力构建具有民族特色的思想政治教育体系,不断探索适合自身特点的思想政治教育新的模式。

(二)内蒙古自治区高校思想政治工作存在的问题

1. 思想政治理论未能与实践充分结合

应试教育现在仍是高校进行思想政治教育的主要途径,教学方法的陈旧仍无法满足新时期大学生对思想政治方面的诉求。这种从理论到理论的教学方式和考试方式往往导致的是学生在课堂上难以理解讲课内容,而在考试前通过死记硬背课本上晦涩抽象的概念达到应付考试的目的。教育方式方法的不当使思想政治理论的内容仍然停留在书本上,对学生实行灌输式教学,与实践脱离,对学生而言提高的仅仅是理论知识水平,思想政治理论课本身所应该起到的教育作用被严重弱化。

2. 尚未建立统一的网络思想政治工作机制

通过对内蒙古自治区各大高校的调查,目前绝大多数高校尚未开展思想政治工作。有些高校在校网或部门网站上建立了思想政治教育板块,但是鲜有更新;网上信息无人监督和引导,负面信息在校园内大范围传播,对大学生的观念造成潜移默化的负面影响;对学生发送的电子邮件不能做出及时回复甚至是不回复；有几所高校的官方网站甚至连续多天处于"被黑"状态，网站无法打开或者显示不良网站信息，这些都表现出部分高校对校园网络思想政治工作的忽视。

3. 对社会主义核心价值观认同的教育需要加强

总体看，内蒙古高校大学生对社会主义核心价值观培育及其践行必要性的认知程度，还是比较令人满意的。但对社会主义核心价值观内容的认知程度尚处于偏低水平，内蒙古高校部分大学生在认同核心价值观方面还存在某种程度的情感缺失，一部分大学生对社会主义核心价值观信念不够坚定，对依法治国方略的实施信心不足，少部分大学生只是把社会主义核心价值观当作政治理论知识来学习，而没有真正实现内化于心并外化为行动的目标，存在明显的知行脱节的现象，急需采取相应对策，有针对性地加强核心价值观基本内容方面的教育。

内蒙古地区大学生特别是以蒙古族为主的少数民族大学生对社会主义核心价值观有一定认知，但是认知度有待进一步提高。在情感认同方面，大学生对社会主义核心价值观总体上是认同的，认同度也较高。在实践认同方面，教育者主导作用发挥不够，学生满意度不高，部分受教育者知行不一。从教育者的角度上看，社会主义核心价值观教育虽然已经引起各高校的重视，但重视程度还远远不够。有的高校满足于搞搞活动、办办讲座、张贴一些零散的标语口号等，没有核心价值观系统教育的规划与设计；有的高校缺乏对社会主义核心价值观教育的研究与探索，社会主义核心价值观教育专业师资短缺。因而导致社会主义核心价值观认同教育达不到教育者预期的效果，学生满意度不高。从受教育者的角度看，部分学生对社会主义核心价值观情感上虽然是认同的，但在具体践行过程中知行不一。

4. 大学生社会主义核心价值观教育模式有待完善

现有模式中对大学生社会主义核心价值观教育内容的目标定位不明确。大多把社会主义核心价值观教育作为思想政治教育的一个小知识点，并未提到应有的重视高度。大学生社会主义核心价值观教育方式不具体。高校现行的社会主义核心价值观教育"提法"多，"办法"少。大学生社会主义核心价值观教育不断寻求新的模式和教育方法，但仍然存在着教育的方式方法和载体比较单一、教育内容刻板枯燥、脱离现实生活实践等问题，不能完全跟上时代的发展需求，不能完全适应新时期大学生的思想特点。在进行社会主义核心价值观教育的过程中，教育者往往注重形式而不注重效果，对学生的情况没有很好地调查研究。社会主义核心价值观教育实践方式单一，如在设计社会实践活动时，不能有效地将社会主义核心价值观内容融汇进去，大多只是简单组织"三下乡"活动、志愿者活动，没有把核心价值观教育和社会实践有机结合。还存在教育载体不够创新、教育效果缺乏有效评估和反馈等问题。

**三、"三个倡导"对内蒙古自治区高校思想政治工作机制创新的指导**

（一）把"三个倡导"与思想政治理论课堂深度融合，推进教学方式方法改革

高校开设的思想政治理论的相关课程对大学生树立正确的理想观念有着重要意义。要把"三个倡导"的正确思想与高校思想政治理论课教学相互结合，不断推进高校对思想政治理论课的教学改革，改进教学观念、内容、方式、方法等，利用启发式和研究式教学，促进师生以及同学之间的互动式学习，使得思想政治理论课教学与当代大学生的特点相适应，增强教学内容的可接受性和可理解性。

（二）把"三个倡导"融入高校校园文化建设当中，注重营造具有时代特征的高校文化

高校要重视在校园当中营造"三个倡导"的校园文化氛围，引导当代大学生正确地认识和理解"三个倡导"，充分践行社会主义核心价值观。一是高校的领导及管理机构要注重在制度建设和学生管理中融入社会主义核心价值理念，重视服务质量，将重点放在解决学生的学习、工作和生活中所面临的问题上。二是要加强教师队伍建设，不仅要提高教师的思想政治理论水平，而且要加强教师的道德素质建设，树立良好的教育工作者形象。最后，将"三个倡导"思想具体到学生的日常生活当中，通过对学生日常表现的综合评价，对学生的学习、生活和工作态度进行监督指导，促进学生形成平等尊重、诚实守信、团结互助等基本行为规范。

（三）把"三个倡导"与网络思想政治工作相结合，加强网络文化建设和新媒体技术应用

对大学生开展思想政治教育，高校要利用网络这个大学生的"聚集地"，充分发挥其正面作用。一是高校要重视网络对大学生的影响。要加快高校网络思想政治体系的建设，构建具有高校特色的网络教育平台和渠道。同时，通过建立有吸引力、有特色、高质量的校园主题网站或者板块等形式，使网络成为宣传社会主义核心价值观的主要渠道之一。二是高校要对网络舆论进行正确的引导、监督和控制，有效避免网络中不良信息对大学生核心价值观形成的负面影响，加强网络道德建设，使学生自觉抵制网络中的负面信息。

（四）把"三个倡导"与学校所有工作紧密结合起来，以社会主义核心价值观认同教育为抓手

要整合领导机制，建设一个中心，抓好三个方面。一是优化、整合社会主义核心价值观教育的领导机制。要切实加强党委的领导，使党委把握党性原则和政治方向，建立高校党委统一领导、专兼职队伍相结合、党政齐抓共管的长效机制。必须建立校党委领导下的校长负责制，建立以教学机构和行政系统为主的实施机制，还要加强制度建设，建立社会主义核心价值观教育测评制度，强化思想政治课教学主渠道作用，开发社会主义核心价值观认同教育的校本课程，避免随意性，增强严肃性和科学性。二是建立社会主义核心价值观教育研究中心，加强社会主义核心价值观教育师资队伍建设。集中一批科研、教学、党团学管理部门的骨干教师，形成以社会主义核心价值观教育科研为中心，以课堂教学为主渠道，以校园文化活动为载体，以社会实践为主要平台的联动机制。三是内蒙古地区大学生社会主义核心价值观认同教育，要抓好四方面重点工作。（1）发挥思想政治课教学主渠道作用，加强学生对社会主义核心价值观认知认同教育。内蒙古高校需要重视师资队伍建设，高校思想政治理论课教师要增强价值自信，要引导大学生正确认识到，中国目前仍然处于社会主义初级阶段，有法不依、执法不严的现象虽然时有发生，但是，党和国家对于反腐倡廉和法治建设等问题高度重视，措施有力，成效显著，这些例证非常有利于提升大学生对社会主义核心价值观的信念认同。（2）校园文化建设要凸显社会主义核心价值观教育，关注少数民族学生，增加学生对社会主义核心价值观的情感认同。高校思想政治理论工作者要遵循教育规律，完善实践教育教学体系，做到理论和实践相统一，要让学生在实践活动中扩大视野、增长见识和才干，提升自我综合素质和能力，把培育社会主义核心价值观融入教育全过程，注重理论教育和实践养成相结合，强化内蒙古地区大学生对社会主义核心价值观的认同，并使之自觉成为核心价值观的模范践行者。（3）积极开展社会实践活动，增强大学生社会主义核心价值观实践认同。在大学生社会实践的引导等方面下大力气，让大学生通过参与社会实践活动来认识社会主义制度的优越性，了解国家改革开放取得的丰硕成果，对社会主义核心价值观进行积极的感受、体验和认同。

## 第二节 北京市高校思想政治工作机制创新

### 一、引言

随着高校思想政治工作机制的改革和发展,教育部直属管理的北京25所高校同样面临着机制创新的发展困境。"三个倡导"作为一个新的理论视角,其所倡导的理念价值将为北京部属高校的思想政治工作机制创新提供一个新的思路和方法。本研究在分析"三个倡导"与高校思想政治工作机制关系的前提下,通过对北京部属高校思想政治工作机制现状进行的调查分析,在借鉴部分高校思想政治工作方面的突出优势的基础上,提出应在"三个倡导"理念的指导下从三个方面创新北京部属高校的思想政治工作机制,厘清高校思想政治工作权责关系,创新现有高校思想政治工作方式,完善高校思想政治工作平台。

部属高校的设置作为国务院教育改革的重要举措,是将具备较强实力或者学科特色鲜明的高校划归教育部直属管理,在全国72所教育部直属高校中北京市的数量为25所,占据了1/3以上的份额。新时期随着高校体制的革新和发展,旧的思想政治工作机制已经不能去衡量所有高校的思想政治工作机制的发展情况,高校思想政治工作机制面临着改革创新的发展阶段。北京部属高校作为全国重点高校在现阶段应发挥其模范标兵作用,在"三个倡导"理念的指导下进行思想政治工作机制的创新改革研究。

"三个倡导"理念倡导的"富强、民主、文明、和谐,自由、平等、公正、法治,爱国、敬业、诚信、友善"理念,在国家、社会、个人层面分别指出了社会主义核心价值观对这三个主体的基本道德要求。高校思想政治工作机制指的是高校在长期的社会环境、现有教育体制以及学生思想政治教育发展的大环境下形成的指导其思想政治工作顺利展开和运行的工作机制,其中涵盖了很多分机制,主要包括领导机制、队伍建设机制、运行机制、评估机制、监督机制等。

"三个倡导"与高校思想政治工作机制两者间的关系是相辅相成的,主要包括两个方面:一方面,"三个倡导"作为新时期指导国家、社会、个人价值观的最新理论,对高校思想政治工作机制的形成会起到顶层理念指导的作用,也将成为高校思想政治工作机制创新的理论源泉;另一方面,高校思想政治工作机制的创新和发展将会推动国家、社会、学校以及学生对于当代道德要求以及价值观更为明晰的认知,进一步推动"三个倡导"理念的发展和完善。同时,创新高校思想政治工作机制的重要支点和决定因素就是观念创新,鉴于此,在"三个倡导"视域下研究和创新现有高校思想政治工作机制不仅能够为其提供方向性指引,更能够使国家、社会、个人形成合力,发挥高校思想政治工作各个机制的实效。

## 二、北京部属高校思想政治工作机制现状

北京 25 所部属高校综合实力在全国中遥遥领先,其中"211"高校共 21 所,占全国"211"高校总数的 17.36%;"985"高校共 5 所,占全国"985"高校总数的 12.20%。各个高校均设有本科、硕士以及博士点,同时各个高校的思想政治工作机制都发展得各具特色。

本研究将通过对北京部属高校思想政治工作具体实践的调查,进一步明确北京部属高校思想政治工作机制中领导机制和队伍建设机制现状,旨在为北京部属高校思想政治工作机制创新提供重要依据。

(一)领导机制现状

作为高校开展思想政治工作的关键环节,领导机制的健全关系着整个学校思想政治工作的规范性和稳定性。国家对高校思想政治工作中的领导机制做出过相关说明,要求高校建立以校长及行政系统为主的思想政治工作机制。

对北京 25 所部属高校进行相关调查发现,其中 20 所高校设置了马克思主义学院或者思想政治教育学院(思想政治理论课教研部),其中 5 所高校未设置与其相关的学院部门(见表 4-2)。

表 4-2 北京部属高校思想政治工作相关学院设置情况表　　(单位:所)

| 名称 | 马克思主义学院 | 思想政治教育学院<br>(思想政治理论课教研部) | 无相关学院设置 |
| --- | --- | --- | --- |
| 学校数量 | 11 | 9 | 5 |
| 学校名称 | 北京大学、中国人民大学、清华大学、北京化工大学、中国石油大学(北京)、北京科技大学、北京师范大学、中央财经大学、北京外国语大学、中国政法大学、北京交通大学 | 中国地质大学(北京)、华北电力大学、中国矿业大学(北京)、北京林业大学、中央戏剧学院、中国传媒大学、对外经济贸易大学、中国农业大学、北京邮电大学 | 中央美术学院、中央音乐学院、北京中医药大学、国际关系学院、北京语言大学 |

有无思想政治工作相关学院这一项调查虽不能全面判断该校思想政治工作机制中领导机制的现状,但是在一定程度上可以看出高校思想政治管理工作的专业系统性及其对思想政治工作的重视程度。

25 所北京部属高校由于其归口管理部门是教育部,所以其思想政治工作领导机制严格按照国家规定,建立了以校长及行政系统为主的机制,统筹管理高校思想政治工作,其中中国美术学院等 5 所高校由于其专业性学科影响,思想政治工作领导机制正在进一步发展和改进中。

(二)队伍建设机制现状

队伍建设机制是高校思想政治工作机制强有力的保障。高校思想政治工作中的教师队伍主要包括高校辅导员以及从事思想政治工作的相关教职工等。通过对北京部属高校的校园网站进行实际调查,得出以下数据:北京 25 所部属高校对其辅导员数量的配置严格按照教育部规定,以师生比例不低于 1∶200 的数量设置本科生一线专职辅导员数量,同时配备相应数量的兼职辅导员。

以北京交通大学为例,截至 2014 年,现有本科生 14009 人,硕士生 7690 人,博士生 2520 人,在编教职工 2933 人,其中专任教师 1768 人,本科专职辅导员数量近 110 人,研究生专职辅导员数量近 40 人,研究生兼职辅导员近 80 人,是严格按照教育部规定的 1∶200 的师生比例进行的相关配置。

此外,对设置思想政治工作相关学院的 20 所学校的思想政治部门教师队伍进行调查发现,其队伍建设在数量、职称、学历、年龄四个方面都具备较为优异的结构和配置,并且具有鲜明的学科特色(如中央戏剧学院)。以理工科为主的高校教师队伍相对薄弱,且具备相关思想政治教育背景的教师人员相对较少(见表 4-3)。

表 4-3 北京部属高校思想政治工作部门教师队伍情况对比表

(单位:人,岁)

| 学校名称 | 教职工总人数 | 职称 | | | 学历 | | | 平均年龄 |
|---|---|---|---|---|---|---|---|---|
| | | 教授 | 副教授 | 讲师 | 博士 | 硕士 | 本科 | |
| 北京大学 | 57 | 17 | 21 | 11 | 50 | 4 | 3 | 44 |
| 中国人民大学 | 58 | 19 | 21 | 10 | 41 | 13 | 4 | 41 |
| 清华大学 | 46 | 24 | 13 | 5 | 38 | 6 | 2 | 43.1 |
| 北京交通大学 | 48 | 9 | 31 | 4 | 33 | 10 | 5 | 39.8 |
| 中国传媒大学 | 32 | 6 | 12 | 13 | 12 | 17 | 3 | 38 |

续表

| 学校名称 | 教职工总人数 | 职称 | | | 学历 | | | 平均年龄 |
|---|---|---|---|---|---|---|---|---|
| | | 教授 | 副教授 | 讲师 | 博士 | 硕士 | 本科 | |
| 中国政法大学 | 35 | 7 | 18 | 8 | 26 | 5 | 4 | 39.6 |
| 中央财经大学 | 37 | 7 | 14 | 12 | 25 | 8 | 4 | 41 |
| 对外经济贸易大学 | 16 | 3 | 9 | 4 | 9 | 5 | 2 | 36.7 |
| 北京外国语大学 | 20 | 1 | 10 | 6 | 11 | 6 | 3 | 38.5 |
| 北京师范大学 | 47 | 17 | 15 | 11 | 32 | 12 | 2 | 42.4 |
| 中国农业大学 | 30 | 5 | 18 | 7 | 14 | 13 | 3 | 42 |
| 华北电力大学 | 37 | 5 | 18 | 14 | 14 | 11 | 7 | 42 |
| 中国石油大学（北京） | 38 | 4 | 11 | 18 | 19 | 15 | 4 | 41.8 |
| 北京科技大学 | 33 | 6 | 12 | 13 | 15 | 12 | 6 | 42 |
| 中国地质大学（北京） | 18 | 4 | 8 | 5 | 10 | 6 | 2 | 39.2 |
| 中国矿业大学（北京） | 17 | 7 | 3 | 6 | 7 | 10 | 0 | 39 |
| 北京林业大学 | 54 | 18 | 23 | 11 | 23 | 17 | 4 | 43 |
| 北京邮电大学 | 37 | 20 | 9 | 8 | 19 | 13 | 6 | 42.5 |
| 中央戏剧学院 | 6 | 0 | 1 | 3 | 0 | 6 | 0 | 34 |
| 北京化工大学 | 40 | 25 | 7 | 9 | 28 | 9 | 3 | 43 |

**三、北京市属高校思想政治工作机制现状**

从"三个倡导"的要求看，北京市属高校在思想政治机制方面，有突出的特点，也有需要改进的地方。构建北京市属高校思想政治工作的新机制，要以"三个倡导"为指导思想，适应新时代的需要，有计划、有步骤地完成对思想政治工作运行机制、队伍建设机制和考核激励机制的创新。重视高校思想政治工作的开展，在践行社会主义核心价值观的行动中，发现不足，积极改进，使北京市属高校的思想政治工作有序地进行。

"倡导富强、民主、文明、和谐，倡导自由、平等、公正、法治，倡导爱国、敬业、诚信、友善"即"三个倡导"，是对我国社会主义核心价值观的高度概括，要求全国各地的高校在开展思想政治工作的过程中，要以此为指导，积极培育社会主义核心价值观，对高校思想政治工作机制进行创新，尤其是北京作为我国的首都，其高校思想政治工作更是不容忽视。

(一) 总体概述

北京作为我们国家的首都，一举一动都牵动着全国人民的心。北京市属高校思想政治工作在全国高校思想政治工作中具有特殊的战略地位，有效开展北京市属高校的思想政治工作可以为其他各省的高校思想政治工作提供蓝本，因此北京市属高校的思想政治工作也越来越受到重视，北京市属高校的思想政治工作机制的创新具有重大的政治意义和现实意义。

目前，北京市属高校有23所，都在积极部署其思想政治教育工作，其中有4所高校设立了马克思主义学院，包括首都师范大学、首都经济贸易大学、北京工商大学、北京工业大学，这些学校无论是在教学研究机构的设置上，还是在教师队伍的培养上，抑或是课程设置上，都更加重视进行思想政治教育工作。其余学校，也都设置了开展思想政治教育工作的部门，如思想政治理论教研部、思想政治教育中心等。

值得注意的是，北京市属高校各自开展思想政治教育工作，还在市教育工委的指导下联合进行了北京市属高校党的群众路线教育实践活动，把党的群众路线教育实践作为创新思想政治工作机制的一项专项活动，推动北京市属高校的思想政治教育工作。这项专项活动分为三个栏目：一是通过基层活动一栏，可以了解到北京市属各高校最新进行的党的群众路线教育实践活动有哪些，各大高校如何开展本校的思想政治教育工作等信息。二是通过上级精神一栏，可以准确地把握党中央对于党的群众路线教育实践活动的最新指示，以便各大高校以此为风向标，开展各自的思想政治教育工作。三是通过辅导资料一栏，可以知道开展思想政治教育工作的理论基础、实践方法和管理创新，为推进各高校思想政治工作提供资料参考。

(二) 北京市属高校思想政治工作机制的特点

1. 政治性强

从国际形势来看，错综复杂的国际舞台的斗争，中国的大国崛起，均对北京市属高校的思想政治工作提出了更高、更紧迫的要求。随着改革开放和社会主义市场经济的确定和逐渐成熟，我国的经济近年来得到快速发展，带来了中国社会的巨大进步，政治的多极化和经济的全球化，使得西方敌对势力对中国的发展虎视眈眈，他们利用人权、民主、民族、宗教、领土等问题，对我国实施"西化""分化"的战略，采取一系列政治、经济、文化手段，对我国进行意识形态方面的渗透。尤其是大量的西方文化思潮和价值观念冲击着当代大学生，致使北京市属各高校学生的思想观念、价值观念向着多元化和复杂化的方向发展。这种情况必然给我们的思想政治工作造成困难。

2. 高难度

不仅仅由于地处首都北京，而且由于国内社会经济的深刻变化，使得北京市属高校的思想政治工作具有高难度。随着社会主义政治体制和经济体制改革的不断推进，尤其是我国社会主义市场经济体制的不断深入发展，大学生的思想意识、价值观、世界观、道德观均发生了重大的变化，作为首都的各个高校的大学生，他们所受的影响更为直接和深刻。

旧的传统受到挑战，新的思想观念正在逐步形成，这些变化，必然会使北京市属高校开展思想政治工作面临一些困难。与计划经济体制相适应的传统的政治理论教育机制必然不适合社会主义市场经济条件下开展思想政治工作的需要，体制的转轨给北京市属各高校带来了适应新的思想政治工作运行机制的困难。在北京国家性和政治性首都的定位下，在社会主义市场经济深刻变化的条件下，创新地推进北京市属高校思想政治工作具有高难度。

3. 改革性

从高等教育改革和发展形势来看，深化改革和促进发展为北京市属高校思想政治工作带来了新的课题。随着整个社会经济体制的转变，高等教育的改革刻不容缓，北京市属高校现存的教育体制，很多还是沿袭传统计划经济下的教育模式，不适用我国对人才要求多元化的倾向。针对人才类型的多元化，北京市属各高校的思想政治工作应逐步改变以往的传统单一的教育模式，要以学生为主体，具体情况，具体分析，有针对性地开展思想政治工作，真正做到因地制宜、因人制宜、因事制宜、因时制宜，提升北京市属高校开展思想政治工作的水平。

(三) 北京市属高校思想政治工作机制存在的问题

随着新形势的发展变化，传统的思想政治工作机制及其实践的不适应性日益凸显，主要表现在以下几个方面。

1. 北京市属高校的思想政治工作的运作机制存在不适应性

北京市属高校共25所，目前实施的思想政治教育管理体制多数是在党委的统一领导和部署下，通过校长及行政系统的运行来开展思想政治工作。实施这一体制的目的在于避免政治和业务"两张皮"的现象，但往往事与愿违，在实际工作中"两张皮"现象依旧存在，没有形成各大高校所希望的全员育人的工作格局。

数十年旧体制下形成的政治和业务"一手软、一手硬"的局面没有得到彻底改变，知识教育和思想政治教育本应相互结合、相互渗透而运行，但现实并非如此。一些专业教师也存在着只教书不育人的现象，究其根源，就在于各高校没有建立起真正的全员育人的思想政治工作的运行机制。

2. 北京市属高校的思想政治工作队伍建设机制存在不适应性

首先，随着北京市属各大高校学生的不断增加，学院（系）中从事思想政治工作的人员数量严重不足，素质参差不齐。其次，缺乏健全的思想政治干部的选拔机制，导致少部分高校政工干部没有工作积极性，缺乏责任感和使命感。再次，由于各高校竞争激烈，工作重点难免会转移到学校的建设和教师待遇的提高上，忽视了高校教师的教书育人作用，使得高校思想政治工作失去了载体，走向空心化边缘化。最后，滞后的工作方法和技术手段，已经很难解决学生的思想和心理问题。

3. 北京市属高校的思想政治工作的评价机制存在不适应性

受主客观因素的影响，北京市属各高校的思想政治工作普遍存在着评价指标过虚的问题，考核的指标体系缺乏科学性和可操作性，很少能按照实际进行考核。客观上来看，容易出现形式主义的倾向，主要原因在于思想政治工作的功效带有长期性和隐性的特征，在评价时不能很好地将效果与动机相结合，过程与结果相结合，一旦过于重视对过程的评价，就造成了形式主义；从主观上来看，对工作过程评价缺乏可行性论证，使工作一直停留在简单的经验重复上，导致无法形成科学的理论概括，难以对下一步工作提出新的要求。

**四、"三个倡导"指导下北京市高校思想政治工作机制创新**

从整体上看，北京市高校很多属于教育部直属高校，其学校建设资源、资金来源以及人事权关系等都来自国家教育部，相比其他地方的高校而言，具备更多的政策、资源、人才、资金、生源优势。北京市高校思想政治工作中的领导机制和队伍建设机制，由于权责关系、学科特色限制、思想政治教育方式和平台、新网络时代学生价值观的转变等因素影响，现有的思想政治工作机制不能真正地发挥实效。"三个倡导"作为新时代的社会主义核心价值观，是高校思想政治工作机制发展的理论指引，同时也是高校的立校之本、强校之路。为此可以从"三个倡导"理念出发，分别从厘清高校思想政治工作权责关系、创新现有高校思想政治工作方式和完善高校思想政治工作平台三个方面对北京市高校的思想政治工作机制进行顶层设计，以实现北京部属高校思想政治工作机制的创新。

（一）以"三个倡导"为依据，厘清高校思想政治工作权责关系

从当今高校发展形势上看，国家教育管理体制正在由中央向地方倾斜，中央权力正在逐步下放，这就使得高校的职责更为重大。北京高校自身发展虽具备更多的政策、资源、人才、资金、生源优势，但是也存在着与归口管理部门之间的更为复杂的权责关系。"三个倡导"所倡导的民主、平等、公正和法治的观念，可以作为高校权责关系划分的一个重要依据，进而厘清高校权责关系，进一步完善高校思想政治工作的领导机制。

第一，"三个倡导"中的"民主"启示北京市高校在进行思想政治工作时应明确工作对象的权利、意愿和要求，针对高校学生进行民主调查，采取适合当代大学生的思想政治工作机制。

第二，"三个倡导"中的"平等"启示北京市高校在具备很多教育优势的前提下应承担更多的责任和义务，将其高校自身思想政治工作机制的有益成果进行宣传，辅助更多的市属高校进行思想政治工作机制的改革和创新。

第三，"三个倡导"中的"公正"启示北京市高校在积极响应国家、教育部等相关部门的政策，遵循归口部门管理的同时也应强化高校主体和各个学院间的权利和责任，坚持完善以校长及行政系统为主的思想政治工作领导机制。

第四，"三个倡导"中的"法治"启示北京市高校在进行思想政治工作机制创新时应通过具体制度规定明确高校教师、学生以及管理人员的职责关系，通过政策制度的实施保障高校思想政治工作的顺利进行和发展。

（二）以"三个倡导"为手段，创新高校思想政治工作方式

制约北京市高校思想政治工作成败的关键因素是高校教师队伍以及学生的接受度。"三个倡导"作为当代国家、社会、个人的价值观念，其价值观的传递在无形中可形成一种效应，进而升华高校思想政治工作理念。因此将"三个倡导"理念作为创新高校思想政治工作方式的手段可形成相互作用力，促进社会、学校、教师、学生形成四方合力以创新和提升高校思想政治工作方式。为此可以从以下三个方面入手。

首先，加强北京部属高校思想政治工作队伍素质建设。针对具有鲜明学科特色（比如中央戏剧学院）以及以理工科为主的高校思想政治工作应主要从提高思想政治老师数量和质量方面入手，引进具备相关人文社科以及思想政治教育背景的教师开展思想政治教学工作。

其次，借鉴北京交通大学的思想政治育人模式，创新高校思想政治的第一、二课程教育，将学生思想政治教育与素质教育、心理健康教育、就业指导教育、社会热点话题教育、兴趣爱好教育结合起来，根据当代学生的实际需求发展第一思想政治课程教育。

再次，拓展学生的课外实践，形成高校实践基地和相应的实践团队，针对不同的学生群体实施不同的实践方式，以此提升第二课堂教育的辅助作用。

（三）以"三个倡导"为主题，完善高校思想政治工作平台

当代随着网络信息的发展，更多的社会群体正通过这一高效自由的方式诠释社会价值观。北京市高校思想政治工作机制应改变传统、单向传播的思想政治教育方式，通过不同的高校思想政治工作平台提升高校思想政治工作机制的实效。

首先，"三个倡导"所倡导的价值观理念可以作为北京市高校思想政治工作的主题方向，通过不同方式、不同角度的解读，完善高校思想政治工作平台。为此，可针对"三个倡导"中的不同价值观开展与其对应的主题教育，利用网络新形式，调动全校师生开展整体联动的主题教育活动，根据不同群体开展不同教育主题，并通过分解主题教育目标，实现校园文化氛围的提升。

其次，应适应网络时代发展的趋势，适时更新高校思想政治教育内容，同时，通过校园网建设、学校微博、微信、校园 SNS、思想政治教育 BBS 系统等多种渠道加强北京市高校思想政治工作机制的平台建设。

此外，应采取学生喜闻乐见的内容及方式，在把握网络舆论引导的正确方向下通过互动提升高校思想政治工作平台的传播力、影响力和创新力。北京市高校思想政治工作机制创新应该以"三个倡导"为基础，在"三个倡导"的指导下，建立起校园的核心价值观，为各大高校开展思想政治教育工作提供思想基础。

（四）创新北京市属高校思想政治工作的运作机制

完善的思想政治工作运作机制包括思想政治工作的启动机制、教育机制和渗透机制。思想政治工作的启动机制要求各大高校在领导方式上要以"三个倡导"为指导，树立正确的运作理念，即党建、思想政治和行政"三位一体"的运作模式，建立起全员、全程、全方位育人的新格局；思想政治工作的教育机制要求各大高校的师生推进自我教育、相互教育，将政治导向、理想信念、道德情操、法纪约束以及文化陶冶有效地结合到一起，构建起强大的工作网络；完善的渗透机制要求各大高校在开展思想政治工作时，逐级开展，使之渗透到

学校的教学、管理、服务等工作的各个环节。

（五）创新北京市属高校思想政治工作的队伍建设机制

结合北京市属高校的人事制度改革，努力建设一支信念坚定、业务精湛的思想政治工作队伍，逐步形成能进能出、择优上岗、可持续发展的队伍建设机制。首先，建立健全各高校思想政治工作专项资金投入的保障机制，有效提升高校政工干部的待遇，提高其工作的积极性；其次，建立各大高校的师德践行制度与考核制度，充分发挥高校专业课教师"育人"的作用；最后，积极改进思想政治工作队伍的培训制度，提升高校政工的业务水平，建设一支高素质的政工队伍。

（六）创新北京市属高校思想政治工作的考核激励机制

构建公正、合理、科学的思想政治工作考核体系，是客观、有效地开展各大高校思想政治工作的前提。考核指标的确定，要以北京市属各高校的任务和学生的成长规律为依据，必须强调工作的效率与效益，既不能急功近利，也要考虑长远效果，把考核与激励相结合，建立一套完整的思想政治工作的激励机制，充分调动广大教师教书育人的积极性和主动性，还要建立起以育人成才为目标的学生激励机制，以适应教育改革的需要，科学地进行学生综合测评，建立起有助于学生个性发展的激励机制。无论是教师还是学生都以"三个倡导"严格要求自己，这样一来，考核与激励机制双管齐下，考核为开展思想政治工作提出他律要求，而激励为开展思想政治工作提供自律的可能，创新北京市属高校的考核激励机制为思想政治工作注入动力。

## 第三节　天津市高校思想政治工作机制创新

### 一、天津市高校思想政治工作机制现状

社会主义的核心价值观提出"三个倡导"："倡导富强、民主、文明、和谐，倡导自由、平等、公正、法治，倡导爱国、敬业、诚信、友善。""三个倡导"的提出不仅有力地推动了社会主义核心价值体系建设和文化强国战略的实施，而且也将高校思想政治教育工作推向一个新的层面。从另一个角度来讲，作为思想政治工作主阵地的高等教育机构，应该以"三个倡导"的提出为契机，紧紧抓住党和国家思想政治发展的新脉络，不断突破高校思想政治工作的新机制，

以实践来践行"三个倡导",将高校思想政治教育推向一个新的高地。

(一)天津市高校数量及分类

天津市作为我国四大直辖市之一,其经济、政治、文化发展成就在全国名列前茅,这与其拥有丰富的教育资源是分不开的。天津市目前共有普通高校44所,其中,本科院校18所,高职院校26所,另有独立学院10所。在校生38.8万人,其中研究生3.1万人,本科生21.2万人,高职生14.5万人。根据《2013—2014中国大学及学科专业评价报告》的数据分析,天津市教育实力在大陆31个省(自治区、直辖市)中排名第十,其拥有"985"高校两所,分别是南开大学和天津大学;"211"高校四所,分别是南开大学、天津大学、河北工业大学和天津医科大学。同时,天津本科高校以工学类占多,文理类次之,仅有南开大学一所综合类院校(见表4-4)。

表4-4 天津各本科类高校属性分类

| 分类 | 数量 | 名称 |
| --- | --- | --- |
| 综合类 | 1所 | 南开大学 |
| 工学类 | 6所 | 天津大学、天津工业大学、天津理工大学、天津民航大学、天津科技大学、天津城市建设学院 |
| 医学类 | 2所 | 天津医科大学、天津中医药大学 |
| 文理类 | 4所 | 天津外国语大学、天津师范大学、天津财经大学、天津农学院 |
| 艺术类 | 2所 | 天津美术学院、天津音乐学院 |
| 体育类 | 1所 | 天津体育学院 |

天津市本科院校承载了该市最优质的各项教育资源,也是高校思想政治教育工作及研究的主阵地。但是,由于学校属性不同,各高校的思想政治教育工作的着力点也不尽相同。

(二)天津市工学类高校思想政治教育工作现状分析

天津市作为我国第四大工业基地,其雄厚的工业实力与该地丰富的工学类高校的科研实力是分不开的。天津市的工科类院校的学生身上不仅具有现代大学生的共性特征,还在长久的专业知识的熏陶过程中形成了一系列个性特征,如理性、注重现实、机械化等,这些个性也为此类高校思想政治教育工作带来了挑战,集中表现在以下两个方面。

一方面,学生思想政治意识淡薄,没能引起足够重视。工科类大学生学习知识更加注重现实性。在他们看来,只有现实的、摸得着的东西才有学习研究的价值,他们讨厌形式主义和空想主义,更加热衷于自然科学,对社会学科基本不感兴趣。因此,对思想政治方面更是淡然冷漠,在他们的意识观念里,认为自己只要有素质、有道德、不违法就是政治觉悟高的表现,因此他们对学校的思想政治教育工作漠不关心,对思想政治学习也没有很大的兴趣和热情。

另一方面,一些学校思想政治工作形式单一,没有形成很好的思想政治教育氛围。工科类院校思想政治活动单调,学生的参与意识不强,也没能激发学生参与其中的热情,因此思想政治教育的目的也很难达到。

(三) 文理类院校的思想政治工作现状分析

天津市工科类高校的实力强,但是文理类高校的实力也不容小觑,仅本科就有4所文理类院校,在高职院校及独立院校中也有许多以文理类为主的院校。这些学校在思想政治教育中具有独特的优势,他们也是天津市高校思想政治教育及研究工作的主力。这几所高校在思想政治教育方面突出存在的问题表现在以下两个方面。

一方面,思想政治教育以抽象的理论灌输为主,实践性不强。文理类的学生偏于感性,且思维跳跃,想象力丰富,对文字的理解能力强,他们对知识的理解往往是抽象的,很难将具体知识与生活实践相结合。但是天津市的此类院校在思想政治教育教学过程中并没能克服这一劣势,以理论研究学习为主,鲜有付诸实践。

另一方面,思想政治教育研究工作范围狭隘,没有形成一定的研究规模。在文理类院校中思想政治教育的研究工作主要在文法学院或者是马克思主义学院,其他各学院鲜有涉及,这在某种程度上也阻碍了学科之间的串联,加大了思想政治研究的深度和宽度。并且,由于思想政治教育专业的就业率相对较低,极大地影响了学生的专业研究热情。

(四) 医学类院校的思想政治教育工作现状分析

当今社会医患矛盾已逐渐成了社会的主要矛盾之一,医患关系愈加紧张,医患纠纷日趋频繁。天津市的医学类院校在进行思想政治教育工作中把重点放在了医德教育上,以贴近生活、贴近学生为思想政治教育的原则。虽然出发点是好的,但是在实际工作中仍存在不足。

天津市医学类院校的思想政治教育工作具有局限性,仅仅把思想政治工作的重点放在医德上,学生也仅能片面地了解思想政治内容,并不能及时且充分地学习了解到世界主流思想动态以及国家政治发展状况。

(五)艺术类院校思想政治教育工作的现状分析

艺术类院校思想政治工作一直是高校思想政治工作的一大难点。由于艺术生普遍文化课成绩不高,再加上学生思想活跃,理想信念意识淡薄,组织性纪律性差,同时他们以自我为中心,缺乏集体观念和团队合作意识,这在某种程度上加大了思想政治教育工作的难度。天津市的艺术类高校在思想政治教育工作中方式和手段过于传统,并没有抓住艺术生的个性,管理效果欠佳。

**二、天津市高校思想政治教育工作的特色**

随着天津各项事业的发展,天津市的各高校在传承了该市良好的学运历史的同时,对学生的思想政治工作也给予高度重视。天津市结合社会大变革背景环境与高等教育改革的时代要求,实事求是,一切从实际出发,结合天津市的现实情况在高校思想政治教育实践中形成了独具特色的"天津模式"。

(一)天津市高校思想政治教育网络化发展

天津建设的教育科研宽带网,是各省市中最大的拥有自主产权的教育专用网,且天津"北方教育"网站也已成为各省市中最大的教育门户网站。至2002年8月,天津市22所高校全部建立了思想政治工作网站,实现了市委教卫工委和市教委提出的创建网站,抢占网络阵地,构筑全市高校思想政治教育和德育工作的新平台的目标。其次,天津市各高校也积极地研发思想教育软件,引导、培养大学生的兴趣。并且天津市各高校充分发挥大学生的特长,组织他们参与开发更多的政治教育软件,逐步扩大多媒体软件教育的范围和内容,通过图文并茂、形象生动的多媒体教育手段,吸引大学生积极参加、接受各项教育,入耳入脑,打牢思想根基,也使大学生在积极参与中接受教育。

例如,天津大学建立了"红色网站",将思想政治教育与学生党建、素质培养等结合起来,已经形成了较为完善的网络思想政治教育体系,并且该网站也成为天津大学开展思想政治教育工作的前沿阵地与关键平台。

(二)天津高校思想政治教育工作具有很强的针对性

我们知道高校虽然说主要是以大学生为主体,但是大学生也分为本科生、研究生、国防生、毕业生等,他们的人生观不同,那么对他们的思想政治教育的目标也不同。天津市各高校在大学生的思想政治教育工作上准确地把握了普遍性和特殊性原则,以下从三个方面具体分析。

第一,针对高校毕业生的思想政治教育工作。当前社会就业形势严峻,而即将走进工作岗位的毕业生们面对就业、择业不免迷茫恐惧。天津市各高校从人才培养的战略角度出发，进行了一系列针对毕业生就业的思想政治教育工作，他们出新招、出高招、出实招，着力于"四个加强"，充分发挥思想政治教育在就业工作中的引导和促进作用。各高校通过思想政治教育来加强毕业生的理想信念教育，加强对就业政策的引导与学习以及对学生的创新创业教育，希望能给即将就业的毕业生带来思想意识上的帮助。譬如天津大学为该校的毕业生聘请创业导师来为学生引路，也常常邀请创业精英为学生指导创业迷津，学校团委也开设了"青年论坛"，邀请知名企业家、权威机构从业人士来校讲座，和学生分享创业的成功经验，就创业政策、创业思维、创业技能等问题和学生进行面对面交流。

第二，针对研究生的思想政治教育工作。研究生群体具有集中时间少、自我意识强、价值观念也趋于成熟的特点，因此高校就不能用对本科生进行思想政治教育的方式来教育研究生。天津市的各高校在对研究生进行思想政治教育时紧紧抓住了他们的特点充分发挥了研究生的主体作用，形成了"点、线、面"相结合的全方位、立体式自我教育模式，扩大了思想政治教育的覆盖面，增强了思想政治教育的实效性。

第三，针对国防生的思想政治教育工作。国防生是一群比较特殊的大学生，他们的思想政治教育工作的重点是培育国防生"忠诚于党，热爱人民，报效国家，献身使命，崇尚荣誉"的当代革命军人的核心价值观。自十八大以来，天津各高校以"三个倡导"为指导积极地在高校国防生群体中进行社会主义核心价值观教育，培养国防生的军人气质与责任感。例如，南开大学与天津大学的国防生每年都会召开类似培育当代革命军人核心价值观的活动。

### 三、"三个倡导"视域下天津市高校思想政治教育改革方向

以"三个倡导"为核心的社会主义核心价值观是社会转型期社会各方面发展改革的行动指南。因此，其为高校思想政治教育工作的发展指明了方向，如何在"三个倡导"的指引下将高校思想政治教育往纵深发展也成为天津市各高校思想政治工作面临的新的挑战。

（一）以"三个倡导"为行为导向

将"三个倡导"全面渗透于学生的日常行为规范中，在实践中强化社会主义核心价值观的思想政治教育作用。天津市各高校应该对学生的日常行为规范，以及为人处世、学习生活态度等进行监督指导，让学生从生活中的点滴小事做起，从细节处学习和践行"三个倡导"。另一方面，高校应该结合"三个倡导"

的思想要求，结合各个学校的具体情况来开展具有针对性和目的性的思想政治教育实践活动，以"三个倡导"的精神内核为指导，深化学生对社会主义核心价值观的理解与认识。

（二）以"三个倡导"为行动载体

天津各高校未来应该以"三个倡导"作为思想政治理论教育的载体，向学生深入贯彻社会主义核心价值观的政治意识。"三个倡导"提出的"富强、民主、文明、和谐，自由、平等、公正、法治，爱国、敬业、诚信、友善"这24个字是当今社会的主流政治思想，也是国家、社会、个人的精神支柱。因此，高校思想政治理论教育还应该开设针对社会主义核心价值观的理论教育课堂，深刻学习"三个倡导"的理论知识，增强社会主义意识形态的吸引力，激发大学生的积极性和创造性，使"三个倡导"思想真正地融入国民教育的全过程。

（三）以"三个倡导"作为校园文化建设标准

将"三个倡导"融入高校的校园文化建设中，增强社会主义核心价值体系的感染力和信服力。校园文化是一个学校办学传统、管理水平、校风学风的综合体现，包括浓厚的学术氛围、丰富的文化生活、和谐的人际关系、科学进步的价值理念等，是激励和劝勉师生奋发向上的精神动力。良好的校园文化氛围能够让学生在潜移默化中受到熏陶。因此，天津市各高校应该将社会主义核心价值观自然地融入校园文化中，用充满活力的、富有特色的校园文化作为践行"三个倡导"核心思想，加强和改进大学生思想政治教育，全面提高大学生综合素质的一项重要工作内容。

## 第四节　河北省高校思想政治工作机制创新

### 一、引言

高校作为为国家输送人才的重要基地，处于社会思潮最前沿。高校传统、老化的教育机制难以适应思想政治工作的新局面，机制创新势在必行。"三个倡导"共24字，是社会主义核心价值观的新概括，为高校思想政治工作机制创新提供了一种新思路。本节以河北省为研究对象，分类对河北高校思想政治工作机制进行分析，进而以燕山大学"红色旋律"活动为案例进行分析，最后基于"三个倡导"的视域，探索河北高校思想政治工作机制创新。

"三个倡导"由党的十八大报告提出,"倡导富强、民主、文明、和谐,倡导自由、平等、公正、法治,倡导爱国、敬业、诚信、友善,积极培育社会主义核心价值观"。这可浓缩为24个字,并从国家、社会和个人三个层次理解:"富强、民主、文明、和谐"从国家角度阐述我国经济、政治、文化、社会建设等方面的目标;"自由、平等、公正、法制"从社会角度出发,强调社会公平、正义及自由、法制;"爱国、敬业、诚信、友善"是对国民道德行为的要求,体现了作为国人该具有的基本素质。三个层次,层次分明,各有侧重,又相互联系,相互贯通。

高校思想政治工作机制涵盖了高校开展思想政治工作时涉及的各相关要素,并基于这些要素形成了一个复杂系统。高校思想政治工作机制是高校开展思想政治教育的保障,机制是否良性运转,决定了高校思想政治工作是否能正常展开。以"三个倡导"指导高校思想政治工作机制创新,并未否定原有高校思想政治工作的成就,而是为高校思想政治工作机制创新提供了一种新思路。"三个倡导"精练地概括了社会主义核心价值观,基于"三个倡导"创新高校思想政治工作机制是新时代背景下的必然选择。

## 二、河北高校思想政治工作现状分析

河北省共有高校118所,其中本科院校(包括公办、民办本科以及独立学院)58所,专科院校(包括公办、民办专科)60所(见图4-1)。与其他省相比,河北高校水平较低,高校发展相对落后。据《2013—2014中国大学及学科专业评价报告》的数据分析,河北省教育实力在大陆31个省(自治区、直辖市)中排名17,分数为65.86,且河北省鲜有在全国知名的高校,整个河北省没有"985"院校,"211"院校只有1所——河北工业大学,且学校所在地在天津。由于学校类型、学科性质等方面的差异,不同类型的高校、不同学科性质的高校思想政治教育现状不同,应分别分析。

### (一)河北本科院校思想政治工作分析

本科院校若详细划分,可分为综合类、理工类、农林类、医学类、政法类、艺术类、师范类、军事类、民族类等多种类型。为方便起见,此处按学科类别分类,将高校分为理工类高校和文法类高校两种,分别做出分析。

1. 河北文法类高校思想政治工作分析

总体来看,河北省文科专业发展好于理工专业。以2008年为例,河北省共有84个本科专业,其中文科专业约占52%,为43个,河北省文科院校发展相

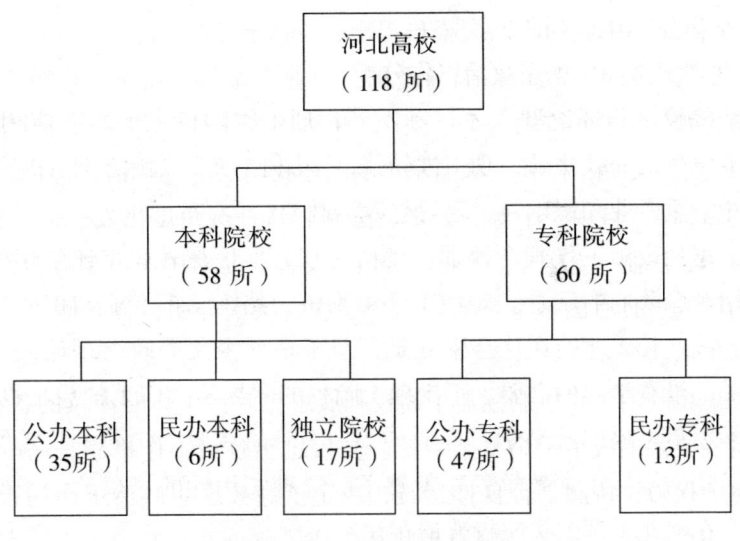

图4-1 河北省高校状况图

（资料来源：中国高校之窗）

对较好。高校学生具备一些共同特征，如思维敏捷、敢于创新、积极进取，同时也有一些共同缺点，如意志不坚定、价值观不明确、功利思想的存在等。文科学生在具备这些共同点的同时，还各自具备一些自身特点，这些特点同时也是文法类高校开展思想政治工作的难点。文法类高校开展思想政治工作有以下困难和问题。

首先，理论灌输过多，与实践脱节。文科理论性过强，很少有实践性的课程，主要是以上课的方式，由老师给学生灌输，这种枯燥的学习方式很难让学生感兴趣。受此影响，文法类高校思想政治工作也多采取理论灌输的方法，思想政治工作多局限于书本之中。

其次，文科就业率低，学生压力大，增大了进行思想政治工作的难度。以2011年度为例，2011年河北省应届毕业生就业率为91.23%，其中，工科类专业如机械、材料、生物工程等就业率都在90%以上，而文法类专业，如文史、农学等就业率要低很多，尤其是医学专业，就业率更是在60%以下。这种情况下，学生难免会有压力，因此文法类高校更有必要开展思想政治工作。

再次，文法类院校学生更易受外来思潮侵蚀。与工科学生相比，文科学生人文素养程度更高。人文社科观点多样，没有标准化的观点，因而文科学生思维活跃，对事物的看法也不同。文科学生思想前卫，接触外来思潮的机会多，缺乏判断力，更易受外来思潮侵蚀。因而在文法类高校开展基于马列主义的思想政治工作，仅对文科学生进行马列思潮灌输，学生很难听进去，这也是文法类高校开展思想政治工作的难点所在。

2. 河北理工类高校思想政治工作分析

与文法院校培养理论型人才目标不同，理工类院校主要培养应用型人才，更注重培养学生的一技之长，现实性较强，"功利主义"充斥于理工院校的思想政治工作中，重专业知识学习，轻思想政治教育。

首先，思想政治工作理念薄弱。工科院校，不论是教职工还是学生，都存在思想政治观念薄弱的问题。对理工学生来讲，熟练掌握专业知识才是最重要的，有了一技之长，才能在社会中立足，至于马列主义等政治理论，与专业知识毫不相关，没有学习的必要。不少理工院校的领导及教职工的想法也是这样，他们认为学生最主要的就是学习专业知识，至于思想政治工作，只需管理好学生的日常活动，维持正常教学秩序就够了。这种实用性的思想政治工作理念和管理方式，在河北省理工类院校普遍存在。

其次，思想政治辅导员缺乏专业素质。理工类院校的思想政治辅导员，为更好辅导理工专业学生，在掌握良好的思想政治理论素养的同时，还需掌握一定理工专业知识。就目前来看，理工类院校的辅导员大都不是理工专业出身。因此，辅导员只能解决学生生活中的问题，而学习方面的问题，由于涉及专业知识，往往无能为力。因此学生认为，辅导员只会"夸夸而谈"，与学生没有共同语言，辅导员也很难展开思想政治教育工作。

(二) 河北专科院校思想政治工作分析

河北省共有专科院校75所，其中公办性质的占78.7%，共59所，民办性质的占22.3%，共16所。专科主要培养技术型人才，与本科理工院校相似，大专院校也存在思想政治工作理念薄弱，"功利主义"以及思想政治教育队伍建设薄弱等问题，甚至比本科理工院校情况更糟。专科院校，不论是办学规模还是教职工福利，与本科院校相比，都要差很多，对优秀的思想政治工作者缺乏吸引力，因而大专院校的思想政治工作状况更糟，思想政治工作人员水平低、思想政治教育队伍力量弱等问题大量存在。此外，大专院校的思想政治工作还有其特殊性：大专院校生源质量总体来讲比本科院校低，学生在行为习惯、学习能力、思想状况等方面素质较差，因而开展思想政治工作的难度更大。

(三) 河北高校思想政治教育理论课开设情况

组织学生系统学习思想政治理论课是当前我国高校开展思想政治教育的最主要的方法，因此，思想政治课的教学质量对学生能否形成正确的价值观、人生观有重要影响。众所周知，我国当前思想政治理论课的教学质量有待提高，河北省也不例外。河北省高校的思想政治理论课，采用的是教育部统一规定的四本教材，如何将这四本教材的内容更好地教给学生是当前河北高校思想政治理论授课中的难题。河北高校一些老师采用理论教学的方法（即老师在讲台上讲，学生在下面听的方法），这种纯理论的、"填鸭式"的教学方式很难引起学生兴趣，反而会使学生反感。另外，由于高校思想政治理论课教师数量不足，只能将好几个班级聚到一起进行教学，每次授课都会有上百名学生，这种"大课"教学的方式，使教学质量大打折扣。此外，各高校还开设一门"形势与政策"的课程，但是对这门课程的内容、授课方式等，都没有明确规定，也没有特定教材，对于结课要求，大多也是随便写点作业，草草了事，这种松散的管理方式很难保证教学质量。

### 三、河北高校思想政治工作机制创新典型案例介绍

（一）燕山大学"红色旋律"活动

燕山大学是一所以工科为主的学校，但在思想政治工作机制创新方面积极探索，形成了一套极具特色的思想政治教育机制——"红色旋律"。"红色旋律"是河北省燕山大学开展的一种极具特色的高校思想政治工作方式，该项目主要由燕山大学马克思主义学院负责，并由燕山大学团委以及燕山大学里仁学院协助展开。该项目自2010年开始实施，经过多年发展，已成为燕山大学思想政治工作中一种广受欢迎的手段，在弘扬社会主旋律，树立社会主义核心价值观方面起到了积极作用。曾获得过教育部校园文化建设一等奖，因而选取这一活动为案例进行分析。

1. "红色旋律"的开展背景

在信息化、全球化背景下，多种文化在校园间进行着激烈的交流与碰撞。在多种文化间的碰撞中，如何让社会主义文化占据主导地位，成为思想主流，是我国各个高校思想政治工作必须考虑的问题。在这种背景下，燕山大学开始实施"红色旋律"项目，基于"弘扬社会主义核心价值观、弘扬社会主旋律"的宗旨，开展了多种以"红色"为主题的校园活动，包括"红色旋律"讲坛、"红色旋律"书屋、"红色影苑"等。

2. "红色旋律"的实施形式与过程

"红色旋律"系列活动开始于2010年，刚开始的活动包括"红色讲坛""红色论坛""红歌""红色旋律""红色网络"以及"红色考察"等系列。后经几次调整，一些活动不再举行，同时又新增了其他形式。目前，"红色旋律"

主要通过以下几种形式展开（见图4-2）。

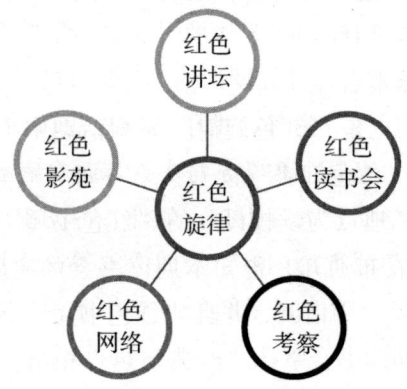

图4-2 "红色旋律"的开展形式图

（1）"红色旋律"讲坛

这是最主要的活动形式，采用"讲坛"的形式，学生与老师直接进行交流。"讲坛"通常选取一些社会热点问题以及学生感兴趣的话题，并结合思想政治理论，由在该领域有深入研究的教师进行讲述，并设有学生提问环节。"红色讲坛"的作用在于：首先，丰富学生文化生活；其次，讨论社会热点问题，激发学生思考，解答学生疑惑；再次，弘扬社会主义核心价值观，弘扬主旋律。"红色讲坛"的举办时间和地点是固定的：每月第二周和第四周周四晚上19点30分，在燕山大学东、西校区轮流举办，并由本科社团——马克思主义研究会负责相关的宣传、组织工作。"红色讲坛"第一期开始于2010年6月，截至2018年3月，已成功举办126期。

（2）"红色旋律"影苑

"红色影苑"也是"红色旋律"系列中较早展开的一项活动。"红色影苑"本着"教育性与观赏性相统一""思想性与艺术性相融合"的原则，选取一些有教育意义、反映社会主义核心价值观、弘扬社会主旋律的影片，定期组织学生观看，并有专职老师组织观影以及观后讨论活动，帮助学生牢记历史，培养学生爱国主义精神，树立社会主义核心价值观。与"红色讲坛"相比，"红色影苑"的开展时间和频率经历过两次变动：2011年3月，燕山大学"红色影苑"第一次举办，此后每两周举办一期；2012年4月，第17期"红色影苑"改版，改版后每月举办一次；2013年4月，第24期"红色影苑"再次改版，活动流程发生改变，并保持到现在。每个月前三周周五晚，组织学生观看经典影片，第四周由老师组织学生进行影片鉴赏，具体来说，前30分钟为经典光影赏析，回顾前三周观看过的影片的经典片段；后 60 分钟时间是名师讲述精华，由老师基于思想政治理论做真实、透彻的解读；最后 20 分钟师生交流。截至 2018 年 3 月，"红色影苑"共举办了 180 期。

(3) "红色旋律"读书会

"红色旋律"读书会也是"红色旋律"系列活动中重要的一种活动开展方式，2011 年 3 月 30 日，"红色旋律"读书会第一期开始举行，受到了学生的欢迎。此后每月举办一次，地点为学校设立的"红色书屋"。每期读书会举办前，会在学校以及学院官网发布通知，告知本期读书会的主题，并推荐参考书目，参考书目可在"红色书屋"中借阅，并且"红色书屋"每周白天都向全校师生开放，供师生阅读。每期读书会坚持"经典与热点相结合"的原则，通过"圆桌讨论"的形式，由 2~3 名教师组织学生讨论本期主题，并向学生推荐和介绍相关书籍，以培育学生爱国主义精神和正确的人生观、价值观。截至 2018 年 4 月，"红色书屋"已举办 79 期。值得一提的是，"红色旋律"读书会在 2012 年底，获得过教育部高校校园文化建设一等奖，各个媒体争相报道，赢得了广泛好评。

(4) "红色旋律"网络

网络时代的到来，一方面使高校学生更易受到外来思想的侵蚀，另一方面也为高校思想政治工作的开展提供了便利。燕山大学紧跟网络潮流，积极探索高校思想政治工作的新方法，在网络建设方面成绩斐然："红色旋律"官方网站（http://redmelody.ysu.edu.cn/index.asp）已经建成并投入使用，"红色旋律"系列活动的举办消息都会在网站及时发布，同时也会发布历次"红色旋律"活动的全程录像，使不在现场的学生也能了解现场信息；开通了"红色旋律"博客（http://blog.sina.com.cn/ysumyh）以及师生互动 QQ 群，让学生与老师在一个和谐、自由、民主的空间里敞开心扉，相互交流。

(5) "红色旋律"社会考察

为使高校师生更好地接受爱国主义教育，从 2008 年开始，燕山大学本着"理论性与实践性相结合"的原则，组织全体思想政治教师以及部分学生，利用暑假的时间到各革命根据地和革命老区参观考察。通过回顾过去，使师生接受思想上的洗礼，提高高校思想政治工作者的政治素质，培育师生的艰苦奋斗精神和爱国主义精神。

(二) 河北科技大学的"好人进校园"和志愿服务活动

河北科技大学思想政治教育创新紧紧抓住将社会主义核心价值观融入思想

政治教育全过程这一主题，建设起了河北科技大学思想政治教育创新载体——"好人进校园"和思想政治教育志愿服务活动。

"好人进校园"和志愿服务活动是河北科技大学创新思想政治教育工作的两个品牌项目。多年的教育实践案例证实，在二者独立即可很好地承担思想政治教育工作的前提下，二者的有机结合更好地解决了思想政治教育中知与行的问题，尤其是活动中学生主体地位的凸显，使学生在思想政治教育活动中由被动变主动，积极行动起来自觉完成由知入行、由行证知、知行合一的思想政治教育过程，达到了自我教育、自我提升的良性循环。

"中国好人进校园"是河北科技大学从2009年开始着力开展的一项创新思想政治教育工作，通过邀请"中国好人"到校访问、座谈，弘扬社会正能量，使大学生在与道德楷模的接触中不断得到教育和启发，从而树立正确的世界观、人生观和价值观，在学生中和社会上引起了很大的反响。"中国好人进校园"活动的组织者和实施者主要是学生，活动根据思想政治教育需要和学生思想发展规律，紧密结合时政热点，学校领导、老师协助规划指导，学生负责具体联络实施，每年邀请一位以上在全国或地区具有影响力的道德模范作为"中国好人"来校讲座指导，并聘请他们为学生成长导师，对学生成长进行指导，学生同样也成为活动开展的最大受益者。学生在老师的指导下自主完成活动的每一个环节，包括前期策划、讨论实施、发出邀请、沟通接洽、宣传报道、组织座谈讲座、后续服务等步骤，学生在这一过程中分析问题和解决问题的能力不断增强，组织协调能力进一步提升，在榜样的不断指导下专业技能和服务能力、服务水平也在不断提高。学生在与道德榜样的长期接触中，不断聆听他们的先进事迹，感受他们的行为魅力，在一次次的心灵震撼和思想触动中不断树立正确的人生价值取向，达到思想上的升华。

志愿服务活动是河北科技大学一直以来深入开展的一项学生活动，目前学校共有学生志愿者9000多人，志愿服务基地130个，志愿服务内容涵盖社区服务、公益活动、帮助孤残、乡村支教等，成为学生接触社会、奉献爱心、完成自我教育和自我提升的良好平台，受到了社会、媒体的广泛关注和普遍赞誉。从组织"好人进校园"弘扬社会正能量，到自觉开展志愿服务践行社会主义核心价值观，思想政治教育由主体灌输向学生积极争取、自我提升、主动完善转变，使90后大学生在实践中明是非、懂事理，并以自己的明辨力、行动力和感召力抵消了人们的质疑、担忧和误解，以实际行动向世人交上了一份满意的青春答卷。

## （三）河北大学微电影教学法

高校思想政治理论课教学的新载体——河北大学微电影教学法的实施源于 2013 年暑期的实践教学。到 2015 年，教师就已经指导学生完成了 700 多部作品。这些微电影种类繁多，题材丰富，思想性强，反映了大学生的精神风貌、对信仰的追求和对社会主义核心价值观的理解，反映了大学生对中国社会、文化发展过程中的重大现实问题的关注与思考，取得了较好的教学效果和社会反响。对学生而言，微电影教学激发了兴趣，提升了实效。思想政治课成为大学生真心喜欢的课，成为大学生终身受益的课。对教师而言，微电影教学创新了载体，拓展了路径，广大思想政治课教师具备强烈的爱岗敬业精神，为了提升育人质量都在兢兢业业进行教学改革，教改创新之花开遍全国。大胆创新教学载体，积极拓宽教学改革新路径是必然选择。微电影教学作为一种新载体，将教学的科学性与微电影的艺术性及学生的参与性有机统一，大学生在新颖愉悦的活动中素养得到全面的提升，社会主义核心价值观教育更接地气，因而是值得推广的教学范式。对高校而言，微电影教学塑造了品牌，扩大了影响，微电影发展符合国家文化大发展的趋势与潮流，特别是微电影的"三微"特点，便于大学生参与并提高其创新能力、实践能力，河北大学微电影教学为增强思想政治课的针对性和实效性提供了有益启示，也产生了较为广泛的影响，是提升思想政治课育人质量的新路径。

## （四）河北师范大学的"行知课堂"

河北师范大学以构建"行知课堂"作为思想政治理论课改革的突破口，旨在实现知行统一和师生共育。"行知课堂"是该校 2015 年思想政治理论课教学改革的模式，是"真知课堂"和"行走课堂"的综合与贯通。"真知课堂"以解决学生的深层问题为重点，从问题导入，着眼于增强理论说服力。"行走课堂"以"关注国情、服务社会、学会创新、提高素质"为主题，从社会调查研究入手，引导学生关注社会和国情，增强学生的历史使命感与社会责任感。两个课堂相互依存、相辅相成。"真知课堂"为"行走课堂"的深入开展提供理论基础和方法论支持，"行走课堂"为"真知课堂"的深入开展提供实践基础和问题源支撑，二者结合成为"行知课堂"，"行知课堂"的构建为提高思想政治理论课教学实效性做出了有益探索。

"行知课堂"的基本目的就是解决知识传授与学生需求不对接的问题、解决师生情感不共鸣的问题、解决知与行不统一的问题。"行知课堂"教学改革，实现了思想政治理论课各门课程之间的融通、"真知课堂"与"行走课堂"的融通、教师与学生的思想情感融通。在这个过程中，教师有收获，学生在成长，真正实现了师生共育。

实施"行知课堂"教学实践改革的成效如下。

一方面，提升了教师的教学科研能力和水平。"行知课堂"教学模式改革对教师提出了更高的要求，需要教师具有良好的师德、先进的教学理念和高水平的科研能力作为支撑。首先，教师必须理解尊重关爱学生，与学生建立良好的师生关系。所谓"亲其师，信其道"，良好的师生关系有利于课堂上更好地产生情感共鸣。其次，教师要不断更新教育理念，不断提升科研能力，努力加强对思想政治理论课所涉及的重大理论问题的研究，用高水平的科研成果去支撑高水平的教学，真正解决理论"进头脑"的问题，既要有扎实的马克思主义理论功底，又要有将知识转化为方法的能力。通过构建"行知课堂"的实践，教师们在各方面都得到了不同程度的提升。参与实践改革的教师说："'行知课堂'让我深深地体会到作为一名老师要使学生有所成长，老师就要先成长。活动中我掌握了第一手资料，弥补了课堂上单纯理论的讲解，提高了我自己分析问题、解决问题的能力，实现了理论和实践的结合，使今后教学内容更好地贴近学生。"

另一方面，提高了学生的能力和综合素质。建立在师生间平等互动基础上的"行知课堂"使学生受益良多。首先，增强了学习的主动性。学生参与"行知课堂"的最大收获，是在感慨"书到用时方恨少"的同时，开始积极思考应该学习什么，怎么学习。其次，挖掘了自身潜能。学生从选题、查阅整理资料、设计调查问卷、访谈、构思调研报告框架、写作成文、反复修改，经历了焦虑、苦闷、煎熬等多重困难，但分析和解决问题的能力、社会沟通交往能力、组织能力、合作能力、口头表达和书面写作能力都得到了提高，巨大的潜力被挖掘出来。再次，培育了创新精神。教师设计的社会实践题目较为宽泛，有些同学结合自己的兴趣和专业自选了题目，比如，有历史文化学院的同学结合自己的专业，以《基层文物保护的毁灭性困境调查》为题，写出了2万字的调研报告，获得"挑战杯"2015年河北省大学生科技创新竞赛一等奖。最后，提高了责任意识。同学在调研过程中真正发现了问题，加深了对家乡的感情，在分析解决问题过程中开始志愿服务家乡。

（五）河北农业大学"1234"模式

基于创新人才培养需要，河北农业大学思想政治理论课教学部经过多年实践，探索出了基于创新人才培养的高校思想政治理论课实践教学模式——河北农业大学思想政治理论课"1234"实践教学模式。该模式遵循教育教学规律和大学生成长规律,使实践教学活动围绕"一个中心",即创新人才培养;结合"两类教学",即思想政治理论课课堂教学和创新创业教育;抓好"三个互动",即师生互动、生生互动、校企互动;搭建"四个平台",即课堂实践、校园实践、社会实践、网络实践四个多层次、立体化、全方位的实践教学平台,形成相互联系、密不可分的教学有机体,旨在提高大学生勇于探索的创新精神和善于解决问题的实践能力,提升其在实践中理解和运用马克思主义理论的应用能力。河北农业大学思想政治理论课教学部教师坚持理论联系实际的原则,遵循实践——认识——再实践——再认识的认识线路,将该模式运用到教学实践中,经过实践检验,取得了以下成效:实现了思想政治理论课教学同党在新时期的路线方针政策的紧密结合,促进了教学科研和教学团队建设,提高了思想政治理论课教学的针对性和实效性。

(六)河北经贸大学大学生网络思想政治教育工作

为适应网络信息时代的飞速发展,河北经贸大学积极拓展大学生思想教育的网络渠道和网络空间,着力加强和改进网络思想政治教育工作的方式和方法,主要开展了以下六个方面的工作。一是充分利用校园网平台,打造学生思想政治教育主题网站——"仰望星空"网站。该校领导对大学生网络思想政治教育工作十分重视,并给予了大力支持,多次开展专题讨论研究这项工作,经校领导研究决定,该校开始创建大学生思想政治主题网站。经过两个多月的紧张筹备,于2009年建成了网站,当时主管学生工作的校领导亲自给网站命名为"仰望星空"。该网站开始运行于2009年10月,2010年12月正式开通,网站始终坚持以学生为本,贴近实际、贴近生活、贴近学生,努力提高思想政治教育的针对性、实效性和吸引力、感染力;始终坚持育人为本、德育为先,把人才培养作为根本任务,以理想信念教育为核心,以爱国主义教育为重点,以思想道德建设为基础,高扬时代的主旋律,把思想政治教育摆在首要位置;始终坚持教育与自我教育相结合,在这一网站平台上,既充分发挥科学理论的教育引导作用,又充分调动大学生参与的积极性和主动性,引导大学生自我教育、自我管理、自我服务;始终坚持解决思想问题与解决实际问题相结合,既讲大道理又要办实事,既以理服人又以情感人,以鲜活的事实打动人,以咨询和交流的方式感染人,切实增强了思想政治教育的实际效果。二是利用网络及时迅速和便捷等优势,多角度广泛开展网上心理导航和在线咨询活动,及时回答大学生在学习生活中遇到的各种问题,架起了师生之间的"连心桥"。三是学校鼓励辅导员开设博客，实现了师生间交流沟通的"随时、随地、零距离"。四是与传统教育方式相结合，深入开展"中华魂""中国梦""社会主义核心价值观"等主题教育活动，弘扬健康向上的主旋律。五是与学生军事技能训练、大学生军事理论课堂教学相结合，深入开展网上的国防教育活动，激发学生的爱国热情，树立科学的国家安全观、民族安全观。六是与学生就业创业能力培养教育相融合，搭建学生求职择业的网络平台，解决学生求职择业中的实际问题。

（七）河北北方学院"融入式"思想政治教育模式

河北北方学院法政学院高度重视大学生思想政治工作，始终将培养有高度社会责任感与创新实践能力的高素质人才作为首要任务。在2013年实施的"学知识、长能力、开视野、修素养"四位一体育人模式的基础上，于2014—2015年在思想政治工作中，全面实施"融入式思想政治教育"。此工作模式面向全体大学生，基于专业且贯穿人才培养的全过程，不仅有利于促进大学生思想政治素质的提高，还有利于促进其成长成才，为思想政治工作的创新提供有益的借鉴。近年来，河北北方学院法政学院根据"社会主义核心价值体系建设"的新要求和新任务，着力打造"融入式思想政治教育"，并将其贯穿于学生教育管理工作的各个方面，积极打造人文法政、行知法政、书香法政、活力法政及故事法政等"五个法政"，着眼于提高学生的综合素质，实现"人文精神、科学素养与创新能力的统一"，全面搭建育人平台并付诸实践。人文情怀融入思想政治教育，打造"人文法政"。社会认知能力的提升融入思想政治教育，打造"行知法政"。思维能力的训练融入思想政治教育，打造"书香法政"。身心的健康发展融入思想政治教育，打造"活力法政"。正能量的传承融入思想政治教育，打造"故事法政"。学院在探索融入式大学生思想政治教育实践的过程中，构建了"12368"教育体系，即坚持"1个理念"：潜移默化育人理念；强化"2个培育"：人文情怀与社会认知能力培育；健全"3个机制"：全员、全程、全方位育人机制；打造"6个教育平台"：人文情怀培育、认知能力培养、思维能力提升、身心健康发展、正能量弘扬和网络思想政治教育平台；涵盖"8项内容"：马克思主义基本理论、核心价值观、中共党史与国际共运史、中华优秀传统文化、民主与法制、道德与文明、张家口地方史和河北北方学院校史。此体系注重思想政治教育的针对性、前瞻性、整体性和协同性，强调思想政治教育工作的路径创新和制度保障。

## 四、"三个倡导"视域下的河北高校思想政治工作机制创新——基于"红色旋律"的案例分析

信息时代的到来为西方敌对势力给我国青年学生灌输西方价值观,"西化"高校学生,扰乱我国社会秩序提供了可乘之机。因此,我国迫切需要用社会主义价值观来与其对抗。"三个倡导"短短24字,精练地概括了我国的社会主义核心价值观,使社会主义价值观不再虚无缥缈,开始变得具体化、大众化,更容易被人们理解和接受,为社会主义意识形态建设提供了价值标尺,对处于西方意识形态的诱惑和侵蚀下的高校学生的思想起引导和标杆作用,坚定了学生的社会主义价值观,是对西方价值观冲击的有力回应。

### (一)坚持以"三个倡导"为指引,大力推进思想政治教育教学创新

传统的"填鸭式"、纯理论灌输式的思想政治教育方式已不适应时代要求,难以发挥作用,并引起了学生反感。纵观西方国家,很少直接向学生以抽象的方式灌输价值观,而是以一种隐性的方式,通过多样化的方式在学生日常的学习、生活中,潜移默化地进行价值观教育,这些经验值得我们借鉴。"红色旋律"活动紧跟思想潮流,将"三个倡导"理念运用到高校思想政治工作中,通过"红色讲坛""红色读书会"等多种形式,在学生中宣扬"三个倡导",相对于理论灌输,这种形式效果更好(见表4-5、表4-6)。

表4-5 "红色讲坛"中的"三个倡导"

| 期号 | 举办时间 | 主讲内容 | 简介 |
| --- | --- | --- | --- |
| 第40期 | 2012-11-15 | 乘风破浪正当时:党的十八大精神解读 | 回顾风雨同舟的艰难岁月,沿着坚定不移的中国特色社会主义道路,把握机遇,迎接挑战。让我们一起解读十八大精神,一起走向十八大,走向新的起点 |
| 第42期 | 2012-12-13 | 走进十八大——2012"红色旋律"岁末回眸 | 回首2012,"红色旋律"在成长中创新,在自我中升华,挥手告别不平凡的2012,我们对即将迈入的2013更加期待,期待十八大之后更加繁荣美好的明天 |

续表

| 期号 | 举办时间 | 主讲内容 | 简介 |
|---|---|---|---|
| 第 43 期 | 2013-03-21 | 从十八大到两会——托举"中国梦" | 中国进入一个飞速发展的时期,同时中国正面临着前所未有的机遇和挑战。我们登上了世界大舞台,就已经种下了中国梦的种子,然而现实与梦想之间并不总是吻合的,在实现中国梦的道路上有许多现实的荆棘与坎坷,我们在面对新形势新机遇时,该如何理解,怎样奋斗? 从中国梦到中国行,面对重重艰险,中国梦将何去何从 |
| 第 48 期 | 2013-06-06 | 致中国终将迎来的青春——历史和文化视野中的"道路自信" | 道路,关乎党的命脉,关乎国家前途、民族命运和人民幸福。在改革发展的关键时期,我们如何"既不走封闭僵化的老路、也不走改旗易帜的邪路",如何坚定地走中国特色社会主义道路 |
| 第 62 期 | 2014-5-8 | 纠结与幸福——重塑我们的价值观 | 党的十八大提出"三个倡导"的 24 字社会主义核心价值观,与中国特色社会主义发展要求相契合,与中华优秀传统文化和人类文明优秀成果相承接,是我们党凝聚全党全社会价值共识作出的重要论断。如果经济发展水平是一个国家的脸面和躯体,治理水平是一个国家的内部生理系统,那么价值观、财富观、幸福观则是一个民族的精神与灵魂 |

表 4-6  "红色读书会"中的"三个倡导"

| 期号 | 举办时间 | 读书会主题 | 主题简介 |
|---|---|---|---|
| 第 3 期 | 2011-05-25 | 寻找中国人的精神家园 | 夜里前行,信仰是一盏明亮的烛光;疲惫中坚强,信仰是一种振奋的力量;执着地追寻自由与正义,社会转型期,我们如何重建信仰、重拾渴望? 孔子、佛祖、马克思……,我们应该相信谁? 如何让共产主义在人们心中绽放最明亮的希望 |

续表

| 期号 | 举办时间 | 读书会主题 | 主题简介 |
|---|---|---|---|
| 第7期 | 2011-11-16 | 中国社会的"信仰危机"与重建 | 信仰是什么?我们为何需要信仰?中国人信仰的是什么?现在社会是否存在"信仰危机"?马克思主义信仰与宗教信仰究竟有何不同?社会转型期的中国如何重建信仰 |
| 第8期 | 2011-12-21 | 从《红岩》的故事看信仰的力量 | 江姐、小萝卜头、双枪老太婆……这些人物依然鲜活,红岩村、渣滓洞、白公馆……这些地方依然熟知。是什么力量让英雄们愿意把牢底坐穿?红梅傲霜雪,只因心中有信仰。信仰的力量,让生命怒放出绚烂;信仰的力量,让软弱走向坚强 |
| 第20期 | 2013-06-26 | 超越左与右——当代中国社会思潮辨析 | 当今中国存在哪些社会思潮?它们的合理之处与不当之处在哪里?中国如何在纷繁复杂的社会思潮中凝聚力量,达成共识?大学生如何在扑朔迷离的社会思潮中把握正确方向 |
| 第23期 | 2013-11-13 | 共产主义是"乌托邦"吗? | 如何理解共产主义的本真含义?作为信仰,共产主义与宗教到底有何区别?共产主义是一种"乌托邦"吗?如果不是,在资本主义全球化的今天,该如何保卫马克思思想的科学性 |
| 第28期 | 2014-06-25 | 庆祝建党93周年:地平线上的曙光——读李大钊《我的马克思主义观》 | 中国为什么需要马克思主义,马克思主义怎样传入中国,李大钊为何转变成为一个马克思主义者,他对马克思主义有怎样的理解和认识,他的思想和行动对中国共产党的成立有何影响,他的经历对今天大学生的价值选择、信仰树立有什么启示 |

今后,"红色旋律"中"红色讲坛"和"红色影苑"要继续常态化举办下去,通过"红色讲坛"和"红色读书会",向学生宣扬"三个倡导",引导学生形成正确价值观。同时要利用当今便捷的计算机技术和网络技术,做好对"三

个倡导"的宣传工作，例如，制作一些相关海报，扩大"红色旋律"官方网站以及官方博客的影响力，通过师生互动 QQ 群，向学生阐释"三个倡导"，深化学生对"三个倡导"的理解等。

（二）以"三个倡导"为标准，大力提升教育忠诚度，建立起高素质师资队伍

思想政治工作的开展离不开一支高素质的思想政治队伍，他们是高校开展思想政治工作的直接组织者，创新河北高校思想政治工作机制，搞好队伍建设是前提。"红色旋律"由燕山大学马克思主义学院负责，同时燕山大学校团委和燕山大学里仁学院协助展开，由学生社团——燕山大学马克思主义研究会负责具体组织工作，由具备丰富的思想政治理论和实践的教师参与和指导。"红色旋律"活动之所以能一直良性运转，与这支具备高素质的队伍密切相关。今后应该在"三个倡导"的指导下，继续强化队伍建设。

一方面，以"三个倡导"为指引，建立多方参与的思想政治工作管理方式。思想政治教育机制是一项复杂的系统工程，需要党、团、政、工以及学生共同参与，多方配合，共同推动高校思想政治工作机制改革。

另一方面，以"三个倡导"为指引，强化思想政治队伍的理论素养。首先，党委和团委，他们是思想政治工作的领导者，只有他们深入学习"三个倡导"，才能更好地组织整个高校的思想政治工作；其次是高校思想政治理论课授课人员，他们思想政治素质的高低直接决定了学生能否具备高水平的思想政治素养；最后，整个高校学生思想政治理论素养的提升离不开学生干部，尤其是党员干部的带头作用，因而高校学生干部也应基于"三个倡导"的指引，提高理论素养。

（三）融"三个倡导"于思想政治理论课教学内容中，实施思想政治理论课改革

河北高校要学会扬长避短，通过微信、微博、微电影、图片、视频等多样化的教学手段进行理论教学，并注重开展社会实践。另外，思想政治理论学习效果虽然不佳，但目前来看仍是最主要的思想政治教育方法，短期内很难改变。因此，有必要在"三个倡导"的指引下，重新对课程内容进行有侧重的调整，将"三个倡导"带入课堂中，引导学生学习。高校思想政治理论课程主要有四本教材，要通过这四本教材有侧重地进行"三个倡导"教育（见图4-3）。

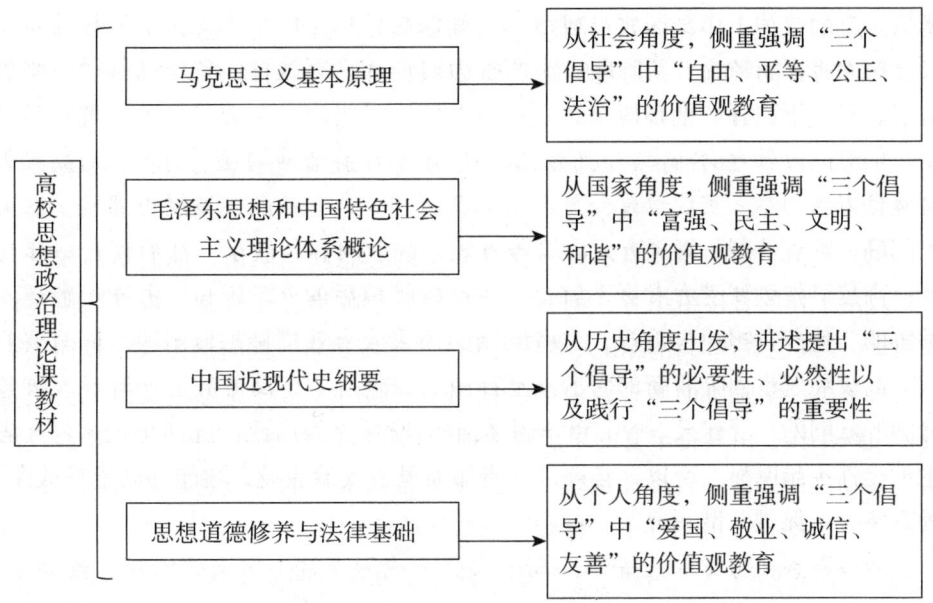

图 4-3 "三个倡导"指引下的高校思想政治理论课内容调整图

## 第五节 山西省高校思想政治工作机制创新

### 一、引言

高校思想政治工作关乎大学生思想状况和学校的健康发展,是高校各项工作的重中之重。积极探索高校思想政治工作的创新机制对我国高等教育的发展是极有益处的。"三个倡导"的提出对高校的思想政治工作机制提出了新的要求。通过分析"三个倡导"视域下山西省高校思想政治工作机制的现状和突出优势并提出其创新的思路,会对该省高校思想政治工作的发展产生积极影响。

党的十八大对社会主义核心价值观作出了概括,即"三个倡导":"倡导富强、民主、文明、和谐,倡导自由、平等、公正、法治,倡导爱国、敬业、诚信、友善。"本节结合"三个倡导",对山西省的高校思想政治工作展开了研究。"三个倡导"的提出,不仅为国家实现全面建成小康社会的宏伟目标提供了价值观导向,也为作为塑造大学生社会主义核心价值观重要阵地的高校思想政治教育工作提供了崭新的工作理念与研究视角。

思想政治工作历来是我党工作的重中之重,对于高校建设也是如此。总的来说，思想政治工作是深化高校改革、确保高校稳定的根本保证。高校改革发展面临着许多新情况、新问题。山西省为实现从高等教育大省向高等教育强省迈进，对高等教育调整布局结构、提高办学质量提出了新要求；人民群众日益增长的对高等教育的需求，高校内部师生员工日益增强的发展意识，对高等教育坚持以人为本、实现教育公平提出了新课题。全省各高校发展也遇到一些突出问题，管理体制、管理方式、培养方式、教学内容和教学方法有待进一步更新；高校科技创新潜力发掘不够；一些高校扩招后的办学定位、办学特色还不够鲜明，债务负担还很重等，这些问题必须采取有效措施加以解决。同时要看到，高校稳定也面临着新的考验。从高校自身情况看，高等教育国际化发展趋势和互联网的广泛普及，使广大师生接触的信息更为广泛，选择更加多样，思想的个性更趋明显。所以，必须进一步加强思想政治建设，才能不断推进改革，提升实力，促进和谐，确保稳定。

应该看到，与党中央提出的高校要努力成为"社会主义政治家、教育家"的要求相比，与新形势下高等教育改革发展的要求相比，与广大师生员工的期望相比，高校领导班子整体素质尤其是思想政治素质和领导能力还存在一定差距，有些问题还相当突出。这些问题，都迫切需要通过加强思想政治建设来解决。

**二、山西省高校思想政治工作机制现状**

山西省的高校共有86所。其中本科院校23所，专科院校48所，独立学院8所，民办高校7所。其中，本科院校中18所设有独立的马克思主义学院。这些高校的思想政治工作走在全省的前列。专科院校主要依靠其公共基础部，各院与各部下辖思想政治各学科教研室进行日常教学与研究，教研室一般为马克思主义基本原理、毛泽东思想和中国特色社会主义理论体系概论、中国近现代史纲要、形势与政策、思想道德修养与法律基础教研室。

领导机制是高校开展思想政治工作的关键环节，它关系着整个学校思想政治工作的规范性和稳定性。通过对山西高校进行相关调查发现，其中18所高校设置了马克思主义学院或者思想政治教育学院（思想政治理论课教研部），各专科院校和独立院校设置马克思主义学院的仅占少数。根据《中国共产党普通高校基层组织工作条例》的规定，按照《中华人民共和国高等教育法》的规定，高校可以根据实际情况，建立和规范内部管理体制。当前我国高校思想政治工作的运行机制主要是高校党委领导，行政（校长）负责，党政工团具体实施的运行机制。山西省高校中大部分院校都没有统一的管理体制，导致思想政治工作重点不突出，内容杂乱无章，缺乏系统性。

在思想政治工作的教育机制上，山西省高校普遍采用的是集中、大班的"两课"形式，课堂主要以授课教师为主导，学生在其中的主体性地位体现不明显；与其他省市高校思想政治工作存在经费不足与资源投入不够的情况一样，山西省高校思想政治工作的保障机制有待进一步增强。

山西省一共有高校86所，在校大学生近百万人，是高教大省。但是，其整体实力和综合排名并不靠前，国家重点学科、国家重点实验室、国家工程研究中心的数量以及获得国家级科研项目和重大奖项等方面差距较大；具有国际竞争力的学科带头人和高水平创新团队紧缺，全省高校拥有两院院士的也比较少；对学生创新精神和实践能力的培养亟待加强，等等。改变全省高等教育"大而不强"的现状，全面提高办学质量，办有特色、高水平的大学，迫切需要进一步加强思想政治建设，使高校领导干部通过更加深入持久的学习，进行新的战略思考，进一步转变办学理念，努力打造品牌和特色名校。

### 三、山西省高校思想政治工作机制存在的主要问题

山西省高校思想政治工作机制虽然已经取得长足的进步，产生了比较良好的社会影响力。但是，在现存的条件下，山西省高校思想政治工作机制依然存在着一些问题。

（一）高校思想政治工作机制领导机制不健全

山西省高校思想政治工作机制的领导机制还未在省内形成统一的标准和规范。其一，山西省高校思想政治工作还存在着不同院校标准不同的情况。这突出表现在各个院校大体都有自身的领导体系和机制，但良性的领导机制未能在全省的高校（尤其是重点高校）得到推广。其二，个别院校思想政治工作中的领导机制普遍存在"两层皮"现象，即本该由各高校党委与行政系统共同实施的思想教育领导机制，在实践中却普遍仅由党委来管理与组织思想政治工作。

（二）思想政治工作的开展受到多重阻力

山西省高校思想政治工作在实际的开展过程中，总会受到来自各方面的压力和阻力。首先，思想政治工作所针对的大学生主体不能充分认识该项工作的重要性，在对高校大学生进行思想政治教育的过程中（主要有课堂讲授和课外活动两方面），学生态度不够端正。对高校大学生的调查显示，部分大学生对于此项工作不能做到足够的重视，总认为这是一件无足轻重的事情，还有学生甚至认为，课堂学习的内容缺乏新意，不能真正学到有用的东西，学习这些还不

如学习更多专业知识。殊不知，思想政治教育对学生的综合素质的提升和凝聚力、向心力的提高有着重大作用。其次，部分校领导未能充分重视思想政治工作。个别校领导由于自身原因或体制原因，不把思想政治工作当作头等大事来办，他们认为学校的办学质量不是思想政治工作的水平能够决定得了的。当然，因为自身原因（如同事关系、晋升需要等）导致思想政治工作开展不到位的例子也不在少数。再者，个别教职工，尤其是任课教师，对思想政治教育工作总带有抵触情绪，觉得这项工作既浪费时间又不会出什么太大成绩。社会上的功利化思想蔓延到高校，使得个别教师产生了这种不良情绪。

**（三）学校重视和扶持力度不够**

在对山西省高校思想政治工作机制调研的过程中，我们充分地了解到：上级的支持力度会直接影响高校思想政治工作的质量。一个众所周知的情况是，部分专科高校和独立院校思想政治工作开展几乎是空白，机构设置不完善、工作开展不顺利、缺乏后勤保障等问题依然存在。这很大程度上是由于上级领导扶持（资金、政策）力度不够而造成的。

**四、山西省高校思想政治工作机制的创新机制**

"三个倡导"倡导的"富强、民主、文明、和谐，自由、平等、公正、法治，爱国、敬业、诚信、友善"理念，从国家、社会、个人层面分别指出了社会主义核心价值观对这三个主体的基本道德要求。山西省高校在创新高校思想政治工作机制中应坚持共性和个性结合，吸取各个高校工作机制的突出优势应用到整体，开展试点运行高校思想政治工作新机制，针对各个高校具体机制运行问题，对不同发展阶段的高校实行不同的发展对策。

**（一）加强顶层设计，以"三个倡导"统领高校思想政治工作机制建设**

山西省高校思想政治工作机制的创新应充分响应"三个倡导"的要求，以"三个倡导"统领山西省高校思想政治工作机制建设，进一步明确高校思想政治工作的导向和目标。在此基础上，重新设计山西省高校思想政治工作的领导机制、运行机制。在这一过程中，对那些走在前面的学校和形成特色的学校，要把其优势总结出来在全省予以推广。另外，由于各院校规模和条件有差别，在推广的过程中必须做到借鉴与创新。适合本校本部门的，要积极模仿与学习；不适应本校思想政治工作建设的，要将其改造。总之，以"三个倡导"统领山西省高校思想政治工作机制建设是现阶段的首要任务。

### (二) 加大思想政治工作扶持支持力度

这一方面首先体现在资金支持上。对于思想政治工作的先进单位，要对其发展给予更多的资金的支持，以此来推进该校思想政治工作的进一步发展和先进经验的普遍推广。另外，上级领导在政策上应给予正确的引导。上级部门的政策支持，可以使全省高校，尤其是思想政治工作发展落后的专科院校和独立院校，得到更好的发展。资金与政策必须协调起来，缺一不可。仅有大量资金的盲目投入显然是不可取的，这势必会浪费大量资源却不能收到良好效果。而仅有政策支持却无资金投入，这样的政策无疑又成了空头支票。该省高校思想政治工作的长远发展是与上级部门的态度密切相关的。

### (三) 打造有山西高校特色的思想政治工作模式

全国高校思想政治工作机制建设不可能千篇一律，山西省也是如此。在思想政治工作机制建设的过程中，我们免不了需要借鉴先进单位的做法，但是这并不意味着盲目地借鉴。山西省高校需要打造出属于自己的思想政治工作模式。这就要求个别高校带头在全省乃至全国形成自己的特色与优势，在长期的发展过程中，通过批判地吸收其他院校的经验来为我所用，直至打造出经典的山西高校思想政治工作模式。"试点"的作用往往是不容忽视的，中国的改革开放需要通过"试点"一步步地进行，山西高校的思想政治工作发展也需如此。

## 本章小结

本章分为五节，分别对内蒙古、北京、天津、河北、山西五省（市、自治区）高校的思想政治教育机制情况做了分析与论述。

内蒙古自治区高校思想政治工作有自己的突出优势，尤其是注重民族理论和民族政策的宣传教育，为建立和谐的民族关系打下了良好的基础，但也存在一些问题。基于此，内蒙古自治区高校思想政治工作机制创新要把握以下三点：把"三个倡导"与思想政治理论课堂深度融合，推进教学方式方法改革；把"三个倡导"融入高校校园文化建设当中，注重营造具有时代特征的高校文化；把"三个倡导"与网络思想政治工作相结合，加强网络文化建设和新媒体技术应用。

北京市是我国高校集中地，分为部属院校和市属院校。北京市部属院校大多是我国著名高校，在思想政治教育机制创新方面一直引领全国，但今后发展中也需要加强以下三点：以"三个倡导"为依据，厘清高校思想政治工作权责关系；以"三个倡导"为手段，创新高校思想政治工作方式；以"三个倡导"为主题，完善高校思想政治工作平台。从"三个倡导"的要求看，北京市属高校在思想政治机制方面，有突出的特点，也有需要改进的地方。构建北京市属高校思想政治工作的新机制，要以"三个倡导"为指导思想，适应新时代的需要，有计划、有步骤地完成对思想政治工作运行机制、队伍建设机制和考核激励机制的创新。

天津市高校思想政治教育工作在机制上具有以下特色：一是注重思想政治教育网络化平台建设与实施，所有高校全部建立了思想政治工作网站，并积极研发思想教育软件，大力推进高校思想政治教育网络化教学；二是注重思想政治教育的针对性，针对不同类型的学生采取不同教育教学方式方法，因材施教，取得了良好效果。今后天津高校思想政治教育工作机制创新要从三个方面去突破：以"三个倡导"为行为导向，以"三个倡导"为行动载体，以"三个倡导"作为校园文化建设标准。

河北省高校注重思想政治教育机制平台创新，特别是燕山大学形成了一个极具特色的思想政治教育机制——"红色旋律"，以"弘扬社会主义核心价值观、弘扬社会主旋律"为宗旨，将以"红色"为主题的校园活动与课堂教学紧密结合，取得了良好的教育教学效果。这一机制在河北省高校得到普遍推广，有力地推进了河北高校思想政治工作的机制创新。

山西省高校思想政治工作机制有较大进展，有自己特色，但也依然存在着一些问题。今后山西省高校思想政治工作机制创新要加强顶层设计，以"三个倡导"统领高校思想政治工作机制建设；要加大思想政治工作扶持力度，打造有山西高校特色的思想政治工作模式。

**【参考文献】**

[1] 李向阳，李慧. 内蒙古地区大学生社会主义核心价值观认知状况研究 [J]. 前沿，2016（12）：17-20.

[2] 潘宝红. 内蒙古大学生社会主义核心价值观认知认同情况的调查分析 [J]. 内蒙古师范大学学报（教育科学版），2017，30（6）：118-122，147.

[3] 朱颖原. 社会主义核心价值观研究 [D]. 太原：山西大学，2013.

[4] 纪杰. 教育公平视角下的我国"部属高校"政策审视 [J]. 理论导刊，2014，03：96-98.

[5] 万福义. 思想政治工作简明读本 [M]. 北京：人民出版社，2000.

[6] 王伟, 王秀云. 创新是思想政治工作生命力的源泉 [J]. 发展论坛, 2000 (9): 14-16.

[7] 时长江, 章清. 充分认识民办高校党建工作的必要性和特殊性 做好新时期民办高校党建工作 [J]. 思想理论教育导刊, 2005 (5): 61-63.

[8] 付小玲, 王洪欣, 陈国华. 关于增强高校思想政治工作实效性的思考 [J]. 中国高教研究, 2000 (12): 50-51.

[9] 创新育人模式着力推进大学生思想政治教育工作——北京交通大学贯彻落实中央16号文件实践探索 [J]. 思想教育研究, 2010 (2): 3-5.

[10] 朱文欣. 论民办高校学生的思想行为特点及德育新理念 [J]. 浙江工商大学学报, 2004 (4): 76-79.

[11] 马辉, 魏薇. 加强和改进高等学校教师思想政治工作的思考 [J]. 大连理工大学学报 (社会科学版), 2005 (1): 1-4.

[12] 佚名. 三个倡导塑造时代精神气质 [EB/OL]. 新华网, 2012-11-11.

[13] 魏东. 天津高校学生政治思想状况变化研究——以1992年和2002年天津高校学生思想状况为例 [D]. 北京: 首都师范大学, 2004.

[14] 王慧敏, 史兆光. 以社会主义核心价值观引领大学生思想政治教育模式构建 [J]. 经济研究导刊, 2014 (2): 122-123, 140.

[15] 李旭哲. "三个倡导"思想对于思想政治教育的启示 [J]. 现代商业, 2013 (23): 276-277.

[16] 中共中央关于构建社会主义和谐社会若干重大问题的决定 [N]. 人民日报, 2006-10-19.

[17] 王晓妹. 以社会主义核心价值体系引领大学生思想政治教育研究 [D]. 南昌: 南昌大学, 2010.

[18] 河北省2011年高校毕业生就业率达91.23% [EB/OL]. 河北新闻网, 2012-03-18.

[19] 范玉茹. 高校思想政治教育机制创新研究 [D]. 秦皇岛: 燕山大学, 2008.

[20] 王欣. 新形势下高校思想政治教育机制创新研究 [D]. 太原: 山西大学, 2011.

[21] 崔琴, 何金兰. 论法治理念视野下的高校思想政治教育机制构建 [J]. 湘潮 (下半月), 2011 (7): 15-16.

[22] 王辉, 解然. 大学生思想政治教育创新载体研究——以河北科技大学

为例[J]. 河北企业, 2015 (11): 113.

[23] 解然, 王辉. 大学生思想政治教育实施途径探索——以河北科技大学为例[J]. 河北企业, 2015 (10): 134.

[24] 柴素芳, 沙占华. 微电影: 高校思想政治理论课教学的新载体——以河北大学微电影教学法为例[J]. 思想教育研究, 2015 (10): 44-48.

[25] 赵小兰, 杨辉. 构建"行知课堂", 实现师生共育——以河北师范大学思想政治理论课教学改革为例[J]. 思想理论教育导刊, 2015 (12): 91-94.

[26] 张东洁, 马凤奎, 贾立平. 基于创新人才培养的高校思想政治理论课实践教学模式研究——以河北农业大学"1234"模式为例[J]. 河北农业大学学报(农林教育版), 2014, 16 (2): 57-60.

[27] 杨淑欣, 江秀君, 赵志川, 等. 利用互联网全天候、全方位开展大学生思想政治教育工作——河北经贸大学大学生网络思想政治教育工作调研报告[J]. 河北经贸大学学报(综合版), 2012, 12 (3): 97-100.

[28] 温一军, 回娅冬, 马艺丹. 再论融入式大学生思想政治教育模式的探索与实践——以河北北方学院法政学院为例[J]. 河北北方学院学报(社会科学版), 2016, 32 (6): 101-104.

[29] 温一军. "融入式"大学生思想政治教育模式探索与实践——以河北北方学院法政学院为例[J]. 河北北方学院学报(社会科学版), 2015, 31 (6): 93-96.

[30] 林正. 民办高校思想政治教育机制创新探析[J]. 学理论, 2012 (29): 239-240.

# 第五章

# 西北高校思想政治工作机制创新

## 第一节 陕西省高校思想政治工作机制创新

**一、陕西省高校思想政治工作概况**

本节首先简要介绍了陕西省高校思想政治工作的具体情况,然后分析了陕西高校政治工作机制中所形成的特色、存在的问题,并以"三个倡导"为指导,针对性地提出了相应的解决对策:改进教育方式与教学方法,把理论与实际相结合落到实处,改进高校思想政治工作方法,推进高校思想政治工作全面创新。

陕西省是我国拥有丰富高校资源的大省之一,其在高校思想政治工作上成效显著。但是在新的社会形势下,陕西省的高校思想政治工作存在一定的滞后性。尤其是"三个倡导"思想的提出,为高校思想政治工作提出了新的要求和挑战。

陕西省作为教育资源大省拥有着非常丰富的教育资源,其中普通高等学校81所,军事院校7所,独立学院12所,成人高等学校16所,民办高等教育机构以及中等职业学院共计284所。近年来随着国家形势的变化,这些高等院校不断加强思想政治工作在高校教育中的重要性,并在实践中不断取得进步与突破。

(一)思想政治理论学习工作

随着十八大的召开,全省各高校也随即开展了一系列以十八大精神为核心的思想政治学习工作,切实加强高校师生的思想道德建设,提高教师队伍的思想政治水平,着力构建和谐校园、文明校园,促进全省教育水平的持续健康发展。例如,西北政法大学提出要求全校师生以十八大精神武装自己,把理论学习转化为谋划学校发展的思路、促进发展的举措、领导发展的本领；并且还在学习思想政治理论的过程中要求全校师生执行个人自学、集体学习、调查研究、主题教育、学习考核等各项规定，以创新的方式，个性的内容提高理论学习的兴趣和效果。

（二）大学生思想政治教育工作

大学生思想政治工作是高校思想政治工作的核心。陕西各高校一直以来都将大学生的思想政治教育工作作为高校思想政治工作的重中之重，并且始终坚持将发扬"延安精神"、传承红色文化放在大学生思想政治教育的制高点，将国家革命、现代化建设、自身发展结合起来，培养大学生服务社会、奉献祖国的思想觉悟和政治使命感。为此，省教育厅提出了推动十八大精神"进教材、进课堂、进头脑"的思想，全省各高校围绕"中国梦"举办了一系列的主题教育活动。例如，西安电子科技大学为了帮助学生树立正确的价值观，提高政治思想觉悟水平，经常利用暑期组织学生赴革命老区追寻红色足迹，鼓励学生在社会实践中感受红色文化。

（三）思想政治文化建设工作

陕西各高校在思想政治工作方面还十分注重文化的建设，致力于推动高等学校去履行文化传承与创新的使命，将提高人才培养、促进内涵发展作为高校思想政治文化工作的首要目标。省委教工委、省教育厅提出《关于加强和推进大学文化建设的意见》，要求努力完善大学文化建设体系，增强高等学校德育工作的针对性和实效性。比如，陕西师范大学成立了马列理论读书社，自成立以来不断开展各种形式的理论学习和实践活动，提高了学生的素养，为我国培养了一批又一批具有高觉悟、高素质的人民教师。

（四）高校教师思想政治教育工作

自中宣部、教育部发布《关于加强和改进高校青年教师思想政治工作的若干意见》以来，陕西省结合本省高校实际，积极加强高校青年教师队伍建设，提升青年教师思想政治素质，促进青年教师全面发展，引导广大青年教师为实现中华民族伟大复兴的中国梦贡献力量。陕西省教育厅提出，要切实加强青年教师思想政治教育引导工作，大力加强青年教师师德师风建设，充分发挥基层党组织在青年教师思想政治工作中的作用。陕西省各高校积极落实上级部门意见，结合自身实际认真研究制定各自进一步加强和改进青年教师思想政治工作的具体措施，并将贯彻落实情况及时报告省委高教工委。

**二、陕西省高校思想政治工作的特色**

陕西省作为高校资源大省，一直将思想政治教育工作作为高校教育的核心。近几年来，随着工作的深入，其在高校思想政治工作方面也取得了卓著成果，各高校在思想政治实践的过程中也逐步摸索出了自己的工作特色。

（一）"红色教育""延安精神"成为贯穿陕西省高校思想政治工作的主线

陕西省在高校思想政治教育上始终坚持以邓小平理论、"三个代表"重要思想、科学发展观中国特色社会主义为指导，把立德树人作为教育的根本任务，把传承和弘扬延安精神作为思想政治教育工作的重要内容且融入人才培养的全过程，深入推进延安精神进校园活动。陕西省充分利用本省红色文化和延安精神的绝对优势，在全省各高校积极开展一系列的红色教育活动，在青年学生中传承延安精神。一些高校还常常分期分批组织学生奔赴延安接受革命教育的洗礼。

陕西省在加强建设高校教育强省的过程中，始终将学习延安精神作为高校思想政治教育工作的主导方式，以革命的延安精神激励学生，以科学的延安精神指导学生，以以人为本的延安精神鼓舞学生，以乐观的延安精神塑造学生，以伟大的延安精神文化熏陶学生。各高校在进行红色教育的同时也积极地推进延安精神进校园工作，让延安精神薪火相传，永放时代光芒。

陕西省近几年来陆陆续续举办了多次高校思想政治工作交流会，高校之间相互交流，取长补短。会后，各高校通过形式多样的活动开展了党务工作，主抓思想政治建设。

（二）公立院校、民办高校、军事院校思想政治工作各具特点

陕西省作为我国高校资源大省，近几年来民办高校异军突起，不仅在数量上占有绝对优势，在质量上也位列全国民办高校的前列。民办高校在学生思想政治教育工作中更是主动结合了自身特点，开展了众多独具特色的思想政治活动。具体来讲，民办高校的生源质量普遍比公立院校稍弱一点，因此民办高校把对学生的理想信念教育作为思想政治教育工作的重点。公立院校思想政治教育的重点则在于对学生正确的人生观、价值观的培育上。

陕西省还具有非常丰富的军事院校资源，如第四军医大学、空军工程大学等，由于他们独特的属性，因此其在思想政治教育工作中独树一帜。思想政治建设在军校各项建设中处于首要地位，提高学员思想政治素质是军校教育的第

一要务，军事院校更是将思想政治教育工作的重点放在塑造学员良好个性，使令行禁止、整齐划一的原则和良好的个性结合，挖掘出人的最大潜能，将培养出具有中国特色的军人作为思想政治教育的首要课题。

(三) 传承"丝路精神"已经成为陕西省各高校思想政治工作的新方向

自2013年9月，习近平总书记提出构建"丝绸之路经济带"以来，作为丝绸之路起点的陕西省就开始紧锣密鼓地进行建构活动。2014年12月28日，国家统计局与省政府共同发起的中国（西安）丝绸之路研究院在西安财经学院举行揭牌仪式。2016年9月，西安文理学院深化人文交流，加速产业合作，在"第四届丝绸之路经济带城市圆桌会暨友好合作周"成功举办了中外古典音乐交流会，传承了丝路精神，弘扬了丝路文化。并组织师生共同观看丝绸之路国际电影节举办的优秀影片展，感受优秀电影的独特魅力。由陕西省教工委、陕西省教育厅、陕西省外宣办、陕西省外事办、陕西广播电视台联合主办的2017首届"陕西丝路国际大学生艺术节"正式启动。本次大学生艺术节提出"吸引力""革命创新""挖掘人才"三大要旨，活动形式由艺术类赛事、大学生艺术巡演、以国际大学生交流为主题的文艺演出、名人名家论坛讲座四大内容组成，成了让西安大学生热血沸腾的艺术盛宴。与此同时，陕西各高校也积极地传承和发展"丝绸之路"的精神内核，一步一个脚印，脚踏实地地建设和发展高校思想政治事业。

### 三、陕西省高校思想政治工作中存在的问题

在新的历史时期，随着市场经济、知识经济及思想政治教育自身的发展，高校思想政治工作的一些弊端也在逐渐地显露出来。

(一) 教育教学方式有待改进

陕西省部分高校思想政治教育方式和教学方法刻板僵硬，学生热情不高，教学效果欠佳。陕西省各高校根据教育部的要求，将马克思主义基本原理课、毛泽东思想、邓小平理论、"三个代表"重要思想概论课等五门课程列为高校教育必修课。但是在实际的教学过程中，高校老师往往以"填鸭式"的灌输方式为主，教学方式刻板单一，学生缺乏兴趣和热情，教学效果不佳，达不到应有的教学目的。

(二) 教育教学联系实际不够

陕西省部分高校思想政治教育存在理论与实际脱节的现象。陕西省在对高

校大学生进行思想政治教育的过程中主要是以理论教育的方式为主,然而对于新时期的大学生来讲,这些理论不免晦涩抽象,很难将其与学习生活挂钩。长此以往,学生很容易产生厌倦情绪,且思想政治教育也很容易流于形式,容易出现"假、大、空"的局面,以至教育的初衷无法实现。

### (三)教育教学效果有待提升

陕西省部分高校思想政治工作的工作效率还比较低下,无法牵住思想政治工作的鼻子。自20世纪70年代以来,思想政治教育日渐专业化、学科化,主体素质不断提高,专家化趋势明显,这实际上要求思想政治工作在思维方式、教育方式及其内容、主体素质等方面不断创新,从而为思想政治教育实现学科化提供实践上的支撑。另一方面,虽然陕西各高校都积极地开展一系列的思想政治教育活动,但是收效甚微,很多大学的思想政治活动往往仅是流于形式,并没有什么实质性的成果。

### (四)部分高校思想政治活动缺乏创新

高校思想政治活动缺乏创新,这不仅是陕西省高校思想政治教育存在的问题,也是全国高校在思想政治工作中存在的共性问题。众所周知,高校思想政治工作是造就创新型人才的基础性工作,但是高校思想政治工作长期以来一定程度上还存在着教育观念滞后、形式单一、内容僵化、效率低下等问题,这就很大程度上阻碍了高校思想政治工作的发挥。另一方面,新的历史时期高校思想政治工作面临新的任务及要求,这就意味着以往的思想政治工作在目标上需要调整,在手段方式上需要更新,在理论指导上也需要深化。

## 四、"三个倡导"视域下陕西高校思想政治工作的建议

高校思想政治工作是高校思想政治教育的一个重要组成部分,我们不仅应该把高校思想政治工作放在重要的地位,还应该认真反思具体实践过程中存在的问题。党的十八大报告从建设社会主义文化强国的战略高度,深刻论述了社会主义核心价值体系建设的重要意义和战略要求,并提出"倡导富强、民主、文明、和谐,倡导自由、平等、公正、法治,倡导爱国、敬业、诚信、友善",积极培育和践行社会主义核心价值观。"三个倡导"概念的提出为新时期高校思想政治工作提供了思想指导和发展方向。

### (一)基于"三个倡导",改进教育方式与教学方法

"三个倡导"要求陕西省改变高校思想政治理论教育的方式,为学生营造一个自由、公平的理论学习环境,以培养学生思想政治兴趣为目标,提高教学效

果。省高校在进行思想政治理论教学时,应该以新颖的方式向学生们讲授枯燥的理论知识,提高学生的学习兴趣。不能只追求课时数、工作量和考试成绩,而以"填鸭式"的老旧模式禁锢学生的思想,应该以头脑风暴的方式鼓励学生自由发言,让学生们在枯燥的理论学习中发现自己的学习热情。例如,以辩论赛、演讲赛等方式让学生们参与到课堂中来,并且自己在亲身实践中学会知识。

当前,我国教育面临着新情况、新形势,必须敢于面对机遇和挑战,注重新媒体、新技术的运用,多途径地完善教育模式,加强思想政治理论课精品课程建设,重视网络对于大学生的影响,发挥网络文化的宣传引导作用,进一步加强校园文化建设,努力营造一个健康向上、文明活泼的校园文化环境。转变教学思路,继续探索适合大学生的教育模式。根据社会发展和学生需求,让学生积极参加社会实践,加强理论与实践学习,并在检验成果的过程中继续提高。

(二)基于"三个倡导",把理论与实际相结合落到实处

"三个倡导"要求陕西省各高校在进行思想政治工作时应注重理论与实际相结合,培养学生爱国、敬业、诚信、友善的品格。思想政治工作不只是抽象的理论学习,还应该将理论与生活、工作相结合,用理论指导实践。陕西省各高校在思想政治工作中要将思想政治理论内容运用到日常的工作管理中,注重人文教育和个性教育的思想政治理念,更新教育内容,改进工作方法,提高政治觉悟,增强教学的效果,让学生们在抽象的理论学习中学到具象的文化知识,培养自身品格,塑造个人涵养。

(三)基于"三个倡导",改进高校思想政治工作方法

"三个倡导"要求改进高校思想政治工作的方法,提高陕西各高校思想政治工作的效率。高校思想政治工作不能仅仅停留在政治教育的层面上,还应该不断地探索出其他的方法,以提高大家的环保意识、职业道德感、创新意识、人文观念等,充分发挥高校思想政治工作的优势,为国家培养出一批批有理想、有目标的现代化接班人。

(四)基于"三个倡导",推进高校思想政治工作全面创新

陕西省的高校思想政治工作要进行全面的创新。一方面,陕西省高校思想政治工作必须确立以人为本的观念,注重人文教育与个性教育的结合,更新教育方法,改进教育内容,创新教育体制。另一方面,省各高校应该着重进行方法创新,将政治教育与成才教育相统一,将思想品质教育与人文精神的培养相统一,将审美教育与主旋律教育相统一,将思想政治教育与学生个性发展相统一。

## 第二节　宁夏回族自治区高校思想政治工作机制创新

### 一、引言

新时代背景下，高校传统、老化的教育机制难以适应思想政治工作的新局面，机制创新势在必行。宁夏回族自治区是我国五个自治区之一，既存在全国高校思想政治工作的共性问题，同时由于其民族性、宗教性的特点，思想政治工作也具有特殊性。"三个倡导"共24个字，是社会主义核心价值观的新概括。基于"三个倡导"视域研究宁夏高校思想政治工作，能对该地区高校思想政治工作改革提供理论支撑和信仰支持，能对宁夏高校思想政治工作机制创新起到积极作用。

"三个倡导"由党的十八大报告提出，即"倡导富强、民主、文明、和谐，倡导自由、平等、公正、法治，倡导爱国、敬业、诚信、友善，积极培育社会主义核心价值观"。"三个倡导"可浓缩为24个字，并从国家、社会和个人三个层次理解："富强、民主、文明、和谐"从国家角度阐述我国经济、政治、文化、社会建设等方面的目标；"自由、平等、公正、法治"从社会角度出发，强调社会公平、正义及自由、法治；"爱国、敬业、诚信、友善"是对国民道德行为的要求，体现了作为国人该具有的基本素质。三个层次，层次分明，各有侧重，又相互联系，相互贯通。

高校思想政治工作机制涵盖了高校开展思想政治工作时涉及的各相关要素，并基于这些要素形成了一个复杂系统。高校思想政治工作机制是高校开展思想政治教育的保障，机制是否良性运转，决定了高校思想政治工作能否正常展开。以"三个倡导"指导高校思想政治工作机制创新，并未否定原有高校思想政治工作的成就，反而为高校思想政治工作机制创新提供了一种新思路。"三个倡导"精练概括了社会主义核心价值观，基于"三个倡导"创新高校思想政治工作机制是新时代背景下的必然选择。

### 二、宁夏高校思想政治工作现状分析

宁夏回族自治区共有高校16所（见表5-1），其中本科院校8所（包括公办本科4所、民办本科2所以及独立学院2所），专科院校8所（8所院校全是公办性质），1所"211"院校（宁夏大学）。就全国来看，宁夏的教育实力居于下等水平，据《2013—2014中国大学及学科专业评价报告》的数据分析，宁夏

教育实力全国（不含港澳台）排名倒数第三（29名），分数为39.95，仅高于青海（36.93）和西藏（34.89），而排名第一的北京市分数高达100分。

表5-1 宁夏回族自治区高校名单

| 性质 | 高校名称 | 所在地 | 主管单位 | 类别 | 备注 |
| --- | --- | --- | --- | --- | --- |
| 公办本科 | 宁夏大学 | 银川 | 宁夏回族自治区 | 综合 | "211"工程大学 |
| | 北方民族大学 | 银川 | 国家民委 | 民族 | |
| | 宁夏医科大学 | 银川 | 宁夏回族自治区 | 医科 | |
| | 宁夏师范学院 | 固原 | 宁夏回族自治区 | 师范 | |
| 独立学院 | 宁夏大学新华学院 | 银川 | 宁夏教育厅 | 综合 | |
| | 中国矿业大学银川学院 | 银川 | 宁夏教育厅 | 理工 | |
| 民办本科 | 宁夏理工学院 | 石嘴山 | 宁夏教育厅 | 理工 | |
| | 银川能源学院 | 银川 | 宁夏教育厅 | 理工 | |
| 公办专科 | 宁夏民族职业技术学院 | 吴忠 | 宁夏回族自治区 | | |
| | 宁夏工商职业技术学院 | 银川 | | | |
| | 宁夏工业职业学院 | 银川 | | | |
| | 宁夏职业技术学院 | 银川 | | | |
| | 宁夏建设职业技术学院 | 银川 | | | |
| | 宁夏财经职业技术学院 | 银川 | | | |
| | 宁夏司法警官职业学院 | 银川 | | | |
| | 宁夏艺术职业学院 | 银川 | | | |

（一）宁夏高校思想政治机构建设状况

高校思想政治工作的开展需要一个健全而又完善的机构做支撑，我国的思想政治工作领导体制主要是以校长以及行政系统为主。宁夏回族自治区的各个高校也严格按照国家规定，实行的是校长领导，行政系统主要负责的运行机制。此外，高校政治理论课学习、马克思主义教育以及全校公共课教学是高校开展思想政治工作的重要手段，而这些工作主要由各高校的马克思主义学院或者与之相似的思想政治部承担，因此，有必要调查宁夏高校有无马克思主义学院或类似机构。

经统计，宁夏16所高校中，设立马克思主义学院的有2所，这2所高校都是公办本科；设立人文社科部或思想政治部的高校有10所，包括2所公办本科、2 所民办本科和 1 所独立学院以及 5 所公办专科，另有 3 所高校设立了教育系或者其他相关系部。此外，由于宁夏职业技术学院是 2014 年 4 月开始新建的，系部设置不完全，故未进行统计。统计情况见表 5-2。

表 5-2 宁夏高校思想政治工作相关院系设置情况

| 名称 | 马克思主义学院 | 人文社科部/思想政治部/思想政治理论课教学部 | 教育系/公共课教学部/其他 |
|---|---|---|---|
| 高校 | 宁夏大学、北方民族大学 | 宁夏医科大学、宁夏理工学院、宁夏师范学院、银川能源学院、中国矿业大学银川学院、宁夏工商职业技术学院、宁夏工业职业学院、宁夏建设职业技术学院、宁夏财经职业技术学院、宁夏司法警官职业学院、 | 宁夏大学新华学院、宁夏民族职业技术学院、宁夏职业技术学院 |
| 数量 | 2 所 | 10 所 | 3 所 |

（二）宁夏高校思想政治理论课教师队伍情况

思想政治理论课学习是高校开展思想政治工作的主要方式，高校思想政治理论课质量如何，教师起决定性作用。本次抽选了宁夏 8 所高校（4 所本科院校和 4 所专科院校）进行统计，统计结果如表 5-3：宁夏 8 所高校学生数量已经有近 10 万人，但思想政治理论课教师只有 197 人，总体师生比例为 1∶498，这远远达不到教育部的要求（教育部 2006 年要求的比例为 1∶350 ~ 1∶400），这 8 所学校中，只有宁夏理工学院（1∶285）和宁夏财经职业技术学院（1∶178）达标。在师资数量不够的情况下，只能采取"大班授课"的方法，一方面增加了思想政治理论课教师的负担，另一方面学生的听课质量也大打折扣。

表 5-3 宁夏高校思想政治工作部门教师队伍情况对比表 （单位：人）

| 学校名称 | 学生数量 | 思想政治理论课师生比 | 教职工总人数 | 职称 | | | 学历 | | |
|---|---|---|---|---|---|---|---|---|---|
| | | | | 教授 | 副教授 | 讲师及以下 | 博士 | 硕士 | 本科及以下 |
| 宁夏大学 | 22000 | 1∶500 | 42 | 4 | 21 | 17 | — | — | — |
| 北方民族大学 | 15000 | 1∶535 | 28 | 7 | 4 | 17 | 5 | 17 | 6 |
| 宁夏医科大学 | 27000 | 1∶640 | 42 | 9 | 12 | 21 | 3 | 27 | 12 |
| 宁夏理工学院 | 3700 | 1∶285 | 13 | 2 | — | 7 | | | |

续表

| 学校名称 | 学生数量 | 思想政治理论课师生比 | 教职工总人数 | 职称 | | | 学历 | | |
|---|---|---|---|---|---|---|---|---|---|
| | | | | 教授 | 副教授 | 讲师及以下 | 博士 | 硕士 | 本科及以下 |
| 中国矿业大学银川学院 | 10000 | 1∶769 | 13 | 0 | 2 | 11 | 0 | 8 | 5 |
| 宁夏工商职业技术学院 | 10998 | 1∶579 | 19 | 0 | 10 | 9 | — | — | — |
| 宁夏建设职业技术学院 | 6001 | 1∶500 | 12 | 0 | 3 | 9 | 0 | 3 | 9 |
| 宁夏财经职业技术学院 | 5000 | 1∶178 | 28 | 0 | 2 | 26 | 0 | 6 | 22 |
| 总计 | 99699 | 1∶498 | 197 | 22 | 58 | 117 | | | |

注："—"表示数据缺失。

### （三）宁夏高校思想政治教育理论课开设情况

组织学生系统学习思想政治理论课是当前我国高校开展思想政治教育的最主要的方法，因此，思想政治课的教学质量好坏，对学生能否形成正确的价值观、人生观有重要影响。众所周知，我国当前思想政治理论课的教学质量不高，宁夏也不例外。当前，宁夏高校的思想政治理论课，采用的是教育部统一规定的四本教材，如何将这四本教材的内容更好地教给学生是当前宁夏高校思想政治理论授课中的难题。当前宁夏高校普遍采用理论教学的方法，即老师在讲台上讲，学生在下面听的方法，这种纯理论的、"填鸭式"的教学方式很难引起学生兴趣，反而会使学生反感。另外，由于高校思想政治理论课教师数量不足，只能将好几个班级聚到一起进行教学，每次授课都会有上百名学生，这种大班教学的方式，使教学质量大打折扣。此外，各高校还开设一门名为"形势与政策"的课程，但是对这门课程的内容、授课方式等，都没有明确规定，也没有特定教材，对于结课要求，大多也是随便写论文，草草了事，这种松散的管理方式很难保证教学质量。

### （四）宁夏高校思想政治工作的鲜明特点：民族性和宗教性

宁夏回族自治区的高校，首先具备我国其他地区高校思想政治工作的一般特点，同时宁夏是我国少数民族聚居的地方，由于其民族性和宗教性，宁夏高校思想政治工作有其特殊性。首先是高校人才培养目标。除普通高校具备的培养目标外，宁夏高校的人才培养目标还包括：培养学生具备坚定的政治信仰，培养学生正确的民族观，培养学生积极献身民族事业的责任心；引导学生积极为少数民族地区的经济发展做出贡献；引导学生热爱少数民族文化，积极弘扬和发展少数民族文化等。其次是思想政治教育对象。宁夏回族自治区的高校存在不少少数民族学生，与汉族学生在心理状况、教育状况以及价值观等方面都存在较大差异。这些思想政治工作的特殊性是其他省（市）高校不存在的。

### 三、"三个倡导"视域下的宁夏高校思想政治工作机制创新

（一）"三个倡导"助推宁夏高校思想政治教育工作的开展

"三个倡导"短短24个字，精练地概括了我国的社会主义核心价值观，使社会主义核心价值观不再虚无缥缈，开始变得具体化、大众化，更容易被人们理解和接受，为社会主义意识形态建设提供了价值标尺，对处于西方意识形态的诱惑和侵蚀下的高校学生的思想起引导和标杆作用，坚定了学生的社会主义价值观，是对西方价值观冲击的有力回应。以"三个倡导"助推宁夏高校开展思想政治工作，就是在宁夏高校思想政治工作中坚持社会主义核心价值观，只有在高校思想政治教育工作中坚持"三个倡导"，才能培养学生正确的价值观，引导学校和学生朝正确的方向前进。

（二）"三个倡导"助推宁夏高校思想政治工作机制创新

一方面，要基于"三个倡导"，创新宁夏高校思想政治工作理念。思想政治工作的开展，离不开先进的工作理念的指引。"三个倡导"从国家、社会和个人的角度出发，阐述了我国的价值追求，是对社会主义核心价值观的精练总结。"三个倡导"的提出为宁夏高校开展思想政治教育工作提供了一种新的理念，是高校思想政治工作的明灯。创新宁夏高校思想政治工作理念，就是将"三个倡导"包含的价值观引入高校思想政治工作中，以"三个倡导"为价值准则开展思想政治工作。宁夏高校辅导员和理论课教师，要坚持以"三个倡导"的理念开展学生工作，根据学生实际情况，以学生为本，提高思想政治工作的效用。

另一方面，要基于"三个倡导"，创新宁夏高校思想政治工作方式。当前国内外形势都在快速发生变化，西方文化无时无刻不在冲击着高校学生的价值观，网络时代的到来，使高校学生的思想变得更加多样化、差别化，思想状况更加复杂；社会发展需要多种类型的人才，而当前高校统一规划的人才培养方法难以满足社会多样化的人才需求。纵观发达国家，很少直接向学生以抽象的方式灌输价值观，而是以一种隐性的方式，通过多样化的形式在学生日常的学习、生活中，潜移默化地进行价值观教育，这些经验值得我们借鉴。创新宁夏高校思想政治工作，要以"三个倡导"为指引，以高校学生为中心，以"趣味性与教育性相结合"为原则，选取高校学生感兴趣、易接受的手段，开展思想政治工作。同时

要利用当今便捷的计算机技术和网络技术,做好对"三个倡导"的宣传工作,例如,制作一些相关海报,通过高校官方网站以及博客、师生互动QQ群等方式,向学生阐释"三个倡导"理念,深化学生对"三个倡导"的理解。

(三)"三个倡导"助推宁夏高校思想政治理论课教学改革

传统的"填鸭式"、纯理论灌输式的思想政治教育方式已不适应时代要求,难以发挥作用。宁夏高校要扬长避短,通过图片、视频等多样化的手段进行理论教学,并注重开展社会实践。思想政治理论学习效果虽然不佳,但目前来看仍是最主要的思想政治教育方法,短期内很难改变。因此,有必要在"三个倡导"的指引下,重新对课程内容进行有侧重的调整,将"三个倡导"带入课堂中,引导学生学习。高校思想政治理论课程主要有四本教材,要通过这四本教材有侧重地进行"三个倡导"教育(见图5-1)。

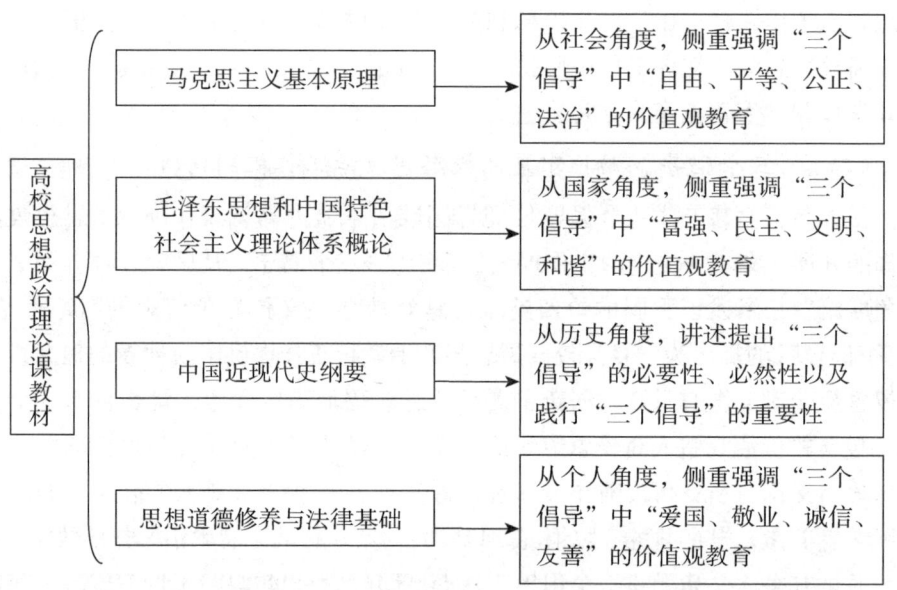

图5-1 "三个倡导"指引下的高校思想政治理论课内容调整图

此外,少数民族地区的特殊性要求宁夏高校思想政治理论课在教学内容上应进行改革,确保高校思想政治理论课学习适应其民族性和宗教性。具体而言,在"马克思主义基本原理"这一课程中,应该侧重讲解马克思的民族观和宗教观,通过解读民族问题,引导学生树立正确的民族观和宗教观;在"中国近现代史纲要"中,要从历史的角度出发,强调我国为何是一个统一的多民族国家,培养学生的爱国主义精神;在"毛泽东思想和中国特色社会主义理论体系概论"

课程中,要更多地解读新中国成立后毛泽东等人及中央政府关于民族自治的政策和相关理论;"思想道德修养与法律基础"课程可以对我国少数民族的传统优良美德做出介绍,并从法律的角度解读当前的民族区域自治政策;"形势与政策"以及"当代世界经济与政治"则可以通过案例教学的方式,让学生了解当前的民族问题,理解我国的民族政策。

(四)"三个倡导"助推宁夏高校思想政治工作队伍建设

思想政治工作的开展离不开一支高素质的思想政治队伍,他们是高校开展思想政治工作的直接组织者,创新宁夏高校思想政治工作机制,搞好队伍建设是前提。

首先,思想政治教育机制是一项复杂的系统工程,需要党、团、政、工以及学生共同参与,多方配合,共同推动高校思想政治工作机制改革。要以"三个倡导"为指引,建立多方参与、互有分工而又协调一致的思想政治工作管理方式。

其次,以"三个倡导"为指引,强化思想政治队伍的理论素养。一是党委和团委,他们是思想政治工作的领导者,只有他们先深入学习了"三个倡导",才能更好地组织整个高校的思想政治工作。二是高校辅导员思想政治理论课授课人员,他们直接与学生联系,他们思想政治素质的高低直接决定了学生能否具备高水平的思想政治素养。由上可以看出,宁夏高校思想政治工作队伍中,本科学历、讲师及以下职称的人员占大部分,他们的思想政治理论素养和工作经验都有待提升。三是学生干部,整个高校学生思想政治理论素养的提升都离不开学生干部,尤其是党员干部的带头作用,因而高校学生干部也应基于"三个倡导"的指引,提高理论素养。

经过上面分析,可以看出,宁夏高校思想政治理论课教师与宁夏高校学生比例未达到教育部的规定,总体表现是师资少,学生多,因而高校思想政治队伍面临的任务多,负担重,显得力不从心,同时学生也难以得到高质量的教育。因此,扩充师资数量,强化师资培训显得更为迫切。

## 第三节　甘肃省高校思想政治工作机制创新

### 一、引言

高校作为为国家输送人才的重要基地,处于社会思潮最前沿,这里学生云集，思想更易受影响，更容易成为敌对势力文化和意识形态渗透的对象。高校传统、老化的教育机制难以适应思想政治工作的新局面，机制创新势在必行。"三个倡导"共24个字，是社会主义核心价值观的新概括，为高校思想政治工作机制创新提供了一种新思路。

"三个倡导"由党的十八大报告提出，可以从国家、社会和个人三个层次理解："富强、民主、文明、和谐"从国家角度阐述我国经济、政治、文化、社会建设等方面的目标；"自由、平等、公正、法治"从社会角度出发，强调社会公平、正义及自由、法治；"爱国、敬业、诚信、友善"是对国民道德行为的要求，体现了作为国人该具有的基本素质。三个层次，层次分明，各有侧重，又相互联系，相互贯通。

高校思想政治工作机制涵盖了高校开展思想政治工作时涉及的各相关要素，并基于这些要素形成了一个复杂系统。高校思想政治工作机制是高校开展思想政治教育的保障，机制能否良性运转，决定了高校思想政治工作能否正常展开。以"三个倡导"指导高校思想政治工作机制创新，并未否定原有高校思想政治工作的成就，反而为高校思想政治工作机制创新提供了一种新思路。"三个倡导"精练概括了社会主义核心价值观，基于"三个倡导"创新高校思想政治工作机制是新时代背景下的必然选择。

## 二、甘肃省高校思想政治工作现状分析

甘肃省共有高校44所，包括本科院校21所，其中普通本科院校16所，独立学院5所；专科院校23所，其中21所为公办专科，剩余2所为民办专科（见图5-2）；甘肃省有1所"985/211"院校——兰州大学。从全国来看，甘肃省的教育实力偏弱，难以和北京、江苏、上海等地相比。

（一）甘肃高校思想政治教育队伍建设状况

这里主要分析甘肃省高校辅导员队伍建设状况。高校辅导员与高校学生联系最紧密，扮演着学生日常学习、生活的组织和管理者角色，同时也承担着对高校学生实施思想政治教育的任务，高校辅导员在高校思想政治工作中有不可替代的作用。甘肃省历来都非常注重高校辅导员队伍建设，在国家相关文件的指引下，逐步建立了一支较为完善的高校辅导员队伍，极大地提高了甘肃省高校思想政治工作的水平。

1. 辅导员数量与师生配备比

根据甘肃省教育厅的数据统计（截止到2013年6月），甘肃省共有高校辅

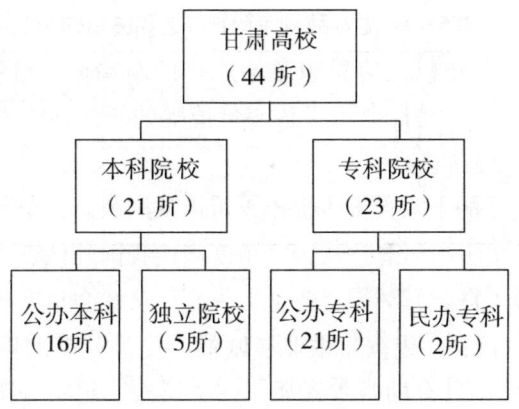

**图 5-2　甘肃省高校状况图**

（资料来源：中国高校之窗）

导员2333人，其中专职辅导员数量为1720人，占总数的73.7%，兼职辅导员613人，占26.3%；辅导员中，男性辅导员数量约为1500人，占总数的65%左右，女性只占34%左右。2013年，甘肃省共有高校学生42万余人，经测算得出：2013年甘肃高校专职辅导员与学生的配备比为1∶245，尚未达到教育部规定的1∶200的比例，因此还需补充辅导员人数。

2. 学历结构与职称结构

在学历结构上，甘肃高校辅导员学历以本科为主，研究生学历为其次，专科及以下学历者较少（见表5-4）。在1720名专职辅导员中，128人学历为专科以及专科以下，占7.44%；具备本科学历的专职辅导员数量占全部数量的57.73%，共993人；具备硕士及硕士以上学历的专职辅导员所占百分比为34.82%，共599人。值得一提的是，按照目前全国高校辅导员学历水平结构，硕士研究生是主流，甚至有一些高校要求辅导员具备博士学历。而甘肃高校辅导员中只有近1/3的人具备硕士学历，学历结构有待改善。职称结构方面，甘肃高校专职辅导员具备初级及以下职称的占绝大多数，比例为68.66%；约20.46%的辅导员具备中级职称；具备高级职称的较少，只占10.87%（见表5-5）。

**表5-4　甘肃高校专职辅导员学历结构表**

| 学历 | 数量（人） | 比例（%） |
| --- | --- | --- |
| 专科及以下 | 128 | 7.44 |
| 本科 | 993 | 57.73 |
| 硕士及以上 | 599 | 34.82 |

表5－5　甘肃高校专职辅导员职称结构表

| 职称 | 数量（人） | 比例（％） |
| --- | --- | --- |
| 初级及以下 | 1181 | 68.66 |
| 中级 | 352 | 20.46 |
| 高级 | 187 | 10.87 |

3. 年龄结构与工作经验结构

年龄结构方面，在1720名专职辅导员中，21～30岁的占33.89％，31～40岁的占58.66％，41～50岁的占5.93％，50岁及以上的占1.51％（如图5－3）。甘肃高校辅导员年龄结构呈"竖鸡蛋型"结构：两头小，中间大。这样的一种年龄结构具备合理性：辅导员若太年轻，则缺乏工作经验，虽富有激情，工作成效不一定好；太年长的辅导员，虽具备丰富的工作经验，但体力、精力等方面难以得到保障；而处于二者中间的辅导员，兼具年轻型辅导员和年老型辅导员的优点，有精力又有经验，是高校开展思想政治工作的主要力量。

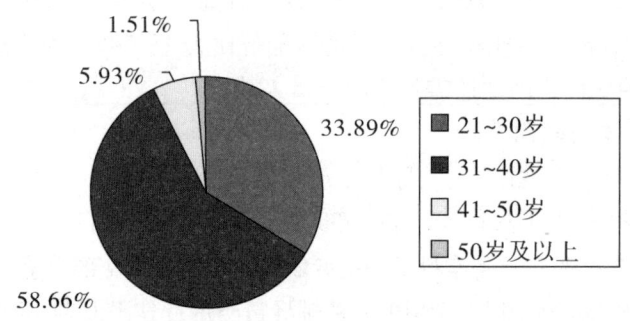

图5－3　甘肃高校专职辅导员学历年龄结构图

工作经验方面，1720名专职辅导员中，具备10年以上工作经验的所占比重极少，只有8.66％；具备5～10年工作经验的占31.51％；具备5年以下工作经验的占绝大多数，比例为59.82％（如图5－4）。整体来看甘肃省高校思想政治队伍的工作经验偏少，年轻化的特点显著。

4. 政治面貌结构

开展高校思想政治工作，离不开一支高素质的高校辅导员队伍。高校辅导员是高校开展思想政治教育的主要力量，高校辅导员素质直接影响着高校学生的素质。若高校辅导员由党员担任，则会很好地保证党和国家的教育政策、教育理念得到贯彻，能够保证学生养成正确的人生观和价值观，为我国社会主义

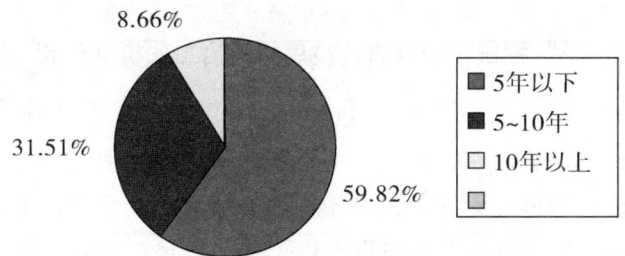

图 5-4  甘肃高校专职辅导员工作经验结构图

建设奠定人才基础。

据统计，甘肃省1720名专职高校辅导员中，超过99%的都是中共党员（见表5-6），这为甘肃高校思想政治工作有效开展奠定了良好的基础。

表 5-6  甘肃高校专职辅导员政治面貌结构表

| 政治面貌 | 人数（人） | 比例（%） |
| --- | --- | --- |
| 中共党员 | 1708 | 99.30 |
| 共青团员 | 10 | 0.59 |
| 其他 | 2 | 0.11 |

（二）思想政治教育理论课开设情况

组织学生系统进行思想政治理论课学习是当前我国高校开展思想政治教育的最主要的方法，因此，思想政治课的教学质量好坏，对学生能否形成正确的价值观、人生观有重要影响。众所周知，我国当前思想政治理论课的教学质量不高，甘肃省也不例外。当前，甘肃省高校的思想政治理论课，采用的是教育部统一规定的四本教材，如何将这四本教材的内容更好地教给学生是当前甘肃高校思想政治理论授课中的难题。

当前甘肃高校普遍采用理论教学的方法，这种纯理论的、"填鸭式"的教学方式很难引起学生兴趣。另外，由于高校思想政治理论课教师数量不足，只能将好几个班级聚到一起进行教学，每次授课都会有上百名学生，这种"大课"教学的方式，使教学质量大打折扣。此外，各高校还开设"形势与政策"课程，但是对这门课程的内容、授课方式、结课方式等，都没有明确规定，也没有特定教材，这种松散的管理方式很难保证教学质量。

### 三、"三个倡导"视域下的甘肃高校思想政治工作机制创新

（一）"三个倡导"助推甘肃省高校思想政治教育工作的开展

"三个倡导"短短24字，精练地概括了我国的社会主义核心价值观，使社会主义核心价值观不再虚无缥缈，开始变得具体化、大众化，更容易被人们理解和接受，为社会主义意识形态建设提供了价值标尺，对处于西方意识形态的诱惑和侵蚀下的高校学生的思想起了引导和标杆作用，坚定了学生的社会主义价值观，是对西方价值观冲击的有力回应。以"三个倡导"助推甘肃开展高校思想政治工作，就是在甘肃高校思想政治工作中坚持社会主义核心价值观，只有在高校思想政治中坚持"三个倡导"，才能培养学生正确的价值观，引导学校和学生朝正确的方向前进。

（二）"三个倡导"助推甘肃高校思想政治工作机制创新

1. 基于"三个倡导"，创新甘肃高校思想政治工作理念

思想政治工作的开展，离不开先进的工作理念的指引。"三个倡导"从国家、社会和个人的角度出发，阐述了我国的价值追求，是对社会主义核心价值观的精练总结。"三个倡导"的提出为甘肃高校开展思想政治教育工作提供了一种新的理念，是高校思想政治工作的指明灯。创新甘肃高校思想政治工作理念，就是将"三个倡导"包涵的价值观引入高校思想政治工作中，以"三个倡导"为价值准则开展思想政治工作。甘肃高校辅导员和理论课教师，要坚持以"三个倡导"的理念开展学生工作，根据学生实际情况，以学生为本，提高思想政治工作的效用。

2. 基于"三个倡导"，创新甘肃高校思想政治工作方式

当前国内外形势都在快速发生变化，西方文化无时无刻不在冲击着高校学生的价值观，网络时代的到来，使高校学生的思想变得更加多样化、差别化，思想状况更加复杂；社会发展需要多种类型的人才，而当前高校统一规划的人才培养方法难以满足社会多样化的人才需求。综观发达国家，很少直接向学生以抽象的方式灌输价值观，而是以一种隐性的方式，通过多样化的方式在学生日常的学习、生活中，潜移默化地进行价值观教育，这些经验值得我们借鉴。创新甘肃高校思想政治工作，要以"三个倡导"为指引，以高校学生为中心，以"趣味性与教育性相结合"为原则，选取高校学生感兴趣、易接受的方式，开展思想政治工作。同时要利用当今便捷的计算机技术和网络技术，做好对"三个倡导"的宣传工作，例如，制作一些相关海报，通过高校官方网站、博

客、QQ 群等渠道，向学生阐释"三个倡导"，深化学生对"三个倡导"的理解等。

（三）"三个倡导"助推甘肃高校思想政治理论课教学改革

传统的"填鸭式"、纯理论灌输式的思想政治教育方式已不适应时代要求，难以发挥作用，并引起了学生反感。甘肃高校要扬长避短，通过图片、视频等多样化的手段进行理论教学，并注重开展社会实践。在思想政治课教学中，高校不应局限于理论教学，在理论教学的基础上，应以读经典图书、看红色影片等方式，积极组织学生参与讨论，畅谈感受，在自由、民主的环境中，以隐性的方式，完成思想政治教育工作。另外，思想政治理论学习效果虽然不佳，但目前来看仍是最主要的思想政治教育方法，短期内很难改变。因此，有必要在"三个倡导"的指引下，重新对课程内容进行有侧重的调整，将"三个倡导"带入课堂中，引导学生学习。高校思想政治理论课程主要有四本教材，要通过这四本教材有侧重地进行"三个倡导"教育（如图 5-5）。

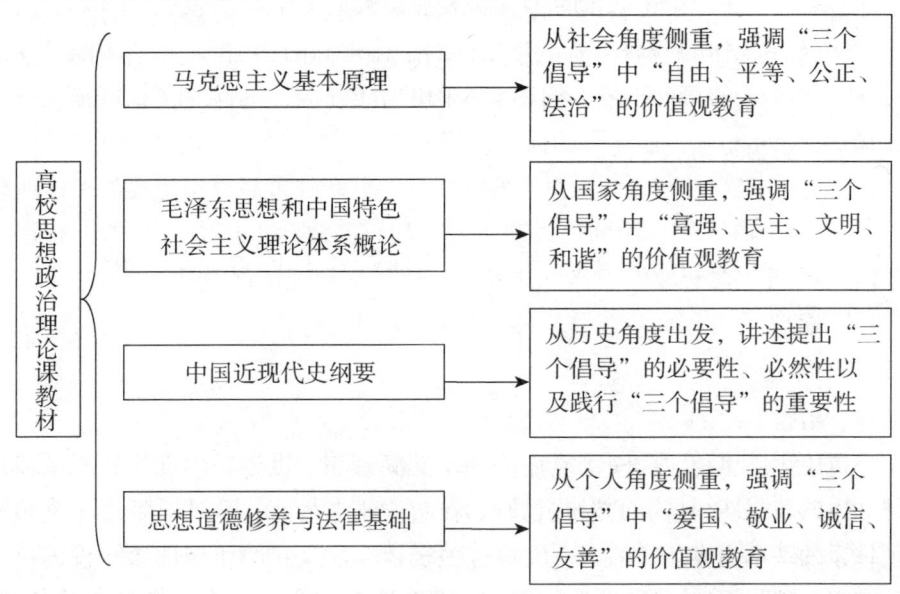

图 5-5　"三个倡导"指引下的高校思想政治理论课内容调整图

（四）"三个倡导"助推甘肃高校思想政治工作队伍建设

思想政治工作的开展离不开一支高素质的思想政治队伍，他们是高校开展思想政治工作的直接组织者，创新甘肃高校思想政治工作机制，搞好队伍建设是前提。

首先，思想政治教育机制是一项复杂的系统工程，需要党、团、政、工以及学生共同参与，多方配合，共同推动高校思想政治工作机制改革。要以"三个倡导"为指引，建立多方参与、互有分工而又协调一致的思想政治工作管理方式。

其次，以"三个倡导"为指引，提升思想政治教师队伍的理论素养。第一，党委和团委，他们是思想政治工作的领导者，只有他们先深入学习了"三个倡导"，才能更好地组织整个高校的思想政治工作。第二，高校辅导员和思想政治理论课授课人员，他们直接与学生联系，他们思想政治素质的高低直接决定了学生能否具备高水平的思想政治素养。由上可以看出，甘肃高校思想政治工作队伍中，本科学历、讲师及以下职称的人占大部分，他们的思想政治理论素养和工作经验都有待提升。第三，整个高校学生思想政治理论素养的提升离不开学生干部，尤其是党员干部的带头作用，因而高校学生干部也应基于"三个倡导"的指引，提高理论素养。

经过上面分析，可以看出，甘肃高校辅导员数量与甘肃高校学生比例（1∶245）未达到教育部的规定（1∶200），总体表现是师资少，学生多，因而高校思想政治队伍面临的任务多，负担重，显得力不从心。因此，扩充思想政治教育队伍显得更为迫切。

## 第四节　青海省高校思想政治工作机制创新

### 一、引言

马克思主义思想、中国特色社会主义共同理想、以爱国主义为核心的民族精神和以改革创新为核心的时代精神、社会主义荣辱观，这些是社会主义核心价值体系的基本内容。党的十八大报告关于社会主义核心价值体系建设的一个鲜明亮点，就是提出了用"三个倡导"积极培育和践行社会主义核心价值观，指出在新的历史时期，要"倡导富强、民主、文明、和谐，倡导自由、平等、公正、法治，倡导爱国、敬业、诚信、友善，积极培育和践行社会主义核心价值观"。这是党的十八大关于建设社会主义核心价值体系的总结，为继续推进社会主义核心价值体系建设确立了精神内核，为践行社会主义核心价值观提供了指导方向。

将"三个倡导"落到实处，关键在于将"三个倡导"融入国民教育的全过程。"三个倡导"的提出有着重要的宣传作用、示范作用和评价作用。(1)"三个倡导"这一社会正能量具有一定的宣传作用。通过对社会正能量的宣传，能够让更多的人知道这种行为方式或思考方式，激发社会公众的参与和学习热情，让更多的人投入社会正能量的宣传和传承过程中，扩大正能量的社会基础，从而赋予社会正能量更加鲜活的生命力。(2)为社会公众提供了一种模范性的行为，从而使其更有针对性地更新自己的观念和行为，更好地促进社会的前进。(3)通过"三个倡导"的评价作用，我们能够了解到自己的行为方式和思考方式是否符合社会历史发展规律，是否能够有效地推动社会的持久发展，是否应该坚持自身的这种行为方式和思考方式。总之，"三个倡导"的提出能够有效地推动社会的前进和发展，推动社会文明进程，促进社会的现代化，促使社会主义核心价值体系更加完善。

"三个倡导"是社会主义核心价值体系的集中展现，对高校思想政治工作提出了新的要求和具体目标。现阶段青海省高校思想政治工作机制还存在着不少问题。从"三个倡导"视域看，青海高校在思想政治教育工作，还需要从以下几个方面加强：一是创新高校思想工作的领导机制，二是完善思想政治教育工作的保障机制，三是创新大学生思想政治教育执行体制。

**二、青海省高校思想政治工作机制现状**

青海省为我国青藏高原上的重要省份之一，简称青。与甘肃、四川、西藏、新疆接壤，省内行政区划为2个地级市，6个自治州，3个县级市，47个县，省会为西宁市。青海省由于地处西部偏远地区，教育发展相对落后，仅有的几所高校如表5-7所示。

表5-7 青海高等学校一览表

| 学校名称 | 主管部门 | 所在地 | 层次 | 网址 |
| --- | --- | --- | --- | --- |
| 青海大学 | 青海省 | 西宁市 | 本科 | http://www.qhu.edu.cn/ |
| 青海师范大学 | 青海省 | 西宁市 | 本科 | http://www.qhnu.edu.cn/ |
| 青海民族大学 | 青海省 | 西宁市 | 本科 | http://www.qhmu.edu.cn/ |
| 青海畜牧兽医职业技术学院 | 青海省 | 西宁市 | 专科 | http://www.qhxmzy.com.cn/ |
| 青海卫生职业技术学院 | 青海省 | 西宁市 | 专科 | http://www.qhwszy.edu.cn/ |
| 青海高等职业技术学院 | 青海省 | 海东市 | 专科 | http://www.qhgdzyjsxy.com/ |
| 西宁城市职业技术学院 | 青海省 | 西宁市 | 专科 | http://www.xncszy.com/ |

续表

| 学校名称 | 主管部门 | 所在地 | 层次 | 网址 |
|---|---|---|---|---|
| 青海警官职业学院 | 青海省 | 西宁市 | 专科 | http://www.qhjyedu.com/ |
| 青海建筑职业技术学院 | 青海省 | 西宁市 | 专科 | http://www.qhavtc.com/ |
| 青海交通职业技术学院 | 青海省 | 西宁市 | 专科 | http://www.qhctc.edu.cn/ |
| 青海柴达木职业技术学院 | 青海省 | 海西州 | 专科 | http://61.133.238.121/ |

（一）青海省高校思想政治教学单位概览

1. 马克思主义学院设置情况

在上述高校中，仅有青海大学、青海民族大学设置了马克思主义学院来开展相关思想政治教学工作。青海大学马克思主义学院的前身是青海大学社科系。1992年，在原青海大学中文系的基础上，与原校直属的马列主义教研室、德育教研室合并成立了社科系。2010年，成立青海大学思想政治理论课教学科研部，挂靠在社会科学系。2014年7月，学校成立马克思主义学院。

青海民族大学马克思主义学院是马克思主义理论科研机构和学科点的依托单位，承担马克思主义理论科学研究、学科建设、研究生培养、思想政治理论课、大学语文等教学和研究工作。学院设有院办公室和马克思主义基本原理概论、毛泽东思想和中国特色社会主义理论体系概论、思想道德修养与法律基础、中国近现代史纲要、大学语文五个教研室。青海民族大学马克思主义学院前身是思想政治理论课教学研究部，2014年10月，经校长办公会和党委会研究，决定撤销思想政治理论课教学研究部，设立马克思主义学院。学院现承担全校学生思想政治理论课的教学和科研任务。

2. 相关教研室（部）设置情况

青海师范大学思想政治理论课教学科研部是学校根据中宣部、教育部《关于进一步加强高等学校思想政治理论课教师队伍建设的意见》等文件精神，于2011年由原有社科部更名而成，是校党委领导下的独立二级教学科研机构。承担全校硕士研究生和本科学生的思想政治理论课教学工作，是马克思主义理论学科的主要依托单位，同时也是"青海省思想道德教育研究与培训中心"的依托单位。

青海畜牧兽医职业技术学院设有德育教研室，承担全院"思想道德修养与法律基础""毛泽东思想和中国特色社会主义理论体系概论""中国近现代史纲要""大学生职业生涯规划与就业指导""心理健康""文明礼仪""就业指导"等多门课程的教学任务。在教学上力求使德育课成为大学生发展的行动指南，把培养学生认识、分析和解决自己成长过程中所遇到的问题的能力作为重要任务。

青海卫生职业技术学院设有思想政治理论课教学研究部，该部成立于2009年，前身是公共学科部的思想政治理论教研室，现为学院二级管理机构，学院把思想政治理论课的建设作为内涵建设的核心加以推进。经过几年的发展，在师资建设、课程建设、教学改革、条件保证、质量提高等方面取得了有效的进展。

除此之外，青海交通职业技术学院、青海建筑职业技术学院、青海警官职业学院、西宁城市职业技术学院、青海高等职业技术学院、青海柴达木职业技术学院等院校并无专门开展思想政治教育工作的专门教研室和机构。

（二）青海省高校思想政治工作存在的问题和成因

从以上分析可以看出，青海省各高校思想政治工作还面临着严峻的问题和挑战，突出表现为个别高校思想政治工作力度不大甚至处于停滞的状态，高校领导对思想政治工作未能足够重视，对思想政治工作有所忽略。集中表现在以下几个方面。

1. 部分高校思想政治工作机构设置残缺不全

这里的思想政治教育教学单位主要是指马克思主义学院和相关教研室。青海省11所高校中，设有马克思主义学院的院校仅有2所。其他院校部分学校设有思想政治教研部，但是没有独立教学单位的现象依然存在，各高校承担思想教育的部门设置残缺不全，显得杂乱无章。

2. 思想政治教育以抽象的理论灌输为主，实践性不强

青海省各高校，尤其是专科类院校和独立院校，其思想政治教育的模式主要以灌输和单方面讲授为主，缺乏对学生进行理论与实践相结合能力的培养。大学生作为受教育群体，偏于感性，且思维跳跃、想象力丰富、对文字的理解能力强，他们对知识的理解往往是抽象的，很难将具体知识与生活实践相结合。当前高校思想政治的教育模式并未克服这一弊病。老师讲授的理论不免晦涩抽象，很难将其与学习生活挂钩。长此以往学生很容易产生厌倦情绪，且思想政治教育也很容易流于形式，出现"假、大、空"的局面，以至于教育的初衷无法实现。

3. 青海省部分高校思想政治工作监督机制欠缺

青海省因为其独特的地理位置，开展高校思想政治教育工作相比其他省份具有一定的难度。因其教育对象的民族化导致高校的意识形态领域易被分裂势力所破坏，少数民族的宗教信仰差别导致高校开展思想政治教育步履维艰，受这些复杂因素的影响，青海省部分高校开展思想政治工作的积极性欠缺，没有形成一套科学的思想政治工作监督机制。

### 4. 与先进省份高校相比有较大差距

无论是分析领导机制、队伍建设机制还是评估保障机制的各项指标，都能看出，青海省性质和层次不同的学校出现了明显的思想政治工作机制不完善、积极性低下和工作水平滞后等问题。当然，这其中存在着学校性质、投资形式不同等合理的原因，但是"三个倡导"作为我国的主流价值观，它的作用本身应该是国家性的、全局性的、社会性的，它对高校思想政治工作的引领也应该是全面的，层次差别大的学校不应该因层次和性质不同，就忽视本身的思想政治工作，而且不管以什么为重点的学校，思想政治教育都是必需的，只有把思想政治教育搞好，才能适应时代，解决越来越复杂的大学生心理健康问题，才能真正培养出德智体全面发展的优质型人才。

### 三、"三个倡导"对青海省高校思想政治工作机制创新的指导

#### （一）创新高校思想工作的领导机制

创新思想工作的领导机制，要重点解决好以下三个方面的问题。

首先，切实加强和改进对思想政治工作的组织领导。加强和改进对思想政治工作的组织领导主要是在思想政治工作的方式方法上进行研究和创新。要在方式方法上进行创新，可以结合实际，对青海省高校的思想政治工作实行党政双重领导机制，各有侧重和分工。

其次，切实健全和完善对思想政治工作的阵地建设。健全和完善对思想政治工作的阵地建设主要是在思想政治工作的机构设置、人员结构、设施配备等方面进行探索和创新。多年来，在大部分青海省高校中，思想政治机构的设置模式较为传统，有的独立，有的挂靠。人员的配备也以注重经验为主，专业水平不高；思想宣传大多是喊喊口号、贴贴标语，工作大多停留在表面。今后的工作机构应贴近高校实际，合理设置，既要充分发挥其职能作用，又要有利于开展工作。人员配备上今后要注意选拔思想素质过硬的高学历人才，充实到政工队伍中，以提高政工人员的整体素质。思想宣传阵地要由传统单一的模式向多元化的现代高科技领域拓展，除了加大必要的物质投入，配备相应的硬件设施，创建适用的高校思想政治工作网页外，还要广泛深入地开展宣教活动，逐步形成寓教于乐、大学生喜闻乐见的活动载体。

最后，切实明确和落实对思想政治工作的责任制度。主要是在思想政治工作领导的人员组成、制度规范等方面进行探索和创新。要本着明确职责、规范制度、落实责任、全面考核的原则，建立健全高校思想政治工作规范和全体职

工不同层次的行为规范以及考核标准。使得从教师到学生，要人人都知道怎么做、做什么，在做好别人思想工作的同时，使自己的思想得到教育和升华。

（二）完善思想政治教育工作的保障机制

要在"三个倡导"的指导下，确定正确的方向和道路，积极响应党和国家的号召，完善思想政治教育工作保障机制。这可以为思想政治教育工作的开展提供保障，如可以建立思想政治工作队伍的培训制度，为开展思想政治教育工作建设一支高素质的政工队伍；还可以建立高校师德践行制度和考核制度，充分发挥高校教师的"育人"作用；加强校园文化建设，与思想政治教育工作相辅相成，相互促进。

（三）创新大学生思想政治教育执行体制

高校大学生的思想政治教育是思想政治工作的关键环节。在当前青海省高校的机构设置中，承担学生思想政治教育职能的部门很多，虽然学生工作部、团委、就业指导中心等部门是学生事务机构的主体，但还有不少职能分散在"兼职部门"，职能的交叠以及因分管领导的不同和协调不够，严重影响了学生事务的专业化程度。可以尝试将学生工作部（处）、团委、招生办、教务处学籍管理科、就业指导中心、总务处宿舍管理科、武装部、体育教学部、校医院等部门和科室根据工作需要重新组合，形成功能专一的新机构，建立直属党委副书记或副校长领导的多个中心。

另外，可将各中心依工作性质分成学生教育、管理、服务三类，分别由学生事务副校长助理分管。在这种划分方式下，学生事务的机构设置切块很小，分解较细，职责单一，各管理部门间职能不重叠，管理人员不交叉，上下一条线，主从分明，左右协调，各司其职，能确保在学生事务工作中发挥整体效能。

## 第五节　新疆维吾尔自治区高校思想政治工作机制创新

**一、新疆维吾尔自治区高校思想政治工作机制现状分析**

（一）新疆维吾尔自治区高校思想政治工作总体情况

新疆维吾尔自治区高校思想政治工作机制特征有：教育对象具有民族性、周边环境具有复杂性、教育内容具有多样性。同时还存在以下问题：组织领导机制水平存在差异性、工作监督机制欠缺、工作保障机制有待改进。由此，基于"三个倡导",新疆高校思想政治工作机制创新要突出推进三个方面:一是建立健全思想政治教育工作的领导机制,二是建立健全思想政治教育工作的监督约束机制,三是健全完善思想政治教育工作的保障机制。

新疆高校地处反分裂反渗透的最前沿,创新大学生思想政治教育机制,对于加强和改进大学生思想政治教育,培养社会主义合格的建设者和可靠接班人具有重要的现实意义。

新疆工作在党和国家的工作全局中具有特殊的战略地位,新疆的稳定和发展关系到全国改革稳定发展的大局,而有效开展高校的思想政治工作恰恰可以为新疆的稳定和发展奠定基础。确定正确的思想政治观念对于新疆的稳定发展起着重要的引导作用,新疆高校的思想政治教育越来越受到重视,新疆高校思想政治工作机制的创新具有重大的政治意义和现实意义。

目前新疆维吾尔自治区的高校有39所,包含两所"211"工程学校即新疆大学和石河子大学,其中有5所高校(新疆大学、石河子大学、新疆师范大学、伊犁师范学院、和田师范专科学校)设立了马克思主义学院,招收思想政治教育专业学生。其余高校如喀什师范学院、昌吉学院等也都设立了思想政治理论教学研究部、思想政治教育部、政治理论系等开展思想政治教育工作。大多数学校包括新疆医科大学、石河子大学、新疆农业大学、伊犁师范学院等均开设了社会主义理论与实践、马列著作选读等课程。

经过多年的思想政治工作实践,尤其是新一轮对口援疆工作开始后,新疆高校更加重视从事思想政治教育工作的教师队伍的建设,注重其自身素质的提高,已经形成了高素质的高校思想政治教育梯队,该梯队以相关学科带头人为龙头,中青年教师为骨干,积极开展高校思想政治教育工作。有关思想政治教育学科的科研活动也逐年增加,申报课题的数量和质量都有显著提高。

(二)新疆维吾尔自治区高校思想政治工作机制特征

首先,新疆维吾尔自治区高校思想政治教育对象具有民族性的特征。新疆有13个历史悠久的民族,包括汉族、维吾尔族、哈萨克族、回族、柯尔克孜族、蒙古族、锡伯族、塔吉克族、乌孜别克族、满族、达斡尔族、俄罗斯族、塔塔尔族,新疆高校的少数民族学生大多数来自当地的农村和牧区,从未走出过新疆,宗教氛围很浓,这些少数民族学生与汉族学生在一起共同学习和生活,因其成长处于不同的文化背景中,他们的行为习惯、思维方式、语言风俗都存在很大的差异,因此新疆高校思想政治教育对象具有民族性的特点,开展思想政治工作应注意协调各民族学生之间的差异性。

其次，新疆维吾尔自治区高校周边环境具有复杂性的特征。新疆的地理位置比较特殊，是我国面积最大、陆地边境线最长、毗邻国家最多的省区。新疆维吾尔自治区的少数民族如维吾尔族、哈萨克族、吉尔吉克族等属于跨国界的民族，拥有共同的语言、共同的传统文化、风俗习惯和民族心理，这样就为毗邻国家的恐怖势力和我国的民族分裂势力相互勾结提供了便利，他们通过各种手段向新疆渗透各种反动谬论，这样复杂的周边环境使得新疆维吾尔自治区高校思想工作开展面临难题。

再次，新疆维吾尔自治区高校思想政治的教育内容具有多样性。新疆高校思想政治教育就是在科学理论指导下，新疆高校思想政治教育工作者根据新疆高校学生的思想特点和教育规律，通过一定的方式和手段对学生有计划、有组织、有目的地施加教育影响，以期转变学生的思想进而指导学生的社会行为朝着积极、健康、正确的方向发展的活动过程。新疆各高校与内地高校都比较重视加强对学生的法制教育、理想信念教育、爱国主义教育，引导学生们树立科学的世界观和人生观，学会运用马克思主义的立场和观点去看待问题、解决问题。同时，新疆高校思想政治教育的内容与内地相比又独具特色，如民族团结教育的内容和反分裂主义宣传教育的内容。民族团结教育的内容重点包括"三个离不开""五观"教育和"四个高度认同"教育。同时新疆思想政治教育内容还包括"马克思主义民族理论和党的民族政策""新疆地方史""科学无神论"等。这一系列具有新疆思想政治教育特色的概念和内容，无疑是新疆思想政治教育学界的创造和贡献。

最后，新疆维吾尔自治区高校思想政治教育的形式具有多样性。新疆维吾尔自治区高校开展思想政治工作的形式多种多样，主要有通过学校设立专门的院系部，开展系统的思想政治教育课程，进行思想政治教育理论体系的建构；通过设立思想政治理论教学研究部、思想政治教育部等，开展思想政治教育活动；师生通过申报思想政治教育研究课题，积极丰富思想政治教育理论研究，为开展高校思想政治教育实践提供理论基础；运用网络资源，建立专门的思想政治教育专题，为师生开展各种思想政治教育活动提供平台。

(三) 新疆维吾尔自治区高校思想政治工作机制的突出案例

1. 新疆大学马克思主义学院的思想政治工作机制

新疆大学马克思主义学院有着悠久的历史和光荣的传统。自2011年正式挂牌成立新疆大学马克思主义学院以来，学院为有效开展思想政治工作，设立了7个教研室：马克思主义基本原理教研室、思想道德修养与法律基础教研室、新疆历史与民族理论政策教程教研室、中国近现代史纲要教研室、毛泽东思想和中国特色社会主义理论体系概论教研室、心理学与公选课教研室、形势与政策教研室。

该学院相比新疆其他高校而言，有着雄厚的师资力量，组建了一支优秀的思想政治教育工作团队。近五年来，学院科研工作取得了丰硕成果，包括承担了一些与马克思主义理论相关的省部级以上课题、出版学术专著、在学术期刊发表论文等。

该院积极进行学科建设，1985年首批取得马克思主义哲学硕士专业，1998年获批马克思主义民族理论与民族政策硕士专业，后更名为民族学，2003年获批马克思主义理论硕士专业。2005年"马克思主义民族理论与民族政策"获自治区首批精品课。2006年在原有相关硕士专业基础上，成功获批马克思主义理论一级学科硕士点和马克思主义基本原理二级学科博士点。2008年，马克思主义理论教学团队被评为自治区优秀教学团队。2009年，再上一个台阶，获批马克思主义理论博士后流动站。2010年，哲学一级学科硕士点获得批准，与此同时，马克思主义基本原理被列为自治区重点学科。五年来，有3门马克思主义理论课分别获得全国多媒体课件大赛一、二、三等奖，2门马克思主义理论课成为自治区重点课程。目前，马克思主义学院已形成了一个涵盖硕士、博士、博士后流动站等较为完备的高层次人才培养体系，呈现出教学、科研齐头并进的良好发展格局。

该院秉承"团结、奋进、求实、创新"的校训精神，坚持以人才培养为目标，以学科建设为龙头，发挥教学、科研、育人、服务社会等四大功能，以学科建设为平台，以科研带教学、以教学促科研，实行教学与科研并举、学科建设与人才培养并重的举措，努力把学院建设成为西部边疆地区具有较高水平和较大影响力的马克思主义理论研究基地、思想政治教育教学基地、高层次理论和应用人才教育基地、高校辅导员培训和研修基地。

2. 喀什师范学院的思想政治教育工作机制

喀什师范学院设立了专门的思想政治理论教学研究部来开展思想政治教育工作，除此之外，喀什师范学院还建立了独具特色的思想政治教育平台——红烛家园。红烛家园包括多个板块，如时政要闻、特别关注、思想政治园地、红烛家园、精神文明和法治天地等。在时政要闻板块，我们可以了解大到国际、国内、疆内，小到校园的所有时政新闻的最新情况。在特别关注板块，可以了解到上到中央、下到地方的政府工作重心，了解到民众关心的热点、重点问题。在思想政治园地板块，可以了解我国政府对于思想政治教育工作的重视程度等。

喀什师范学院的红烛家园为学院开展思想政治教育工作提供了一个良好的平台，全校师生可以通过红烛家园，体验到学院对思想政治教育工作的重视，在积极进行思想政治教育工作的氛围中，提高全校师生对思想政治教育工作的关注度，响应学校有关思想政治教育工作的活动，使学院思想政治教育工作得以顺利进行。

（四）新疆维吾尔自治区高校思想政治工作机制存在的问题

1. 新疆维吾尔自治区各高校思想政治工作的组织领导机制待进一步完善，水平有待提高

新疆维吾尔自治区内共有39所高校，这些本、专科高校，在办学和开展教学工作的能力和水平上存在差异性，导致新疆维吾尔自治区各高校开展思想政治工作的水平参差不齐。如新疆大学和石河子大学等"211"工程学校，实力比较雄厚，在教学工作中的各个环节，尤其是在开展思想政治工作中，具有得天独厚的优势，高校党委全面加强对学生和教职工思想政治工作的领导，建立起了以校长及行政系统为主的思想政治教育管理体制。而在一些民办的专科学校中（如新疆能源职业技术学院、新疆现代职业技术学院等），由于其自身发展的局限性，不具备充足的条件去开展思想政治工作，即便是做了一些开展思想政治工作的努力，其效果也是不明显的。因此新疆维吾尔自治区各高校开展思想政治工作的水平存在很大的差异性，思想政治工作领导机制科学性欠缺。

2. 新疆维吾尔自治区部分高校思想政治工作监督机制欠缺

新疆因为其独特的地理位置，要开展高校思想政治教育相比其他省份具有一定的难度。因其教育对象的民族性，高校的意识形态领域易被分裂势力所破坏，少数民族的宗教信仰差别导致高校开展思想政治教育步履维艰。受这些复杂因素的影响，新疆维吾尔自治区部分高校开展思想政治工作的积极性欠缺，没有形成一套科学的思想政治工作监督机制。既没有明确思想政治工作的监督主体，也没有形成完善的思想政治工作监督制度。

3. 新疆维吾尔自治区各高校思想政治工作保障机制有待改进

高校开展思想政治工作要有一整套系统的工作方案，明确各部门的工作内容和职责，以便有条不紊地开展高校的思想政治工作。新疆维吾尔自治区各高校的创新意识教育、实践意识教育、市场竞争意识教育相对薄弱，在开展高校思想政治教育的过程中，难以把握到教育的重点，对相关部门和人员的工作内容、职责的界定有些混乱。新疆维吾尔自治区各高校思想政治工作保障机制不健全，使得其开展思想政治工作的系统性有待于进一步提高。

**二、"三个倡导"对新疆维吾尔自治区高校思想政治工作机制创新的指导**

新疆维吾尔自治区高校思想政治工作机制创新应该以"三个倡导"为基础，在"三个倡导"的指导下，建立起校园的核心价值观，为高校开展思想政治教育工作提供思想基础。

（一）建立健全思想政治教育工作的领导机制

高校思想政治教育工作应建立一套完备的组织领导体系，这种领导机制是一种自上而下的运行模式，首先由党委统一领导，再由校（院）长主要实施，各部门各负其责，最后由校（院）、系（支部）、班进行全面落实。我们应大力宣传"三个倡导"在开展高校思想政治工作中的指导作用，树立起校园核心价值观，以此为基础，将学校的思想政治教育工作与其他工作进行融合，使之贯穿于学校科研、管理及服务的各个环节，思想政治教育工作的内容不仅要纳入党政领导的工作职责中，也要纳入教职工的岗位职责中，以便使思想政治教育工作的实效性得到增强。

（二）建立健全思想政治教育工作的监督约束机制

"三个倡导"是从国家、社会、公民三个不同层面对社会主义核心价值观的概括，在"三个倡导"的指导下，校园思想政治教育工作的监督约束机制建设也应从不同层面开始展开，建立起一套完善的自下而上的监督制度。首先，应重视学生和教职工的群众监督，加强对他们的教育和引导，提高他们对思想政治教育工作的监督意识。其次，建立舆论监督制度，可以通过校报、广播电台、电视台、网络中心等部门，加强对校园思想政治教育工作的舆论监督。最后，建立高校领导定期汇报和上级主管部门定期和不定期检查制度。高校领导应承担起思想政治教育工作的责任，定期对高校的思想政治教育工作进展情况进行汇报，上级主管部门也应积极参与到高校思想政治教育工作中去，有效监督其实施情况。

（三）健全完善思想政治教育工作的保障机制

开展高校的思想政治教育工作，要在"三个倡导"的指导下，确定正确的方向和道路，积极响应党和国家的号召。完善的思想政治教育工作保障机制可以为思想政治教育工作的开展提供保障。如可以建立思想政治工作队伍的培训制度，为开展思想政治教育工作建设一支高素质的政工队伍；建立高校师德践行制度和考核制度，充分发挥高校教师的"育人"作用；加强校园文化建设，与思想政治教育工作相辅相成，相互促进。

新疆维吾尔自治区高校思想政治工作一直在进行着,可以看出各大高校对开展思想政治工作的重视,但是由于地域、现实原因,新疆维吾尔自治区高校思想政治工作机制还存在不足之处,这就要求我们在"三个倡导"的指导下,树立正确的价值观,从高校思想政治工作的领导机制、监督机制、保障机制三方面对新疆维吾尔自治区高校思想政治工作机制进行创新,力求新疆维吾尔自治区各大高校思想政治工作得以顺利进行。

## 本章小结

本章分为五节,分别对陕西省、宁夏回族自治区、甘肃省、青海省、新疆维吾尔自治区高校思想政治教育机制现状和创新进行了分析与阐述。

陕西省各高校在思想政治实践过程中逐步摸索出了自己的工作特色,"红色教育""延安精神"成为贯穿陕西省高校思想政治工作的主线,传承"丝路精神"已经成为陕西省各高校思想政治工作的新方向。今后陕西省高校思想政治教育机制创新要注重基于"三个倡导",改进教育方式与教学方法,把理论与实际相结合落到实处,改进高校思想政治工作方法,推进高校思想政治工作全面创新。

宁夏回族自治区高校思想政治教育工作机制具有民族性和宗教性的鲜明特点,要正确应用这两个特点,基于"三个倡导",创新宁夏高校思想政治工作理念,创新宁夏高校思想政治工作方式,推进宁夏高校思想政治理论课教学改革,加强宁夏高校思想政治工作队伍建设,实现宁夏高校思想政治工作机制创新。

甘肃省注重高校辅导员队伍建设,建立了一支较为完善的高校辅导员队伍,极大地提高了甘肃高校思想政治工作的水平。今后,甘肃高校思想政治工作机制创新要注重思想政治教育队伍建设,不仅扩充思想政治教育队伍的人数,更要以"三个倡导"为指引,提升思想政治教师队伍的理论素养。

青海省各高校思想政治工作机制在取得成绩的同时,也存在个别高校思想政治工作力度不大、高校领导对思想政治工作未足够重视等情况。今后,青海省各高校要以"三个倡导"为指导,切实加强和改进对思想政治工作的组织领导,切实健全和完善对思想政治工作的阵地建设,切实明确和落实对思想政治工作的责任制度。

新疆维吾尔自治区高校思想政治工作中,教育对象具有民族性、教育周边环境具有复杂性、教育内容具有多样性,这就要求新疆思想政治教育机制创新要在"三个倡导"指导下,建立健全思想政治教育工作的领导机制,建立健全思想政治教育工作的监督约束机制,健全完善思想政治教育工作的保障机制。

**【参考文献】**

[1] 吕扬. 陕西围绕立德树人开创高校思想政治工作新局面 [N]. 陕西日报,2017-12-07(5).

[2] 佚名. 传承弘扬延安精神创新思想政治教育 [J]. 中华魂,2013(7):40-41.

[3] 张如如. 延安精神与当代大学生思想政治教育研究 [D]. 西安:陕西师范大学,2012.

[4] 王刚,沈岩岩,张文. 新形势下大学生思想政治素质的调查分析——基于陕西省部分高校的调查 [J]. 广西广播电视大学学报,2017,28(05):54-60.

[5] 徐莹,李良明. 论民族院校思想政治理论课的创新——以新课程方案的全面实施为背景 [J]. 民族教育研究,2006(5).

[6] 施璇. 宁夏高校教师思想政治工作研究 [D]. 银川:宁夏大学,2013.

[7] 马品俊. 宁夏高校回族大学生思想政治教育研究 [D]. 沈阳:东北大学,2012.

[8] 范玉茹. 高校思想政治教育机制创新研究 [D]. 秦皇岛:燕山大学,2008.

[9] 王欣. 新形势下高校思想政治教育机制创新研究 [D]. 太原:山西大学,2011.

[10] 刘养卉. 新形势下高校思想政治理论课教学存在的问题及对策研究——基于对甘肃Z高校的调查 [J]. 安徽农业大学学报(社会科学版),2017,26(5):105-110.

[11] 尹晓军. 甘肃高校思想政治工作会议召开 [J]. 中小学电教,2017(Z2):81.

[12] 刘曙光. 藏区高校思想政治理论课教学中的困境与宗教资源的有效利用探析——以甘肃民族师范学院为例 [J]. 课程教育研究,2016(23):64-66.

[13] 李虹. 民族高校思想政治教育专业应用型人才培养模式的路径选择——以甘肃民族师范学院为例 [J]. 甘肃高师学报,2016,21(4):83-85.

[14] 冯乐安,辛文波,何瑛. 高校共青团组织对大学生思想引领现状及路径探寻——来自甘肃6所高校的调查研究 [J]. 山东青年政治学院学报,2011,

27（1）：42－45.

[15] 张敬怡. 微信对民族高校大学生思想政治教育的影响研究——以青海民族大学为例 [J]. 和田师范专科学校学报，2018（1）：6－9.

[16] 柴让措. 提升青海高校民族大学生思想政治教育课实效性的双维度构建 [J]. 高教学刊，2017（23）：178－180.

[17] 刘同德. 加强青海高校思想政治工作推进意识形态"三区三源"建设 [N]. 青海日报，2017－11－06（11）.

[18] 龙海明. 加强高校领导干部队伍思想教育探析——以青海师范大学为例 [J]. 青海师范大学民族师范学院学报，2016，27（2）：90－92.

[19] 邓乐超. 青海高校大学生思想政治教育实效性研究 [D]. 西宁：青海大学，2015.

[20] 马卓玛杰. 青海高校藏族大学生思想政治教育策略 [J]. 佳木斯教育学院学报，2012（10）：47－48.

[21] 范辉. 科学构建"三位一体"的高校思想政治教育环境系统 [J]. 吉林广播电视大学学报，2010（3）：50－51.

[22] 董霞. 新时期高校思想政治教育面临的挑战与对策 [J]. 山东省青年管理干部学院学报，2010（6）：69－71.

[23] 杨泽军. 高校思想政治理论课教学模式的探索 [J]. 成都电子机械高等专科学校学报，2006（1）：40－42，70.

[24] 张影. 文化育人：从大学文化的视角推进高校思想政治教育的创新与发展 [J]. 黑龙江科技信息，2008（29）：175－176.

[25] 李涛，黄文娟. 高校思想政治教育方法和手段的创新研究 [J]. 山东省青年管理干部学院学报，2003（6）：112－113.

[26] 陈秉公. 思想政治教育本质研究现状及建议 [J]. 思想教育研究，2014（6）：6－12.

[27] 贾友军. 新疆高校思想政治理论课教师教学能力现状的调查与分析 [J]. 新疆社科论坛，2014（3）：90－94.

[28] 姜勇. 论新疆高校思想政治教育的特点 [J]. 新疆师范大学学报（哲学社会科学版），2007（1）：64－69.

[29] 张杰，王金涛，刘昌海. 新疆高校大学生思想政治教育工作存在的问题与对策 [J]. 新疆社科论坛，2005（3）：76－78.

[30] 胡振民. 思想政治工作创新论 [M]. 北京：学习出版社，2005：56－57.

# 第六章

# 西南高校思想政治工作机制创新

## 第一节 西藏自治区高校思想政治工作机制创新

### 一、引言

新时期全国高校思想政治工作机制面临着很多问题,西藏自治区由于其民族性的特点,思想政治工作具有特殊性。"三个倡导"作为一个新的理论视角,其所倡导的"富强、民主、文明、和谐,自由、平等、公正、法治,爱国、敬业、诚信、友善"理念价值将为西藏高校的思想政治工作机制创新提供一个新的思路和方法。本节对西藏自治区高校思想政治工作进行调查分析,明确了各个高校思想政治工作机制的现状、突出优势、所处阶段以及面临问题,旨在在"三个倡导"理念的指导下创新现有高校的思想政治工作机制。

随着高校思想政治教育的发展和进步,逐渐形成了以领导机制、队伍建设机制、运行机制、评估机制、监督机制等为主的高校思想政治工作机制。西藏作为我国的一个民族自治区,西藏高校的思想政治工作不仅有培养人才的任务,而且担负着建设和谐社会、维护西藏地区团结稳定的重要任务。同时,由于西藏政治经济的特殊性,特别是其宗教性特点,使西藏高校思想政治工作既有一般高校的共性问题,也面临着其民族宗教的个性问题。在"三个倡导"视域下,研究西藏高校的思想政治工作,必须考虑以上这些特点。

### 二、西藏高校思想政治工作机制现状分析

随着西藏自治区政治经济的进步,西藏高校得到了从无到有的空前发展。截至2014年11月,西藏自治区现有高校共6所,分别是西藏大学、西藏民族学院、西藏藏医学院、拉萨师范高等专科学校、西藏职业技术学院、西藏警官高

等专科学校。基于西藏高校起步晚、数量少以及民族特殊性等特点,本研究将通过调查这6所高校思想政治工作的具体实践,对西藏高校思想政治工作机制中的领导机制、队伍建设机制以及评估机制进行相应的研究分析。

(一)领导机制现状

作为高校开展思想政治工作的关键环节,领导机制的健全关系着整个学校思想政治工作的规范性和稳定性。国家对高校思想政治工作中的领导机制也做了相关说明,要求高校建立以校长及行政系统为主的思想政治工作机制。西藏高校是由西藏自治区统一负责的,具体各个高校的思想政治工作也因高校的发展层次、阶段以及工作重心不同而有所差异(见表6-1)。西藏自治区6所高校中的西藏藏医学院、西藏警官高等专科学校未设置与思想政治工作相应的学院和部门,学校的思想政治工作主要依靠校党委进行相应的指导。

西藏大学在2011年设立了思想政治理论教学部,该部门属于独立的科研教学二级机构,由学校领导直接负责,统一规划全校的思想政治工作。2016年成立西藏大学马克思主义学院。西藏民族学院在2011年成立了马克思主义学院负责学校的思想政治工作。该校马克思主义学院发展经历了:政治系(1978年)——政法系(1993年)——政法学院(2005年)——思想政治教育学院(2010年),学院在多年的发展中也形成了较为完善的由学校领导负责、学院执行的思想政治工作领导机制。拉萨师范高等专科学校、西藏职业技术学院在2009年设置了公共教学部,其中负责高校思想政治工作的是思想政治教研组。

表6-1 西藏自治区高校思想政治工作相关学院设置情况表

| 学校名称 | 层次 | 主管部门 | 思想政治工作相关部门设置 |
| --- | --- | --- | --- |
| 西藏大学 | 本科 | 西藏自治区教育厅 | 思想政治理论教学部(马克思主义学院) |
| 西藏民族学院 | 本科 | 西藏自治区教育厅 | 马克思主义学院 |
| 西藏藏医学院 | 本科 | 西藏自治区教育厅 | 无 |
| 西藏职业技术学院 | 专科 | 西藏自治区教育厅 | 公共教学部(思想政治教研室) |
| 拉萨师范高等专科学校 | 专科 | 西藏自治区教育厅 | 公共教学部(思想政治课教研室) |
| 西藏警官高等专科学校 | 专科 | 西藏自治区公安厅 | 无 |

## (二) 队伍建设机制现状

队伍建设机制是高校思想政治工作机制强有力的保障。近几年，西藏自治区 6 所高校通过引进优秀教师，使其师资力量得到了相应提升。具体来看，西藏藏医学院、西藏警官高等专科学校因未设置相应部门，所以这两所高校的思想政治队伍建设机制尚未形成或者正处于萌芽状态，无法直接评估其师资力量。本研究针对西藏自治区其他 4 所高校，分别从教职工数量、职称、学历、平均年龄、有无硕士点这 5 个方面进行了相应的调查统计（时间截至 2014 年 12 月，见表 6 - 2）。

表 6 - 2 西藏高校思想政治工作部门教师队伍情况对比表

（单位：人，岁）

| 学校名称 | 教职工总人数 | 职称 | | | 学历 | | | 平均年龄 | 有无硕士点 |
|---|---|---|---|---|---|---|---|---|---|
| | | 教授 | 副教授 | 讲师 | 博士 | 硕士 | 本科 | | |
| 西藏大学 | 21 | 3 | 4 | 13 | 4 | 11 | 6 | 37 | 无 |
| 西藏民族学院 | 64 | 10 | 21 | 22 | 10 | 14 | 40 | 41 | 有 |
| 西藏职业技术学院 | 8 | 0 | 2 | 3 | 0 | 3 | 5 | 36 | 无 |
| 拉萨师范高等专科学校 | 9 | 0 | 3 | 4 | 0 | 2 | 7 | 38.6 | 无 |

可以看出，西藏民族学院师资队伍最为强大，此外也形成了民族学马克思主义中国化研究、马克思主义民族理论在西藏实践、中国哲学、民族地区思想政治教育研究和专门史学（西藏近现代革命史）5 个硕士点，研究很具针对性和地方特色。西藏大学思想政治理论教学部教师队伍正处在上升发展阶段，除负责高校思想政治工作外，还设有 3 个教研室，负责研究高校思想政治公共理论课、马克思主义民族观和宗教观以及当前政策和形势等问题。拉萨师范高等专科学校、西藏职业技术学院思想政治工作部门的教师队伍在各个方面发展都相对落后，思想政治教研组中的老师主要负责学校思想政治的教学工作。

## (三) 评估机制现状

高校思想政治工作评估机制指的是对高校思想政治工作的内容、方式方法以及效果进行评价的机制。西藏自治区高校思想政治工作由于其整体处于初级发展阶段，所以其评估机制发展还不完善，初步形成了以科研成果为主要标准的衡量机制。依照现有的评估机制，西藏大学和西藏民族学院的国家级科研成果和项目相对较多；拉萨师范高等专科学校、西藏职业技术学院由于学校层次和发展水平制约在评估方面比较薄弱，还未形成相关评估机制的支撑系统；西藏藏医学院、西藏警官高等专科学校还未形成思想政治工作机制，相应的评估机制更是空白。

### 三、西藏高校思想政治工作机制的突出优势和存在问题

（一）突出优势

第一，从西藏高校整体上看，西藏高校处于西藏自治区内，民族性和宗教性是高校思想政治工作的主要特征，同时也是西藏高校发展的一个两面性因素，也可以看作是西藏高校思想政治工作特殊的突出优势。国家政策的倾斜和资金的投入支持都为西藏高校开展思想政治工作提供了良好的环境。此外，由于西藏自治区高校数量少，在一定程度上可以使得高校思想政治工作机制更具针对性和可操作性地建立和完善。

第二，从西藏各个高校具体情况看，西藏大学将学生工作与校园文化结合，利用团委、学生会、学生社团以及研究生会开展学生思想政治活动，同时为学生提供就业一站式系统、心理咨询中心等相应的公共服务；西藏民族学院利用网站开展各项思想政治工作的专题网站，设置"思想政治在线"负责学生的思想政治工作，通过互联网管理巩固该校思想政治工作的运行机制；西藏职业技术学院的公共教学部成立了心理咨询站，负责帮助学生解决日常的思想困扰。

（二）存在的主要问题

1. 处于初级阶段，发展相对落后

通过分析西藏自治区高校的思想政治工作可以发现，西藏地区由于高校起步晚、数量少以及民族特殊性等特点，高校的思想政治工作机制总体处在初步发展的阶段，各项机制都不健全。特别是西藏藏医学院、西藏警官高等专科学校受专业性定位的影响以及发展阶段限制未设置与思想政治工作相应的学院和部门，学校的思想政治工作缺乏统一性和针对性，无法全面有效地保障高校思想政治工作的有序进行。

2. 各项机制发展不完善，无法实现有效运行

现有的西藏高校思想政治工作机制中的各项机制，如领导机制、队伍建设机制、运行机制、评估机制、监督机制等之间未形成制度支撑，缺乏有效联动。对于领导机制而言，未建立以校长及行政系统为主的思想政治工作领导机制，主要依靠党委管理学生的思想政治工作，使得高校思想政治工作难以落实到教学、后勤、管理服务等各个环节；对于队伍建设机制，职称和学历中高水平的

教师队伍缺乏，致使思想政治工作缺乏专业带头人；对于评估机制而言，侧重科研成果忽视实际效果。西藏高校的思想政治工作机制由于处于初级阶段，监督机制以及运行机制等都未形成，这些都制约了各项机制的发展，使得西藏高校思想政治工作各项机制间无法实现有效运行。

**四、"三个倡导"对西藏高校思想政治工作机制创新的指导**

"三个倡导"倡导的"富强、民主、文明、和谐，自由、平等、公正、法治，爱国、敬业、诚信、友善"理念，从国家、社会、个人层面分别指出了社会主义核心价值观对这三个主体的基本道德要求。这启示西藏地区在创新高校思想政治工作机制中应坚持共性和个性结合，吸取各个高校工作机制的突出优势应用到整体，开展试点运行高校思想政治工作新机制，针对各个高校具体机制运行问题，不同发展阶段的高校应实行不同的发展对策。

（一）以"三个倡导"理念为指引，对西藏高校思想政治工作进行分类管理

由于西藏高校数量少，便于对高校进行整体划分与归类，以及对各个具体类别高校实行相对应的机制创新。在"三个倡导"理念的指导下，根据各个高校思想政治工作的发展现状和发展任务，可将高校思想政治工作机制发展情况分为五个阶段：萌芽阶段、发生阶段、成长阶段、成熟阶段、融合阶段。对于西藏高校而言，可以将其分为三类：第一类是高校思想政治工作机制处于萌芽阶段，以西藏藏医学院、西藏警官高等专科学校为主，该类型高校思想政治工作机制创新的主要任务是做好思想政治基础平台的搭建工作。第二类是高校思想政治工作机制处于发生阶段，以拉萨师范高等专科学校、西藏职业技术学院为主，该类型高校思想政治工作机制创新的主要任务是做好思想政治教育的物质、制度和文化平台的搭建工作。第三类是高校思想政治工作机制处于成长阶段，以西藏大学、西藏民族学院为主，该类型高校思想政治工作机制创新的主要任务是促进思想政治教育工作机制的长效、巩固和完善。

（二）以"三个倡导"为顶层设计理论，对西藏高校实行对应的机制创新

第一，对于第一类高校（西藏藏医学院、西藏警官高等专科学校），首先，应进行全校思想政治教育工作，建立思想政治工作小组，开展相关会议，听取学校师生对本校思想政治工作的建议；其次，建立以思想政治工作为载体的行政机构和部门，如思想政治教研室，为形成与校长和党委配合的行政系统化的领导机制打好基础；最后，引进师资力量构建高校的思想政治教育工作平台，

加快队伍机制建设，从而形成更为便捷的思想政治教育通道，加快思想政治教育工作的开展和实施。

第二，对于第二类高校（拉萨师范高等专科学校、西藏职业技术学院），首先，政府和国家应加大经费支持力度，重点扶持科研项目和单位发展，鼓励和支持该类型高校的校园相关基础设施建设，为思想政治工作机制提供好的校园环境；其次，加快高校规章制度建设，以制度的约束力去合理规范各项思想政治教育工作，同时通过制度的建立提升高校大学生自我约束和管理的能力，提升高校思想政治工作的效率；最后，营造良好的校园文化，通过西藏地区民族特色文化和汉族文化的高度融合建立符合西藏高校自身特色的主流文化，同时利用信息多元化的时代趋势以及校园网，加快思想政治工作网络平台建设，以隐形教育文化促进高校思想政治工作机制建设。

第三，对于第三类高校（西藏大学、西藏民族学院），首先，这类型高校应重点加强顶层设计，以"三个倡导"统领高校思想政治工作机制建设，进一步明确该类型高校思想政治工作的导向和目标，使学校、教师、学生形成明确的政治目标和价值追求；其次，调控和整合思想政治工作各个机制，加强领导机制、队伍建设机制、运行机制、评估机制、监督机制之间的彼此配合和支撑，形成机制间的有效联动，共同促进高校思想政治工作机制体系的全方位运转；最后，鉴于该类型高校思想政治工作机制发展处于成长阶段，权变性和长效性是该阶段两个重要的节点，所以可以以该类型高校某个学院为试点探讨真正适合高校自身发展的工作机制，同时应利用多种思想政治教育方式，适时更新和配置思想政治教育发展理念和思路，充分整合校内、校外资源，建立适合高校自身长效发展的权变机制。

## 第二节　四川省高校思想政治工作机制创新

### 一、四川省高校思想政治工作机制现状分析

#### （一）总体概况

四川省高校思想政治工作机制具有规律性、整合性和动态性等特点，在机构设置、投入产出、管理理念等方面还存在诸多问题，基于"三个倡导"，四川高校思想政治工作从机制看，应该发挥思想政治理论课的统领作用，认清高校

思想政治工作机制各要素之间的关系，推动党政工团学统筹兼顾、形成合力。

"三个倡导"是对我国社会主义核心价值观的高度概括，要求全国各地的高校在开展思想政治工作的过程中以此为指导，积极培育社会主义核心价值观，对高校思想政治工作机制进行创新。

四川省共有各类高校124所，其中本科学校40所，专科学校57所，独立学院10所，民办高校17所；2所"985"工程大学（四川大学、电子科技大学），3所（"211"）工程大学（西南交通大学、西南财经大学、四川农业大学）。近年来，党中央越来越重视高校的思想政治工作机制的创新，对各大高校思想政治工作的开展也越来越关注。四川省各大高校积极响应党中央的号召，大部分学校都设立了专门的马克思主义学院来开展其思想政治工作，下设相关的教研室，培育思想政治教育师资队伍，重视科学研究工作。

但是由于办学层次的差别，各大高校在开展思想政治工作的水平上也存在差异。例如，像四川大学这样的全国重点学校，其思想政治工作机制与一些民办高校相比要完善得多，开展思想政治工作的实力和水平也要高于其他高校。民办高校因其自身的特殊性，在开展思想政治工作时相对滞后，很难发挥出思想政治工作的长效性、绩效性、教育性。

（二）四川省高校思想政治工作机制突出案例及其特征

近年来，在"三个倡导"指导下，四川各高校纷纷开展思想政治工作机制创新，取得了突出的成效。略举以下案例。

1. 四川大学在专业教学中强化社会主义核心价值观教育

四川大学努力把核心价值观的培育和践行融入人才培养的全过程，在提升学生专业技能的进程中不断夯实其思想基础。将核心价值观列为轻化工程专业新生适应性教育的重要内容，融入第一课堂，融入思想政治教育的全过程，充分发挥专业教师的协同教育作用。专业课程在核心价值观培育中的不可替代作用，表现在其拓宽了核心价值观培育的践行渠道上。

四川大学轻化工程专业非常重视学生第二课堂建设，在长期的第二课堂建设中有很多优秀的经验与做法，从校园文化建设、创新创业教育、诚信文化专题教育到实习实践教育等活动的开展，都既丰富了学生的课余文化生活，又使其全面、系统地践行了社会主义核心价值观。对于工科大学生个体而言，在大学生的第二课堂建设中，全面覆盖了公民层面的"爱国、敬业、诚信、友善"的价值观培育，并取得了良好成效。

红色教育是培育学生爱国情怀的重要举措。红色教育是大学生思想政治教育的主题之一，红色教育可以让学生更加铭记历史、勿忘国耻、珍惜生活，从而增强学生的爱国情怀，激励学生奋发成才，为实现中华民族伟大复兴的中国梦而努力奋斗。根据工科大学生的思想特点，可以开展形式多样、内容丰富的红色教育活动，如唱红色歌曲、观红色电影、听红色故事、读红色著作、诵红色伟人、忆红色历史、开红色论坛、游红色故地等。在组织形式上，可以通过自然班级、学生社团、党团组织、兴趣小组、教研室等组织为单位开展相关活动。把红色资源中的精华加以提炼，结合高校社会主义核心价值观教育要求，使工科大学生充分了解历史、尊重历史、珍惜历史，切实增强工科大学生民族自豪感与荣誉感，增强民族自尊心与自信心，使学生爱有所向、心有所系，奋发成才、报效祖国。

创新创业教育是培养学生敬业精神的重要途径。该校结合实际，提出18条创新创业教育的改革创新举措，制订并实施了创新创业教育改革行动计划，将创新创业教育贯穿人才培养的全过程，着力培养学生的独立思考能力、创新创业能力、社会担当能力、爱岗敬业精神和团结协作精神。该校轻化工程专业学生结合自身专业优势，积极申报创新创业项目，并利用学校的平台优势与政策优势不断孵化项目，使其转化为创新创业成果。在此过程中，学生团队付出了智慧与努力，也收获了成长与历练，更重要的是收获了对工作岗位的认同与珍惜，极大培育了其敬业精神。

舆论引导是塑造学生诚信意识的重要载体。诚信是为人之本，小到人际交往需要诚信，大到社会规范需要诚信。在校园环境中，诚信做人、诚信考试、诚信科研是基本原则。诚信教育重在舆论引导、宣传教育，且引导宣传也必须结合不同层次的学生实际，分层次、分阶段、分专题开展活动。该校轻化工程专业结合诚信教育工作的实际，每年开展多种形式的诚信教育专题活动。对于研究生，主要加强以学术道德教育、科研诚信教育为主题的专题活动。该校通过由学校学术道德委员会主任向全校研究生新生上学术道德第一课，来提高研究生对学术造假的警惕性。同时，各二级单位也开展以论文写作规范、学术之星评选、宣传警示等为主题的诚信教育活动，切实提高了研究生诚信意识。对于本科生，主要以诚信征文、诚信视频征集、诚信漫画征集、考风考纪宣传周等形式开展主题教育活动。主题教育活动的开展，使全校形成了人人知诚信、人人讲诚信、人人践诚信的良好校园文化氛围。

志愿服务是健全学生友善品格的重要措施。志愿精神就是服务他人、完善自我，通过志愿服务活动的开展，志愿者不仅为别人送去了温暖，更加磨砺了自己的品行，尤其是在待人接物的礼貌性、与人相处的友善性等方面都在志愿服务的过程中得以提升。该校团学工作中的大学生青年志愿者队，每年都会在校内外开展大量的志愿服务活动，从环境卫生清理、校园秩序维护、爱心书屋、暖冬行动、贺卡义卖到看望社区空巢老人、社会法制宣传、养老院服务、边远山区支教等活动的开展，都极大丰富了志愿服务的内容，同时也提高了志愿者的服务能力与水平，塑造了其与人相处的友善性。

该校还开设了很多具有文化特色、专业特色与民族特色的活动，通过传统文化传播型、学术创新型与知识竞技型等活动形式，以及兴趣沙龙、学术型社团与文化协会等活动载体，充分发挥第二课堂的平台优势，深入挖掘第二课堂的活动内涵，积极探索活动形式，努力丰富活动内容，建立贯彻与践行社会主义核心价值观更有针对性、实效性的优势平台，努力提高工科大学生社会主义核心价值观的培育成效。

2. 四川农业大学引领农林院校师生核心价值观

四川农业大学近年来在全面推进社会主义核心价值体系建设的经验基础上，阐明了农林院校师生核心价值观的基本内涵，即主要包括"一个核心、三个层面"。"一个核心"是指具有服务"三农"特色的大学精神，"三个层面"分别是教师层面的职业理想、学生层面的精神风貌和学校层面的道德风尚。传承和丰富"川农大精神"已成为学校师生核心价值观建设的核心内容。

一所农林院校在长期的办学历史中形成了具有服务"三农"特色的大学精神，这本身就是对社会主义核心价值观所倡导的以马克思主义武装头脑，确立宏伟人生信仰的具体深入践行，是农林院校师生将马克思主义基本原理紧密结合中国"三农"实际、时代特征、人民愿望，用发展着的马克思主义去构筑自己精神世界中的信仰大厦的真诚实践。

教师的职业理想：以四川农业大学为例，在近年来的师生核心价值观构筑过程中，学校明确总结提炼了农林院校的教师理想———"爱党爱国、艰苦奋斗、业务精湛、师德高尚"，并以此有效地激励了教师队伍的自我提升与成长。

学生的精神风貌：心系三农、刻苦学习、振兴中华。对于农林院校的学生而言，形成爱国主义的人生信念，就是要培育并形成心系三农的精神风貌，形成改革创新的人生信念，就是要重视培育刻苦学习的精神。只有心系三农、刻苦学习，才能真正形成振兴中华的人生信念。四川农业大学在近年来狠抓学风建设，孕育形成了"心系三农、刻苦学习、振兴中华"的学生精神风貌，同时也拓展了师生核心价值观的内涵。

学校的道德风尚：自强淳朴、兴农爱农、孜孜以求。四川农业大学在学校道德风尚的培育过程中，尤其重视对上述传统精神价值的继承与发扬，最终形成了良好的道德风尚，有效地充实和丰富了师生核心价值观的基本内涵。近年来，四川农业大学在师生核心价值观的构建与实践上牢牢把握"川农大精神"这个核心，不断推动其与时俱进地发展，并着力以"川农大精神"引领优良学风、教风和校风建设，不断地丰富和发展了师生核心价值观的基本内涵。

3. 四川工程职业技术学院社会主义核心价值观入心见行工程

四川工程职业技术学院大力推进社会主义核心价值观入心见行工程，该工程以课堂教育为主渠道，全方位开展社会主义核心价值观的意识形态教育，充分发挥思想政治理论课教学的主阵地作用，同时在专业课、党课、心理健康教育课、就业指导课中渗透核心价值观教育。该工程以学生工作为抓手，多渠道开展社会主义核心价值观的实践教育，建设高素质的班级导师、辅导员队伍，用社会主义核心价值观占领大学生宿舍这块思想政治教育的第二阵地，在学生日常教育管理中"润物细无声"地渗透社会主义核心价值观教育。以党团组织为依靠，在组织发展和培养教育工作中坚持社会主义核心价值观正确导向；以校园文化建设为载体，丰富社会主义核心价值观的校内实践形式；以志愿服务和社会实践为延伸，开辟社会主义核心价值观的校外实践路径。强化大学生志愿服务工作，坚持开展"三下乡"社会实践活动，"校企合作""校村合作"开发全新教育平台。

综合四川高校思想政治工作机制创新现状，可以得出其具有以下特征。

一是具有较强的规律性。四川省各大高校的思想政治工作是由其产生和赖以存在的客观条件决定的，而不是由人们的主观意志决定的，因而具有客观必然性，这就决定了在思想政治工作机制运行的过程中，会呈现出一些带有规律性的特点。想要进行高校思想政治工作机制的创新，就必须在尊重客观规律的前提下，充分发挥主观能动性，重视这个实践——认识——再实践——再认识的反复过程，在实践中升华认识，达到优化高校思想政治工作机制的目的。

二是具有整合性。高校思想政治工作机制的整合性特征是指其既具有整体综合的功能，又具有统一协调的功能。具体说来，高校的思想政治工作不是一项简单重复的工作，而是一项复杂的系统工程。无论是在高校思想政治工作机制的内部，还是在其与外部的联系上，整体性的统一协调、统筹规划是必不可少的，只有当该机制处于一种良性的运行状态时，其目标才能得以实现。

三是具有动态性。任何事物都处于不断发展变化之中，四川省的高校思想政治工作机制也不例外。一方面，该机制内的构成要素在不断变化；另一方面，各构成要素之间的相互联系、相互制约，使得四川省高校思想政治工作机制也处于一种经常性的变化状态下。正因如此，高校思想政治工作机制才能实现资源的优化和调节，反映时代要求，与时俱进。

（三）四川省高校思想政治工作机制存在的问题

1. 部分高校机构设置不合理，各部门缺乏配合

四川省部分高校的思想政治工作机制由于在机构设置上烦琐、冗余，分工过细，各部门缺乏有效的配合，导致高校思想政治工作在开展上缺乏实效性和针对性。各部门各行其是，单靠一部分人、一种方法的模式很难形成体系，发挥机制的整体效益。各级党委担负着组织领导、科学决策的责任，各级思想政治工作部门及其工作人员担负着实施上级部门思想政治工作决策的责任，只有各个职能部门相互协调、相互配合，才能有效开展思想政治工作，使之具有一定的连续性。

2. 一些高校思想政治工作经费投入不足与效益失衡

四川省各大高校对于开展思想政治工作，无论是在人力方面还是在物力方面都做了大量的投入，却并没有收到同等的效益。在经费投入上，虽然较之以前有了很大改善，但依旧存在着总量不足的情况，开展思想政治工作的专项经费也远远低于其他教学管理工作经费的投入。另外，受领导干部不科学的政绩观影响，各部门的领导只对自己部门事务负责，与其他思想政治教育工作部门缺乏沟通与协调，没有形成合力，造成各大高校虽然都设立了很多开展思想政治工作的部门，但各部门各行其是，缺乏横向联系和协调的现象。

3. 一些高校思想政治工作管理理念缺乏创新

四川省思想政治工作机制的管理理念存在滞后现象，缺乏创新。目前，各大高校在开展思想政治工作过程中，还是偏爱于传统的行政命令，随着改革开放，社会主义市场经济体制的确立，中国的整个社会发生了急剧变化，学生中贫困学生在比例上有所上升、独生子女占多数，还有学校在专业结构设置上的新变化，使旧的管理理念已经不合时宜，这就要求各大高校进行管理理念的转换，寻求创新。

## 二、"三个倡导"对四川省高校思想政治工作机制创新的指导

四川省高校思想政治工作机制创新应该以"三个倡导"为基础，在"三个倡导"的指导下，建立起校园的核心价值观，为高校开展思想政治教育工作提供思想基础，使各大高校的思想政治工作机制得以有效运行。

（一）发挥思想政治理论课的统领作用

重视思想政治理论课在四川省高校思想政治工作机制中的统领作用，是我

们党和国家事业长远发展的需要，体现了我国社会主义大学的本质要求，也是当代大学生成长成才的内在要求。马克思主义是我们立党立国的根本指导思想，也是全党全国人民团结奋斗的共同思想基础。各大高校承担着对大学生进行系统的马克思主义理论教育的任务，用马列主义、毛泽东思想、邓小平理论和"三个代表"重要思想武装当代大学生的头脑，发挥高校思想政治理论课的统领作用，在"三个倡导"的指导下，不断地加强教师队伍建设、学科建设，在实践中改进教育教学的方式和方法，保障高校思想政治工作机制的有效运行。

（二）认清高校思想政治工作机制各要素之间的关系

四川省高校思想政治工作机制是由包括领导机制、队伍建设机制、制度建设机制、激励机制、保障机制、协调机制和反馈评估机制在内的七个要素构成的。这七个构成要素既有区别又有联系，单靠少数人来进行高校思想政治工作是不行的，一定要做到各要素、各部门之间相互协调。建立完善的领导机制，加强党委的统一领导，组织有关人员深入调查、研究，依靠一套完善和健全的制度来实施计划，训练出一支具有高水平、高技能、高素质的政工队伍，采取控制协调的方法，为员工提供相应的保障，才能使高校的思想政治工作机制得到有效运行。

（三）党政工团学，统筹兼顾、形成合力

高校的思想政治工作是一项系统工程，需要各部门有机结合起来，尤其是党、政、工、团、学这五方面，党委是各大高校的领导核心，行政部门负责组织，而工会、学生处、共青团是联系各方的纽带，这五方面一定要明确各自的职责和要求，发挥各自最大的优势，相互协调，广大师生员工紧密合作、共同参与，形成合力，强化四川省各大高校的思想政治工作。

在新世纪、新阶段、新时代，四川省高校思想政治工作面临着新的环境和挑战，"三个倡导"的提出，为各大高校开展思想政治工作提供了思想指导，确立了思想政治理论课的统领作用。高校要发挥机制内部七要素之间相互联系、相互促进的关系，统筹协调党政工团学，形成各方合力，提高四川省高校思想政治工作的实际效果，使高校思想政治工作得到更加科学的发展。

## 第三节　重庆市高校思想政治工作机制创新

### 一、引言

"三个倡导"为高校新时期的思想政治工作确立了方向，也为高校思想政治工作机制的创新提出了新的目标。本节通过对重庆市 67 所高校的调查，总结了重庆市高校思想政治工作机制的现状，并指出了重庆市高校思想政治工作中的特色优势和存在的一些问题，并在"三个倡导"视域下提出对重庆市高校思想政治工作机制创新的建议。

十八大提出的"三个倡导"从国家、社会和个人三个层面分别阐释了社会主义核心价值观，对社会主义核心价值体系由思想理念向社会实践的转化起着重大的促进意义，有利于社会主义核心价值体系的建设。高校作为国家培养高素质人才的主阵地，肩负着大学生思想政治教育的重要任务。"三个倡导"为高校新时期的思想政治工作确立了方向，也为高校思想政治工作机制的创新提出了新的目标。

高校思想政治工作机制的创新是党和国家发展的需要。高校作为大学生培养的主阵地，肩负着为国家培养高素质人才的重任。优秀的人才不仅需要必备的知识和技能，还需要有正确的思想政治方向，只有这样才能成为合格的社会主义接班人和建设者。在新时期、新形势下，高校的思想政治工作机制创新，关系到党和国家方针政策在当代大学生群体中的落实，关系到国家人才的培养，国家和社会实现又好又快发展。

高校思想政治工作机制的创新是高校自身发展的需要。思想政治工作机制的创新不仅有利于高校的学科和师资队伍的建设，而且可以有效提高高校思想政治工作水平和质量，使高校思想政治教育体系更加完善。"三个倡导"指导下的高校思想政治工作机制创新有利于高校与时俱进，为社会培养出更多适应时代发展的高素质人才，有利于提升高校的竞争力及社会认可度。

高校思想政治工作机制的创新是新时期大学生坚定社会主义信仰的需要。当代大学生想要实现自身的社会价值，为社会的发展贡献一份"正能量"，必须要有正确的政治信仰。总体而言，大学生的思想政治水平是积极向上的，与社会主义发展保持一致，但是随着经济的全球化、文化的交融碰撞、信息技术的发展及互联网的普及，使得一些社会主义信仰不坚定的大学生的思想出现不良倾向，如政治信仰缺失、拜金主义、诚信缺失、责任感缺失等。高校思想政治工作机制的创新，有利于在新形势下培养出社会主义信仰坚定的高素质人才。

**二、重庆市高校思想政治工作机制现状分析**

（一）重庆市高校设立思想政治教育学科建设情况

重庆市共有 63 所普通高等学校（其中包括 19 所本科学校，6 所独立学院以及 38 所专科院校），4 所成人高校（如表 6-3 所示）。

表 6-3　重庆市高校学科建设情况统计　　　　　　（单位：所）

| | 本科学校 | 独立学院 | 专科院校 | 成人高校 | 总计 |
| --- | --- | --- | --- | --- | --- |
| 设立相关学院或专业 | 11 | 0 | 0 | 0 | 11 |
| 设立教学部或教研室 | 6 | 5 | 25 | 0 | 36 |
| 无 | 2 | 1 | 13 | 4 | 20 |
| 总计 | 19 | 6 | 38 | 4 | 67 |

高校内设立教学部、教研部或者教研室的意义在于负责全校本、专科学生公共课或必修课的教学工作，具体包括"马克思主义基本原理概论""毛泽东思想和中国特色社会主义理论体系概论""思想道德修养与法律基础""中国近现代史纲要""形式与政策""大学生就业指导"等课程，同时在有研究生招生资格的一些高校中承担研究生思想政治理论课的教学工作。而设立相关的院系或专业除了必修课教学的功能之外，还能够对学院内的学生进行更加系统的思想政治教育和管理，除公共课教学外，负责对学院内学生进行专业基础教育，组织本学院内学生开展思想政治实践活动。

根据表 6-3 可以看出，在重庆市 67 所高校当中设置马克思主义学院、思想政治教育学院等相关学院以及招生专业的院校共有 11 所，而且主要集中地本科学校当中，占本科学校数量的 57.89%，占重庆市高校总数的 16.42%；设置了思想政治教育教学部或者教研室的共有 36 所高校，占重庆市高校总数的 53.73%；而既没有设立院系和专业也没有设立教学教研机构的高校数量为 20 所，占重庆市高校总数的 29.85%，并且集中于专科院校和成人高校，占各自数量的 34.21% 和 100%。

（二）重庆市高校思想政治工作的管理体系

重庆市 67 所高校思想政治教育管理体系呈现一致性，都是在学校党委的统一领导下，通过两条主线对高校大学生的思想政治工作进行科学化管理，两条主线分别从党群机构和行政机构出发,最终落实到对学生的思想政治教育。如图 6-1。

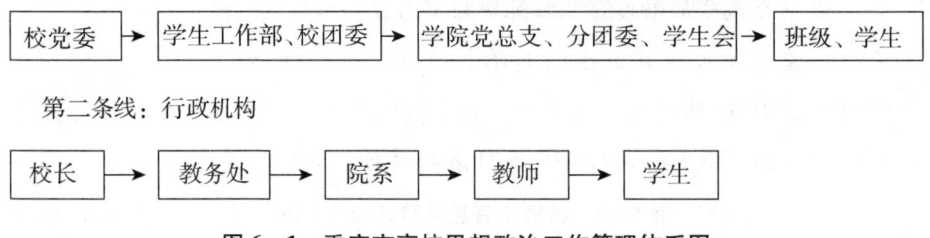

图 6-1 重庆市高校思想政治工作管理体系图

重庆市各高校通过"一个核心"和"两条主线"相结合的管理体系模式,有效实现了高校对思想政治工作的全面管理。除此之外,保卫处、后勤处等机构和组织作为大学生思想政治工作的间接参与者,对高校的思想政治工作的实施起到了重要的支撑作用。

(三)重庆市高校思想政治工作的师资队伍结构

对于重庆市而言,高校当中从事思想政治工作的机构,包括教学、科研、管理及服务机构,机构的师资结构在年龄、学历以及职称等方面都有明显改善,更加适应和适合教研教学发展的要求。

首先,年龄构成上趋于年轻化。在新时期,广大青年思想政治教育工作者开始承担起高校大学生的思想政治教育工作,形成了以中青年骨干教师为核心,趋于年轻化的师资队伍,更加适应和适合教研教学发展的要求。

其次,学历层次呈现合理化和专业化。研究生及以上学历的思想政治专业教师的加入,为重庆市高校的思想政治工作带来了新的活力,使得重庆市高校思想政治工作教师知识水平整体提升。

最后,各个高校大体呈现教授和副教授数量增加态势,教师的科研能力和教学能力稳步提升,为思想政治教育的学科建设打下了良好的基础。

(四)重庆市高校开展的思想政治工作实践活动情况

社会实践作为高校思想政治工作的重要组成部分,也是高校进行思想政治教育的重要载体。可以用实践的方式促进学生有目的、有计划地参与到社会生活当中,通过观察社会、了解社会、分析社会和服务社会来培养当代大学生思想道德素质,在实践中不断提高大学生的综合素质。重庆市高校中思想政治工作实践活动的形式主要分为以下类型:军事训练、学习先进活动、学习领导人讲话和会议精神活动、校园文化活动、志愿服务活动、勤工助学活动、社会观察和调查、就业创业见习等。

### 三、重庆市高校思想政治工作机制的突出优势和存在问题

（一）重庆市高校思想政治工作机制的突出优势

1. 大多高校重视依托网络开展思想政治工作

互联网在高校中的应用与普及使其成为高校校园生活重要的组成部分。校园网络的发展不仅给大学生获取即时信息带来便捷，也为大学生提升自身素质提供了条件。但是与此同时，网络的负面影响也给高校思想政治工作带来了挑战。重庆大学基于网络成为大学生聚集地这个事实，利用网络开展思想政治工作，充分发挥了网络的正面作用。重庆大学的"民主湖论坛"是重庆大学的校园官方论坛（BBS），在广大师生之中有着极大的影响力。"民主湖论坛"是重庆大学基于互联网建立的一个虚拟社区，也是重庆大学开展思想政治工作的教育平台。重庆大学党政机构要求校内16个职能部门的主要负责人实行轮班制度，在"民主湖论坛"值班，及时解答访客和学生提出的问题。除了官方论坛，重庆大学还通过其他网络手段开展思想政治工作，如博客、飞信、QQ等，这为师生之间实现"随时、随地、零距离"沟通打下了良好的基础。

2. 对社会主义核心价值观的针对性学习

为了使大学生进一步认识社会主义核心价值体系，深刻理解社会主义核心价值观，西南大学的化学化工学院开展了以"弘扬主旋律，践行价值观"为主题的宣讲会。四川美术学院校团委组织学生赴江西南昌、井冈山等地，进行爱国主义教育，开展社会主义核心价值观思想政治教育活动，组成了"践行社会主义核心价值观——绘井冈情画中国梦"的暑期社会实践团队。重庆人文科技学院为加强学生对社会主义核心价值观的学习，开展了"社会主义核心价值观主题宣传月"等系列活动。以社会主义核心价值观为主题的社会实践活动不仅能够使大学生更加直观地学习和了解社会主义核心价值观相关理论知识，而且能够帮助大学生将社会主义核心价值观内化到思想和行动当中，对大学生的思想政治素养的提高有重要作用。

3. 有专门的研究和宣传马克思主义的"红色理论"社团组织

由重庆大学党委领导、校团委指导的马克思主义中国化理论学习研究会是重庆大学的一个"红色理论"组织。该组织集学术性、研究性和实践性于一体，主要针对在校大学生，组织学生学习和实践马克思列宁主义、毛泽东思想及中

国特色社会主义理论体系，并对这些理论进行研究和宣传，对当代大学生的实践活动予以指导。重庆师范大学政治学院的"红色理论"社团中国特色社会主义理论体系学习研究会，对大学生的思想政治工作起着引领示范的作用，加强了校园文化建设，充分发挥出了红色社团的阵地作用。"红色理论"社团组织的建立和发展，成了高校培养青年马克思主义者的重要组织，而且对马克思主义在高校的宣传和普及起到了促进作用。

(二) 重庆市高校思想政治工作机制存在的问题

1. 思想政治理论未能与实践充分结合

应试教育现在仍是高校进行思想政治教育的主要途径，教学方法的陈旧无法满足新时期大学生对于思想政治方面的诉求。传统的思想政治理论课教学通过相关考试成绩来衡量大学生思想政治学习的成效，进而达到教育目的。然而，这种从理论到理论的教学方式和考试方式往往导致学生在课堂上难以理解讲课内容，只能在考试前死记硬背课本上的晦涩抽象的概念应付考试。教育方式方法的不当使思想政治理论的内容仍然停留在书本上，对学生实行灌输式教学，与实践脱离，对学生而言提高的仅仅是理论知识水平，而未能充分理解并将知识融会贯通到自己的学习、生活、工作当中，不能有效地帮助学生树立正确的世界观、人生观和价值观，使思想政治理论课本身所应该起到的教育作用严重弱化。

2. 实践活动开展数量少，缺乏连续性

虽然各个高校都开展了丰富多彩的思想政治教育实践活动，但开展活动的数量、影响范围和连续性上却存在很大差距。从数量上看，重庆大学每年开展的校园文化活动有近千场，而少数高校则只有几次、几十次；从连续性上看，重庆市的一些高校把优秀的实践活动持续开展下去，做成了具有自身特色的思想政治品牌，例如，重庆大学的马克思主义中国化理论学习研究会、重庆讲座、树生讲堂，重庆师范大学的中国特色社会主义理论体系学习研究会等，而有的高校未能将优秀的活动开展下去，打造出具有自身特色的品牌活动。

3. 网络思想政治工作机制有待进一步完善

在网络信息时代，网络作为新时期大学生的"聚集地"，给大学生的学习、生活、工作带来益处的同时，良莠不齐的网络信息也给大学生的价值观念带来了负面的冲击和影响。但是通过对重庆市各大高校的调查发现，目前绝大多数高校尚未开展校园网络思想政治工作。有些高校在官网、学工部网站或者校团委网站上建立了思想政治教育板块，但是鲜有更新；网上信息无人监督和引导，负面信息在校园内大范围传播，对大学生的观念造成潜移默化的负面影响；对学生发送的电子邮件不能及时回复甚至是不回复；有几所高校的官方网站甚至长时间处于"被黑"状态，网站无法打开或者显示不良网站信息，这些都表现出部分高校对校园网络思想政治工作的忽视。

**四、"三个倡导"对重庆市高校思想政治工作机制创新的指导**

（一）把"三个倡导"与思想政治理论课堂深度融合，推进教学方式方法改革

高校开设的思想政治理论的相关课程是大学生能够系统学习马列主义、毛泽东思想和中国特色社会主义理论体系的重要渠道和途径，也对大学生树立正确的理想观念有着重要意义。要把"三个倡导"的正确思想与高校思想政治理论课教学相互结合，把社会主义核心价值观的理论学习融入教育实践方面。不断推进高校对思想政治理论课的教学改革，改进教学观念、内容、方式、方法等，利用启发式和研究式教学，促进师生以及同学之间的互动式学习，使得思想政治理论课教学与当代大学生的特点相适应，增强学生的可接受性和可理解性，提高思想政治教育的实效性。

（二）把"三个倡导"与实践活动紧密结合，充分发挥高校实践育人的作用

高校要充分结合"三个倡导"的要求发挥实践育人的作用，通过系统地开展具有针对性和教育意义的实践活动，加强大学生对社会主义核心价值观的理解及认同。高校可以通过开展主题实践活动、建设实践基地等方式实现对大学生的实践教育。一是"红色革命"主题教育活动。这种思想政治教育形式有利于增强当代大学生的民族精神、爱国情感，提高民族荣誉感，使大学生真正能够懂得"没有共产党就没有新中国"，是历史和人民选择了共产党，选择了走社会主义道路。帮助大学生树立正确的世界观、人生观、价值观和荣辱观，更加坚定共产主义信念。二是高校要鼓励大学生利用寒暑假或者课余时间主动参加志愿服务、社会调查、专业见习等实践活动，在实践中践行社会主义核心价值观。通过参与社会实践，将社会主义核心价值观由理论内化成大学生坚定的理想和信念。三是鼓励大学生自行开展与社会主义核心价值观相关的主题实践活动。学生自发主动地组织和策划活动，可以加强大学生的主动性和创造性，使他们能够主动去理解和领悟社会主义核心价值观的深刻含义，从而实现自我教育，提高当代学生的成就感、社会责任感以及使命感。

### （三）把"三个倡导"融入高校校园文化建设当中，营造具有时代特征的高校文化

高校的校园文化要顺应时代的发展，与时俱进。要坚持以"三个倡导"为指导，在高校中培育具有时代特征的校园文化，重视对社会主义核心价值观的宣传，弘扬时代发展的主旋律。首先，高校的领导及管理机构要注重在制度建设和学生管理中融入自由、平等、民主、法治和爱国、敬业、诚信、友善等社会主义核心价值理念，强化工作人员的服务意识，重视服务质量，将重点放在解决学生的学习、工作和生活中所面临的问题方面。其次，要加强教师队伍建设，不仅要提高教师的思想政治理论水平，而且要加强教师的道德素质建设，树立良好的教育工作者形象。最后，将"三个倡导"思想具体到学生的日常生活当中，通过对学生日常表现的综合评价，对学生的学习、生活和工作态度进行监督指导，促进学生形成平等尊重、诚实守信、团结互助等基本行为规范，把思想政治教育融入日常生活当中，培养学生形成良好的态度和习惯。

### （四）把"三个倡导"与网络思想政治工作相结合，加强网络文化建设和新媒体技术应用

随着信息技术的普及与发展，互联网成为大学生生活的重要组成部分，为高校思想政治工作提出了新的挑战，也带来了新的机遇。高校可以利用网络建立思想政治工作平台，实现现实和虚拟世界的结合，促进社会主义核心价值观在网络中的宣传，对大学生进行思想政治教育。高校要利用网络这个大学生的"聚集地"，充分发挥网络的正面作用。一是要重视网络对大学生的影响。高校要转变观念，加快高校网络思想政治体系的建设，构建具有高校特色的网络教育平台和渠道，组建专业化的网络思想政治工作团队，充分利用网络这个教育平台，促进大学生对社会主义核心价值观的学习。同时，通过建立有吸引力、有特色、高质量的校园主题网站或者板块等，使网络成为宣传社会主义核心价值观的主要渠道之一。二是要对网络舆论进行正确的引导、监督和控制，有效避免网络中不良信息对大学生核心价值观的负面影响，加强网络道德建设，使学生自觉抵制网络中的负面信息。

高校作为国家培养高素质人才的主阵地，承担着为国家培养合格的建设者和可靠的接班人的历史重任。在新时期，高校的思想政治工作要在"三个倡导"思想的引导下实现不断创新，加强引导当代大学生对社会主义核心价值观的理解和学习，为大学生树立正确的世界观、人生观、价值观和荣辱观以及树立崇高的理想信念奠定良好的思想基础。

## 第四节　云南省高校思想政治工作机制创新

**一、云南省高校思想政治工作机制现状分析**

"三个倡导"是党中央从国家、社会与个人三个层面对社会主义核心价值观的高度凝练，标志着我国在社会主义核心价值体系的建设与实践上取得新进展，同时也为新时期高校思想政治工作提供了崭新的工作理念与研究视角。通过分析云南省高校思想政治工作现状，进一步厘清其优势与困境，将"三个倡导"融入高校思想政治工作，创新思想政治教育的内容、形式与体系，可以推动其工作机制的创新与优化，逐步加强高校思想政治教育的适应性与针对性。

党的十八大报告在"扎实推进社会主义文化强国建设"的章节中提出"倡导富强、民主、文明、和谐，倡导自由、平等、公正、法治，倡导爱国、敬业、诚信、友善，积极培育和践行社会主义核心价值观"，即"三个倡导"。"三个倡导"反映了新时期中国共产党对社会主义核心价值观问题的认识上升到新的高度，标志着我国在社会主义核心价值体系的建设与实践上取得新进展，也为作为塑造大学生社会主义核心价值观重要阵地的高校的思想政治教育工作提供了崭新的工作理念与研究视角。云南地处边陲，民族众多，以"三个倡导"为指导的高校思想政治工作机制的优化与创新为其加快和引导大学生良好"三观"的建立与和谐社会的建设提供了强大的助力，具有重大现实意义。

高校思想政治工作机制，影响和制约着高校思想政治工作的方法与规范，高校在开展思想政治工作时，其内部各要素之间按照一定的机理作用于高校思想政治工作自身的领导机制、教育机制，对其工作效果与教育成果产生重大影响。根据教育部最新数据，截至 2014 年 7 月 9 日，云南省共有 60 所高校（含 13 所民办高校），其中本科院校有 23 所，专科院校 37 所，独立学院 7 所。通过对 60 所高校官网中可查的院系与教学机构设置的统计与分析发现，在本科院校中，开展思想政治教育工作主要依托于马克思主义学院与社会科学学院，专科院校主要依靠其公共基础部，各院与各部下辖思想政治各学科教研室进行日常教学与研究，教研室一般为马克思主义基本原理、毛泽东思想和中国特色社会主义理论体系概论、中国近现代史纲要、形势与政策、思想道德修养与法律基础教研室。

各高校在日常思想政治的教学研究管理中，思想政治教育的领导机制尤为重要，也是其思想政治工作得以开展的关键环节。云南省思想政治工作的领导机制原则上采取的是党委领导下的校长与行政系统合作共管的机制，然而在实际的运行过程却总存在着党委与行政系统脱节、管理不全面等"两层皮"的现象；在思想政治工作的教育机制上，云南省高校普遍采用的是集中、大班额的"两课"形式，课堂主要以授课教师为主导，学生在其中的主体性地位体现不明显；与其他省市高校思想政治工作存在经费不足与资源投入不够的情况一样，云南省高校思想政治工作的保障机制也有待进一步增强。

**二、云南省高校思想政治工作机制优势及困境**

"三个倡导"的提出为当代高校思想政治教育工作注入了新的主旨要义，"回顾高校思想政治教育工作的特点及变化，不同时期的政治主题及思想路线直接引领高校思想政治教育工作的创新和完善"。因此，云南省也必须根据新时期时代赋予的历史使命与现实条件及时对现有的思想政治工作主题与体制进行与时俱进的优化与革新，总结与分析其在开展思想政治工作过程中的优势与困境，不断提升大学生思想政治工作的成效。

（一）云南省高校思想政治工作机制的优势

思想政治工作不仅对高校学生、高校自身的发展至关重要，对于当前构建和谐社会也大有裨益。云南特殊的地理位置、多样化的民族构成与经济发展阶段，为其高校思想政治工作的开展提供了鲜活的地方精神与红色传统。"云南精神"是对云南省所独具的"高原情怀"与"大山精神"的高度概括。"云南精神"的提出在很大程度上丰富与发展了云南省思想政治教育工作的内涵与内容，其与"三个倡导"的有机结合也使得云南省思想政治教育工作的开展更具针对性与适应性。

对云南省各高校所在地的统计表明，云南省高校在地区上具有极大的聚集性。目前云南省23所本科院校中有14所坐落于昆明市，37所专科院校中有21所院校也坐落在昆明市，院校的高度集聚不仅为各高校之间直接开展相关活动提供了便利的物质条件，也为各高校之间开展思想政治工作交流与研讨提供了空间上的便利条件。

近年来，云南省各级高校都逐步认识到思想政治工作的重要性，积极进行思想政治工作理念与机制的优化与创新。这其中也涌现出不少在思想政治教育上大胆创新并已取得成效的高校。"育人必先崇德，德育必先动情，以史为鉴，知其兴衰，以精神为鉴，扬其信念。"云南师范大学积极挖掘"西南联大精神"

与"一二·一"爱国运动等红色文化和爱国主义精神,在每年新生入学之时,师大都会开设针对新生的"光辉的西南联大""做联大精神弘扬者"等专题讲座并将其划入思想政治考试的范畴,在新生入学之初就对新生进行爱国主义的思想政治教育起到了良好的引导作用。此外,云南大学旅游文化学院将思想政治教育融入学校园区建设,通过以社会主义核心价值观引领园区建设并开展丰富多彩的园区文化活动,将思想政治教育工作融入学生的日常生活并使之常态化,同样为云南省其他高校思想政治教育工作的开展提供了有益的借鉴。

(二)云南省高校思想政治工作机制的困境

思想政治教育工作对构建社会主义和谐社会具有促进作用毋庸赘言。然而,云南省地处我国西南边陲,因其特殊的地理位置、民族构成和经济发展阶段,高校在开展思想政治教育工作方面面临着更多的阻碍与挑战。

尽管云南省不断改进其思想政治教育的工作机制与方法,但是在实际的教学与工作中仍然存在一些问题。首先,在领导机制上,本该由各高校党委与行政系统齐抓共管的思想政治教育工作,在实践中却出现党委与行政系统的脱节导致的管理盲区。第二,云南省高校的少数民族学生比例高,且大部分学生在毕业后会选择回到家乡,因此对这一部分学生的教化与引导显得尤为重要。但是根据杨馨等学者的《少数民族大学生思想政治教育有效性研究——基于云南五所高校的调查分析》文章显示,云南省在思想政治工作的教学过程中对民族文化与民族政策课程的设置普遍不到位。第三,由于省内各高校办学层次的差异,云南省高校思想政治工作的保障机制并不健全。保障机制的不健全首先体现在师资队伍建设。对全省高校思想政治师资的统计显示:本科院校思想政治教师中已获得博士学位教师的比例较大且逐年上升,而专科院校中获得博士学位的思想政治教师寥寥无几。其次,省内各高校尤其是专科院校在思想政治教育中经费不足和绩效评估机制不健全也制约着云南省思想政治工作水平升级与机制创新。

### 三、"三个倡导"对云南省高校思想政治工作机制创新的指导

"正确理解和准确把握社会主义核心价值体系与社会主义核心价值观之间的联系与区别,以及体现'三个倡导'的科学含义及其辩证关系是促进社会主义核心价值观向大学生思想政治教育的全面渗透,创新大学生思想政治教育的重要前提。"因此,"三个倡导"也应该成为贯穿云南省思想政治教育工作的主线,并将其与云南特有的民族文化和"云南精神"进行有机结合,进一步改革高校

思想政治教育的体制、内容，创新其工作机制，使云南省高校思想政治教育工作更具针对性与实效性。

（一）深化"云南精神"与增设民族政策课程

"三个倡导"的提出具有其特定的历史背景与现实环境，对中国特色社会主义的构建具有宏观指导意义。但云南省少数民族数量多、分布广，在文化与宗教方面皆有明显的差异性，高校学生中少数民族学生的比例也相对较高，因此高校的思想政治教育工作需要充分关照云南特有的民族文化与地方特色。"云南精神"是"以社会主义核心价值观为指导，在实践中坚持中国特色社会主义共同理想，在实践中体现以爱国主义为核心的民族精神"。因此其与"三个倡导"在云南思想政治教育工作中的地位与作用是相辅相成、相得益彰的。深化"云南精神"在一定程度上也是强化"三个倡导"的重要方式与手段并且更具针对性。云南高校可以开展新生入学教育，完善校园休闲环境，积极组织如"学习杨善洲，践行社会主义核心价值体系"等云南本土英雄事迹主题演讲与学习活动。

"在高校开设相关民族政策的课程，能鼓励少数民族大学生奋发图强，唤起他们实现民族振兴以及改变家乡落后面貌的使命感和认同感，对国家实现长治久安具有重大的意义。"因此，在日常的思想政治教育工作中，针对云南省少数民族学生实际，应该开展民族政策法律的普及活动，并将其纳入思想政治课程考察范围，使学生深刻了解到"三个倡导"中所提倡的社会主义核心价值观也是为更好地保障少数民族利益，使其共享祖国发展成果的良好心愿并自觉践行"三个倡导"。

（二）建立辅导员、班主任、思想政治教师的合作体系

当前的思想政治教育领域的现状是辅导员、班主任与思想政治教师各司其职，相互之间交叉少、沟通少，在很大程度上局限了思想政治教育开展的全面性与连贯性。因此，云南省高校应该建立起由辅导员、班主任与思想政治教师共同管理的思想政治教育的合作体系。首先，辅导员、班主任与思想政治教师作为高校思想政治工作的组织者，应根据自身职责，合理分工。"三个倡导"从国家、社会与个人的层面对社会主义核心价值观作出了概括，高校的思想政治教育也应从课堂、实践与生活三个方面来培养和管理学生。

从课堂的角度，思想政治教师作为授课主体，应注重教学内容的设置与授课方式的多样化。在教学内容上紧扣"三个倡导"中的"富强、民主、文明、和谐"内容，以网络、互动等新颖的教学形式与方式，突出具有云南文化与民

族特色的教学内容,引导学生树立对中国特色社会主义的坚定信念。从实践角度,班主任统筹班级日常学习工作,应在工作中紧扣"三个倡导"中的"自由、平等、公正、法治"。对于班级的管理,应注重学生主体性的发挥,充分尊重学生的创新性,以平等的姿态对待学生,帮助他们解决其在学习生活中遇到的问题,通过制订班级规章条例来强化学生对规则与法治的认识。从生活角度,辅导员与学生日常生活关系最为密切,也是各项学生活动的具体组织者。因此,辅导员的工作应该贯穿"三个倡导"中的"爱国、敬业、诚信、友善"的内容,通过开展丰富多彩的校园活动与社会实践活动,将"三个倡导"内化为学生的价值取向与奋斗目标,使学生在生活中乐观、自信,富有正义与责任感。"建立切合时代发展需要的性格、思想和行为体系",是"三个倡导"融入高校思想政治教育的根本目的。

(三)强化教育主体价值,建立健全绩效评价机制

"三个倡导"思想所强调的社会主义核心价值观是在充分肯定人的主体性价值,在实践的基础上凝练而成的,是"培养造就中国特色社会主义事业建设者和接班人的客观要求"更是"新形势下提高大学生思想道德素质的迫切需要"。因此当下云南省高校思想政治工作应该充分发挥教育主体性价值,并通过合理的绩效评价体系予以激励和保障。

当前云南省高校思想政治工作开展的阻滞因素之一就是部分高校受自身办学层次与经费限制,难以在短期内提高思想政治工作人员的学历水平与综合素质。因此在思想政治工作实践中,云南省高校间应建立良好的思想政治工作沟通机制,并由相关教育部门牵头,使诸如云南大学、云南师范大学等在思想政治教育上具有突出优势的高校定期、长期向民办高校及专科院校开展思想政治工作交流会或相关讲座。

针对评价机制问题,首先应该合理定位评价内容,"高校思想政治教育的评价内容应从受教育者、思想政治工作者、领导部门三方面合理定位,同时对思想政治工作过程中的途径、形式、方法、内容的评价和对整个过程也要有辩证的把握"。其次是建立科学的评价体系,应根据高校大学生思想实际、发展要求与本校思想政治教育实际,建立合理、准确、可行的系统评价机制。对于评价的结果,应进行全面、及时地反馈,并针对反馈结果进行激励。在激励中,要处理好效率与公平的问题,物质与精神激励相结合但要注重精神激励在思想政治工作中的主导地位,引导教师与学生在竞争的环境中,在市场经济的冲击下,仍能理解与践行"三个倡导"中的和谐、平等与公正的要义。

# 第五节　贵州省高校思想政治工作机制创新

## 一、引言

高校承担着知识传播、人才培养、科学研究等多方面的重要职能,为社会提供源源不断的人力资源和智力支持,是服务社会经济发展的重要力量。但与此同时,高校也处在思潮碰撞的最前沿,是最容易受外界思想影响的思想阵地,如何让共同理想牢牢守住这块阵地,是每一所高校应当认真思考并对待的问题。党的十八大提出的"三个倡导",为贵州省高校思想政治工作机制的改革和创新提供了新的契机,借此机会,总结高校思想政治工作机制,提升全省思想政治工作水平,成为贵州省高校思想政治工作的必由之路。

2012年11月,中国共产党第十八次全国代表大会审议并通过了胡锦涛同志所作的《坚定不移沿着中国特色社会主义道路前进,为全面建成小康社会而奋斗》的报告。在报告中,胡锦涛提出了"三个倡导",概括了社会主义核心价值观在国家、社会、公民三个层面的内容。其中,"倡导富强、民主、文明、和谐",为我国在经济、政治、文化、社会等各方面发展指明了总体目标;"倡导自由、平等、公正、法治",为我国社会的和谐发展提出了基本的价值要求,也为每位公民能够共享改革发展成果提供了保障;"倡导爱国、敬业、诚信、友善"为全体公民指明了需遵守的基本社会公德,同时也为社会提供了评价公民基本道德的衡量依据。国家、社会、个人三个层面相互关联、相互贯通,是全社会应该共同学习、弘扬、遵守的重要价值观念。

高校是为社会培养后备人才的基地,学生世界观、人生观、价值观进一步深化的"熔炉"。因此,在高校开展思想政治工作,对引导广大大学生树立共同理想,坚持中国特色社会主义道路,具有重要意义。在多元化思潮不断渗透,社会核心价值不断被冲击的今天,"三个倡导"的提出与社会主义核心价值观的诠释,可谓共同理想的重塑,为广大学生提供了思想指引,明确了国家、社会和个人未来的走向。而高校思想政治工作者,在这一过程中则发挥着"举旗者""航标灯""领路人"的职能,由其言传身教及借助形式多样的方式来直接或间接地影响学生,实现"三个倡导"从进课堂到进头脑,再到进行动的转化,是当今高校思想政治工作开展的最终目的。

## 二、贵州高校及其思想政治工作现状

**（一）贵州高校发展现状**

截至 2015 年 3 月，贵州省共有高等院校 57 所，其中本科层次院校 31 所（含公办院校及独立院校），专科层次院校 26 所（含公办及民办院校），办学类型涵盖综合、师范、医科、理工、财经、民族 6 个类别。全省共有"211"工程院校 1 所（见表 6-4）。与其他省份相比，贵州省经济发展较为落后，高等教育发展也处于全国平均水平之下。中国校友会网 2015 年 1 月发布的《2015 中国大学评价研究报告》显示，贵州省排名最前的贵州大学，位列全国大学综合实力的第 119 位。

表 6-4 贵州省高校概况

| 省份 | 办学层次 | 办学类别 | 数量 | 备注 |
| --- | --- | --- | --- | --- |
| 贵州省高校 57 所 | 本科院校 31 所 | 公办本科院校 | 18 所 | 包含"211"院校 1 所 |
| | | 独立院校 | 13 所 | |
| | 专科院校 26 所 | 公办专科院校 | 24 所 | |
| | | 民办专科院校 | 2 所 | |

**（二）贵州高校思想政治工作现状**

贵州省地处我国西部，总体经济实力较弱，该省高校普遍面临着贫困农村地区的学生比例较高、少数民族学生比例较高、学生交流平台较少等客观条件限制，思想政治工作开展面临着较大的压力。该省在开展思想政治工作过程中，主要采取思想政治课程、学工系统工作及党团组织活动等形式。

在思想政治课程方面，与其他省份类似，该省多采用课上知识讲授与课下学生实践相结合的方式，但受生多师少，实践单位所提供的条件有限等条件限制，在实际教学中并未达到预期的理想效果。该省在开设思想政治理论课的同时，自 2007 年开始，在全省高校全面开设"贵州省青"课程，这一课程对深化学生对当地的经济、政治、文化的认识有着重要意义。此外，该省多所高校还开设了思想教育专题网站，如贵州大学"文明网""励志·成才"、贵州师范大学思想政治教育网、贵州工程应用技术学院"大学生思想政治教育工作专题网"等，并开办了《贵州大学生手机报》来满足学生的多样化学习和交流需求。

高校辅导员是开展学生思想政治工作的主体。高校辅导员通过深入学生宿舍、课堂、班会，并借助培训、家访、谈话等形式，利用学生课余时间，开展了更有针对性的思想政治工作。同时,高校的学工部门还会结合每年的毕业季、招聘季、征兵季等时间节点,利用精神文明月、主题教育周等形式,对学生开展思想政治主题教育。如贵阳中医学院的"道德讲堂"活动、贵州师范学院的"诚信与感恩"主题教育活动等。

高校党团组织也是高校思想政治工作开展的又一重要力量。高校党委通过主题宣传活动、演讲征文、事迹报告等形式,宣传党的路线方针政策,尤其是通过基层支部的战斗堡垒发挥作用,借助党员模范带头作用,开展学生间的自我学习、自我教育。高校团委通过下属学生组织及马克思理论研究类社团,借助学生活动的开展及各类培训讲座的召开,用学生喜闻乐见的方式开展思想政治教育。如贵州大学党委开展的重温习近平同志"5·9"重要讲话精神学生座谈会、共青团贵州师范大学委员会举办的青年马克思主义者培养工程学生骨干培训班等。

### 三、贵州省高校思想政治工作机制的特色及挑战

(一)工作机制的特色

1. 关注少数民族思想政治工作

少数民族大学生的思想政治教育工作,直接关系到少数民族大学生的未来,关系到少数民族地区的经济繁荣,关系到民族团结、社会和谐和国家稳定。因此,关注少数民族大学生的思想政治工作,便成为贵州高校思想政治工作的一个特色。在日常的授课及实践活动中,贵州省高校对少数民族大学生进行关注,针对其存在的较为普遍的民族意识强、学业功底薄弱等特点,坚持以人为本观念,强化爱国统一思想,尊重民族文化的多元化特点,开展少数民族大学生思想政治工作。

2. 注重网络思想政治工作平台建设

随着网络的日益普及,更多的学生习惯从网络上获取信息。在这一背景的影响下,贵州部分高校相继开办了具有各自特色的思想政治教育网站,这些网站在宣传"三个倡导"的过程中发挥了重要作用,如"励志·成才"贵师范大学思想政治教育网、贵州大学党建网、贵阳中医学院大学生思想政治教育网、贵州财经大学"古柏青音"思想政治教育网等,通过设立理论学习、学生党建、校园文化等模块,为在校学生提供了网络学习、自主学习的新平台。

3. 借助红色旅游开展思想政治工作

贵州省拥有较为丰富的红色旅游资源,体现着宝贵的革命精神和厚重的历

史文化。其中以乐于吃苦、勇于战斗、重于求实、善于团结、顾全大局的长征精神和以政治信仰教育、民族精神教育和思想道德教育为核心的思想政治教育体系，适应不同时期、不同群体和不同阶层的教育，为教育活动提供了持续动力。贵州各高校也能有效地结合省内的红色旅游资源，通过社会实践、考察调研、学习参观等丰富多彩的形式，开展思想政治工作，有利于学生更为真实、直观、有效地进行思想政治的学习、深化及实践。

（二）工作机制方面的挑战

1. 贫困生数量较多

地处我国西部地区的贵州省，经济总体实力较弱，部分地区民众生活仍然较为贫困。贵州高校的在校学生中贫困生比例较高，他们面对着生活、学业、人际交往等多方面的压力，不仅在心理上容易出现问题，在思想上也更容易形成对社会的不满和阶层之间的隔阂，对"三个倡导"所提出的社会主义核心价值观的认同也会产生偏差甚至抵触。

2. 教育落后、教师教学水平落后

贵州高等教育的发展在全国仍处于弱势地位，教师的综合素质与能力，教学水平等方面也有待提高。一方面，部分高校的思想政治课教师比例较低，大班授课、"填鸭式"教学等形式已难以适应当今的教学环境，硬件条件的落后、实践条件的不足，也使得立体化教学、体验式教学、教学与实践相结合等理念难以付诸实践。另一方面，部分教师的教学和科研水平还不够高，难以掌握有效的教学方法并实现教学目的，直接导致思想政治课程枯燥、乏味。

3. 文化的多元化

文化的多元化日益体现，也是贵州省思想政治工作开展的一大挑战。在多元文化背景下，大学生自我主体意识增强，更加注重自我价值的实现，主要表现在对自我崇尚、自我价值、自我利益的追求，热衷于自我设计、自我奋斗、自我实现。这就对思想政治工作的思想引领及行为导向功能提出了更高的要求。同时，贵州高校的少数民族生源较多，特别是有一些来自宗教文化氛围比较浓厚的少数民族地区的大学生，耳濡目染，对宗教存在着特殊的感情，有些人也自然追随父母辈走上了宗教信仰的道路。如何使其在长期的宗教意识影响下接受"三个倡导"所提倡的社会主义核心价值观，如何对其开展唯物主义教育，是贵州每一位思想政治工作者面临的挑战。

**四、"三个倡导"对贵州高校思想政治工作机制创新的指导**

（一）充分利用网络资源，健全思想政治教育与工作的网络平台

随着获取信息途径的多样化，大学生已不再完全相信教师，也不完全满足于书本已有知识，这就要求教师应充分运用互联网技术，在思想政治理论课教学中扩展教学内容，丰富教学方法，加强与大学生的沟通交流等。"三个倡导"引领下的思想政治工作开展过程中，越来越多的高校选择开办专题网站的形式，汇聚网络的丰富资源，引导学生进行自我学习、自我教育。在此方面，除了要注重板块及内容设置紧贴学生需求及兴趣点，保障学生的持续关注度，还要坚持思想性、教育性、知识性、引领性，并注重实时更新，使其在思想政治工作开展过程中发挥更大的作用。

（二）结合学生喜闻乐见的方式，推进思想政治教育方法创新

如何让学生喜欢思想政治课程，如何使其主动、自觉接受世界观、人生观、价值观的引导，是高校思想政治工作者应该思考的问题。除了充分利用本省的红色旅游资源外，贵州省还开办了《贵州省大学生手机报》，并定期面向全省高校师生征稿。手机文化具有柔性引导教育优势，在开展思想政治教育过程中，采用手机文化这种生动时尚的方式，更容易为大学生所接受，从而增强学生对思想政治工作的信任度、依赖度、喜爱度。

（三）结合实际抓住工作重点，突出思想政治工作的有效性

抓住本省思想政治工作中存在的重点问题，在时间、精力有限的条件下如何"抓大放小"，也是在进行"三个倡导"教育的过程中应该注意的问题。贵州省高校能够较好地抓住本省学生少数民族多、贫困生人数多等特点，并借助红色旅游资源，迎合学生需求开办手机报及专题教育网站，都很好地抓住了符合本省实际的工作重点，有利于本省思想政治工作的稳步向前发展。

（四）推进教学科研融合，提升思想政治工作者的能力和水平

良好的教学方法具有灵活性，且针对性强，能够有效地避免教师唱"独角戏"，能够激发学生参与的热情，避免学生处于被"灌输"的状态。因此，提升高校思想政治教育课程教师及高校辅导员自身素质与业务能力，是高校提升思想政治工作总体水平的重要抓手。近年来，贵州省为提升本省思想政治工作和理论工作者的工作能力和理论水平成立贵州省高校辅导员培训中心，并定期举行讲座、培训、素质拓展等项目，已取得了初步成果。

## 本章小结

本章分为五节，分别对西藏、四川、重庆、云南和贵州五省（市、自治区）高校思想政治教育机制现状和发展对策进行了分析和论述。

西藏自治区只有6所高校，各所高校都配置了思想政治教育专职教师，其中4所也成立了独立思想政治教育二级机构，在思想政治教育工作机制上形成了较强的民族性和宗教性、针对性和可操作性，保障了西藏高校思想政治工作的有效实现。今后，西藏高校思想政治工作机制创新要把握两点：一是以"三个倡导"理念为指引，对西藏高校思想政治工作进行分类管理；二是以"三个倡导"为顶层设计理论，对西藏高校实行对应的机制创新。

四川省高校思想政治工作机制具有规律性、整合性和动态性等特征，但也存在部分高校机构设置不合理，各部门缺乏配合、经费投入不足与效益失衡等问题，今后，要基于"三个倡导"，发挥思想政治理论课在高校思想政治工作的统领作用，认清高校思想政治工作机制各要素之间的关系，党政工团学统筹兼顾、形成合力。

重庆市高校思想政治教育管理体系呈现一致性特征，各高校通过一个核心和两条主线相结合的管理体系模式，有效实现了高校对思想政治工作的全面管理。今后，重庆市高校要切实把"三个倡导"与思想政治理论课堂深度融合，推进教学方式方法改革；把"三个倡导"与实践活动紧密结合，充分发挥高校实践育人的作用；把"三个倡导"融入高校校园文化建设当中，营造具有时代特征的高校文化；把"三个倡导"与网络思想政治工作相结合，加强网络文化建设和新媒体技术应用。

云南省各高校积极开展思想政治工作理念与机制的优化与创新，注重对鲜活的地方精神与红色传统的挖掘，例如，"云南精神""西南联大精神""一二·一"爱国运动等红色文化和爱国主义精神。今后，"三个倡导"应该成为贯穿云南省思想政治教育工作的主线，并将其与云南特有的民族文化与"云南精神"进行有机结合，进一步改革高校思想政治教育的体制、内容，创新其工作机制，使云南省高校思想政治教育工作更具针对性与实效性。

贵州省高校思想政治工作机制形成了关注少数民族思想政治工作，注重网络思想政治工作平台建设，借助红色旅游开展思想政治工作等特色。今后，基于"三个倡导"，还需要从以下几个方面努力：充分利用网络资源，健全思想政治教育与工作的网络平台;结合学生喜闻乐见的方式,推进思想政治教育方法创新;结合实际抓住工作重点,突出思想政治工作的有效性;推进教学科研融合,提升思想政治工作者的能力和水平。

**【参考文献】**

[1] 张永强. 论高校思想政治工作机制的创新[D]. 太原:山西大学,2006.

[2] 朱颖原. 社会主义核心价值观研究[D]. 太原:山西大学,2013.

[3] 肖柯. 隐性视角下高校思想政治教育平台的创新性构建[J]. 东北师大学报(哲学社会科学版),2011(6):181-183.

[4] 张建颖. 新媒体视域下大学生思想政治教育载体的创新[J]. 福州大学学报(哲学社会科学版),2014(2):105-108.

[5] 冯国涛,刘晓虎,向星烨,等. 第二课堂强化社会主义核心价值观的教育成效——以四川大学轻化工程专业学生为例[J]. 皮革科学与工程,2017,27(3):70-74.

[6] 刘晓虎,冯国涛,苏德强,等. 社会主义核心价值观培育全融入的探索实践——以四川大学轻化工程专业为例[J]. 皮革科学与工程,2016,26(3):70-73.

[7] 邓良基. 以社会主义核心价值体系引领农林院校师生核心价值观的构建——以四川农业大学为例[J]. 国家教育行政学院学报,2012(3):3-7,2.

[8] 杨晓蕾,韩志敏. 高职院校社会主义核心价值观入心见行工程探析——以四川工程职业技术学院为例[J]. 山东农业工程学院学报,2015,32(2):107-109.

[9] 薛进文. 加强专业学院的制度建设和民主管理[J]. 中国高等教育,2008(21).

[10] 梁文军. 高等学校推行绩效预算的构想[J]. 中国高等教育,2011(18).

[11] 王林清. 构建服务型学生工作新体系的探索[J]. 中国高等教育,2008(18).

[12] 徐国亮. 思想政治工作:基于新视野的系统分析[M]. 济南:山东大学出版社,2007.

[13] 成长春. 高校思想政治工作专论[M]. 徐州:中国矿业大学出版

社，2012.

[14] 胡锦涛. 坚定不移沿着中国特色社会主义道路前进，为全面建成小康社会而奋斗——在中国共产党第十八次全国代表大会上的报告 [Z]. 北京：人民出版社，2012.

[15] 徐精鹏."三个倡导"语境中的大学生思想政治教育探析 [J]. 思想理论教育导刊，2013（8）：126-129.

[16] 夏越新. 高校思想政治教育创新机制建设刍议 [J]. 学校党建与思想教育，2012（19）：66-67.

[17] 李俊丽. 高校思想政治教育实践育人模式探讨 [J]. 西南民族大学学报（人文社会科学版），2011（S3）：139-141.

[18] 纪亚光，吴荣生. 论大学生"红色社团"在推进高校马克思主义大众化中的作用 [J]. 思想理论教育导刊，2010（1）：117-120.

[19] 欧巧云. 谈网络时代高校思想政治工作的创新 [J]. 教育探索，2009（2）：96-98.

[20] 江天桥，胡延庆. 当前高校思想政治教育工作存在的主要问题及对策 [J]. 教育探索，2011（4）：136-137.

[21] 张旭. 红色情怀育人联大精神塑魂——云南师大校园文化建设与学生思想政治教育工作 [A]//云南省中国近代史研究会. 社会主义核心价值体系与教育——德育论丛（第二辑）. 昆明：云南科技出版社，2012.

[22] 李春芳. 云南精神融入大学生思想政治教育的路径研究 [J]. 中国校外教育，2014（15）：4.

[23] 范玉茹. 高校思想政治教育机制创新研究 [D]. 秦皇岛：燕山大学，2008.

[24] 杨洁，喻兰. 少数民族大学生思想政治教育研究——以贵州师范大学为例 [J]. 贵州民族研究，2014（9）：208-212.

[25] 颜茵. 贵州红色教育资源与高校思想政治教育 [J]. 安顺学院学报，2011（4）：42-44.

[26] 江雪华. 大学生思想现状分析及对策研究 [J]. 高校辅导员学刊，2009（5）：1-4.

[27] 龙成银. 贵州少数民族大学生思想政治教育的困境与对策研究 [D]. 上海：华东师范大学，2010.

[28] 尹铁燕. 网络资源在高校思想政治理论课中的开发利用现状调查研究——以贵州高校为例 [J]. 西南科技大学高教研究，2014（3）：59-61.

[29] 毛蔚. 手机文化背景下高校思想政治教育策略创新研究 [J]. 广西社会科学, 2014 (6): 222-224.

[30] 李文英. 高校思想政治理论课教学的优化 [J]. 教育与职业, 2014 (29): 124-125.

# 第七章

# 华中高校思想政治工作机制创新

## 第一节 河南省高校思想政治工作机制创新

**一、河南省高校思想政治工作机制现状分析**

（一）总体概况

本节通过对河南省 140 所高校思想政治工作的概括，分析了河南省高校思想政治工作机制的现状、特色优势及问题，并在"三个倡导"视域下，提出针对河南省高校思想政治工作机制创新的建议，指出河南省高校要将"三个倡导"融入校园文化建设之中，加强高校之间思想政治工作的合作与学习，重视建设高校思想政治工作网络平台。

十八大提出的"三个倡导"从国家、社会和个人三个层面分别阐释了社会主义核心价值观，对社会主义核心价值体系由思想理念向社会实践的转化有着重大的促进意义，有利于社会主义核心价值体系的建设。高校作为国家培养高素质人才的主阵地，肩负着大学生思想政治教育的重要任务。"三个倡导"为高校新时期的思想政治工作确立了方向，也为高校思想政治工作机制的创新提出了新的目标。

2014 年 4 月河南省教育厅公布了《2013 年河南省教育事业发展统计公报》，该公报指出，截至 2013 年末，河南省共有高校 140 所，其中普通高等学校 127 所，成人高等学校共有 13 所。127 所普通高等学校中又有本科学校（含独立学院）50 所，专科学校 77 所。河南省高等教育的总规模为 265 万人。

（二）河南省高校设立思想政治工作的学科建设

高校内设立的相关院系以及专业主要负责教学管理，制订教学计划，明确教学工作目标，更加系统地对学生进行管理，提高教育和学习质量。高校内设立教学部、教研部或者教研室的意义在于负责全校本、专科学生公共课或必修课的教学工作,具体包括"马克思主义基本原理概论""毛泽东思想和中国特色社会主义理论体系概论""思想道德修养与法律基础""中国近现代史纲要""形式与政策""大学生就业指导"等课程,部分高校的教研部、教研室还承担研究生的思想政治理论课的教学培养工作。一般意义上,设立相关院系以及专业的高校相比于只设立教学部、教研部、教研室的高校除了能够承担校内学生的思想政治教育公共课和必修课教学功能,还能够负责院系及专业内部学生的专业基础教育,培养专门的思想政治教育人才,在开展思想政治教育工作及活动方面,也能够更多地发动相关专业的学生组织开展活动,有效提高学生的主动性和参与性。而既没有设立相关院系及专业,也没有设立教学部、教研部、教研室的高校的思想政治工作则由学校党委宣传部、学生工作部(处)及校团委等党群机构承担,呈现出主体单一性、缺乏针对性和互动性等特点。

通过对河南省教育厅《2013年河南省教育事业发展统计公报》公布的127所高校的学科建设进行统计,如表7-1,河南省50所本科学校(含独立学院)当中,有11所高校设有与思想政治教育相关的院系或专业,27所设立教学部、教研部或教研室,而12所高校没有设立与思想政治教育相关的教学机构,在学校中所占比例分别为22%、54%、24%。河南省77所专科院校当中有36所高校设立教学部、教研部或教研室,41所专科院校设立相关的教学机构,分别占专科院校的46.75%、53.25%。而在河南省的13所成人高校当中,只有1所高校设立了教学部、教研部、教研室。从总体上来看,河南省有7.86%的高校设有与思想政治教育相关的院系或专业,而且集中于本科学校,45.71%的高校设有相关的教学部、教研部或教研室,46.43%的高校没有设立相关教学机构。

表7-1 河南省高校思想政治教育相关学科建设情况统计 (单位:所)

| | 本科学校(含独立学院) | 专科院校 | 成人高校 | 总计 |
| --- | --- | --- | --- | --- |
| 设立相关院系或专业 | 11 | 0 | 0 | 11 |
| 设立教学部或教研室 | 27 | 36 | 1 | 64 |
| 无 | 12 | 41 | 12 | 65 |
| 总计 | 50 | 77 | 13 | 140 |

(三)河南省高校思想政治教育实践活动

社会实践作为高校思想政治工作的重要组成部分,也是高校进行思想政治教育的重要载体。河南省的高校通过不同形式的主题活动、多样化的实践活动,宣传"三个倡导",践行社会主义核心价值观,让高校大学生能够更加深刻地认识和理解社会主义核心价值观,更加深刻地了解"三个倡导"的精神。河南省高校组织的思想政治教育的主要实践形式包括以下几种。

一是学习领导人讲话和会议精神。信阳农林学院黄河科技学院举行"学习习近平总书记五四讲话精神"主题座谈会活动,鼓励学生用习近平总书记五四讲话精神武装自己,刻苦学习,不断坚定共产主义理想信念,为实现伟大复兴的"中国梦"贡献自己的一份力量。为了深入宣传和学习党的十八大精神,引导学生为实现中华民族复兴而不懈奋斗,黄河科技学院开展了"学习贯彻十八大,青春构筑中国梦"系列校园活动,对学生进行了深刻的思想政治教育。

二是学习先进活动。南阳理工学院开展"学习张伟,寻找身边'张伟'"的活动,在高校中掀起了学习张伟先进事迹和崇高精神的热潮;开封大学开展学习张伟先进事迹的活动;信阳师范学院组织学生开展"弘扬雷锋精神,争当时代先锋"为主题的校园文化活动,等等。通过对先进人物及其事迹的宣传和学习,不断提高高校师生的思想政治觉悟,通过树立典型榜样,为师生树立明确的行为准则,有利于帮助学生辨清是非曲直,坚定理想信念。

三是校园文化活动。郑州大学开展的"礼敬中华优秀传统文化·践行社会主义核心价值观"的活动,深入周边的农村和社区,向居民宣传社会主义核心价值观,给当地居民传播了正能量;河南科技学院在全校开展的校园活动"我在河南科技学院,我为核心价值观代言",使老师和学生结合自身经历,说出对社会主义核心价值观的理解,在全校师生中宣传了社会主义核心价值观;河南工业大学为了培育大学生的社会主义核心价值观,举办了"大学生社会主义核心价值观"主题宣传月活动,使社会主义核口价值观深入学心中;三门峡职业技术学院采取国旗下讲话、知识讲座、主题班会、图片展览等多种形式践行社会主义核心价值观。校园文化活动将社会主义核心价值观的内涵和高校学生特点相结合,形式的多样化和创新性使高校学生更易于接受并且参与其中,使社会主义核心价值观在高校学生中得到宣传和实践。

四是志愿服务活动。郑州大学体育学院在2013年4月开展了为期一个月的"雷锋月"活动,在活动中学校向全校大学生提出了倡议,倡导学生要做一个爱党、爱祖国、爱人民、爱科学、爱社会主义的优秀大学生,要树立正确的人生观和价值观,把社会主义核心价值观作为一种人生态度、价值取向和行为的准则,要厉行节约,反对浪费。信阳师范学院举行的2013年"温暖冬天·点亮行动"捐赠活动得到了学院各级团组织和团员的积极响应和参与,此次活动共向游河乡大塘小学捐赠物品总价值达3万5千多元。志愿服务活动不仅可以激发高校大学生的爱心，也能强化高校大学生的社会责任感和使命感。

**二、河南省高校思想政治工作机制的突出优势和存在问题**

（一）河南省高校思想政治工作的突出优势

1. 河南省高度关注与支持高校思想政治工作

自 2008 年 7 月起，河南省委高校工委制定了《河南省高等学校思想政治工作奖评审办法》，设立河南省高等学校思想政治工作奖。河南省高校思想政治工作奖设立了四个奖项，即河南省高等学校优秀思想政治工作者、河南省高等学校优秀辅导员、河南省高等学校优秀思想政治理论课教师、河南省高等学校思想政治工作优秀成果。河南省高校思想政治工作奖授予对象为从事高校思想政治工作的优秀干部、辅导员、理论课教师以及高校在思想政治工作中形成的工作经验、特色品牌和科研成果。思想政治工作奖每年评选一次，每次评选两个奖项，每个奖项隔两年评选一次。截至 2014 年末，"河南省高等学校优秀思想政治理论课教师"和"河南省高等学校思想政治工作优秀成果奖"已经评选四次，另外两个奖项评选三次。除此之外，河南高校思想政治工作信息网是河南省教育厅思想政治工作处（维护高校稳定办公室）开设的网站，对河南省高校思想政治工作进行统计并持续更新，实现了河南省高校思想政治工作信息的公开化。河南省教育厅和省委高校工委对高校思想政治工作的关注与支持可以推动河南省思想政治工作的持续有效开展。

2. 河南省高校重视"红色组织"的建立与发展

中国特色社会主义理论培训学校（简称"中特班"）是郑州大学设立的一个红色组织，旨在培养思想基础扎实、政治立场坚定的优秀人才，引导和培育当代大学生成为优秀的社会主义接班人。中国特色社会主义理论培训学校至今已有三期学员，通过开展各种活动，与时俱进地对高校大学生进行思想政治教育。在"三个倡导"对高校思想政治工作的指导下，中国特色社会主义理论培训学校组织开展了主题为"礼敬中华优秀传统文化·践行社会主义核心价值观"的宣讲活动，深入社区和农村，在群众中宣传社会主义核心价值观，第三期学员还奔赴了位于信阳新县的鄂豫皖革命老区，接受主题为"传承红色文化，践行社会主义核心价值观"的实践教育。

河南大学自 1989 年就成立了自己的"红色组织"——马克思主义研究生会，至今已有 30 多年的历史，其会刊名为《追求与探索》，收录了一大批学生的优秀论文，而其中一些已被《光明日报》《中国教育报》《青年导报》等多家报刊采用。该红色社团的宗旨是"灵活运用马列主义,做清醒人"。马克思主义研究会有着较长发展历程,有着时间积淀下来的内涵,同时也与时俱进,关注时事热点。马克思研究生会开展的活动与我国政治、经济、文化和社会的发展动向紧密结合,通过时政沙龙、主题征文、专家讲座等形式开展活动,而其中时政沙龙则是马克思主义研究会的特色品牌。时政沙龙通过引导当代大学生学习先进的思想理论,提高大学生的理论水平和政治觉悟,促使大学生关注时事热点,帮助大学生确立明辨是非的标准,提高自身的道德品质和修养,更加坚定社会主义信念和共产主义理想。

3. 重视打造高校思想政治工作特色品牌

河南科技大学 2010 年开展的大学生思想政治教育直通车建设实践与探索活动是由学工部开展的思想政治工作,至今已有 4 年历史。经过 4 年的实践探索,打造出了河南科技大学自己的思想政治工作特色品牌——"成长论坛"和"文化大讲堂"。这两个教育平台是根据大学生成长成才的要求,以及对高校学生关心的热点问题打造的,"成长论坛"主要关注高校大学生的成长,帮助学生解决成长过程中所面临的问题,包括人生哲理、理想信念、社会交往、情感生活、励志教育、心理健康、创新实践以及创业发展等方面,利用演讲、互动交流等形式,邀请知名专家、学者、先进人物与学生开展对话;"文化大讲堂"则更加侧重提高大学生的人文素质,注重传承文化知识,开展的活动往往围绕大学生感兴趣的传统文化、文学名著、音乐书画、人物传记等内容,邀请专家学者进行讲座。"成长论坛"和"文化大讲堂"采取由河南科技大学学工部主办,各个学院承办的推进思路,而学工部则通过调研,根据学生关心关注的热点确定主题和主讲人。河南科技大学为维持两个教育平台的发展,设立了专项资金及专家档案,并通过在学工部网站设立专栏等形式扩大宣传,延续成效。

"成长论坛"和"文化大讲堂"两个教育平台通过河南科技大学校、院两级的协同组织,邀请了国内外专家、学者、使馆官员、企业家、知名校友等人士为大学生开展讲座,截至 2014 年 10 月,已举办 260 多场,共有 40000 多名学生从中受益。"成长论坛"和"文化大讲堂"作为河南科技大学思想政治工作品牌,在大学生中的影响力愈加凸显,对于引领大学生树立正确的世界观、人生观和价值观方面起到了重要作用,成为河南科技大学加强和改进思想政治教育工作的重要途径。

## （二）河南省高校思想政治工作存在的问题

### 1. 河南省高校之间的思想政治工作水平差距较大

通过对表7-1的分析，河南省170所高校中有46.43%的高校没有设立相关教学机构，接近河南省高校数量的二分之一，而这些高校多分布于专科学校和成人高校。通过对河南省教育厅2010年至2014年公布的3次"河南省高等学校思想政治工作优秀成果奖"评选结果中的354项优秀成果进行统计，其中郑州大学有45项优秀成果，河南师范大学有34项优秀成果，河南大学有29项优秀成果，河南理工大学有19项优秀成果，河南科技大学有16项优秀成果，河南工业大学有13项优秀成果，周口师范学院有10项优秀成果。除此之外，16所高校有5~9项优秀成果，48所高校有1~4项优秀成果，而剩下的69所高校的思想政治工作在这6年间没有被河南省教育厅评选为优秀成果。思想政治工作的开展除了与学校的实力有关，也与高校对思想政治工作的重视程度有关。河南省高校之间思想政治工作水平差距较大，引起高校领导和师生的共同重视，同时应该加强学校之间思想政治工作的互动合作。

### 2. 对网络思想政治工作机制重视不够

随着网络技术的完善以及手机的智能化，网络逐渐发展为新时期大学生的"聚集地"。网络在给大学生的学习、工作和生活带来益处的同时，良莠不齐的网络信息也给大学生的价值观念带来负面的冲击和影响。但是通过对河南省各大高校的调查发现，目前绝大多数高校尚未开展思想政治工作。有些高校在官网、学工部网站或者校团委网站上建立了思想政治教育板块，但是鲜有更新；网上信息无人监督和引导，负面信息在校园内大范围传播，对大学生的观念造成了潜移默化的负面影响；对学生发送的电子邮件不能及时回复甚至是不回复。这些都表现出部分高校对于校园网络思想政治工作的忽视。

## 三、"三个倡导"对河南省高校思想政治工作机制创新的指导

### （一）高校要重视将"三个倡导"融入校园文化当中

高校要重视"三个倡导"对当代大学生的引导作用，要重视在高校校园当中营造"三个倡导"的校园文化氛围，引导当代大学生正确地认识和理解"三个倡导"，充分践行社会主义核心价值观。首先，要将"三个倡导"融入政治理论课的教学当中。要坚持把社会主义核心价值观的理论学习与实践活动紧密结合，重视推进高校教学观念、内容、方式、方法的改革，使思想政治理论课不只是灌输式教学，更适应当代大学生的特点，提高教育质量和学习质量。其次，

把"三个倡导"融入校园文化建设当中。校园文化就要坚持以"三个倡导"为指导,提倡多样化,弘扬主旋律,充分体现社会主义核心价值观。把社会主义核心价值观充分融入校园文化当中。最后,把"三个倡导"融入大学生的实践活动当中。高校要充分结合"三个倡导"的要求发挥实践育人的作用,通过系统地开展具有针对性和教育意义的实践活动,加强大学生对社会主义核心价值观的理解及认同。高校可以通过开展主题实践活动、建设实践基地等方式实现对大学生的实践教育。

(二)高校之间要加强思想政治工作的互动与学习

通过以上分析可以看出,河南省各个高校思想政治工作开展情况各不相同,所开展活动的数量和质量也参差不齐。一方面与学校的规模和实力相关,另一方面与高校对思想政治工作的重视程度密切相关。高校之间要加强思想政治工作上的合作,积极开展思想政治工作的互动与学习。思想政治工作开展较好的学校,要加强"品牌"辐射带动作用,把自身思想政治工作的优秀社团组织、品牌活动推广到其他高校,扩大思想政治品牌的影响力,同时带动在思想政治工作方面开展得较差的高校。思想政治工作开展较差的学校,要加强对大学生思想政治工作的重视程度,积极主动地学习其他高校先进的经验,结合高校自身的特色,创建自身思想政治工作的特色品牌,促进高校校园文化中"三个倡导"浓厚氛围的营造,带动学生深刻认识理解"三个倡导",并用行动践行社会主义核心价值观。

(三)充分应用新媒体技术加强思想政治工作网络平台建设

随着信息技术的普及与发展,互联网成为大学生生活的重要组成部分,为高校思想政治工作提出了新的挑战,也带来了新的机遇。高校可以利用网络建立自身思想政治工作平台,实现现实和虚拟世界的结合,促进社会主义核心价值观在网络中的宣传。高校要利用网络这个大学生的"聚集地",充分发挥网络的正面作用。一是高校要重视网络对大学生的影响,转变观念,加快网络思想政治体系的建设,构建具有高校特色的网络教育平台和渠道,组建专业化的网络思想政治工作团队,充分利用网络这个教育平台,促进大学生对社会主义核心价值观的学习。同时,通过建立有吸引力、有特色、高质量的校园主题网站或者板块等形式,使网络成为宣传社会主义核心价值观的主要渠道之一。二是高校要对网络舆论进行正确地引导、监督和控制,有效避免网络中不良信息对大学生核心价值观造成负面影响,加强网络道德建设,使学生自觉抵制网络中的负面信息。

新时期，高校的思想政治工作要在"三个倡导"的引导下不断完善与创新，加强当代大学生对社会主义核心价值观的学习和理解，提高当代大学生的社会责任感和使命感，为大学生树立崇高的理想信念，奠定良好的思想基础。

## 第二节　湖南省高校思想政治工作机制创新

### 一、引言

"三个倡导"的提出确立了新时期高校思想政治教育的工作目标，也为高校思想政治工作机制创新指明了方向。本节通过对湖南省高校思想政治工作的现状分析，既肯定了湖南省高校思想政治工作所取得的成绩，也指出了在思想政治工作创新中存在的诸多问题，进而以"三个倡导"为视域，对湖南省高校思想政治教育提出了以下创新建议：创新理论课堂建设和实践活动的开展，建立辅导员、班主任、思想政治课教师的合作体系，强化教育主体价值，建立健全绩效评价机制。

新时期随着高校体制的革新和发展，旧的思想政治工作机制已经不能适应所有高校的思想政治工作机制的发展情况，高校思想政治工作机制面临着改革创新的发展阶段。湖南省作为全国高校大省，共有高校113所，其中本科高校31所（包含独立学院15所），专科高校67所。由于湖南省高校数量多且层次分布较为广泛，所以其思想政治工作机制在新的历史时期面临着更大的挑战。本节从"三个倡导"理念出发，旨在从顶层理论创新的角度出发对湖南省高校进行思想政治工作机制的改革创新研究。

推进高校思想政治工作机制创新，具有以下几个方面的重要意义。

一是高校思想政治工作机制创新是党和国家发展的需要。高校作为国家培养高素质人才的主阵地，必须要关注如何把当代大学生培养成中国特色社会主义事业的可靠接班人和合格建设者这个问题。在新时期、新形势下，高校是否能够通过思想政治工作机制的创新应对新的问题和挑战，这是直接关系到党的方针政策能否落实、国家和社会能否实现又好又快发展的重要环节。

二是高校思想政治工作机制创新是提高高校自身竞争力的需要。思想政治工作机制的创新不仅可以完善高校的思想政治教育体系，有利于学科、专业和教育队伍的建设，而且在提高高校思想政治教育工作的实效性上也具有重大意义，有利于高校与时俱进，为社会培养出更多适应时代发展的高素质人才，有利于提升高校的竞争力及社会认可度。

三是高校思想政治工作机制创新是培养当代大学生思想政治素质的需要。从总体上看,大学生的思想政治水平是积极向上的,但是经济全球化的发展、多元文化的交融和冲击、信息和网络技术的发展,使得一些大学生思想出现不良倾向,如政治信仰缺失、责任意识淡薄、拜金主义以及艰苦奋斗精神的淡化等。高校思想政治工作机制的创新,有利于在新形势下培养出社会主义信仰坚定的高素质人才。

**二、湖南省高校思想政治工作机制现状分析**

(一) 总体概况

据2014年湖南省教育发展概况数据显示,目前湖南省共有113所高校,其中本科院校有31所,独立学院15所,高职、专科院校67所。对113所高校官网中可查的院系与教学机构设置进行统计,发现本科院校主要依托马克思主义学院与人文社会科学部,专科院校主要依靠其公共基础部,各院与各部下辖思想政治各学科教研室进行日常思想政治教育教学与研究,教研室一般为马克思主义基本原理、毛泽东思想和中国特色社会主义理论体系概论、中国近现代史纲要、形势与政策、思想道德修养与法律基础教研室。

社会实践作为高校思想政治工作的重要组成部分,也是高校进行思想政治教育的重要载体。湖南省高校的思想政治工作实践活动的形式主要为以下类型:军事训练、学习先进活动、学习领导人讲话和会议精神活动、校园文化活动、志愿服务活动、勤工助学活动、社会观察和调查、就业创业见习等。

(二) 湖南省高校思想政治工作机制的突出优势

"三个倡导"的提出为当代高校思想政治教育工作注入了新的主旨要义,"回顾高校思想政治教育工作的特点及变化,不同时期的政治主题及思想路线直接引领高校思想政治教育工作的创新和完善"。因此,湖南省根据新时期时代赋予的历史使命与现实条件,及时对现有的思想政治工作主题与体制进行了与时俱进的优化与革新,总结与分析其在开展思想政治工作过程中的优势与困境,不断提高大学生思想政治工作的成效。

1. 湖南高校注重课余政治学习课程的开展

湖南省很多高校都有政治学习的课程,一周一次,每次都有不同的主题,要求同学们说出自己的理解与看法,让学生充分地参与进来,这样可以提高学生的思想政治觉悟。一些高校设置了专门的研究和宣传马克思主义的"红色理论"社团组织。比如,"马克思主义中国化理论学习研究会"是由中南大学党委领导并校团委直接指导,面向在校大学生、研究生的宣传马列主义、毛泽东思想、邓小平理论、"三个代表"重要思想,并学习贯彻科学发展观来指导他们暑期社会实践活动的社团,具有学术性、实践性和研究性。高校"红色理论"社团组织作为致力于学习和传播马克思主义理论的大学生建立起来的学生社团组织,不仅成了培养青年马克思主义学者的摇篮,而且对马克思主义在高校的宣传和普及起到了促进作用。

2. 湖南各高校纷纷设立思想政治教育类专门微博

除了学校和职能部门的官方微博兼具思想政治教育的功能外,湖南高校纷纷设立了思想政治教育专门微博。这些微博虽都以思想政治教育为目的,但定位略有不同。如中南大学"马列网",由该校学生工作部主办,是网络德育网站官方微博,宣扬马列主义的德育微博。湖南大学"子言心语网"由该校心理健康教育中心主办,主要针对大学生心理健康教育。衡阳某高校的"她世界微敏空间",由她世界工作室主办,主要针对女大学生的思想教育。这类微博开办得很成功,促进了学校的思想政治工作发展。

(三)湖南高校思想政治教育教学中存在的突出问题

从目前湖南高校思想政治教育现状看,存在以下两个方面的突出问题。

一方面,部分高校思想政治教学过程与实践结合不够充分。高校的思想政治教育仍没有彻底摆脱应试教育,教学方法陈旧,不能满足新时期大学生的思想政治诉求。传统的思想政治理论课教学用相关考试成绩来衡量大学生学习思想政治的成效,进而达到教育目的。然而,这种从理论到理论的教学方式和考试方式往往导致学生在课堂上难以理解讲课内容,只能在考试前死记硬背课本上的晦涩抽象的概念应付考试。教育方式的不当使得思想政治理论课的内容仍然停留在书本上,与实践脱离;而对学生而言提高的仅仅是理论知识水平,未能充分理解并融会贯通到自己的学习、生活、工作当中,不能有效地帮助学生树立正确的世界观、人生观和价值观,建立崇高的信仰,严重降低和弱化了思想政治理论课教育的实效性。

另一方面,部分高校辅导员、班主任、思想政治课教师的合作沟通较少。当前的思想政治课教育领域的现状是辅导员、班主任与思想政治课教师各司其职,相互交叉少、沟通少,在很大程度上局限了思想政治教育开展的全面性与连贯性。而且只重视学生的思想政治教育工作,忽略了教师的思想政治教育工作,教师是起带头表率作用的,在加强学生思想教育的工作中如果忽略了教师,没有使教师完全地参与进来，就达不到预期的效果。

### 三、"三个倡导"对湖南省高校思想政治工作机制创新的指导

（一）把"三个倡导"与实践活动紧密结合，充分发挥高校实践育人的作用

要充分结合"三个倡导"的要求发挥实践育人的作用，通过系统地开展具有针对性和教育意义的实践活动，加强大学生对社会主义核心价值观的理解及认同。高校可以通过开展主题实践活动、建设实践基地等方式实现对大学生的实践教育。一是红色革命教育活动，增强当代大学生的爱国情感，使他们真正懂得"没有共产党就没有新中国"，深刻理解历史和人民选择共产党的正确性和选择走社会主义道路的必然性，帮助大学生坚定共产主义信念，树立正确的世界观、人生观、价值观和荣辱观。二是鼓励大学生在寒暑假或者课余时间主动参加志愿服务、社会调查、专业见习等活动，在实践中践行社会主义核心价值观，通过实践将社会主义核心价值观内化成坚定的理想和信念。三是鼓励学生自行开展社会主义核心价值观主题实践活动，通过学生自发组织和策划，可以加强学生的主动性和创造性，更加深化其对社会主义核心价值观的理解，实现自我教育，提高学生的社会责任感、使命感和成就感。

（二）把"三个倡导"与思想政治理论课堂深度融合，推进教学方式方法改革

高校的思想政治理论课是学生系统学习马克思主义理论的重要途径，承担着帮助大学生树立正确的世界观、人生观和价值观以及树立崇高理想的艰巨任务。要坚持把社会主义核心价值观的理论学习和实践教育相结合，充分融入高校的思想政治理论课教学当中，促进高校在教学内容、教学方法、教学观念等方面的改革，加强互动式、研究式和启发式教学，使思想政治理论教学更加符合新时期大学生学习的特点，努力增强思想政治教育课程的实效性，从而达到思想政治教育的最终目的。

（三）以"三个倡导"为依托，建立辅导员、班主任、思想政治课教师的协同体系

当前思想政治教育领域的现状是辅导员、班主任与思想政治课教师各司其职，相互交叉少、沟通少，这在很大程度上局限了思想政治教育开展的全面性与连贯性。因此，湖南省高校应该建立起由辅导员、班主任与思想政治课教师共同管理的思想政治教育合作体系。首先，辅导员、班主任与思想政治课教师作为高校思想政治工作的组织者，应根据自身职责合理分工。"三个倡导"从国

家、社会与个人的层面对社会主义核心价值观作出概括，高校的思想政治教育也应从课堂、实践与生活三个方面来培养和管理学生。

从课堂的角度，思想政治课教师作为授课主体，应注重教学内容的设置与授课方式的多样化。在教学内容上紧扣"三个倡导"中的"富强、民主、文明、和谐"内容，以网络、互动等新颖的教学形式与方式，引导学生树立对中国特色社会主义的坚定信念。从实践角度，班主任统筹班级日常学习工作，应在工作中紧扣"三个倡导"中的"自由、平等、公正、法治"。对班级的管理，应注重学生主体性的发挥，充分尊重学生的创新性，以平等的姿态对待学生，帮助他们解决其在学习生活中遇到的问题，通过制定班级规章条例来强化学生对规则与法治的认识。从生活角度，辅导员与学生日常生活关系最为密切，也是各项学生活动的具体组织者。因此，辅导员的工作应该贯穿"三个倡导"中的"爱国、敬业、诚信、友善"的内容，通过开展丰富多彩的校园活动与社会实践活动，将"三个倡导"内化为学生的价值取向与奋斗目标，使学生在生活中乐观、自信，富有正义与责任感。"建立切合时代发展需要的性格、思想和行为体系"，是"三个倡导"融入高校思想政治教育的根本目的。

（四）强化思想政治教育主体价值，建立健全绩效评价机制

"三个倡导"思想所强调的社会主义核心价值观是在充分肯定人的主体性价值的前提下，在实践的基础上凝练而成的，是"培养造就中国特色社会主义事业建设者和接班人的客观要求"，更是"新形势下提高大学生思想道德素质的迫切需要"。因此当下湖南省高校思想政治工作应该充分发挥教育主体性价值，并通过合理的绩效评价体系对此予以激励和保障。

针对评价机制问题，首先应该合理定位评价内容，"高校思想政治教育的评价内容应从受教育者、思想政治工作者、领导部门三方面合理定位，同时对思想政治工作过程中的途径、形式、方法、内容的评价和对整个过程也要有辩证的把握"。其次是建立科学的评价体系，应根据高校大学生思想实际、发展要求与本校思想政治教育实际，建立合理、准确、可行的系统评价机制。对于评价的结果，应全面、及时地反馈，并针对反馈结果进行激励。在激励中，要处理好效率与公平的问题，物质与精神激励相结合但要注重精神激励在思想政治工作中的主导地位，引导教师与学生在竞争的环境中、在市场经济的冲击下，仍能理解与践行"三个倡导"中的和谐、平等与公正的要义。

# 第三节　湖北省高校思想政治工作机制创新

## 一、引言

信息时代的到来为敌对势力给我国青年学生灌输西方价值观，"西化"高校学生，扰乱我国社会秩序提供了可乘之机。高校传统、老化的教育机制难以适应思想政治工作的新局面，机制创新势在必行。"三个倡导"共24个字，是对社会主义核心价值观的新概括，为高校思想政治工作机制创新提供了一种新思路。本节以湖北省为研究对象，对湖北高校思想政治工作机制进行分析，进而基于"三个倡导"的视域，探索湖北高校思想政治工作机制创新。

"三个倡导"由党的十八大报告提出，可浓缩为24个字，并从国家、社会和个人三个层次理解："富强、民主、文明、和谐"从国家角度阐述我国经济、政治、文化、社会建设等方面的目标；"自由、平等、公正、法治"从社会角度出发，强调社会公平、正义及自由、法治；"爱国、敬业、诚信、友善"是对国民道德行为的要求，体现了作为国人该具有的基本素质。三个层次，层次分明，各有侧重，又相互联系，相互贯通。

高校思想政治工作机制涵盖了高校开展思想政治工作时涉及的各相关要素，并基于这些要素形成一个复杂系统。高校思想政治工作机制是高校开展思想政治教育的保障，机制是否良性运转，决定了高校思想政治工作能否正常展开。以"三个倡导"指导高校思想政治工作机制创新，并未否定原有高校思想政治工作的成就，反而为高校思想政治工作机制创新提供了一种新思路。"三个倡导"精练概括了社会主义核心价值观，基于"三个倡导"创新高校思想政治工作机制是新时代背景下的必然选择。

## 二、湖北高校思想政治工作现状分析

截至2014年底，湖北省共有高校129所，其中本科院校（包括公办、民办本科以及独立学院）73所，专科院校（包括公办、民办专科）56所（见图7-1），且湖北省有2所"985"院校以及5所"211"院校。就全国来看，湖北省的教育实力居于上等水平，据《2013—2014中国大学及学科专业评价报告》的数据分析，湖北省教育实力排名第4，分数为79.86，仅次于北京（100）、江苏（85.56）和上海（82.32）。

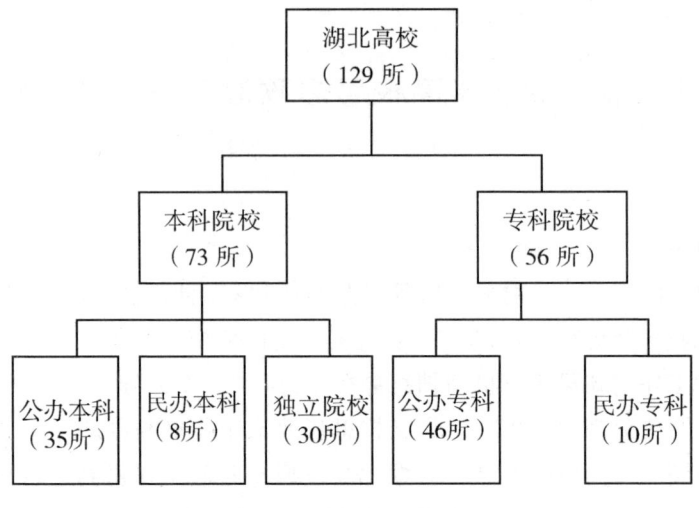

图7-1 湖北省高校状况图

（资料来源：中国高校之窗）

（一）湖北高校思想政治教育队伍建设状况

1. 辅导员队伍情况

高校辅导员与高校学生联系最紧密，扮演着学生日常学习、生活的组织和管理者角色，同时也承担着对高校学生实施思想政治教育的任务，高校辅导员在高校思想政治工作中有不可替代的作用。湖北省高校辅导员数量见图7-2。

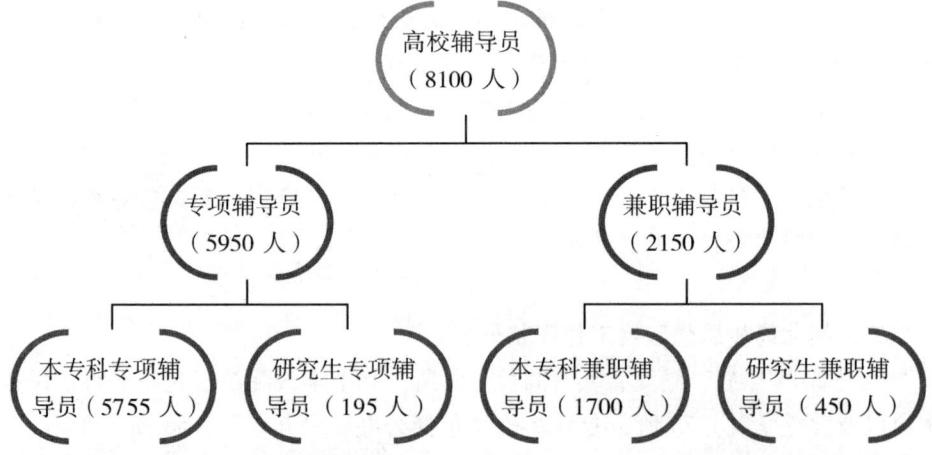

图7-2 湖北高校辅导员队伍建设状况图（数据统计时间：2010年）

据统计，2010年湖北省共有高校学生约120万人，其中本、专科学生111.5万人，研究生8.5万人，经测算，当年湖北省辅导员配备数量与学生数量比约为1:147,总体来看,已符合教育部规定的1:200的比例,但是从湖北省内来看,高校辅导员在省内各个学校间的配备很不均衡:湖北省本科院校的配备比要低于教育部的规定,为1:220,专科高校反而要比本科好,配备比为1:172;研究生的辅导员配备比本科生更低,平均400多个人才有一个专职辅导员。在辅导员的政治面貌方面,党员约占80%,比重较高,团员比重为15%。关于辅导员的年龄结构,超六成的年龄在20~30岁之间,31~40岁的占两成。这种年龄结构的辅导员队伍的一个突出问题就是过于年轻,缺乏经验,工作质量难以得到保证。

2. 思想政治理论课教师队伍情况

思想政治理论课学习是高校开展思想政治工作的主要方式,高校思想政治理论课质量如何,教师起决定性作用。截至2010年底,湖北省的思想政治理论课教师数量约为2800人,其中包括1800名专职教师和1000名兼职教师,与以前相比,思想政治理论课教师数量明显增多。总体来看,湖北思想政治教师队伍的结构是合理的:就年龄结构来看,56%为20~40岁,26%为40~50岁,50岁以上为18%;就学历结构来看,本科及以下、硕士和博士比重分别为43%、44%和14%;就职称结构来看,讲师及以下占49%,副教授、教授分别占38%和13%。(见图7-3)2010年,湖北省高校学生数量已经有120万,但专职思想政治教师只有1800人,师生比例为1:667,这远远达不到教育部的要求(教育部要求的比例为1:350—1:400)。在师资数量不够的情况下,只能采取"大班授课"的方法,一方面增加了思想政治理论课教师的负担,另一方面学生的听课质量也大打折扣。

(二) 思想政治教育理论课开设情况

组织学生系统学习思想政治理论课是当前我国高校开展思想政治教育最主要的方法,因此,思想政治课的教学质量高低,对学生能否形成正确的价值观、人生观有重要影响。众所周知,我国当前思想政治理论课的教学质量普遍不高,湖北省也不例外。当前,湖北省高校的思想政治理论课,采用的是教育部统一规定的四本教材,如何将这四本教材的内容更好地教给学生是当前湖北高校思想政治理论授课中的难题。

当前湖北高校普遍采用理论教学的方法,即老师在讲台上讲,学生在下面听的方法,这种纯理论的、"填鸭式"的教学方式很难引起学生兴趣,反而会使学生反感。另外,由于高校思想政治理论课教师数量不足,只能将好几个班级聚到一起进行教学,每次授课都会有上百名学生,这种"大课"教学的方式,

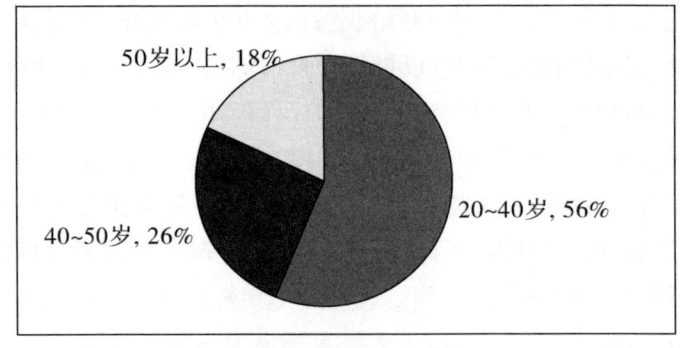

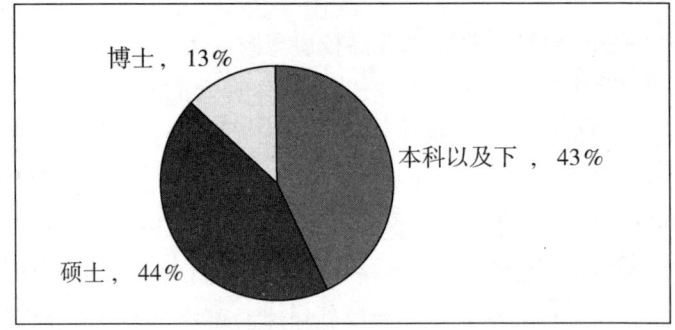

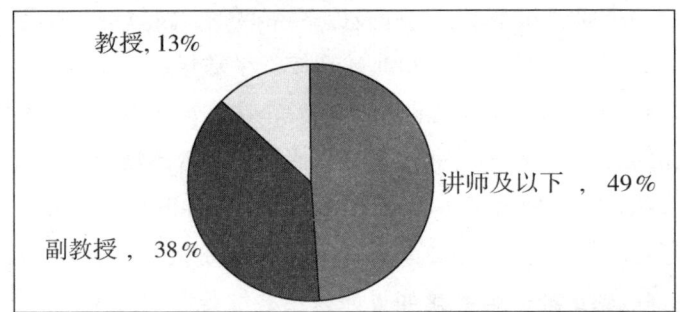

图7-3 湖北高校思想政治教师队伍年龄、学历和职称结构图

使教学质量大打折扣。此外,各高校还开设一门名为"形势与政策"的课程,但是对这门课程的内容、授课方式等,都没有明确规定,也没有特定教材,结课要求,大多也是随便写点作业,草草了事,这种松散的管理方式很难保证教学质量。

三、"三个倡导"视域下的湖北高校思想政治工作机制创新

（一）"三个倡导"助推湖北省高校思想政治教育工作的开展

"三个倡导"短短24个字,精练地概括了我国的社会主义核心价值观,使

社会主义价值观不再虚无缥缈，开始变得具体化、大众化，更容易被人们理解和接受，为社会主义意识形态建设提供了价值标尺，对处于西方意识形态的诱惑和侵蚀下的高校学生的思想有着引导和标杆作用，坚定了学生的社会主义核心价值观，是对西方价值观冲击的有力回应。以"三个倡导"助推湖北开展高校思想政治工作，就是在湖北高校思想政治工作中坚持社会主义核心价值观，只有在高校思想政治中坚持"三个倡导"，才能培养学生正确的价值观，引导学校和学生朝正确的方向前进。

（二）"三个倡导"助推湖北高校思想政治工作机制创新

1. 基于"三个倡导"，创新湖北高校思想政治工作理念

思想政治工作的开展，离不开先进的工作理念的指引。"三个倡导"从国家、社会和个人的角度出发，阐述了我国的价值追求，是对我国价值观的精练总结。"三个倡导"的提出为湖北高校开展思想政治教育工作提供了一种新的理念，是高校思想政治工作的指明灯。创新湖北高校思想政治工作理念，就是将"三个倡导"包含的价值观引入高校思想政治工作中，以"三个倡导"为价值准则开展思想政治工作。湖北高校辅导员和理论课教师，要坚持以"三个倡导"的理念开展学生工作，根据学生实际情况，以学生为本，提高思想政治工作的效用。

2. 基于"三个倡导"，创新湖北高校思想政治工作方式

当前国内外形势都在快速发生变化，西方文化无时无刻不在冲击着高校学生的价值观，网络时代的到来，使高校学生的思想变得更加多样化、差别化，思想状况更加复杂；社会发展需要多种类型的人才，而当前高校统一规划的人才培养方法难以满足社会多样化的人才需求。综观发达国家，很少直接向学生以抽象的方式灌输价值观，而是以一种隐性的方式，通过多样化的形式在学生日常的学习、生活中，潜移默化地进行价值观教育，这些经验值得我们借鉴。创新湖北高校思想政治工作，要以"三个倡导"为指引，以高校学生为中心，以"趣味性与教育性相结合"为原则，选取高校学生感兴趣、易接受的方式，开展思想政治工作。同时要利用便捷的计算机技术和网络技术，做好对"三个倡导"的宣传工作，例如，制作一些相关内容的海报，通过高校官方网站以及博客、师生互动QQ群等向学生阐释"三个倡导"，深化学生对"三个倡导"的理解。

（三）"三个倡导"助推湖北高校思想政治理论课教学改革

湖北高校要扬长避短，通过图片、视频等多样化的手段进行理论教学，并

注重开展社会实践。在这方面,黄冈职业技术学院已有成功经验:在思想政治课教学中,该校并不局限于理论教学,在理论教学的基础上,以读经典图书、看红色影片等方式,积极组织学生参与讨论,畅谈感受,在自由、民主的环境中,以隐性的方式,完成了思想政治教育工作。另外,思想政治理论学习效果虽然不佳,但目前来看仍是最主要的思想政治教育方法,短期内很难改变。因此,有必要在"三个倡导"的指引下,重新对课程内容进行有侧重的调整,将"三个倡导"带入课堂中,引导学生学习。高校思想政治理论课程主要有四本教材,要通过这四本教材有侧重地进行"三个倡导"教育。

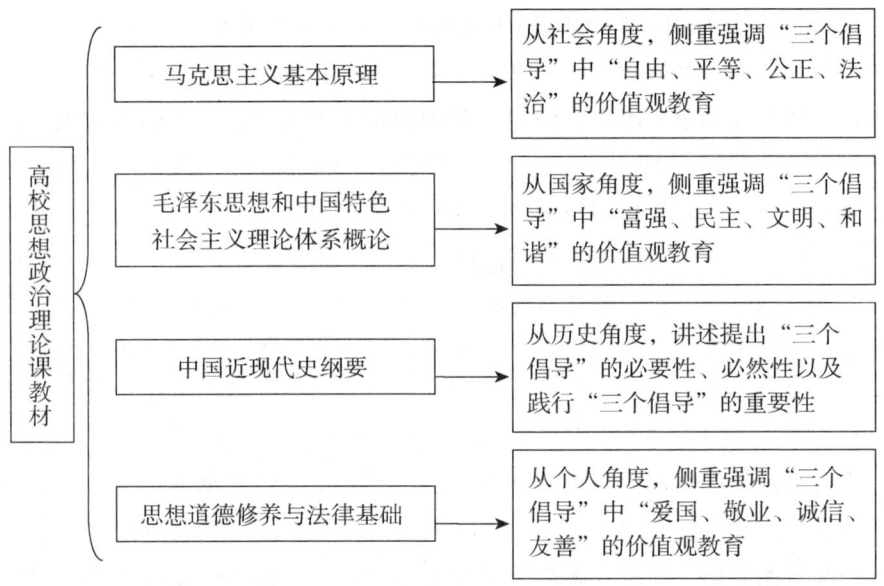

图 7-4 "三个倡导"指引下的高校思想政治理论课内容调整图

(四)"三个倡导"助推湖北高校思想政治工作队伍建设

思想政治工作的开展离不开一支高素质的思想政治队伍,他们是高校思想政治工作的直接组织者,创新湖北高校思想政治工作机制,搞好队伍建设是前提。

首先,思想政治教育机制是一项复杂的系统工程,需要党、团、政、工以及学生共同参与,多方配合,共同推动高校思想政治工作机制改革。要以"三个倡导"为指引,建立多方参与、互有分工而又协调一致的思想政治工作管理方式。

其次,以"三个倡导"为指引,强化思想政治队伍的理论素养。第一,党委和团委,他们是思想政治工作的领导者,只有他们先深入学习了"三个倡导",才能更好地组织整个高校的思想政治工作。第二,高校辅导员及思想政治理论课授课人员,他们直接与学生联系,他们思想政治素质的高低直接决定了学生能否具备高水平的思想政治素养。由上可以看出,湖北高校思想政治工作队伍中,本科学历、讲师及以下职称和 20~40 岁的占大部分,他们的思想政治理论素养和工作经验都有待提升。第三,高校学生思想政治理论素养的提升离不开学生干部,尤其是党员干部的带头作用,因而高校学生干部也应基于"三个倡导"的指引,提高理论素养。

最后,经过上面分析,可以看出,湖北高校思想政治辅导员在省内各个学校间配备很不均衡,且理论课教师与湖北高校学生比例未达到教育部的规定,总体表现是师资少,学生多,因而高校思想政治队伍面临的任务多,负担重,显得力不从心,同时学生也难以得到高质量的教育。因此,扩充师资数量,强化师资培训显得更为迫切。

## 本章小结

本章分为三节,分别对河南、湖南、湖北三省高校的思想政治教育工作机制进行了现状分析和发展展望阐述。

河南省教育主管部门和各高校都高度关注与支持高校思想政治工作,各高校重视"红色组织"的建立与发展,重视打造思想政治工作特色品牌。但各高校之间的思想政治工作水平差距较大,对网络思想政治工作机制不够重视。今后,各高校要重视将"三个倡导"融入校园文化当中,高校之间要加强思想政治工作的互动与学习,充分应用新媒体技术加强思想政治工作网络平台建设。

湖南省高校思想政治工作机制的突出优势表现为:各高校注重课余政治学习课程的开展,纷纷设立思想政治教育类专门微博、微信群、QQ 群等新媒体平台。今后,湖南省高校思想政治工作机制创新中,要把"三个倡导"与实践活动紧密结合,充分发挥高校实践育人的作用;要把"三个倡导"与思想政治理论课堂深度融合,推进教学方式方法改革;要以"三个倡导"为依托,建立辅导员、班主任、思想政治课教师的协同体系;要强化思想政治教育主体价值,建立健全绩效评价机制。

湖北省高校的思想政治理论课教学方法有待改进,思想政治课的教学质量有待提升。今后,要以"三个倡导"助推湖北开展高校思想政治工作机制创新,创新湖北高校思想政治工作理念,创新湖北高校思想政治工作方式,促进高校思想政治理论课教学改革，推进高校思想政治工作队伍建设。

**【参考文献】**

[1] 胡锦涛. 坚定不移沿着中国特色社会主义道路前进，为全面建成小康社会而奋斗——在中国共产党第十八次全国代表大会上的报告 [Z]. 北京：人民出版社，2012.

[2] 徐精鹏. "三个倡导"语境中的大学生思想政治教育探析 [J]. 思想理论教育导刊，2013（8）：126-129.

[3] 李俊丽. 高校思想政治教育实践育人模式探讨 [J]. 西南民族大学学报（人社版），2011（S3）：139-141.

[4] 欧巧云. 谈网络时代高校思想政治工作的创新 [J]. 教育探索，2009（2）：96-98.

[5] 夏越新. 高校思想政治教育创新机制建设刍议 [J]. 学校党建与思想教育，2012（19）：66-67.

[6] 张永强. 论高校思想政治工作机制的创新 [D]. 太原：山西大学，2006.

[7] 江天桥，胡延庆. 当前高校思想政治教育工作存在的主要问题及对策 [J]. 教育探索，2011（4）：136-137.

[8] 林正. 民办高校思想政治教育机制创新探析 [J]. 学理论，2012（29）：239-240.

[9] 黄继春. 湖北高校辅导员队伍建设现状、问题及对策 [J]. 咸宁学院学报，2010（1）.

[10] 杨荣. 湖北高校思想政治理论课教师队伍建设的现状及思考 [J]. 思想理论教育导刊，2010（5）.

[11] 范玉茹. 高校思想政治教育机制创新研究 [D]. 秦皇岛：燕山大学，2008.

[12] 王欣. 新形势下高校思想政治教育机制创新研究 [D]. 太原：山西大学，2011.

# 第八章

# 华东高校思想政治工作机制创新

## 第一节　山东省高校思想政治工作机制创新

### 一、引言

"三个倡导"不仅提出了社会主义核心价值体系，而且对高校思想政治工作培育大学生社会主义核心价值观提出了具体要求和具体目标。因此，以"三个倡导"为视域对高校思想政治工作进行考察具有重要的现实意义。山东高校在思想政治教育工作上有注重传统文化教育等诸多特色，但从"三个倡导"视域看，还需要从以下几个方面加强：一是把"三个倡导"融入各门课程中，构建全员育人的教育体系；二是把"三个倡导"融入思想政治特色活动中；三是营造以"三个倡导"引领山东省高校思想政治工作的良好社会环境。

"三个倡导"即"倡导富强、民主、文明、和谐，倡导自由、平等、公正、法治，倡导爱国、敬业、诚信、友善"。它的提出一是对我国社会主义核心价值观进行的高度凝练；二是党和国家领导人在新时期、新背景下提出的主流价值观；三是引导国家和整个社会成员价值观的正确树立，是科学性与现实性的统一。大学生往往是先进科学知识的接受者，是马上要进入实践领域的社会主义接班人，他们在校就读时期，会接触到各种不同性质的文化思潮，而此时的他们往往处于价值观树立的迷茫期，很容易受到各种思想的侵袭。高校是承担大学生思想政治教育的主要阵地，要想让大学生免受不良思想的影响，使其树立正确的价值观，就要充分发挥"三个倡导"对高校思想政治工作机制的引领作用。山东省作为我国的教育强省，更应该结合本省实际，充分发挥"三个倡导"对该省高校思想政治工作机制的引领作用，迎着价值观主旋律，创新思想政治工作机制，开展特色思想政治教育。

"三个倡导"的提出有其深刻的国际和国内背景。随着我国改革开放的不断深入,以及当今社会信息化程度的不断提高,思想多元化已经成为一种趋势。思想多元化,当然有其好的一面,如有利于人们的创新性思维的培养,以及辩证思维的养成;也有其不利的一面,如容易造成对西方及外国文化的盲目推崇,对主流文化的排斥等。高校的思想政治工作不仅存在着实效性不强的困境,也存在着适应性差的弱点。好多学校不注重思想政治工作的实效性和适应性,其运行机制僵化、陈旧,在以往的惯性模式中运行。"三个倡导"作为我国推崇的主流价值观,要求高校将其作为思想政治工作的新内容,融入思想政治工作中去;作为科学的主流价值观,要求高校从管理和教学机制等各个方面实现其思想政治工作机制的创新。山东省作为我国的教育强省,力图开展特色教育,当然也要顺应主流,接受新形势下"三个倡导"对其提出的新挑战、新要求,实现该省思想政治工作的创新。因此有必要以"三个倡导"为视域对新时期山东省高校思想政治工作机制的现状进行审视,通过分析山东省思想政治工作机制的特色和问题,从而对改进山东省思想政治工作机制提出合理化的建议。

## 二、山东省高校思想政治工作机制现状及特色分析

### (一)山东省高校思想政治工作机制概况

山东省作为我国的教育大省,高校数量众多。查阅山东省教育厅网站,截至2014年,山东省具有普通高等学历教育招生资格的高等学校共有139所,其中包括普通本科、独立学院、高职(专科)院校以及分校办学点,具体情况如表8-1所示。

表8-1 山东省高校分布情况 (单位:所)

| 性质\分类 | 普通本科 | 独立学院 | 高职(专科)院校 | 分校办学点 |
|---|---|---|---|---|
| 公办 | 44 |  | 59 |  |
| 民办 | 11 | 11 | 13 | 1 |
| 总计 | 55 |  | 72 |  |

一直以来学术界对思想政治的工作机制没有一个统一的认识,认同度较高的认为所谓思想政治工作机制,就是指规范的、稳定的、可操作的、可考核的一整套规章制度,用以解决思想政治工作做什么、谁来做、怎么做、做得怎样的问题,解决思想政治工作怎样运转、怎样监管、怎样考核与评估的问题。因此,高校的思想政治工作机制可以从领导机制(谁管理)、队伍建设机制(谁来

做)、运行机制(怎么做)、评估保障机制(如何有效做)等方面来考察。本研究正是对山东省各高校门户网站的查询,搜集资料、分类汇总,对山东省思想政治工作机制从以下几个方面进行了考察。

1. 领导机制概况

我国高校的思想政治工作大部分是党委领导下的,校长及行政系统负责的管理体制。因此,要想形成党委领导下的学校各方面的齐抓共管、职责明确的工作机制和覆盖全校思想政治工作的工作格局,就必须有相应的部门机构作为依托,是否设立了马克思主义学院虽然不能完全代表该学校的思想政治教育工作水平,但在一定程度上可以反映该校对思想政治教育工作的重视程度,以及未来的发展潜力。通过访问山东省各高校官方网站,得出统计结果如表8-2。

表8-2 山东高校思想政治教育部门设置情况　　　(单位:所,%)

|  | 马克思主义学院 | 思想政治教育部 | 其他单独设置部门 | 未单独设置 |
| --- | --- | --- | --- | --- |
| 数量(个) | 15 | 37 | 50 | 37 |
| 比例(%) | 11 | 27 | 35 | 27 |

通过表8-2可以看出,山东省马克思主义学院的覆盖率并不高,而且15个马克思主义学院全部分布在公办本科院校,其他没有成立马克思主义学院的学校很大一部分是以教研室为依托分设在人文社会科学部(院)、基础部等其他机构下,当然也有一部分学校无明确从事思想政治教育工作的机构。

2. 师资队伍建设情况

如果说思想政治教育管理部门是思想政治工作的硬件保障,那么思想政治教育师资队伍就是其必不可少的软件。一个学校配备的思想政治教育教职人员的多少、职称结构以及学历结构,在一定程度上可以反映该校对思想政治工作的重视程度以及相应的思想政治工作能力。对一个省所有高校的该方面信息进行调查统计,有助于对整个省的思想政治教育队伍建设情况进行梳理。查阅山东省各个高校的官方网站,现汇总出如表8-3和表8-4。

表8-3 山东省部分高校思想政治教育教师职称结构情况

单位:(人,%)

| 高校名称 | 总人数 | 教授 | | 副教授 | | 讲师及以下 | |
| --- | --- | --- | --- | --- | --- | --- | --- |
| | | 数量 | 比例 | 数量 | 比例 | 数量 | 比例 |
| 山东大学 | 70 | 13 | 18.57 | 36 | 51.43 | 21 | 30.00 |

续表

| 高校名称 | 总人数 | 教授 | | 副教授 | | 讲师及以下 | |
|---|---|---|---|---|---|---|---|
| | | 数量 | 比例 | 数量 | 比例 | 数量 | 比例 |
| 中国海洋大学 | 33 | 7 | 21.21 | 8 | 24.24 | 15 | 45.45 |
| 山东科技大学 | 36 | 3 | 8.33 | 13 | 36.11 | 18 | 50.00 |
| 中国石油大学（华东） | 44 | 7 | 15.91 | 24 | 54.54 | 13 | 29.55 |
| 青岛科技大学 | 78 | 7 | 8.97 | 13 | 16.67 | 16 | 20.51 |
| 济南大学 | 45 | 6 | 13.33 | 19 | 42.22 | 20 | 44.44 |
| 青岛理工大学 | 66 | 7 | 10.61 | 26 | 39.39 | 33 | 50.00 |
| 山东建筑大学 | 79 | 10 | 12.66 | 26 | 32.91 | 43 | 54.43 |
| 齐鲁工业大学 | 75 | 7 | 9.33 | 22 | 29.33 | 21 | 28.00 |
| 山东理工大学 | 47 | 3 | 6.38 | 25 | 53.19 | 16 | 34.04 |
| 山东农业大学 | 35 | 3 | 8.57 | 15 | 42.86 | 17 | 48.57 |
| 青岛农业大学 | 72 | 5 | 6.94 | 26 | 36.11 | 41 | 56.94 |
| 潍坊医学院 | 30 | 5 | 16.67 | 11 | 36.67 | 13 | 43.33 |
| 泰山医学院 | 18 | 0 | 0.00 | 7 | 38.89 | 11 | 61.11 |
| 山东中医药大学 | 29 | 5 | 17.24 | 4 | 13.79 | 6 | 20.69 |
| 山东师范大学 | 78 | 20 | 25.64 | 31 | 39.74 | 27 | 34.62 |
| 曲阜师范大学 | 35 | 3 | 8.57 | 13 | 37.14 | 19 | 54.29 |
| 聊城大学 | 6 | 3 | 50.00 | 1 | 16.67 | 2 | 33.33 |
| 鲁东大学 | 56 | 10 | 17.86 | 25 | 44.64 | 21 | 37.50 |
| 临沂大学 | 59 | 4 | 6.78 | 20 | 33.90 | 35 | 59.32 |
| 泰山学院 | 46 | 3 | 6.52 | 20 | 43.48 | 23 | 50.00 |
| 济宁学院 | 30 | 1 | 3.33 | 9 | 30.00 | 20 | 66.67 |
| 菏泽学院 | 22 | 2 | 9.09 | 6 | 27.28 | 14 | 63.64 |
| 山东财经大学 | 86 | 14 | 16.28 | 30 | 34.88 | 42 | 48.84 |
| 枣庄学院 | 19 | 4 | 21.05 | 5 | 26.32 | 11 | 57.89 |
| 青岛大学 | 52 | 8 | 15.38 | 24 | 46.15 | 20 | 38.46 |
| 山东工商学院 | 40 | 1 | 2.50 | 13 | 32.5 | 23 | 57.50 |
| 齐鲁师范学院 | 35 | 7 | 20.00 | 5 | 14.29 | 23 | 65.71 |

续表

| 高校名称 | 总人数 | 教授 数量 | 教授 比例 | 副教授 数量 | 副教授 比例 | 讲师及以下 数量 | 讲师及以下 比例 |
|---|---|---|---|---|---|---|---|
| 山东管理学院 | 11 | 7 | 63.64 | 4 | 36.36 | 0 | 0.00 |
| 山东农业工程学院 | 4 | 2 | 50.00 | 1 | 25.00 | 1 | 25.00 |
| 烟台南山学院 | 27 | 5 | 54.88 | 1 | 3.70 | 21 | 77.78 |
| 青岛工学院 | 15 | 3 | 20.00 | 1 | 6.67 | 11 | 73.33 |
| 齐鲁理工学院 | 23 | 4 | 17.39 | 5 | 21.74 | 14 | 60.87 |
| 日照职业技术学院 | 39 | 1 | 2.56 | 8 | 20.51 | 12 | 30.77 |
| 山东职业学院 | 12 | 1 | 8.33 | 8 | 66.67 | 4 | 33.33 |
| 滨州职业学院 | 17 | 0 | 0.00 | 9 | 52.94 | 8 | 47.06 |
| 山东外贸职业学院 | 28 | 1 | 3.57 | 5 | 17.86 | 22 | 78.57 |
| 山东信息职业技术学院 | 10 | 1 | 10.00 | 3 | 30.00 | 6 | 60.00 |
| 山东工业职业学院 | 19 | 2 | 10.53 | 7 | 36.84 | 10 | 52.63 |
| 山东中医药高等专科学校 | 14 | 2 | 14.29 | 3 | 21.43 | 9 | 64.29 |
| 泰山职业技术学院 | 11 | 1 | 9.09 | 5 | 45.45 | 5 | 45.45 |
| 山东药品食品职业学院 | 9 | 1 | 11.11 | 2 | 22.22 | 6 | 66.67 |

通过表8-3可以看出，山东省高校的思想政治教育教师的职称结构相对合理，尤其是师范类的学校在同等层次的学校中高级职称的占有率较高，整体看来，公办本科学校思想政治教育教师的高级职称占有量也远远高于民办和高职、高专类院校。

表8-4 山东省部分高校思想政治教育教师学历结构情况

单位：（人,%）

| 学校名称 | 总人数 | 博士研究生学历 数量 | 博士研究生学历 比例 | 硕士研究生学历 数量 | 硕士研究生学历 比例 | 本科及以下学历 数量 | 本科及以下学历 比例 |
|---|---|---|---|---|---|---|---|
| 中国海洋大学 | 33 | 9 | 27.27 | 22 | 66.67 | | |
| 山东科技大学 | 36 | 14 | 38.89 | | | | |

续表

| 学校名称 | 总人数 | 博士研究生学历 | | 硕士研究生学历 | | 本科及以下学历 | |
| --- | --- | --- | --- | --- | --- | --- | --- |
| | | 数量 | 比例 | 数量 | 比例 | 数量 | 比例 |
| 济南大学 | 45 | 14 | 31.11 | | | | |
| 青岛理工大学 | 66 | 14 | 21.21 | | | | |
| 山东理工大学 | 47 | 10 | 21.28 | | | | |
| 青岛农业大学 | 72 | 21 | 29.17 | | | | |
| 潍坊医学院 | 30 | 3 | 10.00 | 24 | 80.00 | 3 | 10.00 |
| 泰山医学院 | 18 | 0 | 0.00 | 13 | 72.22 | 1 | 5.56 |
| 山东中医药大学 | 29 | 2 | 6.90 | 15 | 51.72 | | |
| 山东师范大学 | 78 | 21 | 26.92 | | | | |
| 曲阜师范大学 | 35 | 13 | 37.14 | 14 | 40.00 | | |
| 鲁东大学 | 56 | 19 | 33.93 | 34 | 60.71 | | |
| 临沂大学 | 59 | 10 | 16.95 | | | | |
| 济宁学院 | 30 | 1 | 3.33 | 25 | 83.33 | 4 | 13.33 |
| 菏泽学院 | 22 | 1 | 4.55 | 20 | 90.91 | | |
| 山东财经大学 | 86 | 26 | 30.23 | 16 | 18.60 | | |
| 枣庄学院 | 19 | 5 | 26.32 | 12 | 63.16 | | |
| 山东工商学院 | 40 | 12 | 30.00 | 20 | 50.00 | | |
| 齐鲁师范学院 | 35 | 13 | 37.14 | | | | |
| 山东农业工程学院 | 4 | | | 1 | 25.00 | 3 | 75.00 |
| 烟台南山学院 | 27 | | | | | 7 | 25.93 |
| 日照职业技术学院 | 39 | | | 7 | 17.95 | 5 | 12.82 |
| 山东职业学院 | 12 | | | 5 | 41.67 | | |
| 烟台职业学院 | 44 | | | 20 | 45.45 | | |
| 滨州职业学院 | 17 | 1 | 5.88 | 11 | 64.71 | 5 | 29.41 |
| 山东科技职业学院 | 7 | | | 5 | 71.43 | 2 | 28.57 |
| 淄博职业学院 | 21 | | | 9 | 42.86 | 12 | 57.14 |
| 山东外贸职业学院 | 28 | | | 18 | 64.29 | 10 | 35.71 |
| 山东工业职业学院 | 19 | | | 10 | 52.63 | 9 | 47.37 |

续表

| 学校名称 | 总人数 | 博士研究生学历 | | 硕士研究生学历 | | 本科及以下学历 | |
|---|---|---|---|---|---|---|---|
| | | 数量 | 比例 | 数量 | 比例 | 数量 | 比例 |
| 枣庄科技职业学院 | 28 | | | 14 | 50.00 | 14 | 50.00 |
| 淄博师范高等专科学校 | 13 | 3 | 23.08 | 7 | 53.85 | 3 | 23.08 |
| 临沂职业学院 | 11 | | | 1 | 9.09 | | |

通过表8-4可以看出，山东省从事思想政治教育工作的老师绝大部分都具有硕士研究生及以上的学历，其中有13所学校具有博士研究生学历的老师占所有从事思想政治教育工作教师的20%以上，占所统计学校的40.62%，可见山东省高校的政工队伍还是具有很强的学历优势的。其中山东科技大学、曲阜师范大学、齐鲁师范学院、鲁东大学、济南大学等学校老师的博士学历占有率均已达到35%左右，这些也体现出山东省具有地方特色的思想政治教育工作分布模式。

3. 思想政治教育研究情况

要高质量地完成高校思想政治教育工作，也要高度重视对思想政治教育及其管理的研究。一个高校的思想政治教育及其管理的情况也在一定程度上反映了这个高校的思想政治工作状况。访问山东省各个高校的官方网站，可得到表8-5。

表8-5 山东省部分高校思想政治教育科研项目分布情况

| 学校名称 | 科研项目 | | |
|---|---|---|---|
| | 国家级 | 省部级 | 市校、地厅级 |
| 山东师范大学 | 10 | 20 | |
| 枣庄学院 | 6 | 21 | |
| 鲁东大学 | 4 | | |
| 济南大学 | 3 | 32 | |
| 临沂大学 | 3 | 16 | |
| 曲阜师范大学 | 2 | 13 | 15 |
| 滨州学院 | 2 | 49 | 98 |
| 齐鲁师范学院 | 2 | 10 | 20 |
| 中国海洋大学 | 1 | 13 | 30 |

续表

| 学校名称 | 科研项目 | | |
|---|---|---|---|
| | 国家级 | 省部级 | 市校、地厅级 |
| 青岛农业大学 | 1 | 24 | 49 |
| 青岛工学院 | 1 | 5 | 6 |
| 淄博职业学院 | 1 | 5 | 7 |

由上表可以看出，山东高校的思想政治教育科研情况分布是不均衡的，大致是以文科为特长的院校和本科院校的思想政治教育科研情况要好一些。

（二）山东省高校思想政治工作机制的特色分析

齐鲁大地是孔孟之乡，礼仪之邦。山东省高校不仅十分重视传统文化的教育，而且也十分注重大学生的思想政治教育，突出显示多个方面的特色。具体表现在以下几个方面。

1. 重视提高教师的师德修养

教育离不开两个主体，那就是学生和老师，而老师作为传授知识的主体，无疑是提高教育水平的关键力量。山东省在思想政治教育方面十分重视对教师师德的培养和提高。山东省的临沂大学就有教育部全国高校思想政治理论课骨干教师社会实践研修基地，山东科技大学马克思主义学院也组织教师暑期赴湖南进行考察，通过切实的活动形式，让骨干教师进行实地观察研究，整合当地对革命、建设、改革时期的时代精神和民族精神教育资源，根据实践基地独具特色的实践路线，探寻伟人故里、追寻领袖足迹、感悟地方文化活动，在真知、真懂、真信上努力提高思想政治教育教师的素质和品德。

2. 重视与传统文化的结合又突出本土特色

社会主义国家的大学应该注意加强学生社会主义核心价值观的培养，当代大学生作为人才资源，承担着我国社会主义建设的重大任务以及实现中华民族伟大复兴的共同使命，他们只有真正地将社会主义核心价值观内化为自己个人的价值本质并与自己所学结合起来，才能真正找到自己的职业、事业定位，在十几年或者几十年以后才能成为实现中国梦的中坚力量。而要真正地引导学生做到这些，就一定要在弘扬传统文化的基础上，抓住课堂这一主要载体，在开设国家规定的常规课程的基础上，开创一些特色专业，从而提高思想政治教育的实效性。山东高校对此就十分重视，不断探索课程设置、课堂教学新形式，在与传统文化的结合中，努力寻求加强社会主义价值体系教育的路径、方法、机制创新，部分学校成绩显著。如临沂大学在顶层设计中提出了实施"红色育人工程",培育具有"沂蒙精神特质"的大学生的育人目标。为了落实好这一工程,在马克思主义学院成立后,专门成立了"红色文化与沂蒙精神教研部",并在全校开设"红色文化与沂蒙精神"课程。与此同时,该教研部在院领导的直接参与下,开展了诸如集体备课,组织学生"下农村、下工厂、下基地",开办"沂蒙精神与社会主义价值体系建设"研讨会,建设人才培养实验区等卓有成效的工作,将理论与实践相结合,取得了突出成绩。这一系列的创新点和特色活动,无不给高校向来被冠以枯燥的思想政治教育注入了新鲜的血液,为社会主义价值体系融入国民教育全过程积累了宝贵经验,对各大高校具有借鉴意义。

3. 重视德育研究工作并设有专门研究中心

理论对实践具有重要的指导意义,因此要加强思想政治教育的实效,就要推进对思想政治理论的研究,而理论研究要有机构依托才能较好地开展工作。山东省十分重视对思想政治的理论研究,并设有山东省德育研究中心。该中心为山东师范大学正处级直属单位,受省委工委和学校党委双重领导。山东省高校德育研究中心以承担"全省高校教师和大学生德育工作研究任务","做好德育工作信息搜集与整理以及德育人才专家库和思想政治教育课教师信息数据库的建设和完善""协助开展德育工作队伍培训"等重要工作为职责,可以说是山东省德育学科建设的一个枢纽平台。再加上山东师范大学的思想政治教育专业为全国高校特色专业建设点,马克思主义中国化研究中心又被评为省"十一五"人文社科研究基地、省"十二五"重点强化建设基地等。这些无疑为山东省的思想政治教育工作机制创新提供了可操作途径,为思想政治工作的推进提供了基础。

4. 重视对思想政治教育工作开展形式的创新

思想政治教育工作往往是以"主体会议""动员大会""小组会议"等传统单调灌输的形式为主。而山东省的思想政治教育工作在这些活动的基础上采取了一些非常新颖的活动形式。如山东师范大学通过图解十八届四中全会的形式来引导学生紧跟时事政治,接受社会主义核心价值观的熏陶和引导;通过举办"铸就兴国之魂"说课大赛来响应中央对社会主义核心价值观的重视,从而提高师范类学生的教学素质和技能;举办"师大之春"党团知识竞赛,用"寓教于乐"的方式,让学生们在主动参与中自然而然地梳理党团知识。具体说来,该竞赛以党团知识为考查内容,通过"必答题""选答题""冒险题"等多种形式,"闪亮登场""一战到底""你猜我猜""一锤定音"多个环节充分激起学生热情,有效地提高了思想政治教育工作的质量。

**三、山东省高校思想政治工作机制存在的问题**

通过上面的分析可以看出，山东省作为我国的教育大省，显然在思想政治工作方面取得了一定的成绩，形成了自己的特色，但是依然存在很多问题，如实效性不强、适应性差等，除了这些思想政治工作固有的问题外，也存在一些特殊性问题，归纳为以下几点。

（一）思想政治教育工作发展水平差距较大

无论是分析领导机制、队伍建设机制还是评估保障机制的各项指标，都能看出，山东省性质和层次不同的学校出现了明显的公办学校思想政治教育工作机制好于民办学校，本科院校好于专科院校的情况。其中，当然有学校性质、投资形式不同等合理的原因，但是"三个倡导"作为我国的主流价值观，它的作用本身应该是国家性的、全局性的、社会性的，当然，它对高校思想政治工作的引领也应该是全面的，层次差别大的学校不应该因层次和性质不同，就忽视本身的思想政治工作，而且不管以什么为重点的学校，思想政治教育都是必需的。只有把思想政治教育搞好，才能适应时代，解决越来越复杂的大学生心理健康问题，才能真正培养出德智体全面发展的优质型人才。

（二）互动式工作模式持续性差

对网络教学平台的应用，可以说是随着信息技术的发展，各个学校思想政治工作的发展趋势。很多学校不仅为思想政治教育工作设立了专有的模块以及悬浮窗，还有类似"心理课堂"的分栏。这一切都为思想政治教育工作的互动式开展提供了条件。开展互动式思想政治教育工作模式，在一定程度上也是将"三个倡导"的内容融入思想政治工作中去的一种体现。通过建立具体的互动式的运行机制，对于学生关心的情感问题、就业前景等问题进行疏导，有利于他们更好地树立爱国、敬业、诚信、友善的价值观。但是要想达到这一效果，必须要长期坚持。而在这一点上，山东省高校有欠缺之处。

（三）师资队伍质量有待提升

高校思想政治工作的师资队伍主要由三个部分构成：一是思想政治理论课老师，二是辅导员，三是管理人员。随着我国近些年来大学生扩招政策的推出和落实，在一定程度上存在着老师和学生的配备比不合理的情况，学生多，老师少的现象明显。这就会导致老师的授课以及心理辅导等工作任务过于繁重。而一个人的精力是有限的，这样必然会影响高校思想政治工作的质量。另一方面，作为高校思想政治教育工作者重要组成部分的辅导员，他们一般都是从具有学生辅导员助理管理经验的学生或者学生干部中选拔上来的，这些人大多都对思想政治教育、教育心理以及管理学方面的知识并没有进行过系统地学习，他们中的大部分选择任辅导员的动机是为了留校，只是把做辅导员当作一个"跳板"，而不是事业，这也会严重影响高校思想政治工作的成效。再加上一些思想政治教育工作者本身的价值观模糊、摇摆，甚至有一些是在课堂上一套，自己又一套，也非常不利于大学生在正确的思想政治教育下树立正确的价值观。查阅山东省高校的官方网站，可以看到，好多学校并没有关于辅导员和具体管理人员的特定信息的具体介绍，这也说明，山东省高校思想政治教育也存在对教师队伍不够重视的问题。

**四、"三个倡导"视域下创新山东省高校思想政治工作机制的建议**

（一）把"三个倡导"融入各门课程中，构建全员育人的教育体系

单向灌输式的、口号式的教学模式，不仅降低了思想政治教育工作的实效，甚至让很多学生产生了抵触心理。从而使思想政治课程对于他们来说，完全沦为一种形式，成为他们用来修学分的"被学"内容。然而真正具有实效性的思想政治教育，应该将良好的心理状态、较好的文化素质融为一体，使它成为内化在学生血液里的一种气质。随着思想政治专业的设立，思想政治教育变得越来越专业化，这本应是好事，却也使得思想政治教育工作越来越孤立化。因此，要想真正提高思想政治工作的实效性，就必须在继续思想政治专业化建设的同时，将"三个倡导"融入山东省高校的其他课程中去，让它成为一种内化在课程中的软实力。这样就可以潜移默化地扩大和加强思想政治教育的范围，提高思想政治教育的教学效果，在一定程度上也可以解决上面所说的不同性质、不同层次的学校思想政治教育工作进展完全不同的情况。

（二）把"三个倡导"融入思想政治特色活动中，构建山东省高校思想政治工作活动育人机制

山东省有许多思想政治教育的实践基地，包括多处国家级、省级、市级的重点文物保护单位。要想推进社会主义核心价值体系教育在路径、方法与机制方面的创新，就应该把作为社会主义核心价值体系内核的"三个倡导"融入该省的特色活动中。例如，要注重"三个倡导"与沂蒙红色文化的结合，从而推进思想政治工作在传统文化与现代文化的碰撞中不断创新。同时也要对进行这方面尝试的学校给予相应财力、物力、人力的支持。只有相应的保障机制跟得上去，才能在真正意义上把"三个倡导"和山东省特色思想政治教育活动的融

合落到实处；大学生也只有在内化当地优良传统文化的基础上，才能深入地体会"三个倡导"的当代价值，从而正确地认识自己的个人价值，将来有一天实现自己的社会价值。

（三）推进"三个倡导"引领良好社会环境，构建山东省高校思想政治工作社会育人机制

大学生真正意义上的互动，最终是靠与社会的互动来实现的，因此要想思想政治教育效果迈出"象牙塔"，必须有一个真正良好的社会环境。这样的环境离不开"三个倡导"的引导。只有整个社会的环境得到净化，才会使与大学生息息相关的就业、情感等问题，趋于公平、合理化，才能真正在大学生的心里树立起健康的价值取向，才能真正让他们体会到正能量。只有社会这个大环境好了，围绕在学生周围的家庭和校园的正向教育方式才能起到实际的效果。

## 第二节 江苏省高校思想政治工作机制创新

### 一、引言

高校思想政治工作机制的创新是一个复杂的系统工程，随着十八大"三个倡导"的提出，各高校应积极响应国家的号召，在思想政治工作机制方面贯彻落实"三个倡导"，使大学生树立正确的世界观、人生观、价值观。本节就江苏省部属高校思想政治工作机制进行研究，研究其思想政治工作机制的现状、突出优势及存在的问题，从而在"三个倡导"视域下对江苏省部属高校思想政治工作机制进行创新。本文主要从领导机制、评估考核机制、思想教育机制和教师队伍机制四个方面进行了论述。

中共十八大提出的"倡导富强、民主、文明、和谐，倡导自由、平等、公正、法治，倡导爱国、敬业、诚信、友善，积极培育和践行社会主义核心价值观"这一论述分别从国家、社会、公民三个层面要求全国人民积极贯彻社会主义核心价值观，引领社会思潮，凝聚社会共识。同时，高校属于教育事业单位，在思想政治教育方面可谓任重道远，所以高校应深入学习十八大提出的"三个倡导"精神，在"三个倡导"视域下，对高校思想政治工作机制进行创新，将社会主义核心价值观的内涵融入高校的思想政治工作中，使其紧跟社会发展的潮流，增强高校思想政治工作机制的生机和活力。

高校作为思想政治教育工作的前沿阵地，做好高校思想政治工作机制创新

具有重要意义。"三个倡导"为高校思想政治工作指明了方向。本研究在对江苏省高校思想政治工作进行调查的前提下,重点分析江苏省高校思想政治工作机制的突出优势和存在问题,并结合"三个倡导"对其思想政治工作机制创新提出几点建议:一是以"三个倡导"为指导,设立专门的思想政治教学单位;二是以"三个倡导"为依据,加强高校辅导员和教师队伍建设;三是以"三个倡导"为内容,丰富思想政治工作开展方式;四是以"三个倡导"为载体,创新民办高校思想政治工作机制。

思想政治工作作为思想工作和政治工作的重要一部分,指一定的阶级或政治集团,为了实现一定的政治目标,有目的、有计划、有组织地对人们施加意识形态的影响,以转变人们的思想,进而使人们形成符合一定社会要求的思想政治品德的社会实践活动。高校进行思想政治工作有助于贯彻党和国家的路线、方针、政策,有助于良好的校园文化的形成,有助于高校学生正确世界观、价值观和人生观的树立。高校思想政治工作机制,主要是指高校思想政治工作中各方面以及各方面相互作用形成的规律性的东西,涵盖了思想政治领导、思想政治教育、思想政治宣传等方面。

## 二、江苏省部属高校思想政治工作机制现状

高校思想政治工作机制,是指高校在进行思想政治教育时,各个部分相互联系、相互作用、相互协调的方式和过程,主要包括激励机制、责任追究机制、领导机制、监督评估机制等。据教育部部属高校工作动态显示,全国部属高校75所,其中江苏省有7所,占全国部属高校的9.33%。江苏省7所部属高校分别为南京大学、东南大学、中国矿业大学、河海大学、南京农业大学、中国药科大学、江南大学。部属高校由教育部直接管理,建设部属高校是国务院教育改革的重要举措,江苏省7所部属高校层次较高,实力较强(见表8-6),受到教育部的高度重视,以下是江苏省7所部属高校学校层次一览表。

表8-6 江苏省7所部属高校层次情况

| 学校 \ 层次 | "211工程" | "985工程" | "985优势学科创新平台项目" |
| --- | --- | --- | --- |
| 南京大学 | 是 | 是 | 否 |
| 东南大学 | 是 | 是 | 否 |
| 中国矿业大学 | 是 | 否 | 是 |

续表

| 学校 \ 层次 | "211 工程" | "985 工程" | "985 优势学科创新平台项目" |
|---|---|---|---|
| 河海大学 | 是 | 否 | 否 |
| 南京农业大学 | 是 | 否 | 是 |
| 中国药科大学 | 是 | 否 | 否 |
| 江南大学 | 是 | 否 | 否 |

从上表可以看出江苏省7所部属高校的层次情况，它们皆为教育部直属的全国重点高校和高水平大学，在思想政治工作中要认真落实"三个倡导"，贯彻社会主义核心价值观，高水平的大学中学生整体素质普遍较高，也推动了将"三个倡导"落实到思想政治工作机制创新中。

（一）江苏省部属高校思想政治学科建设

通过对江苏省7所部属院校的相关调查发现，5所部属高校设置了马克思主义学院，由马克思主义学院主管思想政治教学，其他2所部属高校设置了其他学院主管思想政治教学（见表8-7）。7所部属高校思想政治教学的主要课程是"马克思主义基本原理概论""毛泽东思想与中国特色社会主义理论体系概括""中国近现代史纲要""思想道德修养与法律基础"。另外，除江南大学外，其他6所高校均设有与思想政治教学相关的教研室，如马克思主义原理教研室、中国近现代史教研部、中国特色社会主义理论教研室、思想道德修养与法律基础教研室，南京农业大学和中国药科大学还设有研究生思想政治理论教研室。

表8-7 江苏省部属高校思想政治教学相关学院设置情况表 （单位：所）

| 学院名称 | 马克思主义学院 | 人文社会科学学部（思想政治理论课教研部） | 社会科学部 |
|---|---|---|---|
| 学校名称 | 南京大学、东南大学、中国矿业大学、河海大学、江南大学 | 南京农业大学 | 中国药科大学 |
| 学校数量 | 5 | 1 | 1 |

（二）江苏省部属高校思想政治工作管理组织

调查发现，江苏省7所部属高校思想政治工作的管理并不是单一的，基本都是由党群组织、行政部门、院系三方来进行管理（见表8-8），这正体现了高校思想政治工作机制是各部分相互联系、相互影响、相互协调的，但是有些学校的党群组织和行政部门中管理思想政治教育工作的部门也存在重合现象。

表8-8 江苏省部属高校思想政治工作管理组织

| 学校名称 | 领导机构（具体部门） | | |
| --- | --- | --- | --- |
| | 党群组织 | 行政部门 | 院系 |
| 南京大学 | 团委 | 学生工作处 | 马克思主义学院 |
| 东南大学 | 党委学工部 | 学生处 | 马克思主义学院 |
| 中国矿业大学 | 党委学生工作部 | 学生工作处 | 马克思主义学院 |
| 河海大学 | 学生工作处 | 学生工作处 | 马克思主义学院 |
| 南京农业大学 | | 学生工作处 | 人文社会科学学部 |
| 中国药科大学 | 学生工作部、党委宣传部 | 学工处 | 社会科学部 |
| 江南大学 | 党委宣传部、党委学生工作部 | 学生工作处 | 马克思主义学院 |

从上表可以看出，江苏省7所部属高校的思想政治工作由三个不同性质的机构共同管理，每一个领导机构都履行不同的责任和任务。除南京大学外，党群部门和行政部门对思想政治工作的管理都有交叉，都是一个部门进行管理，但部门性质不同，同时这三方领导机构最终都要通过教师达到对大学生进行思想政治教育的目的。

（三）江苏省部属高校思想政治工作教师队伍

首先，辅导员是开展大学生思想政治教育的骨干力量，也是学生日常思想政治教育和管理工作的组织者、实施者和指导者。通过调查，江苏省7个部属高校都实行专职辅导员制度，学校按照不低于1∶200的师生比例配备本科生专职辅导员，按1∶300的师生比例配备研究生辅导员，专职辅导员专门管理学生工作，不参与教学活动，这些专职辅导员大都要求研究生以上学历，并且呈年轻化态势。其次，思想政治教学的师资力量更是开展大学生思想政治教育的核心，下表（表8-9）展示了江苏省7所部属高校主管思想政治教学的师资力量情况。

表8-9 江苏省部属高校思想政治教学师资力量　　　　（单位：人）

| 学校名称 | 教授人数 | 副教授人数 | 讲师人数 | 兼职教师人数 | 总人数 |
| --- | --- | --- | --- | --- | --- |
| 南京大学 | 5 | 17 | 3 | — | 25 |
| 东南大学 | 4 | 16 | 21 | 4 | 45 |
| 中国矿业大学 | 7 | 16 | 19 | 42 | |
| 河海大学 | 19 | 8 | 14 | 7 | 48 |
| 南京农业大学 | 13 | 12 | — | 25 | |
| 中国药科大学 | 3 | 9 | 16 | — | 28 |
| 江南大学 | 9 | 27 | 20 | — | 56 |

注："—"表示数据缺失。

从上表可以看出，7所部属高校思想政治教学师资力量各不相同，但从职称上看，有教授、副教授、讲师、兼职教师（部分包括教授、副教授和讲师），副教授以上职位占多数。据调查，这些教师多为博士以上学历，且以后招聘的教师必须是博士以上学历，这也提高了高校思想政治教学工作的质量。

（四）江苏省部属高校思想政治工作的突出优势及问题

高校思想政治工作对大学生教育至关重要，调查中发现，江苏省7所部属高校思想政治工作具有优势，同时也存在一定的问题，要清楚地分析其优势和问题，根据时代条件，将"三个倡导"准确地贯彻到这7所部属高校思想政治工作机制中，以使其更加完善。

1. 江苏省部属高校思想政治工作突出优势

首先，重视高校思想政治工作。南京大学官网显示，苏政研〔2014〕3号文件，2014年江苏省思想政治工作研究会下发通知指出："为深入贯彻党的十八大、十八届三中全会和习近平总书记系列讲话精神，进一步加强新形势下我省思想政治工作的实践探索和理论研究，需通过开展思想政治工作研究，进一步认清当前江苏省思想政治工作的现状和形势，针对工作中的重点、难点和弱点，努力推出一批有价值、有分量、有建设性意见的研究成果。"这为江苏省高校思想政治工作提出了指导性意见，能够进一步加强江苏省思想政治工作的开展。其次，江苏省部属高校开展各种学术活动。南京大学团委2014年举办"南大首届校园恋爱公开课"活动，引导大学生树立积极、健康的爱情观；东南大学马克思主义学院举办"思想的力量——马克思主义学术讲坛"活动，讲授价值观的建设、思想政治教育、社会主义核心价值体系的建设等内容，积极引导学生树立正确的思想政治观念，积极培育社会主义核心价值观；东南大学建立了"社会主义核心价值观实践教育基地"，并为此揭牌；南京农业大学已举办多期"思·正沙龙"；十几家媒体报道、转载《中国矿业大学："七个坚持"培养德才兼备大学生》，此报道是关于中国矿业大学的大学生思想政治教育工作的经验总结；中国药科大学的求是学会开办了"厚德讲堂"；江南大学开办了"论道江南"学术沙龙活动和"名师讲坛"系列活动。江苏省这些部属高校开展的思想政治教育活动，对大学生思想教育起到了循序渐进的作用，为以后的思想政治工作奠定了坚实基础。

2. 江苏省部属高校思想政治工作存在的问题

首先，江苏省7所部属高校的思想政治教育领导机构职责混乱。党群组织和行政部门分别设立具体部门管理思想政治工作，产生"两班人马"的现象，这样使意见不易达成一致、工作效率低下，甚至出现工作互相推诿的情况。其次，部分部属高校设有思想政治网站，但建设速度慢，信息一直未更新。例如，南京大学马克思主义学院设置了一个思想政治教学网，该网设有网络课程、视频课堂、实践教学、电子图书馆、互动交流模块，但是这几个模块中并没有具体内容，信息一致没有更新；中国矿业大学在马克思主义学院网上也设有精品课程建设模块，包括"马克思主义原理概论""毛泽东思想与中国特色社会主义理论概括""思想道德修养与法律基础"等，每一门课都能查到课程、师资、教学、资源、评审等信息，但尚处于建设中。最后，价值多元化的冲击，给大学生思想观念带来挑战。随着全球化的冲击和西方文化的渗透，一些大学生盲目崇拜外来文化，认为外来文化是优秀的、先进的，而中国传统文化和价值观念是老土的、已经过时，这些扭曲的价值观在一些大学生脑中存在，为高校对大学生进行思想政治教育增加了阻碍。

### 三、江苏省属高校思想政治工作机制现状

（一）总体情况

江苏省是一个教育大省，汇聚了7所部属高校，154所省属高校。省属高校中，本科高校49所，专科高校80所（本、专科包括24所民办高校），独立高校25所（见表8-10）。其中，苏州大学和南京师范大学是江苏省唯一两所省属"211"高校。

表 8-10　江苏省属高校统计情况　　　　　　　　（单位：所）

| 类型＼性质 | 本科 | 专科 | 独立院校 |
|---|---|---|---|
| 公办 | 45 | 60 | 25 |
| 民办 | 4 | 20 | — |
| 合计 | 49 | 80 | 25 |

注:"—"表示数据缺失。

本研究主要研究江苏省属高校思想政治教育的工作机制,通过查阅国家和江苏省颁布的相关政策,了解国家以及江苏省对高校思想政治工作方面的规定;通过浏览154所江苏省属高校的校园网站,重点关注该校思想政治工作的负责部门、活动开展、教学单位、课程设置以及师资队伍建设情况,并据此做出相关统计,进行数据分析。现就各个方面做具体说明(见表8-11)。

表 8-11　江苏省属高校思想政治工作情况

| 内容 | 具体情况 | 典型院校 |
|---|---|---|
| 主要负责部门 | 1. 对于本科还有专科院校,思想政治工作的主要负责部门是党委、团委宣传部;<br>2. 大部分的民办高校以及独立院校,思想政治工作主要负责部门是学工部或者学工处 | 1. 苏州大学、江苏大学、南京邮电大学、江苏科技大学、南京林业大学等;<br>2. 南京审计学院金审学院、徐州师范大学科文学院、苏州大学应用技术学院、南京师范大学泰州学院等 |
| 活动开展 | 1. 党的群众路线教育实践活动;<br>2. 理论学习;<br>3. 法制园地;<br>4. 思想政治研究、思想政治天地;<br>5. 各种形式的特色教育活动,如演讲、辩论赛、微电影拍摄 | 1. 江苏大学开展"社会主义核心价值观"调研活动;<br>2. 南京林业大学开展"中国梦,我的梦"辩论赛;<br>3. 江阴职业技术学院、江苏食品职业技术学院等设置"六五普法"专栏;<br>4. 扬州工业职业技术学院拍摄主题为"温暖·心跳·青春"的微电影 |
| 教学单位 | 主要是建立马克思主义学院、社会科学部、社会科学系、思想政治理论课教学科研部或基础部 | 一般本科高校设立的都是马克思主义学院,大部分专科以及独立院校设立的是思想政治教研部(室)或者基础部 |

续表

| 内容 | 具体情况 | 典型院校 |
|---|---|---|
| 课程设置 | 主要是"思想道德修养与法律基础""毛泽东思想与中国特色社会主义理论体系概论""形势与政策",并且这些课程一般被设为公共基础必修课 | 苏州大学、江苏大学、南京师范大学、淮阴工学院、南京工程学院、无锡职业技术学院、南通大学、南京邮电大学,南京科技大学等 |
| 师资队伍 | 大部分高校思想政治教育课程有专职教师教授,但是本科、专科和独立院校专兼职教师的比例分配是不一样的;同时辅导员也比较注重学生思想政治发展 | 本科、专科高校绝大多数由专职教师教授课程,但是与本科高校相比,专科、独立院校多为兼职教师,且人数较少。辅导员队伍素质有待提高 |

(二) 江苏省属高校思想政治工作机制的突出优势

1. 党委宣传部一般都建立了其主办的宣传网站

党委宣传部是校党委主管全校思想宣传工作的职能部门,是学校意识形态领域的主管部门。主要负责理论武装、宣传舆论导向、形势政策教育、思想政治教育、精神文明建设和校园文化建设等工作。在 154 所江苏省属高校中,绝大多数高校思想政治工作都是由党委宣传部负责,并且党委宣传部一般都建立了宣传网站,具体情况如表 8 - 12 所示。

表 8 - 12　党委宣传网站建立情况　　　　　　　　(单位:所)

| | 本科 | 专科 | 独立院校 | 合计 |
|---|---|---|---|---|
| 数量 | 11 | 18 | 2 | 31 |

在这些党委宣传部负责思想政治工作的高校中,宣传部设立专门宣传网站的有 31 所。

本科:江苏大学的理论之窗网、南京林业大学的新闻中心、江苏师范大学的新纪元网、南京财经大学的南财新闻网、淮海工学院的旭日思想政治网、苏州科技学院的思想宣传教育网、南京晓庄学院的宣教之窗、盐城师范学院的红色坐标、南京审计学院的思想政治网、南京艺术学院的双馨网、泰州学院的风华网。

专科:泰州职业技术学院的北极星网、江苏建筑职业技术学院的四维网、南通职业大学的思想政治普法网、连云港职业技术学院的晨光网、江苏城市职业技术学院的红色在线、江阴职业技术学院的南国风、淮安信息职业技术学院的启迪网、苏州信息职业技术学院的扬帆网、江苏海事职业技术学院的思想政治网、常州工程职业技术学院的路标网、苏州经贸职业技术学院的思想政治工作网、常州机电职业技术学院的吾思网、无锡工艺职业技术学院的心路网、苏州健雄职业技术学院的厚德网、江苏财经职业技术学院的厚德网、常熟纺织服装职业技术学院的星空网、南京机电职业技术学院的党建网、南京特殊教育职业技术学院的思想政治教育网。

独立院校：南京师范大学泰州学院的厚生网、徐州师范大学科文学院的尚德网。

2. 思想政治教学的网络化

随着科学技术的进步与发展，互联网以及先进的网络设备也逐渐被应用到高校教学当中。在江苏省属154所高校中，有5所高校（分别是南京师范大学、常州大学、徐州工程学院、江苏建筑职业技术学院、常州纺织职业技术学院）建立了网络教学平台，并开设了网络课程。有些高校还将思想政治教育的精品课程上传于校园网站，这不仅改变了传统的思想政治理论课教学的方式，同时也方便了高校学生思想政治理论课程的学习。

以南京师范大学为例。南京师范大学设立马克思主义学院，学院思想政治理论课教学特色鲜明。创新思想政治理论课教学，在本科四门课中充分运用学校网络教育平台开展教学活动，效果良好。研究生思想政治理论课和"形式与政策"课教学方式探索取得积极进展。建立实践教学基地109个，形成了比较健全的实践教学组织机制，社会实践效果良好，并且建立了高校思想政治理论课教学工作通讯。

（三）江苏省属高校思想政治工作机制存在的问题

1. 没有设立主要思想政治教学单位

高校思想政治教育工作是高校思想政治工作机制的重要内容。设立必要的思想政治教学单位对加强高校思想政治教育具有重要意义。这里的教学单位主要是高校下设的思想政治学院（马克思主义学院、社会科学部、社会科学系、思想政治理论课教学科研部或基础部）或者思想政治教研室。江苏省属高校思想政治工作教学单位设立情况如表8-13所示。

表8-13 江苏省属高校思想政治工作教学单位设立情况

(单位：数量，所；比例，%)

| | 数量 | 比例 |
| --- | --- | --- |
| 设立教学单位 | 102 | 66.2 |
| 未设立教学单位 | 52 | 33.7 |
| 合计 | 154 | 100 |

通过分析表8-13，我们不难发现，在154所江苏省属高校中，有102所高校设立了思想政治教学单位，占到了66.2%的比例，52所没有设立教学单位，占到了33.7%的比例。这表明大部分高校设立了思想政治教学单位，对思想政治教育工作是重视的。

通过重点统计和分析没有设立思想政治教学直属单位的高校（见表8-14），我们得出这样的结论：没有设立教学单位的高校主要是民办独立高校，其次是专科院校，绝大部分的本科院校设立了思想政治教学单位。

表8-14 江苏省属高校中没有设立教学单位的高校分布情况

(单位：数量，所；比例，%)

| 内容 \ 类型 | 本科 | 专科 | 独立学校 | 合计 |
| --- | --- | --- | --- | --- |
| 数量 | 5 | 30 | 17 | 53 |
| 比例 | 10.2 | 37.5 | 68 | 34 |

2. 宣传工作流于形式，宣传信息陈旧

浏览154所江苏省属高校的校园网站，可以发现大部分高校能够紧跟时事，发布的新闻动态、政策法规都是最新的，活动信息更新频率也较快。比如，党委宣传部主办的思想政治宣传网站，信息更新得就很快，平均2天就会有新信息更新上去。但是有些高校的宣传信息过于陈旧，并且信息更新速度也很慢，几个月才更新一条。以盐城工学院思想政治教育栏目为例，从数量上来看，从2009年9月18日至2013年11月14日一共有32条信息，2009年全年13条信息，2010年全年13条信息，2011年全年2条信息，2012年全年1条信息，2013年全年3条信息，从内容上来看主要是通知文件之类的。信息数量之少，更新频率之慢，严重阻碍了思想政治工作的宣传。

3. 课程枯燥，学生兴趣不高

江苏省属各高校开设的思想政治课程虽然多少不一，但是主要都开展了"思想道德修养与法律基础""毛泽东思想与中国特色社会主义理论体系概论""形势与政策"等课程，并且这些课程一般被设为公共基础必修课。随着我国社会主义现代化建设的飞速发展，社会主义市场经济的不断完善以及小康社会的普遍建成，处在社会转型中的我们必然会面临来自各方的、大量的新现象和新问题。如价值观的多元化、利益关系多元化、社会经济成分多元化等。面对这样的现实，我们的思想政治教育教学同样不应该落后于时代，落后于发展。但是通过调查我们发现，江苏省属高校的思想政治理论课程教学存在着一些问题。首先，教学内容相对滞后。一般高校思想政治理论课的教材一直都是上述那几本，尽管书籍每年或者每几年也修订一两次，但是大部分内容还是不变的，终归是滞后的。其次，教学内容重复。教学内容的重复表现在：一是和中学政治品德课教学内容有相当一部分重复；二是思想政治理论课程之间内容的重复。据统计，大学思想政治理论课和中学政治课有近四分之一的课程内容是简单重复的。最后，缺乏针对性。思想政治教育偏重课本理论教学，并没有将思想政治教育工作与学生们的思想和实际生活相联系，没有针对学生们关心的问题进行思想政治教育，并且与国际国内热点结合不紧密。

4. 高校教师以及辅导员队伍思想政治工作缺失

队伍建设机制是高校思想政治工作机制强有力的保障。高校思想政治教师队伍的思想政治素质水平如何，直接关系到学生能否树立正确的政治立场和政治方向。思想政治教师只有自身信仰坚定，才能以自信引导他信，才能把握正确的政治方向，宣讲正确的政治观点，对学生实施正确的引导。江苏省属高校思想政治教育教师队伍情况如表8-15所示。

表8-15 江苏省属部分高校思想政治工作部门教师队伍情况

（单位：人）

| 学校 | 教职工总人数 | 职称 | | |
|---|---|---|---|---|
| | | 教授 | 副教授 | 讲师助教 |
| 苏州大学 | 53 | 10 | 30 | 13 |
| 南京师范大学 | 45 | 14 | 16 | 15 |
| 扬州大学 | 76 | 13 | 43 | 20 |
| 江苏大学 | 56 | 11 | 24 | 21 |

续表

| 学校 | 教职工总人数 | 职称 | | |
|---|---|---|---|---|
| | | 教授 | 副教授 | 讲师助教 |
| 南京邮电大学 | 55 | 8 | 32 | 15 |
| 南京林业大学 | 33 | 5 | 11 | 17 |
| 南京财经大学 | 43 | 9 | 14 | 20 |
| 江苏科技大学 | 62 | 9 | 23 | 30 |
| 南京中医药大学 | 32 | 3 | 12 | 14 |
| 淮阴工学院 | 35 | 3 | 9 | 19 |
| 三江学院（民） | 43 | 4 | 7 | 32 |
| 南京艺术学院 | 8 | 0 | 4 | 4 |
| 江苏警官学院 | 28 | 4 | 10 | 12 |
| 常州大学 | 57 | 4 | 25 | 26 |
| 南通职业大学 | 9 | 2 | 3 | 4 |
| 九州职业技术学院 | 12 | 1 | 1 | 2 |
| 连云港职业技术学院 | 14 | 0 | 7 | 7 |
| 江苏农牧科技职业学院 | 83 | 1 | 5 | 28 |
| 无锡职业技术学院 | 45 | 3 | 5 | 37 |
| 江苏财经职业技术学院 | 32 | 0 | 11 | 15 |

由表8-15可见，江苏省属高校中本科高校思想政治工作人员在数量、职称方面都具备较为良好的结构和配置，但是综合型本科高校与专业型本科高校思想政治工作人员配备方面存在差异。专科高校由于学校层次以及专业性制约，其教师队伍相对薄弱，且具备相关人文社科以及思想政治教育背景的教师人员相对较少。

一般意义上，思想政治工作我们较多关注的是对高校学生的思想政治教育教学，但是高校教师作为开展思想政治工作的先锋，更应该具有良好的思想政治水平和素养。通过浏览154所江苏省属高校官网，我们发现大部分高校都能够紧跟时代步伐，结合当前热点，在教师中开展主题教育实践活动，如党的群众路线教育实践活动，学习贯彻十八届四中全会精神，进行社会主义核心价值观培育活动等。但是部分高校很少组织教工进行连续的政治学习和理论学习，开展学习的高校也主要是针对党员教工，对非党员的青年教师的思想政治培养工作尤其欠缺。

5. 思想政治工作开展情况参差不齐

江苏省属高校思想政治工作开展情况参差不齐主要表现在以下两个方面。

第一，在江苏省属本科高校中，有的学校不仅设立了思想政治教育教学单位，而且在思想政治课程开设方面不仅有本科专业课程设置，还有硕士专业课程设置。例如，南京师范大学设有专门的马克思主义学院，马克思主义学院按照教学科研的需要，下设马克思主义基本原理教研室、马克思主义中国化教研室、思想政治教育教研室、中国近现代史教研室、形势与政策教研室、研究生思想政治课教研室六个教研室，以及学科与研究生培养办公室和院办公室。苏州大学的政治与公共管理学院有哲学、政治学的硕、博士点，有马克思主义哲学、政治学理论、马克思主义基本原理思想政治教育的二级学科。但是本科院校中南京工程学院、西交利物浦大学、南京医科大学、常州大学、徐州医学院连专门的思想政治教育教学单位都没有。

第二，公办高校与民办高校，文体院校与普通高校的思想政治工作机制存在很大差距。一方面，公办高校思想政治工作建设情况总体好于民办高校，民办高校不论是在思想政治教学单位设置还是师资队伍建设方面与公办高校都有一定差距；另一方面，在江苏省属本科高校中文体院校思想政治工作开展相对落后。比如，南京医科大学和南京体育学院没有设立思想政治教学单位，苏州医学院没有负责思想政治工作的机构，只是在校园网站的通知、新闻栏目可以看见一些思想政治宣传信息。

### 四、"三个倡导"视域下江苏省部属高校思想政治工作机制创新策略

高校思想政治工作机制的创新不是某个部门单独的工作和责任，它是一项复杂的系统工程。在"三个倡导"视域下创新高校思想政治工作机制，其目的是使学校思想政治工作部门人员及教师在一定工作机制的指导和保障下，贯彻落实党的方针政策及精神理念，使高校大学生树立正确的思想精神观念，包括世界观、人生观、价值观，使高校的思想政治教育工作有进一步提升。因此，对江苏省部属高校思想工作机制的创新要从领导机制、评估考核机制、思想教育机制和教师队伍机制方面来进行。

（一）在"三个倡导"指导下，创新领导机制

领导机制是高校思想政治工作机制中的首要问题。首先，对于高校思想政治教育工作，学校党政领导应带头管理，同时根据"三个倡导"中倡导的"和谐"理念，高校思想政治教育工作必须建立党委统一领导，校（院）长主要负

责实施，各部门各负其责，校（院）、系（支部）、班全面落实的领导机制，从而使全校各部门分工明确，和谐协作。其次，根据十八大报告中倡导的"民主、公正"理念，创新领导机制必须要求民主，一线领导不能武断专权，擅自决定或解决某些问题，应和各部门协商，听取各部门有关工作人员的意见和建议，公开、公正、公平地解决问题。再次，根据"三个倡导"中的"敬业"的理念，创新领导机制，直接管理江苏省部属高校的部门要做到高度重视这7所部属高校的思想政治工作，上级下达的文件指示，高校领导要及时贯彻落实，避免产生"两层皮"的现象，即高校领导层不按上级命令有效执行任务。

（二）在"三个倡导"指导下，创新评估考核机制

建立健全评估考核机制是高校思想政治工作有效进行的保障，以"三个倡导"中的"民主、平等、公正、法治"理念为依据，创新评估考核机制。第一，要完善上级领导部门对江苏省部属高校的思想政治评估考核体系。针对江苏省各个部属高校的实际情况，分别制定评估考核制度，并对这些高校周期性地进行评估考核。第二，要完善江苏省部属高校内部思想政治工作评估考核机制。以党委统一领导的部门，要及时对下级部门进行评估考核，评估内容包括工作进度、工作成果等。此外各部门内部也要进行评估考核，激发工作人员的积极性，促进工作有效率地开展。第三，创新评估考核机制，还要通过制定目标管理评估考核机制来加强江苏省部属高校思想政治工作。所谓目标管理，就是把一个长远的战略目标，分成若干个具体目标，通过对具体目标的实现来促进长远目标的实现。目标管理评估考核机制就是根据江苏省部属高校思想政治教育的目标，结合大学生思想素质、性格特点、兴趣爱好，以及教学方式方法、教师队伍等现状，制定长期规划和具体的目标对教师和学生进行考核，并随着高校教育教学工作的变化，及时修订各个阶段的目标。

（三）在"三个倡导"指导下，创新理论教育机制

高校思想政治工作要想顺利开展，关键是理论教育机制，因为这直接影响到大学生本身。第一，学校针对"三个倡导"的理念开展不同主题的教育活动，让大学生亲自组织和参与，使大学生感同身受，亲身领悟"三个倡导"的含义。同时江苏省部属高校也应继续保持专题讲座或讲坛的学术创办优势，积极培育社会主义核心价值观。第二，充分利用课堂教学。首先，课堂是教师讲授知识，学生汲取知识的过程，也是大学生能够安下心，回归知识的地方，因此，教师在讲课过程中，不仅应该显性和隐性地灌输正确的价值观，还要根据"三个倡导"中的"民主、文明、和谐、自由、平等"理念，创造活跃的课堂气氛，使

学生勇于表达自己的观点看法。第三，创建思想政治网络平台。网络在大学生群体当中是最受欢迎的，以"三个倡导"为依据，通过建立受大学生欢迎的平台，能够快速、高效、直接地将思想政治教育理念传播到大学生之中。中国人民大学张雷声教授指出，运用网络教学平台推进思想政治理论课教学改革不仅有利于思想政治理论课的建设，而且也有利于马克思主义理论学科建设、教师队伍的建设。

（四）在"三个倡导"指导下，创新教师队伍建设机制

教师队伍机制在高校思想政治教育中有着举足轻重的地位。首先，根据"三个倡导"中"和谐、友善"的理念，教师之间要做好沟通，加强信息的交流。高校辅导员主管学生工作，思想政治理论课老师讲授思想政治知识，专业课教师讲授专业课知识，这几类教师并不是单独工作、单独存在的，教师之间要加强交流与沟通，和谐相处，讨论学生的现实表现、思想状况，多了解每个学生的特点，有效针对大学生进行思想政治教育，同时辅导员与班主任、导师之间的交流沟通也是重要的。其次，根据"三个倡导"中的"敬业、友善"理念，教师应该爱岗敬业、关爱学生，想学生所想，经常与学生交流，了解学生所需。同时教师应该时刻充实自己，及时进行定期培训，使自己拥有丰富的理论知识和独特的人格魅力。高校要努力建设学习型辅导员队伍，提高队伍的整体素质，增强战斗力，使教师可以通过自身影响学生，使其树立正确的世界观、人生观、价值观。再次，根据"三个倡导"中的"法治"理念，建立健全教师招聘制度。严格按照教师招聘流程招聘高素质教师，择优录取，建设一支新老交替、专兼结合、功能互补、信念坚定、业务精湛的思想政治工作队伍。

总之，高校思想政治教育工作是学校工作的重中之重，在学校工作中占有举足轻重的地位。本研究在学习党的十八大提出的"三个倡导"之后，从"三个倡导"视域出发对江苏省部属高校思想政治工作机制进行了创新。高校思想政治工作机制的建立健全与创新是一项长期复杂的艰巨过程，需要学校、社会、家庭和学生共同努力。

**五、"三个倡导"对江苏省属高校思想政治工作机制创新的指导**

（一）以"三个倡导"为指导，大力推进思想政治教学单位独立设置

设立专门的思想政治教学单位，对于加强高校思想政治教育工作具有重要意义。一方面有利于学生进行完备、系统的思想政治理论学习，进而能够做到更加深刻地了解国家、党的发展历史，国家法律法规；另一方面有利于建立良

好的校园秩序和校园文化，促使学生积极将"三个倡导"的要求落实到个人行动中，对于建立良好的校园秩序和校园文化大有裨益。表8-14和表8-15的统计数据显示，江苏省属高校并不是全部都设立了思想政治教学单位，分析其中的原因，主要是以下三方面：一是领导不够重视，二是上级教育部门资金投入欠缺，三是学院缺乏长远考虑。这些原因严重阻碍了江苏省属高校思想政治工作的开展。因此，江苏省属各高校应该从长远出发，重视高校思想政治教学单位的建设。

（二）以"三个倡导"为依据，加强高校辅导员和教师队伍建设

1. 加强高校辅导员、班主任队伍思想政治工作

根据《普通高等学校辅导员队伍建设规定》，辅导员是高校学生日常政治教育和管理工作的组织者、实施者和指导者。高校辅导员与学生的接触甚至多于任课教师，因此他们的思想政治素养直接影响着高校学生的思想政治素养。所以我们必须要重视高校辅导员的思想政治工作，提高他们的个人素质。专职辅导员可按助教、讲师、副教授、教授要求聘请思想政治教育学科或者其他相关学科的专业人才，提高其待遇和地位。

2. 加强和改进高校青年教师思想政治工作

为全面贯彻落实党的十八大精神，中共中央组织部、中共中央宣传部、中共教育部党组联合提出《关于加强和改进高校青年教师思想政治工作的若干意见》并着重指出，进一步增强高校青年教师对中国特色社会主义的理论认同、政治认同、情感认同，坚定道路自信、理论自信、制度自信，提高青年教师思想政治素质，促进青年教师全面发展，引导广大高校青年教师为实现中华民族伟大复兴的"中国梦"贡献力量。随着我国高等教育事业的不断发展，青年教师在高校教师队伍中所占的比例越来越大，青年教师成为推动高校教育事业不断发展的重要力量。但是在如今多元社会背景下，人们的思想、价值观等受到多元思潮的冲击，同样高校青年教师也置身其中。高校青年教师由于比较年轻，教学经验较少，思想也比较活跃，因此，对于高校来说，青年教师的思想政治工作也是不容忽视的。高校要积极引导青年教师树立正确的世界观、价值观和人生观，加强对其的党建工作，关心青年教师政治思想上的进步，以贯彻"三个倡导"为契机，开展青年教师主题活动，从而提高青年教师的素养。

（三）以"三个倡导"为内容，丰富思想政治工作开展方式

1. 思想政治教学方式网络化

随着科学技术的发展，互联网、计算机、手机等先进的新媒体正改变着我

们的工作、学习和生活，尤其是在高校，微信、微博、人人网等已经成为学生之间必不可少的交流平台和互动联络方式。因此，高校开展思想政治工作完全可以利用这些先进的科技产品和网络平台。高校教师不应该只是在课堂上枯燥地讲授思想政治理论，完全可以丰富教学方式，如建立网上课堂、打造3D精品教学课程等。

2. 思想政治宣传方式多样化

丰富思想政治宣传方式是创新高校思想政治工作机制的一个重要方面。思想政治理论必修课、党课学习，开展必要的专题学习，利用高校学报、官网宣传等，这些都是传统意义上的思想政治宣传方式。随着当前科学技术的发展和网络的普及，我们应该充分利用这些先进手段，将思想政治宣传工作与科学技术、网络结合起来。一方面，我们应该建立高校网络舆情监管体系。所谓高校网络舆情监管体系，就是高校充分利用网络，引导舆论向正确方向发展，最大限度减小不良舆论对高校学生思想的不利影响。高校要充分利用新闻网站、机构网站、学科网站、论坛等校园网络媒体，发布健康舆论，倡导学生积极践行"三个倡导"，杜绝负面网络舆论。另一方面，充分发挥高校官方微博的积极作用。微博作为新媒体的一个代表，同样应该成为高校思想政治宣传工作的一个重要渠道。高校要高度重视官方微博维护工作，打造专业的编辑队伍，增设"三个倡导"专题板块，对"三个倡导"进行普及宣传，大力倡导社会主义核心价值观中对个人"爱国、敬业、诚信、友善"的要求，让学生了解并认同"三个倡导"，并能够积极地去践行、实施。

（四）以"三个倡导"为载体，创新民办高校思想政治工作机制

与普通公办高校相比，民办高校有其特殊的办学体制和运行机制，这样的特殊性就要求民办高校在竞争意识、可持续发展以及适应变化方面具有较强的创新能力。必须积极探索中国特色社会主义市场经济条件下民办高校特色的发展方式和办学模式。创新思想政治工作机制，一是要实现整体化，形成强有力的领导和便于统一指导、协调和安排的工作局面，充分调动各方面工作积极性；二是要实现连续化，在新情况出现时，通过及时调整各运行机制具体内容，确保工作各个环节的衔接，使思想政治工作一以贯之；三是要实现规范化，通过建立健全各项规章制度，明确各部门工作职责，使思想政治工作由虚变实，并融于各项工作和活动中。民办高校办学中的诸多主客观因素可能影响学校的健康发展，通过创新思想政治工作机制能为其赢得良好的发展环境，使广大教职工在办学特色、教学改革、师资建设、管理水平等方面积极进取，提高教育质

量,调动各方面积极性,化解高等教育体制改革中出现的各种矛盾,促进学校良性发展,为学校发展提供强大动力。

"三个倡导"为我国各高校的思想政治教育工作指明了方向,江苏省作为全国的教育大省、教育强省,更应该响应国家的"三个倡导",不断创新高校思想政治工作机制。尽管江苏省属高校的思想政治工作还存在诸多问题,但是随着高校对思想政治工作的不断重视,思想政治工作机制的创新建设会有新的突破。

## 第三节　浙江省高校思想政治工作机制创新

### 一、引言

近二十年来,浙江省高校教育得到了前所未有的发展,但随着高校思想政治工作机制的改革和发展,浙江省高校也同样面临着机制创新的发展困境。"三个倡导"作为一个新的理论视角,其所倡导的理念将为高校的思想政治工作机制创新提供一个新的思路和方法。本研究在分析"三个倡导"与高校思想政治工作机制关系的前提下,通过对浙江省高校思想政治工作机制现状进行调查分析,提出应在"三个倡导"的指导下,对浙江省不同层次高校,进行对应机制创新,构建以社会、学校、家庭互为联动平台的高校学生社会主义核心价值观实践机制,打造高校思想政治工作新形式,从而创新浙江省高校思想政治工作机制。

新时期随着高校体制的革新和发展,旧的思想政治工作机制已经不能适应所有高校的发展情况,高校思想政治工作机制面临着改革创新的发展阶段。浙江省高校作为全国高校大省,共有高校104所,其中本科高校57所(包含独立学院22所),专科高校47所。由于浙江省数量多且层次分布较广,所以其高校的思想政治工作机制在新的历史时期面临着更大的挑战。

"三个倡导"从国家、社会、个人层面分别指出了社会主义核心价值观的基本要求。高校思想政治工作机制,指高校在长期的社会环境、现有教育体制以及学生思想政治教育发展的大环境下形成的指导其思想政治工作顺利开展和运行的工作机制,其中涵盖了很多分机制,主要包括领导机制、队伍建设机制、运行机制、评估机制和监督机制。

"三个倡导"与高校思想政治工作机制两者间关系是相辅相成的,主要包括两个方面:一方面,"三个倡导"作为新时期指导国家、社会、个人价值观的最新理论，对高校思想政治工作机制的形成会起到顶层理念指导的作用，也将成为高校思想政治工作机制创新的理论源泉；另一方面，高校思想政治工作机制的创新和发展将会推动国家、社会、学校以及学生对当代道德要求和价值观有更为明晰的认知，进一步推动"三个倡导"理念的发展和完善。同时，创新高校思想政治工作机制的重要支点和决定因素就是观念创新，鉴于此，在"三个倡导"视域下研究和创新现有高校思想政治工作机制，不仅能够为其提供方向性指引，更能使国家、社会、个人形成合力发挥高校思想政治工作各个机制的实效。

### 二、浙江省高校思想政治工作机制现状

浙江省作为国内经济发展大省，近几十年来由于经济发展的带动，其高校教育得到了相应提升，但就目前而言，其高校教育发展仍滞后于区域经济发展。截至2014年，浙江省104所高校中本科高校（不包含独立学院）占高校总数比例的33.65%；专科高校占高校总数比例的45.19%；独立学院占高校总数比例的21.15%，其中"211""985"高校只有1所，即浙江大学。鉴于浙江省高校发展层次、类别、数量较多且民办高校均包含在本科和专科高校中，所以，本研究将把浙江省高校划分为本科高校、专科高校、独立学院，再通过对浙江省这三类高校思想政治工作具体实践的调查，进一步明确浙江省高校思想政治工作机制中领导机制和队伍建设机制现状，旨在为浙江省高校思想政治工作机制创新提供重要依据。

（一）领导机制现状

作为高校开展思想政治工作的关键环节，领导机制的健全关系着整个学校思想政治工作的规范性和稳定性。国家对高校思想政治工作中的领导机制做出过相关说明，要求高校建立以校长及行政系统为主的思想政治工作机制。有无思想政治工作相关学院这一项调查虽不能全面反映该校思想政治工作机制中领导机制的现状，但是在一定程度上可以看出高校思想政治管理工作的专业系统性以及高校对思想政治工作的重视程度。截至2014年，对浙江省104所高校有无思想政治工作相关学院设置情况进行相关调查发现（见图8-1和表8-16），本科高校中有相关学院设置的高校数占总数的51.43%，专科高校中有相关学院设置的高校数占学校总数的27.66%，独立学院中有相关学院设置的高校数占学校总数的27.27%，其中设置思想政治工作相关学院数量最多的是本科高校，未设置思想政治工作相关学院数量最多的是专科高校。可见本科高校较其他两类

高校在思想政治工作的领导机制中具备更为专业和系统的部门设置,有利于高校党政机关和学院各部门之间思想政治工作的顺利开展。

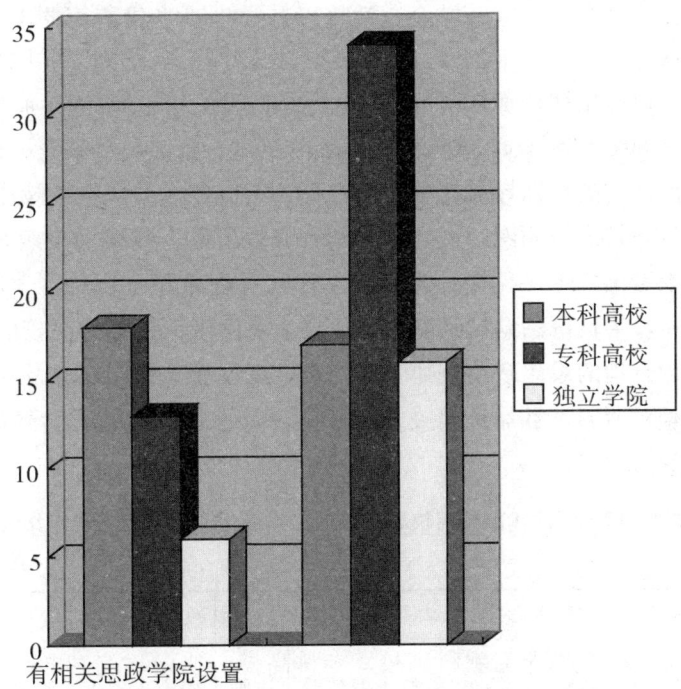

图 8-1 浙江省高校思想政治工作相关学院设置情况图

表 8-16 浙江省高校思想政治工作相关学院设置情况表

(单位:数量,所;比例,%)

|  | 有相关学院设置 | | 无相关学院设置 | |
| --- | --- | --- | --- | --- |
|  | 数量 | 比例 | 数量 | 比例 |
| 本科高校 | 18 | 51.43 | 17 | 48.57 |
| 专科高校 | 13 | 27.66 | 34 | 72.34 |
| 独立学院 | 6 | 27.27 | 16 | 72.73 |
| 合计 | 37 | 35.58 | 67 | 64.42 |

(二)队伍建设机制现状

队伍建设机制是高校思想政治工作机制强有力的保障。高校思想政治工作中的教师队伍主要包括高校辅导员以及从事思想政治工作的相关教职工等。截至 2013 年底，浙江省高校在校学生人数是 95.96 万人，同比增长了 2.9%，其中本科生在校学生人数是 58.74 万人，同比增长了 3.2%，高职（高专）在校学生人数是 37.22 万人，同比增长了 2.5%；全省普通高等学校教职工人数是 8.54 万人，同比增加了 0.16 万人。其中 35 所本科高校和 22 所独立学院均基本按照教育部规定，以师生比例不低于 1∶200 的数量设置一线专职辅导员数量；47 所专科高校中有 80% 按照教育部规定设置专科一线专职辅导员数量，这在一定程度上发挥了浙江省高校辅导员在学生思想政治工作方面的队伍保障作用。此外，通过对浙江省高校的校园网站进行实际调查，得出以下数据（见表 8－17）。由表中数据可以看出，本科高校思想政治工作人员在数量、职称、学历、年龄四个方面都具备较为良好的结构和配置；独立学院由于依托本科高校的师资力量，也具备了较为合理的思想政治教师队伍；专科高校受学校层次以及专业性制约，其教师队伍相对薄弱，且具备相关人文社科以及思想政治教育背景的教师人员相对较少。

表 8－17　浙江省部分高校思想政治工作部门教师队伍情况对比表

（单位：人，岁）

| 学校名称 | 教职工总人数 | 职称 | | | 学历 | | | 平均年龄 |
|---|---|---|---|---|---|---|---|---|
| | | 教授 | 副教授 | 讲师 | 博士 | 硕士 | 本科 | |
| 浙江大学 | 49 | 6 | 22 | 16 | 19 | 24 | 6 | 46.9 |
| 宁波大学 | 40 | 5 | 25 | 6 | 10 | 26 | 4 | 43 |
| 浙江工业大学 | 48 | 8 | 24 | 11 | 11 | 27 | 10 | 46 |
| 浙江理工大学 | 30 | 7 | 16 | 4 | 12 | 10 | 8 | 44.8 |
| 浙江工商大学 | 41 | 11 | 14 | 13 | 21 | 15 | 5 | 48 |
| 温州大学 | 32 | 6 | 8 | 13 | 12 | 14 | 6 | 42.6 |
| 浙江农林大学 | 40 | 11 | 19 | 8 | 6 | 25 | 9 | 42 |
| 浙江财经大学 | 30 | 10 | 11 | 6 | 17 | 9 | 4 | 45.5 |
| 杭州电子科技大学 | 31 | 7 | 19 | 5 | 16 | 10 | 5 | 44.9 |
| 嘉兴学院 | 26 | 5 | 10 | 9 | 7 | 14 | 5 | 42.1 |
| 中国计量学院 | 38 | 9 | 18 | 8 | 17 | 15 | 6 | 43.9 |
| 浙江科技学院 | 26 | 5 | 8 | 11 | 8 | 12 | 6 | 41.7 |
| 杭州师范大学 | 38 | 4 | 17 | 12 | 10 | 21 | 7 | 42.8 |

续表

| 学校名称 | 教职工总人数 | 职称 | | | 学历 | | | 平均年龄 |
|---|---|---|---|---|---|---|---|---|
| | | 教授 | 副教授 | 讲师 | 博士 | 硕士 | 本科 | |
| 浙江海洋学院 | 22 | 2 | 9 | 10 | 1 | 12 | 9 | 39.7 |
| 湖州师范学院 | 31 | 4 | 8 | 18 | 15 | 11 | 5 | 43.9 |
| 台州学院 | 41 | 5 | 16 | 14 | 9 | 25 | 7 | 42.9 |
| 丽水学院 | 36 | 6 | 10 | 15 | 3 | 21 | 12 | 41.8 |
| 浙江金融职业学院 | 40 | 6 | 8 | 16 | 2 | 30 | 8 | 40.5 |
| 浙江科技职业技术学院 | 17 | 2 | 2 | 10 | 2 | 9 | 6 | 37.9 |
| 宁波城市职业技术学院 | 9 | 2 | 7 | 0 | 3 | 5 | 1 | 38.3 |
| 台州职业技术学院 | 12 | 2 | 3 | 5 | 1 | 8 | 3 | 37.4 |
| 湖州职业技术学院 | 21 | 6 | 4 | 10 | 4 | 13 | 4 | 39.7 |

### 三、"三个倡导"下的浙江省高校思想政治工作机制创新路径

随着时代的发展，思想政治教育方式和平台产生变化，加之网络时代学生价值观的转变等因素影响，浙江省高校现有的思想政治工作机制不能发挥较高的实效。同时，浙江省高校由于其学生数量以及层次差异，各个学校在政策、资源、人才、资金、生源等方面都发展各异，其中本科高校和独立学院由于较高的学校层次以及充足的资金支持，在高校思想政治工作上具备得天独厚的优势，而专科学校相对来说比较薄弱。"三个倡导"作为新时代的社会主义核心价值观，是高校思想政治工作机制发展的理论指引。为此本研究以"三个倡导"理念为出发点，分别对浙江省不同层次高校进行对应机制创新，构建以社会、学校、家庭互为联动平台的高校学生社会主义核心价值观实践机制，打造高校思想政治工作新形式，从而对浙江省高校的思想政治工作机制进行顶层设计，以实现浙江省高校思想政治工作机制的创新。

（一）以"三个倡导"为依据，对浙江省不同层次高校进行对应机制创新

"三个倡导"作为新时代的社会主义核心价值观，从三个不同方面规定了国家、社会、个人在当代的基本价值理念，这启示浙江省高校在创新思想政治工作机制中应坚持共性和个性的结合，将各个高校工作机制的突出优势应用到整

体，开展试点运行高校思想政治工作新机制，针对不同层次、不同阶段的高校具体机制的运行问题实行不同的发展对策，具体如下。

第一，对于本科高校，应坚持以促进思想政治教育工作机制的长效、巩固和完善为主要任务。首先，鉴于本科高校中各个高校的发展水平不尽相同，所以应发挥以浙江大学为主的高校先锋模范的带头作用，利用其思想政治工作的突出优势进行衍生，以形成指导其他高校进行思想政治工作机制改革的经验和模式。其次，本科高校应重点加强顶层设计，以"三个倡导"统领高校思想政治工作机制建设，进一步明确高校思想政治工作的导向和目标，加快学校、教师、学生形成明确的政治目标和价值追求。此外调控和整合思想政治工作各个机制，加强领导机制、队伍建设机制、运行机制、评估机制、监督机制之间的彼此配合和支撑，形成机制间的有效联动，共同促进高校思想政治工作机制体系的全方位运转。最后，鉴于本科高校思想政治工作机制发展情况处于成长阶段，权变性和长效性是该阶段两个重要的节点，所以可以以本科高校某个学院为试点探讨真正适合高校自身发展的工作机制，同时应利用多种思想政治教育方式，适时更新和配置思想政治教育发展理念和思路，充分整合校内、校外资源发展适合高校自身的权变机制。

第二，对于独立学院，应坚持以做好思想政治教育的物质、制度和文化平台的搭建工作为主要任务。首先，政府和国家应加大经费支持力度，重点扶持科研项目和单位发展，鼓励和支持高校的校园相关基础设施建设，为思想政治工作机制提供好的校园环境。其次，加快高校规章制度建设，以制度的约束力去合理规范各项思想政治教育工作，同时通过制度的建立提升高校大学生自我约束和管理的能力，提升高校思想政治工作的效率。最后，营造良好的校园文化，同时利用信息多元化的时代趋势以及校园网，加快思想政治工作网络平台建设，通过隐形教育促进高校思想政治工作机制建设。

第三，对于专科高校，应坚持以做好思想政治基础平台的搭建工作为主要任务。首先，应进行全校思想政治教育工作，建立思想政治工作小组，开展相关会议，听取学校师生对本校思想政治工作的建议。其次，建立以思想政治工作为载体的行政机构和部门，如思想政治教研室，为形成与校长和党委配合的行政系统化的领导机制打好基础。最后，引进师资力量构建高校的思想政治教育工作平台，加快队伍机制建设，从而形成更为便捷的思想政治教育通道，加快思想政治教育工作的开展和实施。

(二) 以"三个倡导"为方向，构建以社会、学校、家庭互为联动平台的高校学生社会主义核心价值观实践机制

"三个倡导"作为培育社会主义核心价值观的基本途径、方向和思路，是社会主义核心价值观与实践接轨的重要途径，为此浙江省高校在进行思想政治工作机制创新时应构建以社会、学校、家庭互为联动平台的高校学生社会主义核心价值观实践机制。首先，社会各阶层以及媒体应当营造良好的社会环境，通过资金、平台以及各种渠道支持各个高校完善思想政治工作与社会主义核心价值观相结合的工作机制。其次，高校应创新思想政治的第一、第二课堂教育，将学生思想政治教育与素质教育、心理健康教育、就业指导教育、社会热点话题教育、兴趣爱好教育结合起来，根据当代学生的实际需求发展思想政治第一课堂教育。与此同时，拓展学生的课外实践，形成高校实践基地和相应的实践团队，针对不同的学生群体实施不同的实践方式，以此提升第二课堂教育的辅助作用。最后，家庭作为学生社会主义核心价值观形成的重要渠道，高校教师和辅导员应加强与学生家长的交流和沟通，引导学生形成正确的价值理念，以保证高校学生社会主义核心价值观实践机制的实效。

(三) 以"三个倡导"为载体，打造浙江省高校思想政治工作新形式和新平台

随着网络信息的发展，更多的社会群体正通过网息这一高效、自由的方式诠释社会价值观，为此浙江省高校思想政治工作机制应改变传统单向传播的思想政治教育形式，通过不同的工作形式提升高校思想政治工作机制的实效。首先，可针对"三个倡导"中的不同价值观开展与其对应的主题教育，利用网络新形式，调动全校师生开展整体联动的主题教育活动，针对不同群体设置不同教育主题，并通过分解主题教育目标，实现校园文化氛围的提升。其次，应适应网络时代发展的趋势，适时更新高校思想政治教育内容，同时通过校园网、学校微博、微信、校园SNS、思想政治教育BBS系统等多种新形式加强浙江省高校思想政治工作机制的创新建设。此外，应采取学生喜闻乐见的内容及方式，在把握正确的网络舆论引导方向下通过互动提升高校思想政治工作平台的传播力、影响力和创新力。

# 第四节　安徽省高校思想政治工作机制创新

## 一、引言

"三个倡导"为高校的思想政治工作机制发展指明了方向。通过分析安徽省高校思想政治机制现状，结合"三个倡导"新理念，提出针对当前安徽省高校思想政治工作的四点机制创新建议：一是加强"三个倡导"宣传工作，全面提高高校对思想政治工作的重视程度；二是以"三个倡导"为依据，加强高校对辅导员队伍的专业化建设；三是以"三个倡导"为依托，采用各种途径对大学生进行思想政治教育；四是以"三个倡导"为指导，加大对管理工作机制的创新力度。

"三个倡导"新理念的提出，为安徽省高校思想政治工作的开展提供了新的方向和引导，安徽省作为华东地区的大省，担负着大学生思想政治教育的重任，因此，新时期的"三个倡导"为安徽省高校的思想政治教育工作指明了方向。

## 二、安徽省高校思想政治工作机制的现状分析

如今高校学生的思想政治教育在我国思想建设中占有较大的比重，因此高校是我国进行思想政治教育工作的"主要阵地"，广大的高校学生也是社会主义事业的接班人，是未来社会的建设者，因此，高校学生思想政治工作是重点建设对象。本书的撰写主要是通过浏览安徽各大高校的官方网站，了解其高校的思想政治课程的开设、政治思想机构的设置、辅导员队伍的建设、开展的有效思想政治教育工作等方面进行的调查研究。

经统计发现，安徽省一共有121所高校，包括本科院校33所，其中"211"和"958"院校有三所，分别是中国科技大学、合肥工业大学、安徽大学，独立院校有12所，高等职业学校有76所。

（一）安徽省高校思想政治工作的学科建设现状

调查发现，本科院校基本都开设了关于思想政治的课程并设有马克思主义学院或者思想政治部等，课程包括"马克思主义基本原理概况""思想道德修养与法律基础""毛泽东思想和中国特色社会主义理论体系概论""中国近现代史纲要"等，并且设有相关的教研室。但是一些专科院校或技术学院，如万博科

技职业学院、安徽黄梅戏艺术职业学院、安徽大学江淮学院等36所院校都没有单独设置马克思主义学院或者思想政治部。如下表8-18所示。

表8-18 安徽省高校设立思想政治部门的相关院系分布　　（单位：所）

| | "211""985"院校 | 普通本科院校 | 独立院校 | 高职院校 | 合计 |
|---|---|---|---|---|---|
| 马克思主义学院 | 2 | 4 | 0 | 0 | 6 |
| 思想政治部或教研室 | 0 | 20 | 3 | 36 | 59 |
| 无 | 1 | 6 | 9 | 40 | 56 |
| 合计 | 3 | 30 | 12 | 76 | 121 |

通过对表8-18的分析可以看出：首先，安徽省的高等院校中，高等职业院校所占的比例较大，占全省高校的62.8%，本科院校所占比例是37.2%，相对来说，本科院校的比例较小。其次，由表8-18可以看出设置马克思主义学院或思想政治部的主要集中在本科院校当中，所占比例为53.7%。所以对于安徽省的高校来说，应该加强对高等专科院校的思想政治建设，提高这些高校对外输出人员的素质，这对实现社会主义现代化具有至关重要的意义，同时也对加强社会主义核心价值体系建设具有促进作用。

（二）安徽省部分高校师资力量的状况

由于高校的思想政治教育主要是通过授课的方式，所以师资力量的强弱关系到高校思想政治工作的开展状况。通过对安徽省高校的思想政治教育教师团队的调查，分别对合肥工业大学、安徽农业大学、安徽财经大学、淮南师范学院、安徽中医药大学这五所不同类别的高校进行比较分析，结果如表8-19所示。

表8-19 五所类型高校思想政治理论课专业任职教师结构对比

（单位：人数，人；比例，%）

| 学校名称 | 院系类型 | 专业任职教师总数 | 教授所占比例 | 副教授所占比例 | 讲师所占比例 | 硕士、博士所占比例 |
|---|---|---|---|---|---|---|
| 合肥工业大学 | 马克思主义学院 | 73 | 18 | 44 | 38 | 79 |
| 安徽农业大学 | 思想政治部 | 75 | 16 | 39 | 45 | 20 |

续表

| 学校名称 | 院系类型 | 专业任职教师总数 | 教授所占比例 | 副教授所占比例 | 讲师所占比例 | 硕士、博士所占比例 |
|---|---|---|---|---|---|---|
| 安徽财经大学 | 思想政治部 | 36 | 11 | 30 | 59 | 62 |
| 淮南师范学院 | 思想政治部 | 36 | 11 | 33 | 56 | 38 |
| 安徽中医药大学 | 马克思主义学院 | 26 | 21 | 26 | 53 | 30.7 |

通过对工业类、农业类、财经类、师范类、医药类这五类大学的思想政治教育的专业任职教师比例做对比发现，五所高校都分别设有马克思主义学院或者思想政治理论课教学部（简称思想政治部），这些部门所承担的任务主要是安排本校学生的思想政治课程、开展思想政治活动等，从而使高校学生树立正确的世界观、人生观、价值观，成为思想健康的高素质人才。合肥工业大学的思想政治教育工作基本做得比较完善，当前的专职教师较多，拥有博士、硕士学位的教师所占比例较大，这也意味着该校的师资力量水平较高；安徽农业大学、安徽财经大学的讲师所占比例比较多，这说明，该校未来的师资力量发展潜力较大。由表8-19可以看出，五所高校的讲师所占比例相对较高，而教授的比例比较少，这说明安徽高校对思想政治的专职教师投入相对较低。

（三）安徽省高校的辅导员队伍建设现状

在高校当中，辅导员是与学生接触最为密切的人员，对高校学生的思想有着直接的影响，是高校思想政治工作机制的重要组成部分。作为高校学生的直接"负责人"，辅导员的言行会对学生造成影响，所以应该建设高素质的辅导员队伍。安徽省高校辅导员队伍建设情况统计如表8-20所示。

表8-20 安徽省高校辅导员人员基本结构

（单位：年龄，岁；比例，%）

| 项目 | 人口特征 | 人数 | 百分比 |
|---|---|---|---|
| 年龄 | 21~30 | 2913 | 58.6 |
| | 31~40 | 1288 | 25.9 |
| | 41~50 | 587 | 11.8 |
| | 50以上 | 185 | 3.7 |

续表

| 项目 | 人口特征 | 人数 | 百分比 |
|---|---|---|---|
| 专业技术 | 初级以下 | 2887 | 58.1 |
| | 中级职称 | 1584 | 31.9 |
| | 副高职称 | 463 | 9.3 |
| | 正高职称 | 39 | 0.8 |
| 学历 | 大专及以下 | 249 | 5.0 |
| | 本科 | 2769 | 56.9 |
| | 硕士 | 1851 | 37.2 |
| | 博士 | 45 | 0.9 |

（表8-20的数据来源于朱玉华，李永山的《安徽省高等学校辅导员队伍专业化建设探索——基于安徽93所高校辅导员队伍建设自查报告的分析》）

首先，对年龄结构分析发现，辅导员队伍的年龄结构趋于年轻化，21~30岁的辅导员成为辅导员队伍的"主力军"，年龄较大的比例较小，年轻化的辅导员队伍结构，对高校的思想政治建设是有利的，可以使学生和辅导员之间能够有效地沟通。其次就是年龄较大者也占有一定的比例，经验更丰富的辅导员，更了解学生的思想现状，可以更有效地对学生开展工作。"多龄化"相结合的辅导员队伍是比较合理的。专业技术方面，初级以下职称仍然占较大比例，而高级职称的比例相对太小，所以说要提高辅导员的专业素质，使之具有更专业的管理水准。学历方面，由表8-20可以看出，具有本科学历的教师是辅导员队伍中的"主力军"，但是有研究生学历的辅导员比例相对偏小，而大专以下学历的辅导员的比例占有5.0%。这样的结构相对来说是不合理的，大专以下学历的辅导员其思想觉悟比较低，不能够有效完成大学生的思想政治教育工作。总体来看，安徽高校辅导员队伍的建设相对比较完善，但是也存在不合理的部分，从对应的角度看，具有本科学历的辅导员的占比较大，但是其专业技术职称都集中在初级职称以下，专业性不强，可见对辅导员招聘的专业限制方面要求比较低。

（四）安徽省高校思想政治管理机制的现状

安徽省高校的思想政治工作是由不同的机构负责的，部分高校是由党群部门中的党委宣传部（统战部）负责的，有的高校是由行政部门中的学生工作部负责，还有的是由这两个部门共同负责的。对这些高校分别进行了统计，情况如表8-21所示。

表 8-21　安徽省高校管理机制统计表

（单位：所）

| 负责部门 | 高校统计 | 合计 |
|---|---|---|
| 党群部门中的党委宣传部（统战部） | 中国科学技术大学、安徽财经大学、安徽中医药大学、蚌埠医学院、宿州学院、安徽三联学院、安徽广播电视大学、安徽文达信息工程学院、亳州师范高等专科学校、淮南联合大学、宿州职业技术学院、合肥职业技术学院、亳州职业技术学院、安徽扬子职业技术学院、安徽工商职业学院、合肥财经职业学院、安徽绿海商务职业学院、安徽警官职业学院、宿州职业技术学院、黄山职业技术学院 | 20 |
| 行政部门中的学生工作部 | 安徽大学、安徽师范大学、安徽医科大学、安徽工业大学、安徽理工大学、淮北师范大学、皖南医学院、安庆师范学院、安徽工程大学、蚌埠学院、滁州学院、安徽大学艺术与传媒学院、安徽新华学院、安徽工程大学机电学院、安徽外国语学院、安徽医学高等专科学校、马鞍山师范高等专科学校、桐城师范高等专科学校、淮北职业技术学院、芜湖职业技术学院、阜阳职业技术学院、淮南职业技术学院、合肥通用职业技术学院、六安职业技术学院、安徽交通职业技术学院、滁州职业技术学院、宣城职业技术学院、安徽机电职业技术学院、阜阳科技职业学院、合肥滨湖职业技术学院、安徽国防科技职业学院、安庆职业技术学院、安徽职业技术学院、合肥共达职业技术学院、安徽林业职业技术学院、安徽商贸职业技术学院、安徽中澳科技职业学院、合肥经济技术职业学院、安徽城市职业管理学院、安徽工商职业学院、安徽审计职业学院、安徽国际商务职业学院、安徽涉外经济职业技术学院、安徽艺术职业学院、蚌埠经济技术学院、徽商职业学院、安徽旅游职业学院、合肥职工科技大学、马鞍山职业技术学院、安徽工业大学工商学院、安徽建筑大学城市建设学院、安徽师范大学皖江学院、安徽经济干部管理学院、安庆医药高等专科学校、安徽粮食工程职业学院、滁州城市职业学院 | 56 |

续表

| 负责部门 | 高校统计 | 合计 |
|---|---|---|
| 宣传部和学生工作部 | 合肥工业大学、阜阳师范学院、安徽建筑大学、安徽科技学院、合肥师范学院、皖西学院、淮南师范学院、合肥学院、巢湖学院、黄山学院、铜陵学院、池州学院、安徽工业经济职业技术学院、职业技术学院、铜陵职业技术学院、安徽工贸职业技术学院、安徽电气工程职业技术学院、安徽机业技术学院、合肥经济技术职业学、安徽大学江淮学院 | 20 |
| 无专门管理机制负责 | 安徽中医药高等专科学校、合肥幼儿师范高等专科学校、万博科技职业学院（中外合资办学）、河海大学天文学院、安徽水利水电职业技术学院、安徽黄梅戏艺术职业学院、安徽电子信息职业技术学院、池州职业技术学院、安徽广播影视职业技术学院、安徽冶金科技职业技术学院、安徽新闻出版职业技术学院、安徽邮电职业技术学院、安徽公安职业学院、安徽体育运动职业技术学院、安徽农业大学经济技术学院、阜阳师范学院信息工程学院、安徽医科大学临床医学院、安徽财经大学商学院、合肥信息技术职业学院、安徽矿业职业技术学院、芜湖信息职业学院、安徽财贸职业学院、安徽汽车职业技术学院、安徽长江职业学院、皖西卫生职业学院 | 25 |

由以上统计资料可以看出，安徽省高校的思想政治管理工作多数是由学工部负责的。其中有56所高校的思想政治管理机构由学工部负责，学工部的主要职责是负责全校学生的思想政治教育工作，对大学生进行心理辅导；由党委宣传部负责的高校有20所，党委宣传部负责党的思想建设、传播，在本校内深刻贯彻党的思想政策，引导大学生思想政治的方向等工作；个别学校没有管理机构和教学机构负责学生的思想政治工作，这些学校大部分是技术学院或者艺术院校，占高校总数的20.6%，比例较高，所以说安徽省的思想政治教育机制需要加强。

由此也可以看出，安徽省高校的思想政治工作主要是由三种机构完成的，分别是党委宣传部、行政部门和学生工作部，这些多样化、多渠道的方式，可以有效实现对学生思想的全面系统的管理。

**三、安徽省高校思想政治工作机制的突出优势以及困境**

如今科技、信息技术发达，不断地创新是时代的要求，也是人类进步的表现。在安徽省高校的思想政治教育工作机制中，部分高校利用了现代科技来不断创新思想政治教育工作机制，如利用网络、移动通信创新教学方式以及不断推进和创新辅导员队伍建设等，使思想政治教育更多地符合时代的要求，更能够适合学生的思维和新的生活学习方式。通过网络调查法对安徽省高校进行研究考察，发现有部分高校的工作机制有突出创新，如安徽大学、安徽农业大学、合肥工业大学、皖南医学院、安徽工程大学等。

（一）安徽省高校思想政治工作的突出优势

1. 注重采用"寓教于乐"的实践教学法

一些高校将学生的课堂教学改为更生动直观的实践教学方式，积极提高学生的学习兴趣以及活动能力，使学生通过亲身的体验，在获得乐趣的同时，也加强了对课程本身的理解，使之感受更加深刻，体验一种快乐的学习方式。例如，安徽农业大学进行的"大别山道路"，就是一种新形式的创新教学法。"大别山道路"是安徽农业大学在科技开发大别山和服务地方农业、农村经济的实践中形成的"艰苦奋斗、无私奉献的精神，积极投身并加速教育科技与经济互动发展、促进优势特色学科成长和高素质人才培养"的一条特色办学道路。安徽农业大学"大别山道路"的主要思路是寓教于实践中，在学生参与实践过程中，将"教学、科研、生产"三者结合起来，让学生参与到田间地头，学校开展"爱农杯"涉农实用技能竞赛，如农业政策知识竞赛、果树修剪竞赛、植物品种竞赛等，切实将"大别山道路"精神融汇到学生的实践当中。学生的论文写作、实践课程、大四实习等都贯彻"大别山道路"精神，这样的教学方式改变了以往灌输式的课堂教学法，提高了学生兴趣，增强了学生的动手能力和创新能力，也提高了教学效果。皖南医学院也采用了类似的教学方式，为了加强大学生的爱国主义情感，激发学生的使命感以及对我国历史的情感认知，在2014年11月15日，组织师生50余人赴山东台儿庄、徐州等地开展社会实践教学活动。通过实地了解"无墙不饮弹、无土不卧血"的场景，同学们增强了对历史的认知，坚定了对中华民族伟大复兴的决心和信心。

2. 注重创建网络教学法

随着信息技术的发展，网络教学方式开始变得流行起来。网络课堂、网络评选优秀教师、网络选课、网络视频教学等都应用于教育领域。网络教学法提高了办学效率，适应了当代大学生的网络思维，体现了教育的与时俱进。安徽工程大学思想政治理论课教学部"思想道德修养与法律基础"课程组在2014年8月底召开了专题研讨会，创建网络教学资源平台。

3. 课堂教学注重采用场景教学方式

安徽科技学院开创了一种新的教学方式——移动课堂。高校的思想政治理论课的理论教学和实践教学是紧密联系、不可分割的统一体。"移动课堂"就是实现"两个课堂"有机统一，形成一个"统一体"，消除理论课堂与实践课堂"两层皮"的现实困境，实现课堂教学的"移动性"和移动实践的"课堂性"的新型教学方式。主要程序是在讲课的过程中，引入真实的人物、事件，使学生有真切的感受。例如，小岗村"大包干"发起人之一严宏昌的生动讲述，很好地诠释了农村土地改革的艰辛历程，使同学们领悟到了改革创新需要责任、勇气、求实精神的精髓。

4. 注重弘扬传统文化，强调榜样的力量

合肥财经职业学院一直贯彻实施"学习雷锋好榜样"活动，深入领会上级精神指示，在学校、社会中，鼓励学生学习雷锋做好事，帮助社会上的弱者，并学习身边实例，开展"我身边的雷锋"专题。例如，"A型血互助团"的爱心奇迹、西部的"好后生"：一个时髦的"月光族"志愿者等，此外还有"雷锋精神在合财"专题，包括"学习雷锋精神，做新时代的楷模""阜南支教行，共建爱的家园"等活动，使学生能够在实践中感受雷锋精神，思想得到升华。

5. 注重高校思想政治工作管理机制创新

安徽省高校的思想政治工作一部分学校是由党委宣传部负责，而大多数学校是由学工部负责，有少数学校的思想政治工作是由宣传部和学工部共同负责的。安徽省高校的思想政治工作机制也有很多值得借鉴和学习之处。例如，合肥工业大学定期进行理论中心组学习和时政教育文选活动，理论中心组学习主要是对党中央领导人讲话的深入了解、学习和贯彻，时政教育文选是为了加强对时事政治的了解。通过这种定期的、长期的学习活动以及党建工作和思想政治研讨会，加强对师生的思想政治建设。

（二）安徽省高校思想政治工作的困境

1. 高等专科院校的思想政治工作机制不健全

安徽省的高等专科院校占高校总数的62.8%，但是其中有52.6%没有设置马克思主义学院或者思想政治部门，这对安徽省高校的思想政治工作的建设和发展会产生较大的阻力。虽然安徽省多数高校设立了独立的思想政治理论课教学科研二级机构，但机构设置不规范的现象仍然存在。

2. 专业教师比例不协调，辅导员整体素质有待提高

首先，从安徽省高校的师资力量来看，与山东、浙江、湖北等省份相比具有一定的差距。安徽省的高等职业院校较多，教师比例不协调，且职业院校的教师资源匮乏。资源不足，就不能从根本上解决部分高校存在的学生思想政治

教育问题。其次，辅导员是与学生紧密结合的团体或组织，其对学生的思想有潜移默化的影响。辅导员队伍职称结构与年龄结构不相称，专业发展的领军人物缺乏。

3. 教学方式单一，教学效果不明显

对安徽省高校的网络调查显示，虽然个别学校采用新的教学手段和方式，如安徽农业大学多次实施"大别山道路"实践教学等，但是大多数仍然采用"满堂灌"的传统的教学方式，通过课堂的"教师讲，学生听讲"的方式教学，教学效果较差，学生难以领悟教师要传递的思想精神。应该同时建立课堂实践教学、校园实践教学和社会实践教学共同构成思想政治理论课"三位一体"的教学体系。

**四、"三个倡导"对安徽省高校思想政治工作机制创新的指导**

"三个倡导"思想的提出，是对高校当前思想政治工作机制方向的界定，两者的关系是指导与被指导的关系，理论与实践的关系。"三个倡导"是高校思想政治工作机制的内在动力和理论指导，也是高校思想政治工作的总纲领，在高校中要深刻贯彻"三个倡导"，这不仅是24个字，更代表着社会主义核心价值体系的核心建设。大学生是未来社会主义事业的接班人，更有义务去接受"三个倡导"下的思想政治教育，建设中国特色社会主义核心价值体系，实现中华民族的伟大复兴。安徽省高校的思想政治工作机制还存在许多不足之处，分别从宏观层面和微观层面来看：宏观层面主要指的是学校的总体工作，即对学生的思想政治工作的重视程度、工作机制的完善程度等大层面都有需要改进的地方；微观层面包括三个主体：教师、辅导员以及学生，三者之间有待形成一个协同互动的统一体。

（一）加强"三个倡导"宣传工作，全面提高高校对思想政治工作的重视程度

安徽省一共121所高等院校，其中56所学校并没有设置相应的专门机构负责思想政治教育工作，如马克思主义学院或者思想政治部。还有部分学校没有相应的管理机制，思想政治管理工作是由党委宣传部和学工部负责，这些学校大多数是一些三本院校和职业技术学院。对于一个省来说，三本院校或者高等职业院校更有必要对学生进行思想政治教育。高校是培育下一代社会人才的场所，是进行思想政治教育的主要思想阵地，依据国家提出的"三个倡导"，各个高校必须设置培养学生政治思想的专业机构，用社会主义核心价值体系武装青年头脑，用"三个倡导"引导青年学生日常行为。加强对思想教育的重视，帮助学生树立正确的人生观、世界观、价值观，培养合格的新时代的接班人。

(二) 以"三个倡导"为依据,加强高校对辅导员队伍的专业化建设

当前总体说来,安徽高校的辅导员队伍建设不够完善,虽然年龄结构相对合理,但是辅导员队伍的专业化较低,职称比较低。作为大学生经常性接触的社会人,辅导员这一角色,需要有足够的能力和人格魅力引导大学生,高校是一个过渡性的"小社会",大学生作为社会经验的初学者,需要受到良好的引导,使之对社会和社会人树立正确的观念,有积极的人生态度。这就需要高素质的辅导员的引导,辅导员作为中间人,必须是"三个倡导"下的"爱国、敬业、诚信、友善"的人,必须是"自由、平等、公正、法治"的人,必须坚定共同创建国家、社会的"富强、民主、文明、和谐"信念。因此高校要不断加强对辅导员的思想政治教育,预防思想腐败。在招聘辅导员的环节中,要严格把关,不招有利益裙带的"关系人",以保证辅导员思想的纯洁性和工作的积极性,从而更好地引导学生有积极向上的人生态度,有为建设"富强、民主、文明、和谐"中国而尽一份力的本分,有为实现中华民族伟大复兴而读书的理想。

(三) 以"三个倡导"为依托,探索思想政治教育新途径、新平台和新方法

丰富思想政治教育方式,提高思想政治教育的针对性和有效性。大多数学校采用"满堂灌"的方式进行教学,这样学生会觉得枯燥、无味,甚至是没有学习兴趣。高校应探索多种教学方式,创新教学方法,把坚持实践与理论相结合。例如,安徽省部分高校采用了这样的方式,将理论学习贯彻到实践当中,将"三个倡导"理念真正贯彻到行动中去。皖南医学院采用的实践教学法,真正地将课堂搬到实地进行,用实例教学,如"台儿庄战役"实地教学、徐州"淮海战役"实地考察,使学生通过这种真实的所听、所看、所感,让学生深刻认识到中国共产党带领广大人民群众建立新中国的气魄和辉煌历史,更加坚定在党的领导下实现"两个一百年"奋斗目标的信心,也更坚定为中华民族伟大复兴而读书的决心和信心。多途径、多方式的活动与理论教学的结合,不仅提高了学生学习的兴趣,也增强了学生的实践能力和思考能力。同时,以"三个倡导"引领大学生核心价值观的培育与践行,需要多部门联动,大力加强全民价值观建设,重塑整个社会的价值观体系,使爱国主义、集体主义、社会责任等观念得到大学生的认同和接受。

(四) 以"三个倡导"为指导,加大高校管理工作机制的创新

当前,对大学生进行思想政治教育是形成良好社会风气的重要方面,在"三个倡导"下必须要从各方面完善思想政治教育机制。大学生要以社会主义核

心价值观来塑造自我意识、自我价值观，成为建设社会主义的合格人才。而安徽省高校的思想政治工作的管理机制大多不够完善，甚至部分学校没有管理部门来负责思想政治工作，这对安徽省高校的总体的思想政治教育会产生不良的影响。在"三个倡导"的新理念下，安徽省应该加强对高校思想政治工作的管理机制建设，可以采取硬性规定的方式来要求各大高校健全管理机制，包括出台相关文件等。管理工作机制是一个高校思想建设工作的重要部分，关系到未来社会建设者的思想建设，"三个倡导"的宏观层面、中观层面以及个人层面都对高校提出了要求。高校首先要做好管理机制的职能划分，做好党、学、工、团等各方面有机配合，明确分工，各司其职，党部处于统领地位，统一贯彻管理学校的思想政治工作，统一领导学、工、团的整体工作。其次，建立连贯畅通的运行机制，确保运行机制存在的价值，要保证各个职能部门各司其职，不越位、不越域，通过网络机制有效地进行沟通交流以及信息传递。安徽省高校的管理工作，学工部是主要的管理部门，主要管理学生的思想政治，团委主要是负责学生课外活动的组织以及日常的团部工作。

## 第五节　上海市高校思想政治工作机制创新

### 一、引言

2012年11月，中共十八大报告指出："倡导富强、民主、文明、和谐，倡导自由、平等、公正、法治，倡导爱国、敬业、诚信、友善，积极培育和践行社会主义核心价值观。""三个倡导"以24个字，分别从国家、社会、公民三个层面提出了相应的价值目标、价值取向与价值准则，它不仅是对社会主义核心价值观基本理念与具体内容的最新概括，也是社会主义核心价值体系基本特征的体现，对实践有着重大的指导意义。

"三个倡导"提出社会主义核心价值观，是当代大学生应该践行的人生价值观。高校的思想政治教育要遵循"三个倡导"的指导思想，把弘扬和践行社会主义核心价值观作为基本任务。本研究通过对上海市高校的调查，了解上海市高校在"三个倡导"视域下的思想政治工作的现状，分析现阶段的主要问题，提出了相应的建议。

思想政治工作是高校教育中的一个重要环节，其顺利开展有赖于思想政治工作机制的畅通与良性运转。本研究以"三个倡导"为视域，主要从管理机制与教育机制两方面分析了上海部属高校思想政治工作机制现状，探讨其突出优势以及存在的主要问题，并以"三个倡导"为指导，提出了创新上海市属高校思想政治工作机制的对策建议：一是加强思想政治工作队伍的建设，二是转变思想政治教育课授课模式，三是加快创新高校第二课堂活动内容，四是继续完善高校网络思想政治教育。

高校思想政治工作是高校教育中的一个重要环节，是素质教育的灵魂。高校思想政治工作的顺利开展有赖于思想政治工作机制各要素的协调、良性运转。所谓的高校思想政治工作机制，就是指在高校思想政治工作系统中，各构成要素之间有机联系、相互作用和内在调节的方式和过程。换句话说，它是按一定方式有规律地运行着的思想政治工作各构成要素的总和，其功能的发挥依赖于各构成要素之间的相互衔接、协调运转。高校思想政治工作机制一般包括领导机制、组织机制、管理机制、创新机制等。"三个倡导"是社会主义核心价值观的最新概括，因此，在创新高校思想政治工作机制方面，我们有必要站在"三个倡导"的高度，以"三个倡导"为指导，用其核心的价值追求为创新高校思想政治工作机制谋求路径。

## 二、上海市部属高校思想政治工作机制现状

部属高校是指中华人民共和国中央部门（单位）直属高等学校，简称"中央部属高校"，是指国务院组成部门及其直属机构在全国范围内直接管理一批高等院校，目的是在探索改革上先走一步，在提高教学、科研和服务社会方面发挥示范作用。"三个倡导"思想，包含了社会发展的价值取向和指导思想，是精神文明建设的重要思想基础，影响着社会意识的发展，对丰富和发展高校思想政治教育工作具有重要的指导意义。全国部属高校共72所，上海8所，其中"985"院校4所，"211"院校8所，可见部属高校的实力非同一般。因此，部属高校应当承担起在各个方面的示范作用，在"三个倡导"精神的指导下，上海部属高校要创新思想政治工作机制，为其他各学校的建设起到模范带头作用。

（一）领导机制现状

思想政治教育工作必须在领导机构下实施并完善，中共中央对高校思想政治工作的领导管理机制提出了明确的要求：高校党委加强对高校学生的思想政治工作的领导，校长对学生的德智体全面发展负责，建立和完善校长及行政系统为主实施的思想政治教育管理机制。截至2014年底，上海各高校中设立马克思主义学院的有5所学校，东华大学由思想政治理论部负责思想政治建设工作，

上海外国语大学由学生工作部负责学校思想政治工作，华东师范大学在人文社会科学学院的政治学系设立了思想政治工作管理组织。具体见表8-22。

表8-22 上海市部属高校思想政治工作管理情况表 （单位：所）

| 名称 | 马克思主义学院 | 学生工作部（思想政治理论课教研部） | 其他学院负责 |
| --- | --- | --- | --- |
| 学校数量 | 5 | 2 | 1 |
| 学校名称 | 复旦大学、上海交通大学、同济大学、华东理工大学、上海财经大学 | 东华大学、上海外国语大学 | 华东师范大学 |

（二）授课教师和思想政治工作动态

分析上海市部属高校的马克思主义学院或思想政治工作教师任职情况，从得到的相关数据可以看到，上海市部属高校教师职称总体来看副教授比例最大，讲师的比例稍微高于教授，总体设计上是比较合理的。教授和副教授职称的教师是思想政治相关教育工作的主要力量，说明上海市部属高校思想政治工作的整体水平是相对比较高的。

表8-23 上海市部属高校思想政治课任课教师情况表（单位：人）

| 学校名称 | 教师职称 | | |
| --- | --- | --- | --- |
| | 教授 | 副教授 | 讲师 |
| 复旦大学 | 13 | 16 | 17 |
| 上海交通大学 | 7 | 17 | 17 |
| 同济大学 | 10 | 20 | 23 |
| 东华大学 | 2 | 9 | 9 |
| 华东理工大学 | 5 | 27 | 21 |
| 上海外国语大学 | — | — | — |
| 上海财经大学 | 11 | 7 | 7 |
| 华东师范大学 | 1 | 8 | 3 |

注："—"表示数据缺失。

（三）典型学校思想政治教育工作优势分析

上海8所部属高校之中，虽然上海外国语大学没有设立马克思主义学院，但是在学生工作部的指导下，作为教育部直属高等院校，在思想政治工作方面具有很多突出特点，为丰富和创新高校思想政治工作机制提供了重要的借鉴。上海外国语大学，将思想政治教育作为一个重要的单独部分设置在学生工作部。思想政治教育主要涵盖了学生党建、上外易班、主题教育、科研工作、学生事物和辅导员队伍建设。

1. 学生党建

包括学习党的十八大报告和《中国共产党章程》两个部分。通过这两个方面，学生能够了解到紧跟实际的十八大的内容并学习十八大的精神，同时，《中国共产党章程》作为学习内容的一个部分，体现了上海外国语大学对当代大学生共产党员的要求，时刻熏陶着学校学子。

2. 主题教育

上海外国语大学的思想政治教育中，开展了一系列的主题教育活动，涵盖了爱国主义教育、民族精神教育和理想信念教育等各个方面。爱国主义教育以"红色青春伴我行"为主题，学习党的历史，参观青年团中央机关旧址，参观中共一大会址，让每一位学生追溯革命岁月，体会青年儿女的历史重任。同时，全民共话社会主义核心价值观的活动，组织全系同学共同学习社会主义核心价值观并就自己的意见开展讨论，给了学生足够的空间。民族精神教育主题活动不仅有传统的以各班为单位的"民族精神"主题讨论班会，还利用了现代的通信技术，开展了"民族精神手机报"活动，通过微信平台，集中推送了若干与民族精神相关的文章，征集学生回复并展示。十月份举办的"理想信念"主题教育活动中，"党风党旗伴我行"活动为一年级的同学们开展了为期一个月的"红十月——理想信念与入党启蒙教育"活动，以便让加入党组织的学生培养良好的个人素质，提高自我修养，树立理想信念。十一月份的"何谓民生"党章学习专题调研活动，通过先学习知识后调研，将理论与实践相结合，让学生学会关注社会、思考社会问题，将人文关怀落实到生活点滴中。

3. 科研工作

在科研工作中，上海外国语大学发布了关于组建第一届上海外国语大学学生思想政治教育科研团队的通知，研究当代大学生思想政治教育面临的瓶颈问题，服务大学生思想教育需求，为了保证科研团队的效率和水平，对团队组建条件和负责人条件，团队运作和管理都提出了高要求。

4. 辅导员队伍建设

高校学生辅导员是大学生日常思想政治教育和管理工作的组织者、实施者和领导者，辅导员队伍的建设对大学生的思想政治教育具有十分重要的意义，因此上海外国语大学开展了一系列辅导员队伍建设的活动，对思想政治教育教师的聘用提出了高要求,要求从事思想政治教育工作的教师从个人职称到学生思想政治教育工作都能对上海外国语大学的思想政治教育工作起到积极作用,为任职的学生辅导员制定了工作方案,贯彻落实中央16号文件精神,通过岗前、日常、专题等培训和学习,提高辅导员的思想政治教育认知,对优秀的辅导员进行激励,推进学生辅导员队伍科学发展。

### 三、上海市属高校思想政治工作机制现状

上海市共有普通高校69所,其中教育部直属有8所,海关总署有1所,隶属于民用航空部有1所,其他市属高校共59所,包括26所本科高校(其中21所公办普通本科,5所民办本科),31所专科高校(其中17所公办专科高校,14所民办专科高校),2所独立院校。见表8-24。

表8-24 上海市属高校情况表 (单位:所)

| 院校 | 数量 | 性质 | 数量 | 总计 |
| --- | --- | --- | --- | --- |
| 本科 | 26 | 公办 | 21 | 59 |
| | | 民办 | 5 | |
| 专科 | 31 | 公办 | 17 | |
| | | 民办 | 14 | |
| 独立院校 | 2 | 公办 | 0 | |
| | | 民办 | 2 | |

通过对上海市59所市属高校的调查发现,从总体上来看,上海市属高校的思想政治工作机制与其他地区一样,主要以两条线为主,一条为党的机构,另一条为行政机构,并基本上形成了党委统一领导,党政齐抓共管,全校从上到下紧密配合的领导体制;形成了从学校领导到各系领导、班主任、辅导员、工会、共青团、学生会紧密配合的管理体制;形成了以理论教学为主阵地,以校园文化建设、宿舍文化建设为依托的全方位教育体制;并成立了大学生创业中心、心理健康辅导中心等为大学生的成长和成才服务的机构。本文主要从上海市属高校思想政治工作管理机制和教育机制两个方面详细分析。

(一)上海市属高校思想政治工作管理机制现状

思想政治工作管理机制,即主要负责管理思想政治工作的部门。调查中发现,目前上海市属59所高校思想政治管理机制基本现状为:校党委统一领导,党政齐抓共管,从学校领导到各系领导、班主任、辅导员、学工处、共青团、

学生会等紧密配合的管理体制。具体表现在以下几个方面。

第一,从领导体制上来看,上海市属高校的思想政治工作由校党委统一领导,党政齐抓共管。党委书记、校长等相关的领导者是学校思想政治工作的核心,确定思想政治工作的总目标,制定实现目标的战略、方针、政策等,并将具体的任务落实到各个具体部门。

第二,从管理的实施主体上来看,根据调查,上海市属高校的管理实施主体为党委的组织、宣传部,学生工作部、团委等党群机构,教务处、学工处等行政部门,各院(系)教研室等部门,以及辅导员队伍,都是具体实施思想政治工作的部门和主体。

第三,从管理辅助主体上来看,上海市属高校思想政治工作管理的辅助主体为学生会、各相关社团等组织。他们通过举办丰富多彩的活动,辅助思想政治工作主管部门管理高校的思想政治工作。

(二)上海市属高校思想政治工作教育机制现状

目前,上海市属高校基本上都成立了专门的学院或者部门来承担全校的思想政治理论课的教学工作。我们为了解上海市59所市属高校中负责各高校思想政治教育工作的部门情况,对上海市属的59所高校进行了网上调查。在这59所市属高校中,有40所高校设有专门负责高校思想政治教育的部门,其中本科高校共26所,其中23所有专门负责高校思想政治教育的部门,比例为88%;专科高校共31所,其中15所有专门负责高校思想政治教育的部门,比例为48%;独立学院共2所,2所都有专门负责高校思想政治教育的部门,比例为100%。同时,总体来看,上海市属公办高校共38所,其中28所有专门负责高校思想政治教育的部门,比例为74%;民办高校共21所,其中12所有专门负责高校思想政治教育的部门,比例为57%。见表8-25。

表8-25 上海市属高校专门设有思想政治教育部门的数量情况 (单位:所)

| | 上海市属高校数量 | | | 上海市属高校有专门负责高校思想政治教育的部门的数量 | | |
|---|---|---|---|---|---|---|
| | 公办 | 民办 | 共计 | 公办 | 民办 | 共计 |
| 本科 | 21 | 5 | 26 | 20 | 3 | 23 |
| 专科 | 17 | 14 | 31 | 8 | 7 | 15 |

续表

| | 上海市属高校数量 | | | 上海市属高校有专门负责高校思想政治教育的部门的数量 | | |
|---|---|---|---|---|---|---|
| | 公办 | 民办 | 共计 | 公办 | 民办 | 共计 |
| 独立院校 | 0 | 2 | 2 | 0 | 2 | 2 |
| 共计 | 38 | 21 | 59 | 28 | 12 | 40 |

（根据各高校网站资料整理而成）

同时，在上海市属 40 所设有专门负责高校思想政治教育部门的高校中，有 7 所高校设有马克思主义学院或者马克思主义教育部，有 9 所高校设有社会科学学院或者社会科学部，有 12 所高校设有思想政治理论课教学部，有 12 所高校设有公共基础部，19 所高校尚未设有专门的学院或者部门负责思想政治教育教学工作。见表 8-26。这些不同高校的不同学院或者部门虽然称谓不同，但都是承担全校思想政治教学工作的学院或者部门，这些学院或者部门配有专门的教师，包括专职教师、教授以及副教授。

表 8-26　上海市属高校思想政治教育部门设置情况　　（单位：所）

| 负责思想政治工作的部门 | 马克思主义学院（马克思主义教研部） | 社会科学学院（社会科部） | 思想政治理论课教学部 | 公共基础部 | 无 |
|---|---|---|---|---|---|
| 数量 | 7 | 9 | 12 | 12 | 19 |
| 共计 | 40 | | | | 19 |

经统计，59 所上海市属高校中，68% 的高校设有专门的学院或者部门承担全校的思想政治教学工作，其中本科占到 40%，专科占到 25%，独立学院占到 3%。同时，本科高校中有专门负责思想政治工作部门的高校数量比例高于专科，本科比例为 88%，专科比例为 48%；公办的比例高于民办，公办比例为 74%，民办比例为 57%。见图 8-2。

（三）上海市属高校思想政治工作机制的突出优势

1. 思想政治教育活动丰富多彩

上海市部分市属高校通过开展丰富多彩的活动，对学生进行思想政治教育。在这方面，上海师范大学的活动最为丰富多彩，包括慈善义卖会、模拟求职大

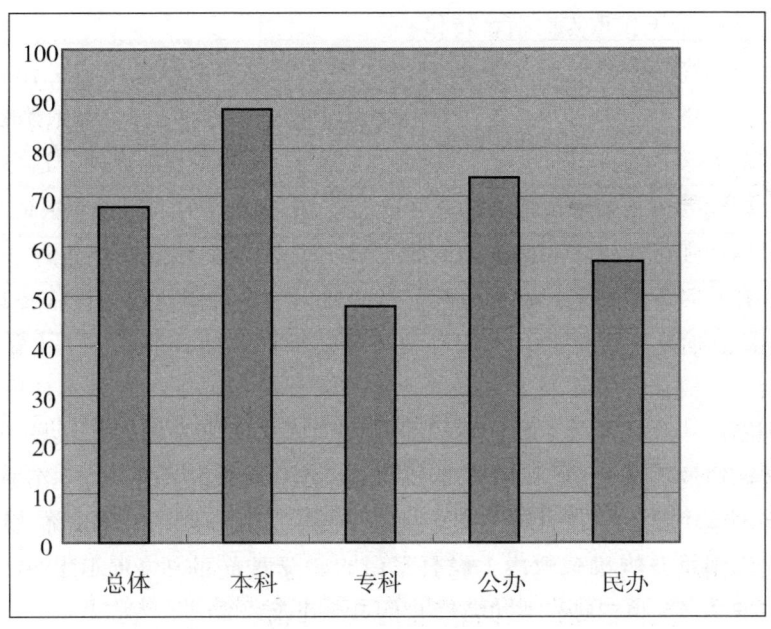

**图 8-2　上海市属高校设有专门负责思想政治教育部门的
高校比例图（单位：%）**
（根据各高校网站整理而成）

赛、形势与政策课专题讲座等。其中，上海师范大学创办的"爱心学校"活动最为突出，通过"爱心学校"，培养了学生的社会责任感。

上海师范大学的"爱心学校"活动，是国内高校历史最长的志愿服务品牌之一，起源于1994年暑假上海师范大学校团委举办的一项大学生社会实践活动——劳模子女夏令营。一年以后，十个类似的中小学暑期学习班竟在上海地区纷纷出现，并成了孩子们健康欢度假期的场所，从此，它被正式命名为"爱心学校"。"爱心学校"以"献大学生一份爱心、给孩子和弱势群体一份关心、唤社会一份热心"为办校理念，在社会上倡导一种无私奉献、人人学习的精神与气氛，在填补了青少年假期教育空白的同时，也开辟了大学生培养的新途径。在"爱心学校"，大学生虽然付出很多，但得到得更多，通过"爱心学校"的实践活动，大学生们不仅了解了国情、体察了民情，也学到了知识、增长了才干、提升了思想、增强了社会责任感。实践证明，类似于"爱心学校"这样的活动，是培养大学生社会责任感的一条重要途径，也是新时期高校开展思想政治教育的有效途径。

## 2. 思想政治工作重点向宿舍转移

上海市属高校思想政治工作的突出优势之二在于：思想政治工作的开展，不仅仅停留在学生的学习中，更强调在生活中渗透对学生的思想政治教育。仍以上海师范大学为例，其一，实行辅导员住宿制并进行坐堂管理，这主要针对新任的专职辅导员，要求他们必须在学生宿舍内住宿四年，深入学生宿舍之中，这样，可以加强与学生之间的思想交流与沟通，以便随时发现学生存在的各方面问题，并及时帮助学生处理和解决，从而使大学生的思想政治工作更加有效。其二，组织宿舍学生楼管会，上海师范大学每幢宿舍楼，都成立了由学生组成的楼管会，其成员各司其职，主要任务是在辅导员指导下，制订本楼的工作计划和管理制度，开展各项工作；组织安排宿舍楼文明修身的寝室值日；负责宿舍楼宣传橱窗的更新工作等。他们以"服务为主，管理为辅"的工作原则，深入寝室和同学中间，一方面对于宿舍内的问题，及时向学校职能部门反映，使学生的实际困难及时得到解决，起到了学生与学校间的桥梁作用；另一方面，积极地开展各项文体活动，来丰富学生的业余生活。

## 3. 思想政治理论教育模式的转变

59所上海市属高校，基本上都开设了与思想政治教育相关的课程，在思想政治理论教育方面，上海市属的一些高校做出了大胆的创新，使思想政治教育课程更加贴近实际，更容易被同学接受。

首先，以上海大学"大国方略"通识教育课为例。上海大学开设的"大国方略"选修课，被同学们称为"中国课"，这门课程结合青年关注度高的热点问题，通过聚合政治、历史、经济、法学等领域的专家，对热点问题进行深入解读，分析解惑，帮助大学生更深入地了解当下的中国。"大国方略"课面向全校开放申请，课程授课组老师超过10人，它不是一般的思想政治教育课，但是与思想政治课相辅相成，各学科的加盟，让"大国方略"之类的通识教育课形散而神不散，课程更注重让学生关心当下变化，引导他们思考、悟道，从而提升思想政治教育的效果。

其次，以上海师范大学为例。上海师范大学非常重视教学方法在思想政治课教学中的作用。第一，上海师范大学结合教材、教学内容，针对社会上出现的敏感问题、现实问题和大学生感兴趣以及有疑惑的问题，精心组织了一些专题报告和专题讲座，通过这些专题讲座，既传授了课本上的知识，又用马克思列宁主义、毛泽东思想、邓小平理论和"三个代表"重要思想、科学发展观、习近平新时代中国特色社会主义思想去分析和说明现实问题，解答了大学生头脑中存在的困惑，弘扬了爱国主义、集体主义精神，深受广大学生的欢迎，也取得了较好的效果。第二，就是实行"大、小班相结合"的授课模式，增加教学互动。具体做法就是，学院组织优秀教师按专题上大课，再分小班由青年教师组织学生参与讨论和教学辅导。学生对关注的焦点问题进行自由讨论，由教师进行正确地引导，在激发学生的理论热情和实践兴趣的过程中，达到教学目的。第三，为了配合教学，学校还组织学生参观东海大桥、陆家嘴金融区、金桥出口加工区、张江高科园区等，让学生亲眼看见改革开放以来我国社会主义建设取得的巨大成就，以此激励大学生坚定对社会主义的信念。

4. "易班"模式的网络思想政治教育发挥重要作用

目前，"易班"已经在上海的各高校实现了全覆盖。2009年9月，随着网络Web2.0的应用，围绕网络思想政治教育的核心，上海高校开始建设针对大学师生群体的网络互动社区——"易班"，并在上海海洋大学、东华大学、上海外国语大学、上海交通大学等四所高校进行试点。其中，上海海洋大学是唯一的一所上海市属高校，其他三所都是教育部直属高校。2010年5月，易班论坛在复旦大学、上海建桥学院、上海杉达学院进行第二批试点。2010年11月，易班论坛在上海的21所高校进行第三批试点。2011年6月，易班改版升级，并在当年11月，在上海的44所高校进行试点。2012年9月，仅三年的时间，易班论坛就覆盖了上海的公办、民办高校并逐渐扩展到西华大学和厦门大学。以思想政治教育为核心的易班论坛是上海高校开展网络思想政治教育的突出特色，是提供教育教学、生活服务、文化娱乐的综合性互动社区。网站融合了论坛、社交、微博、博客等主流的Web2.0应用，加入了为在校师生订制的教育信息化一站式服务功能，并支持WEB、手机客户端等多种访问形式。易班的主要功能结构有：主页面结构（主页面）、网站层次结构（学校）、班级主页结构（班级）、个人主页结构（个人主页）。每个结构都有其相对应的主要模块和功能。上海市属高校充分利用易班论坛，发挥网络思想政治教育的重要作用。

（四）上海市属高校思想政治工作机制存在的主要问题

上海市属高校虽然在思想政治工作机制方面存在着突出的优势，但不可否认的是还存在着很多的问题，主要表现在以下两个方面。

1. 机构间缺乏配合

机构间的配合度不高是上海市属高校思想政治工作机制存在的问题之一。目前，上海各市属高校，无论是从纵向上，还是从横向上，都设置了大量的相关部门负责高校的思想政治工作，但是这些部门各自为政的现象十分严重，缺乏协调与沟通机制，思想政治工作流于形式，只做表面文章，这不仅阻碍了思想政治工作的真正落实，也使得思想政治工作的效果不明显。

2. 教育缺乏实践性

目前，上海市属高校的思想政治教育理论教学与实践教学存在严重脱节的现象，在工作分工上，思想政治理论课教学、研究队伍与高校学生政工干部队伍各司其职、各管一方，而且互不隶属，高校思想政治理论课教学与研究工作者只从事公共政治理论课的教学工作，不从事学生思想政治教育与管理的实际工作，他们具有较高的学历、较深厚的学术和理论基础，对大学生进行的思想政治教育却仅仅停留在理论层面，思想政治教育的实际效果并不明显。

**四、上海部属高校基于"三个倡导"进行了思想政治工作机制创新**

（一）以"三个倡导"为指导，建立和完善上海部属高校思想政治工作平台

上海部属高校作为教育部直属的高校更应该在思想政治工作机制的创新方面起带头引导作用，按照国家对高等院校的规定，马克思主义学院是应该作为高校的一个二级独立单位设立的，而上海部属的8所高校中，东华大学、上海外国语大学以及华东师范大学现阶段还没有马克思主义学院，因此，这3所学校首先应该设立负责思想政治教育的马克思主义学院，让它作为独立的二级学院负责高校思想政治工作，让"三个倡导"的建立和发展有可依靠的平台。

（二）依托"三个倡导"，推进思想政治工作创新发展

"三个倡导"思想是社会主义核心价值观建设的重要推动力，社会主义核心价值观的建设是公民、社会和国家共同努力的结果。

首先，把"三个倡导"思想融入高校师生学习生活中。在高校师生个人方面，应该将"三个倡导"所提倡的"爱国、敬业、诚信、友善"精神融入日常工作和学习当中，尤其作为部属高校的大学生，个人素质更应该提高到应有的境界。

其次，健全高校思想政治工作管理机构。作为高校思想政治工作管理机构，应当营造"三个倡导"所提倡的"自由、平等、公正、法治"的工作环境，让机构的建立和工作安排更加注重公正和平等。

再次，把"三个倡导"作为辅导员队伍建设的标准。对辅导员队伍的建设，要加强法治教育，避免因法治不完善造成的失误，辅导员作为直接接触大学生的人员，个人素质和价值观直接影响学生的思想政治观念。因此，应该加强辅导员思想建设和培训，培训内容要符合"三个倡导"的指导思想，将参加培训

列入辅导员考评体系，培训方式多样化，包含讲授法和现代网络培训法、案例研讨法、讨论法等，培训成果要进行检查并评估，对思想政治建设优秀的辅导员要进行激励。

（三）围绕"三个倡导"，组织开展丰富多彩的主题教育活动

积极开展符合"三个倡导"思想的高校思想政治教育建设，包含以思想政治为主题的教育，培养学生正确的价值观，加强学生对爱国主义精神的认可和尊重；以个人发展为主题的教育，培养学生正确的择业观和就业观，使其热爱自己的岗位，活动理念要与"三个倡导"提倡的"爱国、敬业、诚信、友善"相符合，并且，开展包含创新性的科技主题教育，增强学生的创新精神；开展辅导员专题教育活动，包含辅导员法治主题活动、个人技能训练活动、心理健康教育活动，与"三个倡导"的"自由、平等、公正、法治"相一致。引导学生和教师，遵循"三个倡导"的要求，树立正确的社会主义核心价值观，促进个人和集体的全面发展。

（四）依据"三个倡导"，推进思想政治课程改革

首先，课程内容应当进行适当的改革，将"三个倡导"提倡的思想分别融入"马克思主义基本原理概论""毛泽东思想和中国特色社会主义理论体系概论""思想道德修养与法律基础""中国近代史纲要"的授课内容中去，将其全面渗透到思想政治理论课中去，以"三个倡导"的理论对现阶段的思想政治理论课程进行充实、补充和扩展，使社会主义核心价值观与思想政治理论课相互补充、彼此融合、共同发展。

其次，增加思想政治课程专业授课教师的人数和高级职称教师的比例，提高教师的专业素养和教师人数，才能有效率地提高思想政治教育的效果，避免学生和教师比例的严重失调，减少蒙混过关的上课态度。

再次，围绕"三个倡导"的相关内容，开展有关的选修课程，让学生在国家规定的必要课程之外有更多的时间和机会领会"三个倡导"精神。

最后，思想政治建设理论与实践相结合，除了理论内容的改进，还有理论建设的手段创新，可以结合现阶段的新的通信技术，利用微信公共平台、微博公共账号对思想政治建设的内容进行宣传，使其易于理解和接受。积极开展实践调研活动，改变以往单一的教育观念和教育模式，使教学方法和方式更加地贴近大学生的思想和生活实际，将思想政治建设理论运用到调研活动中，检验其成效并反馈检查。

### 五、"三个倡导"下上海市属高校思想政治工作机制创新途径

高校思想政治教育工作机制创新要求建立、健全、改进和完善高校思想政治工作的运行机制，使之形成一个相互配合、相互衔接、协调有序，实现高校思想政治工作的规范化和系统化。在"三个倡导"核心精神的指导下，本文主要根据上海市属部分高校思想政治工作机制的突出优势，从以下几个方面提出对上海市属高校思想政治工作机制创新的建议。

#### （一）加强思想政治工作队伍的建设

加强上海市属高校思想政治工作队伍的建设，首先要严格选拔，这是从源头上提高思想政治工作队伍建设的要求，在选拔的过程中，可以采取校内选拔和校外公开选拔相结合的方式。其次要明确工作职责，阻碍思想政治工作队伍建设与发展的关键因素是思想政治工作者职责的泛化。当今，我国的高等教育迅速发展，学生的思想也日益多元化，这种复杂的情况给思想政治工作者带来了更多的难题，并提出了更高的要求。因此，需要通过明确工作职责，使思想政治工作者避免因职责问题耗费更多精力，从而将更多精力集中到思想政治教育中来。再次要加强培训、规范考核，加强培训是提高高校思想政治工作队伍整体素质的一条十分方便且有效的途径，多向教师传授与介绍一些相关的前沿信息，引导他们了解相关的学科发展动态，使其在提高自身的理论水平的基础上，更好地把握大学生的思想特点和规律，从而在实践中更好地做好大学生的思想政治工作。同时要加强对思想政治工作者的考核，建立相应的奖惩制度。

#### （二）转变思想政治教育课授课模式

传统的大学生思想政治教育方法是一种"灌输式"的模式，即"老师讲，学生听"，这种模式在一定的历史时期是有效的，但是当代的大学生自主意识较强，这种方法就显得效率低下，甚至会引起学生们的反感。所以高校在思想政治教育中要坚持"以人为本"的思想，教育的过程中要充分尊重学生的思想和需求，注重对学生的引导，在引导和帮助中达到思想政治教育的目的，同时增强对其社会主义核心价值体系的培育，让教学对学生的思想动态既能事前预防，又能事后改进，这样的思想政治理论教育才是创新型的理论教育。

#### （三）加快创新高校第二课堂活动内容

当代大学生的思想政治教育越来越依赖于丰富多彩的第二课堂活动，丰富多彩的思想政治教育活动可以让学生在参与活动的实践中切身沐浴思想政治教育，在潜移默化中接受着思想政治教育的洗礼，使思想政治教育更加真实、更

加具体，效果也更加明显。上海师范大学的"爱心学校"为我们创新上海市属高校第二课堂活动提供了借鉴，为了完善上海市属高校思想政治工作机制，应该大力创新上海市属高校的思想政治教育活动。比如，上海有着丰富的红色资源，高校可以充分利用红色资源进行思想政治教育。红色资源是中华民族宝贵的精神财富，在高校思想政治教育中发挥着极其重要的作用。上海是红色资源独特、基础雄厚、潜力巨大的城市，全市现有红色资源246处，上海高校可以以活动的形式带领或者引导学生去红色景观中参观，使其了解红色历史、红色文化，从而提升自身的思想政治觉悟。

(四) 继续完善高校网络思想政治教育

互联网的发展，为高校的思想政治工作提供了新的载体和手段，目前，上海各高校都已建立以思想政治教育为核心的易班论坛，同学们、老师们可以在论坛中就某一问题进行讨论，发表自己的观点。而易班论坛只是高校网络思想政治工作的一部分，上海市属高校应继续完善和创新其他方面的网络思想政治教育，充分发挥网络在思想政治教育中的重要作用。比如，各高校可以在大学的主页上设置"红色历史专栏"这样的相关专题，使同学们每天在网络娱乐活动之余关注此栏目，了解自己感兴趣的历史事件，观看红色电影并发表评论；还可以构建微博德育平台，让学生关注相关的红色微博，既使微博成为高校思想政治教育的媒介，也使相关管理者可以通过微博了解学生的思想动态，及时管理。

## 第六节 江西省高校思想政治工作机制创新

### 一、引言

"三个倡导"是社会主义核心价值体系的集中展现，对高校思想政治工作提出了新的要求和具体目标。现阶段江西省高校思想政治工作机制还存在着不少问题。从"三个倡导"视域看江西高校的思想政治教育工作，还需要从以下几个方面加强：一是以"三个倡导"为顶层设计理论，对各高校实行对应的机制创新；二是创新高校思想政治工作的领导机构和运行机制；三是转变高校思想政治工作者的理念；四是积极利用互联网工具开展思想政治工作。

马克思主义指导思想、中国特色社会主义共同理想、以爱国主义为核心的民族精神和以改革创新为核心的时代精神、社会主义荣辱观，这些都是社会主义核心价值体系的基本内容。党的十八大报告关于社会主义核心价值体系建设的一个鲜明亮点，就是提出了用"三个倡导"积极培育和践行社会主义核心价值观，指出在新的历史时期，要"倡导富强、民主、文明、和谐，倡导自由、平等、公正、法治，倡导爱国、敬业、诚信、友善，积极培育和践行社会主义核心价值观"。这是党的十八大关于建设社会主义核心价值体系的点睛之笔，为继续推进社会主义核心价值体系建设确立了精神内核——践行社会主义核心价值观。

将"三个倡导"落到实处，关键在于将"三个倡导"融入国民教育的全过程。"三个倡导"的提出有着重要的宣传作用、示范作用和评价作用。（1）"三个倡导"这一社会的正能量具有一定的宣传作用。通过对社会正能量的宣传，能够让更多的人知道这种行为方式或思考方式，激发社会公众的参与和学习热情，让更多的人投入社会正能量的宣传和传承过程中，扩大社会正能量的社会基础，从而赋予社会正能量更加鲜活的生命力。（2）为社会公众提供了一种模范性的行为，从而使其更有针对性地更新自己的观念和行为，更好地促进社会的前进。（3）通过"三个倡导"的评价作用，我们能够了解到自己的行为方式和思考方式是否符合社会历史发展规律，是否能够有效地推动社会的持久发展，是否应该坚持自身的这种行为方式和思考方式。总之，"三个倡导"的提出能够有效地推动社会的前进和发展，推动社会文明进程，促进社会的现代化，促进社会主义核心价值体系的完善。

## 二、江西省高校思想政治工作机制存在的问题

江西省作为教育大省，拥有着非常丰富的教育资源，其有本科院校29所，专科院校55所，独立学院13所，民办高校16所，近年来随着国家形式的变化，这些高等院校不断强化思想政治工作创新机制，并在实践中不断取得进步与突破。江西省各大高校积极响应党中央的号召，大部分学校都设立了专门的马克思主义学院来开展其思想政治工作，下设相关的教研室，培育思想政治教育师资队伍，重视科学研究工作。

从对江西省各高校门户网站的调查和分析来看，现阶段江西省高校思想政治教育机制存在的问题主要有以下几点。

### （一）思想政治教育以抽象的理论教学为主，实践性不强

江西省各高校，尤其是专科类院校和独立院校，其思想政治教育的模式主

要以理论灌输和单方面讲授为主,缺乏对学生进行理论与实践相结合能力的培养。大学生作为受教育群体,偏于感性,且思维跳跃,想象力丰富,对文字的理解能力强,他们对知识的理解往往是抽象的,很难将具体知识与生活实践相结合。高校当前的思想政治的教育模式并未克服这一弊病。老师讲授的理论不免晦涩抽象,很难将其与学习生活挂钩。长此以往学生很容易产生厌倦情绪,且思想政治教育也很容易流于形式,容易出现"假、大、空"的局面,以至教育的初衷无法实现。

(二)思想政治教育研究工作深度与广度不够,没能形成一定的研究规模。

在文科类院校中思想政治教育的研究工作主要在文法学院或者是马克思主义学院,其他各学院鲜有涉及,这在某种程度上也阻碍了学科之间的串联,应加大思想政治研究的深度和宽度。另一方面,思想政治教育专业的就业率相对较低,极大地影响了学生的专业研究热情。

(三)重视学生思想政治工作,忽视教师思想政治工作

目前在一些高校,教师思想政治工作出现无人管的状态。校长、各业务处长、学院(系)院长、主任通常是教研室有工作就安排,有任务就布置,而不主动进行思想工作。在党委各部门中,政工干部没有把教师思想政治工作列为重要日程,也没有把主要精力投放在学生思想政治工作上,教师思想政治工作效果不够理想。主要表现在:教师思想政治工作者同时兼做学生思想工作,同一时期教师和学生思想政治工作很难兼顾,最好由专人直接研究、分析,负责高校教师的思想政治工作。高校党委和学院党委及党政联席会议,很少研究教师思想政治工作,在实际工作中,对教师的思想状态了解不够,没有具体的可行性措施,没有及时检查和评估,不能保证教师思想政治工作的深入开展。

(四)思想政治教育工作发展水平差距较大

无论是分析领导机制、队伍建设机制还是评估保障机制的各项指标,都能看出,江西省性质和层次不同的学校出现了明显的公办学校思想政治教育工作机制好于民办学校,本科院校好于专科院校的情况。这其中,当然存在学校性质不同,投资形式不同等合理原因,但是"三个倡导"作为我国的主流价值观,它的作用本身应该是国家性的、全局性的、社会性的,它对高校思想政治工作的引领也应该是全面的,层次差别大的学校不应该因层次和性质不同,就忽视本身的思想政治工作,而且不管以什么为重点的学校,思想政治教育都是必需的,只有把思想政治教育搞好,才能适应时代,解决越来越复杂的大学生心理

健康问题，才能真正培养出德智体全面发展的优质型人才。

### 三、"三个倡导"对江西省高校思想政治工作机制创新的指导

（一）以"三个倡导"为顶层设计理论，对各高校实行对应的机制创新

对于本科高校，首先应进行全校思想政治教育工作，建立思想政治工作小组，开展相关会议，听取学校师生对本校思想政治工作的建议；要建立以思想政治工作为载体的行政机构和部门，如思想政治教研室，为形成与校长和党委配合的行政系统化的领导机制打好基础。另外，引进师资力量构建高校的思想政治教育工作平台，加快队伍机制建设，从而形成更为便捷的思想政治教育通道，加快思想政治教育工作的开展和实施。

（二）创新高校思想政治工作的领导机构和运行机制

党和国家的宣传、教育主管部门和高校应共同研究制定《关于加强高校思想政治工作的建设意见》及实施细则，形成科学的运行机制。结合目前高校的领导机制，按照高校思想政治工作运行机制的相关要求，高校应实行"党委领导，行政（校长）负责，党委宣传部和人事处具体实施，院系落实"的运行机制。这一运行机制主要包含四个基本要素，即高校党委、行政（校长）、党委宣传部、人事处和院系。学校党委和学校行政（校长）在教师思想政治工作上的关系是党委全面领导，行政（校长）对党委负责。党委宣传部和人事处作为职能部门，对校党委和行政（校长）负责，同时作为主管职能部门，负有具体实施的职责。院系党委、总支和行政具体落实，对学校党委和行政（校长）负责。在当前经济社会发展节奏加快、社会竞争、贫富差距加大的形势下，道家学说的思维方式具有重要价值。"无为"作为一种教育方式和方法，就是要求我们在高校教师思想政治工作中，高校主管领导和各机构之间要形成良好的运行机制。学校主管领导要善于抓大事，把具体的工作分配给具体的机构和人员去做，而不要事无大小都亲自插手。这样，分工协作，权责分明，各展其长，各尽其力，就能把整体的以及各部分的工作都做得井井有条，取得最佳效果，做到"无为而无不为"。

（三）推进高校思想政治工作的理念创新，形成新的理念机制

不同时代的高校教师进行思想政治工作，都有不同的工作理念。"思想政治教育理念是管理过程的指导思想，是整个思想政治教育管理的导航塔。思想政治教育管理理念的滞后，将导致创新的缺乏，使思想政治教育工作欲速则不

达"。新阶段，必须从当今世界政治经济格局的高度，深入理解高校教师思想政治工作的艰巨性；必须从现代科学技术，特别是网络技术迅速发展的高度，深刻认识高校教师思想政治工作的复杂性；必须从我国社会正处于改革和发展的重要历史转折时期的高度，深入理解高校教师思想政治工作的紧迫性；必须从全面推进素质教育和深化高校改革的高度，深入理解高校教师思想政治工作的重要性。武汉大学社会科学部沈壮海提出了"思想政治教育理论研究转换的方向、中国立场、世界眼光、问题意识、学术思维和科际整合，力图构建基于新范式的思想政治教育理论的新形态"。高校教师思想政治工作只有适应经济全球化、思想多元化、价值取向多样化的社会存在，实现教育理念的转变，构建高校教师思想政治教育的新范式与新形态，才能不断改革和创新高校教师思想政治工作。

（四）积极利用网络工具改进思想政治工作，推进教育教学方法改革

互联网作为现代社会产生的先进的科学工具，具有划时代的意义。有效运用互联网进行高校学生的思想政治工作有着非常重要的意义。首先，充分认识互联网时代的传播特点，牢牢把握大学生思想政治教育规律，开展大学生思想政治教育工作；其次，加强思想政治互联网平台建设，高校应建设多媒体空间的思想政治教育网络平台；再次，切实提高教育工作者利用网络开展工作的能力，建立健全高校互联网信息监控机制及舆情分析机制，建立有效的信息监督机制，加强新媒体信息的传播监管和舆情分析工作；最后，构建基于互联网平台的校园网络文化体系。

# 本章小结

本章分为六节，分别对山东、江苏、浙江、安徽、上海、江西六省（市）高校思想政治教育工作机制现状进行了梳理和分析，并提出了相应的推进对策。

山东省高校不仅十分重视传统文化的教育，而且也十分注重大学生的思想政治教育，突出显示多个方面的特色：重视提高教师的师德修养，重视与传统文化的结合又突出本土特色，重视德育研究工作，重视思想政治教育工作开展形式的创新。山东省在高校思想政治工作机制创新中，把"三个倡导"融入各门课程中，构建全员育人的教育体系；把"三个倡导"融入思想政治特色活动中，构建活动育人的机制；推进"三个倡导"引领良好社会环境，构建社会育

人的机制。

江苏省各部属高校重视思想政治工作，各自形成了有效的教育机制。今后，在"三个倡导"指导下，江苏省各部属高校还需要进一步创新领导机制，创新评估考核机制，创新理论教育机制，创新教师队伍建设机制。

江苏省属高校较多，在思想政治工作机制与教育管理方面，各校之间差别较大。今后，江苏各省属高校要以"三个倡导"为指导，大力推进思想政治教学单位独立设置；以"三个倡导"为依据，加强高校辅导员、班主任队伍思想政治工作，加强和改进高校青年教师思想政治工作；以"三个倡导"为内容，丰富思想政治工作开展方式；以"三个倡导"为载体，促进民办高校思想政治工作机制的创新。

由于教育方式和平台发生变化、网络时代学生价值观的转变等因素影响，浙江省高校思想政治工作机制的实效性还有待提升。要以"三个倡导"为依据，对浙江省不同层次高校进行对应机制创新；要以"三个倡导"为方向，构建以社会、学校、家庭互为联动平台的高校学生社会主义核心价值观实践机制；要以"三个倡导"为载体，打造浙江省高校思想政治工作新形式和新平台。

安徽省各高校思想政治教育工作注重采用"寓教于乐"的实践教学法，注重创建网络教学法课堂教学，注重采用场景教学方式，注重弘扬传统文化，注重高校思想政治工作管理机制创新。今后，安徽省各高校应加强"三个倡导"宣传工作，全面提高高校对思想政治工作的重视程度；以"三个倡导"为依据，加强高校对辅导员队伍的专业化建设；以"三个倡导"为依托，探索思想政治教育新途径、新平台和新方法；以"三个倡导"为指导，加强高校管理工作机制的创新。

上海部属高校在思想政治工作机制创新方面，已经取得突出成绩，今后要从以下几个方面加强：以"三个倡导"为指导，建立和完善上海部属高校思想政治工作平台；依托"三个倡导"，推进思想政治工作创新发展；围绕"三个倡导"，组织开展丰富多彩的主题教育活动；依据"三个倡导"，推进思想政治课程改革。

上海市属高校的思想政治工作机制形成了党委统一领导、党政齐抓共管、全校从上到下紧密配合的领导体制；形成了从学校领导到各系领导、班主任、辅导员、工会、共青团、学生会紧密配合的管理体制；形成了以理论教学为主阵地，以校园文化建设、宿舍文化建设为依托的全方位教育体制。基于"三个倡导"理论，上海各市属高校要加强思想政治工作队伍的建设，转变思想政治教育课授课模式，加快创新高校第二课堂活动内容，继续完善高校网络思想政治教育。

江西省一些高校思想政治教育大多以抽象的理论教学为主，重视学生思想政治工作，忽视教师思想政治工作，各高校之间的发展水平差距较大。基于此，江西各高校要以"三个倡导"为顶层设计理论，对应自身实际推进机制创新，创新各高校思想政治工作的领导机制和运行机制，推进高校思想政治工作的理念创新，形成新的理念机制，积极利用网络工具改进思想政治工作，推进教育教学方法改革。

**【参考文献】**

[1] 苏娜. 新时期提出社会主义核心价值观的理性思考——对"三个倡导"的理解 [J]. 吉林省社会主义学院学报, 2013 (1): 36-39.

[2] 郭玉芝. 高校思想政治工作创新研究 [D]. 北京: 北京交通大学, 2010.

[3] 李秀良, 苏双平, 段兴华. 高校思想政治工作机制创新的几点思考 [J]. 内蒙古农业大学学报（社会科学版）, 2004 (3): 139-141.

[4] 费鹤祥, 李莹, 周倩. 论民办高校思想政治工作机制创新 [J]. 思想教育研究, 2009 (11): 97-100.

[5] 郑金鹏. 高校青年辅导员职场社会适应问题研究——以山东省某高校为例 [J]. 青少年研究（山东省团校学报）, 2013 (4): 56-61.

[6] 王爱智. 沂蒙红色文化的当代价值及其实现研究 [D]. 曲阜: 曲阜师范大学, 2013.

[7] 赵新霞. 以社会主义核心价值体系引领高校思想政治教育对策分析 [D]. 长春: 吉林大学, 2014.

[8] 南京大学马克思主义学院网.

[9] 陶建宁. 论高校思想政治工作机制的创新 [J]. 中国科教创新导刊, 2008 (7): 110-111.

[10] 夏顺辉. 新时期高校思想政治工作机制的创新分析 [J]. 理论探讨, 110-111.

[11] 王跃, 王刚, 王永贵. 运用网络教学平台全面推进思想政治理论课教学改革——高校思想政治理论课教学改革高层论坛综述 [J]. 思想理论教育导刊, 2014 (2): 140-141.

[12] 胡绍君, 孙莹厚, 杨金保, 等. 基于学习型组织的大学生思想政治工作机制构建 [J]. 科学管理, 2012 (10): 10-11.

[13] 赵扬. 专业技术职务评聘机制：辅导员队伍专业化发展的助推器 [J]. 思想理论教育，2008（22）：83-86.

[14] 尤玉军. 中国特色社会主义认同视域中的高校青年教师思想政治工作创新 [J]. 思想教育研究，2013（11）：55.

[15] 姚鑫. 新媒体时代下高校思想政治工作创新研究 [J]. 思政教育，2013（7）：10-11.

[16] 李祥. 高校网络舆情监管及其对思想政治工作的影响——以江苏省高校为例 [J]. 统计与管理，2013：186.

[17] 黄建美. 对创新高校思想政治工作机制的思考 [J]. 思想教育研究，2010（3）：79-80.

[18] 朱颖原. 社会主义核心价值观研究 [D]. 太原：山西大学，2013.

[19] 浙江省教育厅：2013年浙江教育事业发展统计公报 [EB/OL]. 浙江省教育考试院，2014-04-24.

[20] 张建颖. 新媒体视域下大学生思想政治教育载体的创新 [J]. 福州大学学报（哲学社会科学版），2014（2）：105-108.

[21] 肖柯. 隐性视角下高校思想政治教育平台的创新性构建 [J]. 东北师大学报（哲学社会科学版），2011（6）：181-183.

[22] 朱玉华，李永山. 安徽省高等学校辅导员队伍专业化建设探索——基于安徽93所高校辅导员队伍建设自查报告的分析 [J]. 安徽大学学报（哲学社会科学版），2009（6）：153-156.

[23] 过春茸. 论农业高校思想政治教育模式的创新——基于安徽农业大学"大别山道路"的实践 [J]. 理论建设，2013（6）：92-95.

[24] 潘莉，唐莉，高开华. 安徽高校思想政治理论课教师队伍管理现状及创新研究 [J]. 安徽职业技术学院学报，2013（4）：57-60.

[25] 邓娟，田九霞，王中华. 高校思想政治理论课实践教学现状调查及对策分析——以安徽大学为例 [J]. 宿州学院学报，2011（7）：79-82.

[26] 李旭哲. "三个倡导"思想对于思想政治教育的启示 [J]. 现代商业，2013（23）：276-277.

[27] 苏瑞莹. "三个倡导"引领下的大学生核心价值观培育与践行 [J]. 南阳理工学院学报，2014（1）：83-87，96.

[28] 十八大报告 [EB/OL]. 新华网，2010-11-19.

[29] 徐精鹏. "三个倡导"语境中的大学生思想政治教育探析 [J]. 思想理论教育导刊，2013（8）：126-129.

[30] 陈正芬. 我国高校辅导员制度研究 [D]. 重庆：西南大学, 2013.

[31] 郭玉芝. 高校思想政治工作创新研究 [D]. 北京：北京交通大学, 2010.

[32] 邓海英. 论"三个倡导"与积极培育和践行社会主义核心价值观 [J]. 南京政治学院学报, 2013, 29（1）：18-22.

[33] 胡恒钊. 高校网络思想政治教育实施方法研究 [D]. 北京：中国矿业大学, 2012.

[34] 顾海良. 学习党的十八大精神推进高校思想政治理论课建设 [J]. 思想理论教育导刊, 2013（1）：9-15.

[35] 史兆光, 王慧敏. "三个倡导"进入"思修"课堂教学模式建构 [J]. 航海教育研究, 2013, 30（4）：93-95.

[36] 李文彬. 关于加强高校思想政治建设的探讨 [J]. 黑龙江教育学院学报, 2013, 32（12）：96-97.

[37] 徐春艳. 党的十八大报告视野下高校思想政治教育理论新发展 [J]. 思想政治教育研究, 2013, 29（3）：27-30.

[38] 李剑波. 论高校思想政治工作的现状及创新 [J]. 企业家天地下半月刊（理论版）, 2007（1）：106-107.

[39] 申国勇, 周涛, 孟志雷. 利用红色资源进行大学生思想政治教育研究——上海高校大学生调查问卷分析 [J]. 全国商情（理论研究）, 2012（20）：80-82.

[40] 江天桥, 胡延庆. 当前高校思想政治教育工作存在的主要问题及对策 [J]. 教育探索, 2011（4）：136-137.

[41] 夏越新. 高校思想政治教育创新机制建设刍议 [J]. 学校党建与思想教育, 2012（19）：66-67.

# 第九章

# 华南高校思想政治工作机制创新

## 第一节 广东省高校思想政治工作机制创新

**一、广东省高校思想政治教育情况概述**

在全国教育机制得到前所未有的发展的契机下,广东省高校的教育也在不断发展,随着"三个倡导"的提出,对各地高校思想政治工作也提出了新的要求。"三个倡导"作为一个新的理论视角,其所倡导的理念将为高校的思想政治工作机制创新提供一个新的思路和方法。本研究通过对广东省高校思想政治工作机制现状进行调查分析,找出了其教育的不足与特色,结合"三个倡导"的指导,从教育和管理层面对广东省高校思想政治工作提出了相应的意见和总结。

"三个倡导"明确了社会主义核心价值观的基本理念和具体内容,指出了社会主义核心价值体系建设的现实着力点,是对社会主义核心价值体系建设的新部署、新要求。同时更是对我国高校思想政治工作体制建设与创新的新部署、新要求。根据广东省教育厅发布的数据,广东省作为全国高校大省,共有高校177所,其中本科高校60所,包含独立学院16所;专科高校79所;民办高校36所。这些院校的思想政治教育教学质量参差不齐,但是各具特色。

广东省作为沿海经济发展大省,近年来广东省政府对当地教育也加大了投资和政策支持,其经济发展也相应地带动了当地高校教育的发展。高校思想政治教育作为社会环境的产物,必然同时代的脉搏一起跳动,时代发展的变化,也会在思想政治教育工作中体现出来。目前广东省高校教育不断发展,尤其是顺应十八大"三个倡导"的要求,广东省高校的思想政治工作也得到了相应的重视,但是广度和深度仍待提高。

20世纪90年代以后,高校的职能从以往的传递和传播知识转变为创新知识和社会服务，部分高等院校的马克思主义学院和社会科学部转变为社会系或者政治学院，创办新专业并扩大招生，这些做法很大程度上促进了高校学科结构的调整和发展，同时也很大程度上对高校思想政治理论课程的教学工作起到了积极作用。与此同时，问题也随之而来，系别越来越多，越来越大，并且越来越专业化，这使得高校教师和领导机关将主要的精力多放于专业教学上，而思想政治课程建设的进程则减缓，甚至有些思想政治课程被划分为院系下属的三级教学部门。特别是高校扩招后，学生人数急剧增多，教师资源紧缺，不得不采取大班上课方式，在这种应付式教学的情况下，思想政治理论课教学质量可想而知。

**二、广东省高校思想政治课程设置情况**

高校思想政治教育是党的思想工作的一个子系统，具有思想政治教育的一般属性，是高等教育的一项重要内容。广东省各高等院校思想政治工作得到了普遍开展，但发展进程不同。以广东省39所院校为例，其中包括国家重点"985""211"院校、部分本科院校（包括部分独立院校）和专科院校等，基本上所有高校均开设了思想政治理论课程，只不过分布在不同的二级院系。这在一定程度上也反映了广东高校对思想政治工作的重视程度以及其学校课程设置的完善程度，因此，应该加大对广东高校思想政治课程的重视程度，争取所有高校尽快设置专门的马克思主义学院或思想政治部。

对这些高校的调查可以看出（见表9-1），有约64%的学校设有思想政治部或马克思主义学院，而剩下36%的学校将思想政治课程开设在其他院系（包括社会科学部、政治学院、法学院等）。这些数据一定程度上说明广东省虽然比较重视思想政治教育工作，但仍然有一些院校忽视了对学生的思想政治教育工作。同时，对这些院校的调查发现，有近一半学校开设的思想政治课程包括"马克思主义基本原理概论""毛泽东思想和中国特色社会主义理论体系概论""中国近代史纲要""思想道德修养与法律基础"，但普遍存在的问题就是这些学校都没有注重实践活动。值得一提的是，广东外语外贸大学和北京师范大学—香港浸会大学联合国际学院都开设了"国际政治"这门课程，使学生既对我国思想政治机制有了深刻了解，也扩展了国际视野，这一点更符合"三个倡导"的核心价值。

从全国高校思想政治理论课"05方案"落实以来，广东省委应形势发展要求，出台了关于加强广东省高等院校思想政治理论课程发展的相关文件，明确规定要在全省范围内实现全部高校单独设立思想政治理论课程的专门机构，实现广东省高校思想政治理论教学的全覆盖，并按照每个学生 20 元的标准提供专用于思想政治教育的基金。以省委的名义下达文件，明确提出各种硬性指标和要求，这在全国范围内属于最早的，这一做法为广东省高校的思想政治理论课程建设提供了良好的政策平台。

表 9-1　广东省部分高校思想政治课程开设院系

| 思想政治理论课教学部 | 马克思主义学院 | 社会科学部 | 政法学院 |
| --- | --- | --- | --- |
| 华南理工大学、华南农业大学、五邑大学、惠州学院、韩山师范学院、星海音乐学院、广东警官学院、东莞理工学院、广东工业大学、湛江师范学院、佛山科学技术学院、肇庆学院、广东金融学院、广州美术学院、广东培正学院、广州中医药大学、广州商学院、北京理工大学珠海学院 | 中山大学、华南师范大学、广州大学、广东外语外贸大学、南方医科大学、中山大学南方学院、广东财经大学 | 暨南大学、汕头大学、广东医学院、广东技术师范学院、深圳大学、广州大学松田学院、广东药学院 | 韶关学院、嘉应学院、茂名学院、广东海洋大学、北京师范大学—香港浸会大学联合国际学院、北京师范大学珠海分校、东莞理工学院城市学院 |

**三、广东省高校思想政治课师资队伍情况**

优质的师资力量是高校思想政治工作机制强有力的资源保障。对广东省部分高校的官方网站进行实际调查，得出以下结论（见表 9-2）：本科高校思想政治工作人员在数量上仍然存在较大缺口（部分"985""211"院校除外）；思想政治工作教师多为思想政治教育和马克思主义哲学的教育背景，具备发展思想政治工作机制所需要的相关知识；除国家重点支持的"985""211"工程院校以及省重点培养院校，部分院校的教师学历相对处于较低水平，教授、副教授数量较少，博士学位教师更是凤毛麟角。此外，北京师范大学—香港浸会大学联合学院教师队伍中有 70% 为境外老师，这一定程度上对学生们的国际视野和国际教育具有重要开拓作用，但由于境外老师对我国国情和社会主义核心价值观缺乏深入了解，这也在一定程度上限制了高校思想政治工作机制与"三个倡导"相结合的创新。

表9-2　广东省部分高校思想政治工作部门教师队伍情况对比表

(单位：人)

| 学校名称 | 教职工总人数 | 职称 | | | 部分老师所学专业（按人数多少排名） |
|---|---|---|---|---|---|
| | | 教授 | 副教授 | 讲师 | |
| 中山大学 | 52 | 16 | 18 | 15 | 哲学、思想政治 |
| 华南理工大学 | 64 | 12 | 22 | 27 | 哲学、思想政治、科技哲学、历史 |
| 华南师范大学 | 15 | 5 | 5 | 5 | 历史、法学、思想政治、哲学 |
| 东莞理工学院 | 10 | 2 | 3 | 6 | 思想政治 |
| 佛山科学技术学院 | 14 | 2 | 12 | 2 | 法学、历史、哲学、政治 |
| 广东外语外贸大学 | 22 | 7 | 0 | 15 | 经济学、政治学 |
| 广东金融学院 | 30 | 4 | 7 | 19 | 历史、思想政治、哲学、法学 |
| 南方医科大学 | 26 | 6 | 7 | 13 | 哲学、历史 |
| 广东培正学院 | 31 | 0 | 6 | 25 | 法学、哲学、政治、教育 |
| 广东白云学院 | 10 | 2 | 3 | 5 | 政治、哲学、历史、法学、教育学 |
| 韩山师范学院 | 37 | 3 | 13 | 14 | 哲学、思想政治、历史 |
| 湛江师范学院 | 26 | 4 | 7 | 15 | 教育学、哲学、思想政治 |
| 肇庆学院 | 28 | 3 | 6 | 12 | 哲学、思想政治、历史、教育、经济法学 |
| 嘉应学院 | 39 | 14 | 8 | 17 | 哲学、历史、思想政治、社会学、法学 |
| 广州美术学院 | 12 | 1 | 4 | 7 | 哲学、历史、教育 |
| 星海音乐学院 | 10 | 1 | 2 | 6 | 教育学、哲学 |
| 深圳大学 | 33 | 2 | 1 | 30 | 哲学、历史、法学经济学 |

据有关调查（见表9-3），广东省高校思想政治理论课教师对工作的整体满意程度偏低，思想政治理论课教师的工作积极性和创造性受到限制，其原因主要在于三个方面：第一，广东省经济发展迅速，经济总量居全国首位，以及内地各大高校教师薪资福利等待遇不断提高，对比之下，广东省高校教师的待遇并不是很高，与其经济发展水平不相适应，广东省高校思想政治教师的物质需求在一定程度上得不到很好的满足。第二，虽然广东省是我国经济大省，但

是政府在教育投入资金及重视程度上仍欠缺,各高校的教师编制不足,同时,思想政治理论课程的教师更是存在非专业人员较多、兼职代课教师较多等现象,并且这些代课教师的薪资福利与在编人员相差较大,存在着不公平现象,这些都影响了思想政治理论课程教师的积极性,因此教师满意程度不高。第三,广东省高等院校的规模近年来不断扩大,学生人数增加,教师工作量增加、工作任务加重,使得思想政治理论课程的教师的工作时间增加、压力增大,这也是影响教师满意度的原因之一。

表9-3 广东省高校思想政治课教师满意度调查　　　（单位:%）

| 满意程度 | 所占比例（%） |
| --- | --- |
| 很满意 | 4.14 |
| 比较满意 | 25.61 |
| 基本满意 | 42.58 |
| 不太满意 | 21.57 |
| 很不满意 | 6.1 |

### 四、"三个倡导"对广东省高校思想政治工作机制的指导性创新

《中共中央国务院关于进一步加强和改进大学生思想政治教育的意见》（简称"16号文件"）中指出:"高等学校思想政治理论课是大学生思想政治教育的主渠道"。思想政治理论课作为大学生的必修课,是帮助大学生树立正确的世界观、人生观、价值观的重要途径,体现了社会主义大学的本质要求。

在中国特色社会主义新时代,高校要强化将"三个倡导"融入思想政治教育工作机制创新中,同时,高校思想政治教育需要面对越来越多的新问题,适应越来越复杂的新情况,高校思想政治教育机制作为可直接影响其系统内部各个环节的运行、实施及成效大小的工作机制,与高校思想政治教育能否取得更好的效果紧密相连。因此,高校思想政治教育要想取得更好的效果,就必须主动按照社会主义核心价值观的新要求,对思想政治工作机制进行创新和发展。

（一）全面统筹,建立完善育人机制

高校的根本任务是培养人才,全面加强和改进大学生思想政治教育工作的目的也是为了促进学生全面发展。全面统筹,一方面是要加大广东省对高校思想教育工作的支持力度,使得思想政治教育课程实现对广东高校的全面覆盖。把大学生思想政治教育的目标任务分解落实到教务、科研、总务等行政部门;

分解落实到院系、教研室等部门；分解落实到团委、学生会、班级、社团等组织，要求他们认真履行职责，共同做好思想政治教育工作。除开设"马克思主义基本原理"等基本课程之外，还要多开些选修课和实践课，方便学生全面了解和深入学习思想政治知识。另一方面，要适应国际国内形势的深刻变化，认真贯彻"三个倡导"的方向，从国家、社会、个人三个不同的层面开展高校思想政治工作创新机制。以广东省特色高校为榜样，增设国际政治课程，开拓国际视野，借鉴优质机制，全面发展大学生的思想政治教育。此外，更要注重理论与实践相结合，让高校的思想政治工作不仅仅是停留在积极培育社会主义核心价值观，还要更进一步积极践行社会主义核心价值观。

（二）鼓励辅导员参与思想政治课教学，建立健全协同教育机制

鼓励辅导员参与高校思想政治教学的实践，可以在很大程度上改善高校学生在思想政治教育问题上的"认知"与"践行"相互脱离的情况，更可以在一定程度上促进学生在思想政治教育中实现由"知"到"行"的转变。这既与我国高校德育工作紧密相关，又高度关乎我国高校思想政治教育的实际效果。辅导员在开展思想政治教育实践活动的同时也能进一步发现学生们在日常生活中的实际案例和教学范本，与专业思想政治教育教师形成互补，积极倡导学生们把理论与实际相结合，通过课堂教学与学生日常管理的紧密结合，从引导高校学生思想政治学习的实践上着手，进而提高高校德育工作的实效性。

把辅导员开展实践教学的情况与效果纳入辅导员年终考核体系，以实践教学实施计划、工作日志、学生评价以及实践创新活动成果为基本考核依据，引入辅导员与思想政治理论课教师的互评机制，全方位考查、评估辅导员开展思想政治课实践教学的工作绩效。要建立辅导员参与思想政治课实践教学的准入制度，确保师资队伍的质量，制定辅导员在思想政治课实践教学中的行为规范，并建立平常检查和年终考核相结合的评价机制。

（三）规范管理，充实队伍，提高教学满意度，建立健全教师队伍机制

规范管理，完善教师任职资格标准，实行严格的聘用制度，把德才兼备的干部和教师吸收到大学生思想政治教育队伍中来，同时注重思想政治工作任职教师的出身背景，尽量做到专业对口，知识储备充足。充分利用广东省的地理优势，优化师资结构，在合理配备教授、副教授和讲师的前提下，引进高素质境外教师。建立分层次的培训体系，形成多种形式的培训格局，不断提高教师队伍的政治素质和业务素质；完善评优奖励制度，组织大学生思想政治教育工作评优活动，表彰先进，激励创优，不断加强思想政治教师队伍的活力。

政府应提高对广东省高校思想政治课教师的重视程度，补足思想政治教育课的教师编制，健全公平机制；配合广东省经济总量第一的地位，从薪资、福利待遇到评定职称、职务晋升等方面给教师适当的保障，减少其压力。

（四）加强实践教学，创新思想政治理论课建设的保障机制

根据所查询的广东省部分高等院校的相关资料得知，几乎所有高校均未开设思想政治理论课的课外实践活动，思想政治教学只是局限在课堂课本的理论知识，因此，广东高校的思想政治理论课机制创新的重要着手点在于推出和强化课外实践活动。可以选取一些革命老区为实践点，也可以总结广东省改革开放的成功经验，选取一些有代表性、有教育意义的开放城市，组织师生进行实地学习考察，把思想政治理论与实践系统地结合起来，让学生充分理解我国社会主义核心价值观的深刻内涵。在这方面，广东省仲恺农业工程学院和广东外语外贸大学发挥了榜样作用。仲恺农业工程学院首先开设了"大学生德育实践概论"课程，把德育体现在实践过程当中。而广东外语外贸大学则创建了"思想政治理论课网络模拟教学实践活动基地"，充分利用互联网的先进技术优势，推动思想政治理论课程的进一步发展。

同时，广东省更应该积极响应国家号召，把思想政治理论课从各个专业院系中独立出来，建立学校党委直属的专门机构。如华南师范大学率先按照国家标准（每个学生20元）建立了思想政治理论课程的专项基金。广东商学院则第一个把思想政治理论课程从专业院系中独立出来，建立了思想政治理论课教学部。两校的成功案例应该受到广东省教育部和广东省委的充分肯定和推广。

思想政治理论课的教学创新要与课外实践相结合，中山大学开办了大学生心理辅导中心，这在全国是首例，与学生工作部门联合举办了马克思主义理论研讨班，培养马克思主义的青年爱好者。华南农业大学组织开展了大学生理论研讨会等实践活动，这一系列活动吸引了广大同学的积极参与。

## 第二节  广西壮族自治区高校思想政治工作机制创新

### 一、引言

"三个倡导"提出了我国社会主义核心价值观，我们必须着力将社会主义核心价值观贯彻到我国高校的思想政治工作机制建设与创新中。本研究对广西壮族自治区各高校的思想政治工作进行了调查分析，对广西壮族自治区各个高校思想

政治工作机制的现状、面临问题、突出优势、突出案例等进行研究，旨在在"三个倡导"理念的指导下，创新广西壮族自治区高校的思想政治工作机制。

2004年中共中央国务院出台的《中共中央国务院关于进一步加强和改进大学生思想政治教育的意见》（中发〔2004〕16号文件，简称"16号文件"）是指导我国现阶段大学生思想政治工作的核心文件，"16号文件"针对大学生思想政治工作的很多方面都有十分明确的规定，如第27条指出："要建立全党委统一领导，党委群齐抓共管，有关部门各负其责，全社会大力支持的领导体制和工作机制，形成全党全社会共同关心支持大学生思想政治教育的强大合力。"根据现阶段的需要，我们将"16号文件"的精神与"三个倡导"的价值观进行融合，本研究在对广西壮族自治区76所高校的思想政治工作进行调查与分析后，从广西壮族自治区的特殊性方面分析，在"三个倡导"的指导下，得出了一些广西壮族自治区高校思想政治工作的创新对策。

**二、广西壮族自治区高校思想政治工作机制现状**

（一）广西各高校思想政治工作部的设置情况

截至2014年7月31日，广西现有高校76所，民办高校12所，公办学校64所；其中本科高校24所，独立高校9所，专科高校43所；广西壮族自治区主管的有65所，广西壮族自治区教育厅主管的有11所。由于各高校思想政治工作部门的设置情况不同，对负责思想政治工作的部门命名也各不相同，主要有以下几种叫法：思想政治部、社科部、公共基础部、马克思主义学院、政治学院、人文社会与科学学院等。

在观察不同类型的高校思想政治工作相关部门的设置情况的时候，可以发现不同类型的高校呈现出不同的特征，普通本科与独立学院的思想政治工作相关部门的设置比较符合规范，设置有思想政治工作部门的高校分别占该类型高校总数的95.8%和100%，而高职、高专则在思想政治工作相关部门的设置方面较不合理，在高职、高专中有思想政治工作部门的高校占该类型高校总数的81.4%，具体情况如表9-4。

由表9-4可以分析出，普通本科与独立院校在机构的设置上更注重学校的思想政治工作，而高职、高专与成人高校则相较而言不够重视。从总体来看，有思想政治工作相关部门的高校在所有高校中所占比例也不高。

表9-4 广西壮族自治区高校设立思想政治教育工作相关部门的数量统计分布

(单位：所,%)

| | 有思想政治工作相关部门的高校 | 无思想政治工作相关部门的高校 | 高校总数 | 有思想政治工作相关部门高校占该分类的比率 |
|---|---|---|---|---|
| 普通本科 | 23 | 1 | 24 | 95.8 |
| 独立院校 | 9 | 0 | 9 | 100.0 |
| 高职高专 | 35 | 8 | 43 | 81.4 |
| 小计 | 67 | 9 | 76 | — |

（注："—"表示数据缺失。）

## （二）广西壮族自治区高校思想政治工作领导机制现状

广西壮族自治区高校思想政治工作现阶段的领导部门可以分为三类：党群部门、行政部门、教学部门。

### 1. 党群部门

广西壮族自治区高校中，属于党群部门领导下的思想政治工作机构的名称一般为宣传统战部（宣传部、统战部）。其中思想政治工作机构隶属于宣传统战部的广西高校有：梧州学院、广西外国语学院、南宁学院、柳州城市职业学院、北京航空航天北海学院。

### 2. 行政部门

广西壮族自治区高校中，属于行政部门领导下的思想政治工作机构的名称一般有：人文科学分院教务办公室、党委办公室。其中思想政治工作机构隶属于人文科学分院教务办公室的有：广西城市职业学院1所；隶属于党委办公室的有：广西工程职业学院、广西科技职业学院2所。

### 3. 教学部门

广西壮族自治区高校中，属于教学部门领导下的思想政治工作机构一般有：政治学院、马克思学院、人文社会科学学院等二级学院，以及思想政治部（或思想政治部、思想政治理论教学或教研部）、社会科学教学部、基础教学部（公共基础部或基础教学部）。

其中，思想政治工作机构隶属于政治学院、马克思学院、人文社会科学学院等二级学院的高校有：广西大学、桂林电子科技大学、广西医科大学、广西师范大学、广西民族大学、桂林理工大学、广西科技大学、广西中医药大学、广西师范学院、广西财经学院、贺州学院这11所。

隶属于思想政治部的有：桂林医学院、右江民族医学院、河池学院、广西艺术学院、百色学院、钦州学院、广西民族师范学院、桂林航天工业学院、北海艺术设计学院、广西广播电视大学、柳州职业技术学院、广西生态工程职业技术学院、广西电力职业技术学院、广西经贸职业技术学院、广西理工职业技术学院、广西工学院鹿山学院、桂林电子科技大学信息科技学院、广西师范学院师园学院、广西民族大学相思湖学院、广西大学行健文理学院、广西中医药大学塞恩斯新医药学院这21所。

隶属于社会科学教学部的有：桂林师范高等专科学校、柳州师范高等专科学校、广西警官高等专科学校、南宁职业技术学院、广西国际商务职业技术学院、广西农业职业技术学院、广西水利电力职业技术学院、广西工业职业技术学院、广西工商职业技术学院、北海职业学院、广西现代职业技术学院、广西建设职业技术学院、柳州铁路职业技术学院、广西卫生职业技术学院、广西金融职业技术学院、广西师范大学漓江学院这16所。

隶属于基础教学部的有：广西幼儿师范高等专科学校、桂林旅游高等专科学校、广西职业技术学院、桂林山水职业学院、广西交通职业技术学院、百色职业学院、广西经济职业学院、广西演艺职业学院、梧州职业学院、广西培贤国际职业学院、桂林理工大学博文管理学院这11所。

总体情况见下表9-5。

表9-5 广西壮族自治区高校设立思想政治教育工作部门数量统计分布

（单位：所）

|  | 本科学校 | 独立学院 | 专科院校 | 总计 |
| --- | --- | --- | --- | --- |
| 隶属党群部门 | 3 | 1 | 1 | 5 |
| 隶属行政部门 | 0 | 0 | 3 | 3 |
| 隶属教学部门 | 20 | 8 | 31 | 59 |
| 无 | 1 | 0 | 8 | 9 |
| 总计 | 24 | 9 | 43 | 76 |

（三）广西壮族自治区高校思想政治工作机制的队伍建设现状

近年来，随着高等教育的改革发展，一些矛盾和问题逐步暴露出来，维护高校思想政治稳定的任务仍然十分艰巨。班级是学校最基层的思想工作单位，学校的思想政治教育若要发展和改革，就离不开班级的思想政治工作，而最能掌握班级思想动态的莫过于辅导员了。正由于辅导员在学生的信息、情绪、情感、要求等方面更为了解，因此引导学生的思想观念往正确道路发展，及时解决青年学生的就业、情感、学习、生活的问题，解决学生矛盾，校园维和等各方面的重任就落在辅导员身上。

广西壮族自治区教育厅网站数据统计，截至2014年春季学期，广西全区普通高校总共配备辅导员3600多人，其中一线专职辅导员师生比近1∶200，即已接近国家要求的辅导员师生比例的标准；党员比例占80%；拥有硕士及以上学历（学位）的接近一半。

（四）作为思想政治教育主渠道的"两课"教学情况分析

在广西壮族自治区的高校中，马克思主义理论课和思想政治工作教育课都是大班教学，往往是一个学院集体上课，这就导致了很多学生趁机逃课，即便是在考勤严格的课堂，虽然能够保证出勤率，但是教学质量却很难保证，主要的原因有以下几点。首先，大班化教学由于人数众多，教师对学生进行考勤有困难，不仅工作量大，占时也多。其次，大班化教学教师很难在课堂中监督学生，导致学生听课质量不高。再次，在学生的意识中，总是认为"两课"是所有课程中最不重要的课程，在思想意识上没有重视课堂中教师传达的内容。此外，在教学的过程中，由于教学方式单一，教学内容没有联系实际，导致学生总是被动地去接受，没有任何自主性，思想政治教育变成单向的灌输过程。

### 三、广西壮族自治区高校思想政治工作机制目前存在的问题

（一）广西壮族自治区高校思想政治工作部门的设置不够完备

首先，不同类型的高校的思想政治工作机制情况不一，从前面的现状分析我们可以看出来，普通本科与独立院校思想政治工作相关机构的设置更为齐全，而高职、高专与成人教育的高校则不够注重思想政治工作机构的建设。其次，在广西全区中，高校思想政治工作部的设置总体不乐观，质量参差不齐。最后，广西壮族自治区各高校思想政治工作部门设置杂乱无章，没有统一的规范。

广西壮族自治区高校思想政治工作机制的组织机构大相径庭，一般来说民办高校机构高度精简，在教学方面的业务部门数量较多，但是在党政方面工作的干部数量十分有限，有的民办学校还没有建立起来完整的适合本校特殊性的组织部门，广西壮族自治区民办高校思想政治教育组织机构党团组织在教育、团结、联系学生方面无法成为开展高校思想政治教育的中流砥柱。而广西的公办高校在组织机构这一部分则更为合理，一般来说广西壮族自治区的公办高校机构齐全，无论是在教学业务部门数量还是在党政干部数量方面都较为合理。

（二）领导机制的科学性与规范性有待进一步完善

"16号文件"指出："所谓高校思想政治教育的领导体制和工作机制，就是

把思想政治工作纳入高校教育教学管理之中，形成一个有机体，师生是思想政治工作这个有机体的主体，党政工作团占有一定的位置，负有一定的职责，以形成一个目标明确、关系协调、职责共尽、重任共担、齐抓共管、有机联系的工作格局和网络。"而从前文可以知道，广西壮族自治区各高校思想政治工作机构从属党群部门的有5所，从属行政部门的有3所，从属教学部门的共有59所，仅占广西壮族自治区高校的77.6%。其中设立有二级学院的仅有11所，占广西壮族自治区高校的14.5%，且这11所高校均为一本、二本的院校。由此可以看出，在广西壮族自治区高校思想政治工作的领导机制中，符合"16号文件"规定的高校仅为总数的77.6%。

（三）辅导员及教师队伍人员配备及专业素质亟待提高

由上文可以分析出，广西壮族自治区各高校辅导员总体职业素质不够高，辅导员中硕士及以上学历仅占全部辅导员总数的50%，且多数缺乏经验。从总体上看，广西壮族自治区高校的辅导员队伍还在一定程度上存在人员配备不足、结构不够合理、素质有待提高、队伍稳定性不强等问题。现阶段广西壮族自治区各高校存在着辅导员工作职责不清、思想与专业素质不高、辅导员配备不合规范等诸多问题，导致高校生的思想政治教育跟不上新形势。

由于广西地属贫困山区，经济发展水平不高，工资水平普遍较低，因此高校辅导员人才较为贫乏，也较难招聘到优秀的辅导员。目前广西壮族自治区大部分民办高校缺乏专职从事学生思想政治工作的教师，公办的学校大部分引进优秀毕业生或者留校生。在全区内高校辅导员素质差距较大，而由于留校生或者应届毕业生均缺乏实际的思想政治工作经验，导致教师队伍不健全，加大了高校思想政治工作的难度，以上原因给思想政治工作带来了队伍建设的困难。

（四）作为思想政治教育主渠道的"两课"教学过于传统

网络信息的多样化给广西壮族自治区高校传统的"两课"工作带来巨大的压力，科学技术的发展、互联网的普及使得高校学生的思想意识形态不再是一元化的了。广大高校的学生不仅能够从书本和课堂中接受正式的思想教育，还会从网络上接触各种各样的思想观念，以致大学生群体之中出现很多"愤青"，网络上传播的腐朽思想对学生的思想观念有着消极的影响作用。

而广西壮族自治区各高校的马克思主义理论课和思想政治工作教育课基本就是靠一位老师、一本教材、一张嘴来完成，跟现阶段学生接触的多样化的影响政治思想的渠道不同步，因此这种传统的授课形式已经不能够满足教学需求，这就需要教学方式和教学渠道的创新。

**四、"三个倡导"对广西壮族自治区高校思想政治工作机制创新的指导**

（一）以"三个倡导"为指导，加强和完善高校思想政治工作组织建设和平台建设

以"三个倡导"中的"自由、平等、公正、法治"为指导，区领导应对各类高校平等重视，公正地分配思想政治教育资源，在依照国家相关规章制度的前提下，适度给予各高校在传达上级精神的形式方面一定的自由度。

1. 针对本科及独立院校的思想政治工作应以巩固和完善为主

鉴于广西壮族自治区本科及独立院校的思想政治工作已经做得较为合理，因此不必进行大刀阔斧的改革，而是以巩固和完善为主，加强各本科及独立院校思想政治工作的反馈与评估工作，各高校内部应定期进行报告与评估。各高校应该多进行思想政治工作的经验交流，由于各高校的发展水平不一，在思想政治工作方面做得不足的高校应该向在思想政治工作方面处于全区优秀水平的广西大学、广西民族大学及广西科技大学等几所高校进行学习，并根据本校的特殊性，创新和完善本校的思想政治工作机制。

2. 针对专科高校应以建设与完善思想政治平台为主

针对上文的现状与问题，很明显广西壮族自治区的专科高校在思想政治工作机制方面急需改革和完善，特别是其中的十几所民办高校，领导应将注意力转移到学生的思想政治方面来，正是由于领导的不重视，才导致很多专科高校依旧没有建立思想政治工作相关部门。因此首先需要专科高校的领导注意学生的思想政治建设，着手建立思想政治工作机制。其次，由于更多的专科高校已经建立了思想政治工作部门，且大部分是以从属于教学部门的社科部、思想政治部、基础部等为基础建立的，各专科高校应该审视自身的思想政治工作部门组成的教师资质是否符合要求，并且对教师进行定期的培训，由于专科高校与民办高校领导机制的特殊性，还应该加强党委对思想政治工作的领导。

（二）以"三个倡导"为标准，建立健全思想政治工作领导机制

"16号文件"指出，必须建立党委领导下以校长及行政系统为主实施的思想政治理论课和社会实践教学管理体制。目前广西壮族自治区高校思想政治工作领导机制较为混乱，各个高校的领导机制都不一致，在这种无头无绪的状态下往往导致思想政治工作的懈怠，这就要求现阶段进一步厘清高校思想政治工作的权责关系，积极按照"16号文件"的要求，以党政部门为领导，将高校思想政治工作纳入教学部门中，并且建设以校党委书记为组长，党委副书记和副

校长为副组长的思想政治领导小组。

（三）完整配齐队伍，建立健全高校思想政治工作队伍机制

我国《普通高等学校辅导员队伍建设规定》要求高等学校总体上要按师生比不低于1∶200的比例设置本科生、专科生一线专职辅导员岗位。按照规定配备专职年级辅导员、院系辅导员，相应的思想政治工作人员还有每个班的班主任。按照《关于加强和改进新形势下高校思想政治工作的意见》的要求，要按照师生比不低于1∶350的比例配置专职思想政治课教师。正所谓"正确的路线确定后，干部就是决定性的因素"。这就要求加强广西高校思想政治工作队伍建设，在辅导员的选择方面应该注意其专业能力与思想品质，各高校在考虑到实际需要的时候可以招聘专职与兼职辅导员。另外，在招聘时要引入人才竞争机制，选拔出的学生思想政治工作人员需有一定组织管理能力，且通过国家心理咨询师三级或二级考试的竞选者优先考虑，以此来提升干部队伍的整体专业素质，也使思想政治工作者保持应有的工作热情。

（四）利用新媒体平台，丰富教学方式方法，改进思想政治教育机制

新形势下各高校已经开始利用微博、微信等新媒体平台进行思想政治教育和交流。首先在"两课"的课堂中，可以通过利用新的形式，使思想政治理论课教学从"一支笔，一张嘴，一本书"转变成学生感兴趣的"入课堂、入脑、入心"。借鉴广西各高校较为成功的案例，可以进行改造以适应本校的特殊性，让传统的"两课"变得更加生动，从单向的输入变成双向的交流，从被动的接受变成主动的索取，从传统型变成现代型，把握时代特征。其次，在社会实践部分，可以大胆地尝试，设计与众不同的活动，吸引学生主动参与进来，如以与高校思想政治相关话题为主题的辩论赛、"三下乡"活动、设计大赛、演讲赛、情景剧、微电影等，以学生党员带头，学生群众参与的形式，使学生参与范围尽可能广，这样不仅可以切入现代社会的热点问题，更可以让当代大学生与"三个倡导"的核心价值观更加贴近。

## 第三节 福建省高校思想政治工作机制创新

### 一、引言

"三个倡导"的提出不仅具有引领社会思潮的先进意义，更为全国高校开展思想政治教育工作提供了一个新的研究指向。本研究在"三个倡导"视域下，

对福建省高校现阶段思想政治工作的开展平台和开展方式进行了调查，了解福建省高校思想政治工作机制的现状、成就与不足，然后提出了针对福建省高校思想政治工作的三个机制创新：一是良好的保障机制，二是多渠道的运作机制，三是恰当的激励机制。

所谓"三个倡导"，指"倡导富强、民主、文明、和谐，倡导自由、平等、公正、法治，倡导爱国、敬业、诚信、友善，积极培育和践行社会主义核心价值观"。这从国家、社会与公民三个层面上诠释了社会主义核心价值观的深刻内涵，并为社会主义核心价值体系的建设提供了新部署。高校进行"三个倡导"下的思想政治教育工作将在师生两个层面上推动国内高校思想政治教育工作的进展，既让人民教师更加明确爱国教育的重要意义，也使学生自觉将思想政治学习提升到一个新的高度。高校思想政治工作的顺利开展将有利于"三个倡导"理念的深入贯彻，以推动实现伟大复兴的中国梦。

**二、福建省高校思想政治工作开展平台现状**

根据福建省教育厅公布的高校名录查询可得，福建省共有本科高校26所，高职、高专32所，民办高职22所，独立学院9所，合计89所。根据这89所高校官方网站信息可得（除个别缺少公开信息外），福建省高校思想政治工作管理单位主要可分为两类：一类是设有独立院部或系别的高校，另一类是无独立院部或系别的高校。第一类高校的思想政治工作主要依托马克思主义学院、思想政治理论课教研部（或称思想政治部）、公共教学部（或称公共基础部）、通识教育学院等来开展。第二类高校的思想政治工作主要依托团委、学工处、党政建设等平台来开展。

以福建省教育厅公布的数据为依据，按照本科高校、高职高专、民办高职、普通本科高校独立学院这四类标准，收集福建省高校思想政治工作平台情况得到表9-6和表9-7。

从表9-6可看出，在福建26所本科高校中，设有独立院部的高校有23所，占总数的88.46%；无独立院部高校有3所，占总数的11.54%。高职、高专类高校有32所，其中设有独立院部的高校有27所，占总数的84.38%；无独立院部高校有5所，占总数的15.62%。民办高职有22所，获得有效数据20个，其中设有独立院部的高校有15所，占总数的68.18%；无独立院部的高校有5所，占总数的22.73%。独立学院9所，获得有效数据8个，其中明确设有独立系别的有5个，占总数的55.56%；没有设置独立系别的学校有3个，占总数的33.33%。

表 9-6 福建省本科类高校思想政治工作开展平台

| 学校名称 | 有无独立院部 | 管理单位名称 |
| --- | --- | --- |
| 厦门大学 | 有 | 马克思主义学院 |
| 福州大学 | 有 | |
| 福建师范大学 | 有 | |
| 闽南师范大学 | 有 | |
| 福建农林大学 | 有 | |
| 宁德师范学院 | 有 | 思想政治课理论课教研部 |
| 福建警察学院 | 有 | |
| 武夷学院 | 有 | |
| 福建师范大学福清分校 | 有 | |
| 集美大学 | 有 | |
| 仰恩大学（民） | 有 | |
| 莆田学院 | 有 | |
| 厦门理工学院 | 有 | |
| 三明学院 | 有 | |
| 福建江夏学院 | 有 | |
| 泉州师范大学 | 有 | |
| 龙岩学院 | 有 | |
| 闽江学院 | 有 | |
| 福建中医药大学 | 有 | |
| 福建医科大学 | 无 | （思想政治理论课教学研究部） |
| 福州外语外贸学院（民） | 有 | 公共教学部马列教研室 |
| 福建工程学院 | 有 | 马列主义理论教研部 |
| 福建教育学院 | 有 | 马克思主义研修部 |
| 闽南理工学院（民） | 无 | |
| 福建广播电视大学 | 无 | |

福建省各类高校思想政治工作开展平台情况如表 9-7。

表 9-7 福建省高校思想政治工作开展平台情况 （单位:%）

| | 有独立院部 | 无独立院部 | 缺少公开信息 |
| --- | --- | --- | --- |
| 本科高校 | 88.46 | 11.54 | 0.00 |
| 高职高专 | 84.38 | 15.62 | 0.00 |
| 民办高职 | 68.18 | 22.73 | 9.09 |
| 独立学院 | 55.56 | 33.33 | 11.11 |
| 平均 | 74.15 | 20.81 | 5.05 |

由以上数据可以看出，福建各高校大多设有专门的独立院部或系别，以作为开展学生思想政治教育工作的平台，但也有五分之一的高校没有设置独立校

管单位，尤其是民办高职和普通本科高校的独立学院的情况相对比较严重，有三分之一学校没有设置独立教学单位，有待进一步完善。由此，可以看出福建省高校思想政治工作在平台搭建上还存在一定的不足。

**三、福建省高校思想政治工作开展方式现状**

福建省高校思想政治工作在纵向上包括两个层面：一方面是省级教育厅的制度保障，另一方面是省内高校的配合与进取。在横向上，各个高校采取把课堂教育与学术活动等多形式结合的策略，以期高效、全面地完成"三个倡导"指导下的高校思想政治文化教育活动。

近几年来，福建省教育主管部门出台了《关于进一步提高高校思想政治理论课教学质量的意见》等多个推进高校思想政治工作的文件，实施了思想政治教育课教学方法改革"择优推广"计划，推出福州大学"舞台课堂"、福建师范大学"对话式教学"等数十项省级课改示范项目，举办高校思想政治理论课教研创新论坛，启动高校思想政治教育课教研"结对带教"计划，大力扶持本省高校思想政治教育工作。

在课程设置上，福建省高校基本按照国家有关规定开设了思想政治教育所有课程，各高校开办各类思想政治教育教学学术交流活动，开展网络直播讲思想政治的活动，初步形成了福建省高校独具特色的思想政治教育工作活动，如表9-8。

表9-8　福建省部分高校思想政治教育特色活动

| 序号 | 活动名称 | 参与高校 |
| --- | --- | --- |
| 1 | 高校思想政治教育课教研"结对带教"计划 | 福州大学、福建商业高等专科学校、福州英华职业学院等14所帮扶高校与44所受援高校 |
| 2 | "上好一堂课"思想政治教育课网络直播活动 | 福建农林大学、福建中医药大学、闽江学院 |
| 3 | 高校思想政治理论课教学质量提升工程 | 省内各高校 |
| 4 | 全省高校思想政治理论课"精彩教案""精彩案例""精彩一课"活动 | 省内各高校 |
| 5 | 高校思想政治教育课教师教学比赛（福州赛区） | 福州大学、福建师范大学等18所高校 |

续表

| 序号 | 活动名称 | 参与高校 |
|---|---|---|
| 6 | 《思想政治教育课对话式教学法探索与实践》"择优推广计划" | 福建师范大学 |
| 7 | "马克思主义论坛"系列讲座 | 华侨大学 |
| 8 | "当代世界与中国"系列课程 | 华侨大学 |
| 9 | "行知"读书会 | 厦门大学 |

**四、福建省高校思想政治工作机制的创新**

尽管福建省的思想政治教育工作取得了一定成就，但是一些学者还提出在领导机制和长效管理机制等方面的意见依旧不容忽视，这些对促进高校思想政治建设也有很大的帮助。就这两点而言：其一，在建立党委领导下的以校长与行政系统为实施的领导机制方面，福建省高校的分工还有待进一步明确和落实，并做到系统化；其二，在落实持续发展的原则方面，应一方面整合社会资源，一方面建立起学校与学生家庭之间的互动，保证长效管理机制的运行。

关于高校思想政治工作的创新工作，不同的学者提出了不同层面的创新，大致包括观念、内容、机制、方式等方面。这里我们以机制创新为着眼点。所谓机制，指的就是在一个系统内部各个要素之间组成的相互制约、相互促进的结构关系。因此这个系统能否保持一个健康、有序的发展趋势，取决于各要素之间是否能够相互协调、相互保障。机制又包括保障机制、运作机制、激励机制等。在此基础上，对福建省高校思想政治工作的机制创新方面提出以下策略。

**（一）完善全方位的保障机制，确保"三个倡导"融入思想政治工作中**

高校的思想政治工作是各个高校党政工作的核心与关键，而良好的保障机制又是高校思想政治工作开展的基础与关键。福建省教育厅为全省高校思想政治工作的开展提供了充足的制度保障。出台的相关意见和方案有《福建省高校思想政治理论课教学质量提升工程实施方案（2014—2016年）》《关于进一步提高高校思想政治理论课教学质量的意见》等。"福建省委教育工委着力推动高校思想政治教育课教学方法改革，不断提升思想政治教育课吸引力和感染力，增强思想政治教育课的实用性、趣味性，让思想政治教育课程与学生思想'同频共振'。"福建省委教育工委通过"抓平台促管理提升,提供思想政治教育课教学时效性","抓创新促模式改革,探索思想政治教育课教改新途径","抓实践促学用结合,增强思想政治教育课说服力吸引力"的方式进行课程改革,促进全省思想政治教育课教育方法的改革。

福建省的良好政策还包括省教育厅对多个思想政治教育活动的大力扶持与宣传。漳州市高校思想政治理论课教学协作中心的成立,高校思想政治教育课教研"结对带教"计划的推行,高校思想政治理论课教学质量的提升工程等多项省内多所高校共行的活动都离不开省教育厅的支持与帮助。福建省教育厅这只背后强有力的大手为福建省高校思想政治工作的开展提供了优越的条件,是福建省思想政治工作取得诸多成就的强有力保证。

(二)采取多渠道的运作机制,确保思想政治工作的时效性

开设"近代史纲要""思想道德修养与法律基础""马克思主义基本原理概论""毛泽东思想和中国特色社会主义理论体系概论",这四门基础课程是建设高校思想政治工作的重中之重,要强化思想政治课在思想政治教育中的主导地位。与此同时,形式多样的特色活动是福建省高校思想政治工作的一大特色与创新。表9-8中列举的多种形式的活动,以先优作为模范带头的榜样,加之省教育厅的大力扶持,这对促进全省思想政治教育工作的开展有着莫大的推动作用。除此之外,学术科研活动的举办对于加强学术氛围,强化思想建设也是十分重要的。因此,特色的学术活动是思想政治建设不可或缺的助力。华侨大学马克思主义学院围绕"马克思主义理论"学科发展中的理论与实践问题,开展"马克思主义论坛"系列学术讲座。其中设置了"消费与阶级批判:马克思与饱满的消费观比较""生态社会主义何以可能"等主题。华侨大学还开设了"当代世界与中国"系列课程。福州大学开展的系列学术沙龙活动,至今已开展13期;开展的"微论坛"活动,至今已开展2期。福建师范大学马克思主义学院也陆续开展"学术讲座"活动,不仅邀请校内教授进行讲座,更注重学术交流,邀请复旦大学知名教授与国外学者进行讲座。这里仅以这三所高校为例,除此之外还有许多特色学术活动(见表9-8),如福建农林大学的"思想者"沙龙活动,厦门大学的"行知"读书会等。

值得一提的是,福建省高校思想政治理论课"结对带教"计划。这是福建省在2014年初正式启动实施的一个教学计划,并得到人民网、中国教育新闻网、《福建日报》等多家媒体报道。该计划组织各区域内的本科高校与高职、专科高校结成"校与校""师与师"的对子,在教学、科研、学术活动等方面相

互支持与帮助。具体活动包括建立交流平台QQ群，进行资源分享；以教研室为单位形成"课程带课程""教师带教师"模式。这个"结对带教"计划通过加强教师间的沟通与交流，不仅能提高教师的思想政治理论课教学水平，更能建立常态联络机制，使双方共同受益。

（三）健全恰当的激励机制，提升思想政治工作的实效性

"高校激励机制，是指为高校教育教学活动提供行为动力的各因素之间的作用方式。"这样的激励，不仅能够对高校的思想政治工作者和高校学生起到鼓励作用，更是"一种具有时代特征的管理方式，对于深化教育改革有重大意义"。恰当的激励机制能使高校的思想政治教育工作达到事半功倍的效果。尽管我国高校的激励机制尚处于初步阶段，但它依旧在福建省高校思想政治工作的开展中得到了运用。

在福建省教育厅官方网页上搜索关键词"高校思想政治工作"，截至2015年2月底获得相关内容772条，一半以上信息是以宣传与表彰全省思想政治工作中的先进模范案例为主，包括对某些高校的特色教学活动的报道，以及对做出突出贡献的教师与学生的表彰等。激励形式以年度人物评选、经典案例学习、经典论文表彰等为主。以表彰泉州师范学院先优活动为例，在福建省教育厅官方网站上发文报道其"推行党员'同伴调解'，加强学生公寓党建"的活动。在省内各高校内部也设有相关激励政策，形式包括聘任激励、薪资鼓励、提供更多发展平台、校内先进事迹报道等。

## 第四节　海南省高校思想政治工作机制创新

### 一、海南省高校思想政治工作发展现状

（一）总体概况

高校思想政治工作长期以来都是高校工作的重点，研究高校思想政治工作机制的创新很有必要。"三个倡导"的提出对高校的思想政治工作机制提出了新的要求。本研究深入分析了"三个倡导"视域下海南省高校思想政治工作机制的现状和突出优势，并提出了以下创新思路：一是充分发挥大学生群体的主人翁意识，开展各种思想政治教育实践活动；二是推进马克思主义学院的建设和完善，厘清各机构的职能，做到职能分类合并，提高思想政治工作的效率；三是利用网络平

台,开展线上思想政治工作;四是充分发挥科研优势,从理论上加强思想政治工作创新机制研究;五是科学、规范和合理地安排思想政治教育课程。

目前学术界对高校思想政治工作机制的定义还未能达成广泛统一,有人认为,所谓高校思想政治工作机制是指在高校思想政治工作系统中各构成要素之间有机联系、相互作用和内在调节的方式和过程。党的十八大对社会主义核心价值观作出了概括,即"三个倡导":"倡导富强、民主、文明、和谐,倡导自由、平等、公正、法治,倡导爱国、敬业、诚信、友善。""三个倡导"的提出明确了目前的新形势,在这种新的形势下对海南省高校思想政治工作机制进行新的研究很有必要。

从教育部2014年更新的数据来看,海南省共有高校18所。其中一本院校一所,即海南大学。二、三本院校5所,分别是:海南医学院、海南师范大学、琼州学院、海口经济学院、三亚学院。大专院校11所,分别是:海南职业技术学院、三亚城市职业学院、海南科技职业学院、三亚航空旅游职业学院、海南经贸职业技术学院、海南政法职业学院、海南万和信息职业技术学院、海南外国语职业学院、海南软件职业技术学院、三亚理工职业学院、海南工商职业学院、海南万和信息职业技术学院。其中海口经济学院和三亚学院是民办的本科院校,三亚城市职业学院、三亚航空旅游职业学院、海南万和信息职业技术学院、海南科技职业学院、三亚理工职业学院、海南工商职业学院是民办的专科院校。见表9-9。

表9-9 海南省高校分布情况 (单位:所)

| 标准 | 按办学层次 | | 按办学性质 | |
| --- | --- | --- | --- | --- |
| 类属 | 本科高校 | 专科高校 | 民办高校 | 国办高校 |
| 数量 | 6 | 12 | 8 | 10 |
| 合计 | 18 | | 18 | |

(二)现阶段海南省高校思想政治工作的积极成果

1. 马克思主义学院建设成就显著

目前,海南18所高校中建立马克思主义学院的有5个,分别是海南大学、海口经济学院、三亚学院、海南师范大学、琼州学院。另外有两所学校设置了承担全院思想政治理论课教学任务的机构,琼台师范高等专科学校设有社会科学部,海南工商职业学院设有思想政治理论课教学部(简称思想政治部)。从查阅到的信息看,海南其他高校没有设置学校直接管理的二级思想政治教育教学单位。在所有的民办院校中，只有三亚学院设有马克思主义学院，海口经济学院设有党委工作部，海南科技职业学院设有思想政治教育部，海南工商职业学院设有思想政治理论课教学部（简称思想政治部）。总体看，有60%以上的学校设置了独立的思想政治教育教学单位，也有近40%的学校没有设置，有待加强。具体情况见表9-10。

表9-10 海南高校思想政治教育教学单位设置分布情况（单位：所，%）

| 名称 | 马克思主义学院 | 人文社科部（思想政治理论课教研部） | 无相关学院设置 |
| --- | --- | --- | --- |
| 数量 | 5 | 6 | 7 |
| 比例 | 27.78% | 33.33% | 38.89% |
| 学校名称 | 海南大学<br>海口经济学院<br>三亚学院<br>海南师范大学<br>琼州学院 | 海南医学院<br>海南工商职业学院<br>海南经贸职业技术学院<br>琼台师范高等专科学校<br>三亚航空旅游职业学院<br>三亚城市职业学院 | 海南万和信息职业技术学院<br>海南政法职业学院<br>海南外国语职业学院<br>海南软件职业技术学院<br>海南职业技术学院<br>三亚理工职业学院<br>海南科技职业学院 |

2. 师资队伍建设取得成效

海南省高校大部分都设有单独的思想政治教学部门（无论是独立的马克思主义学院还是思想政治部），在这些部门中有着较强的师资队伍。高校思想政治工作中的教师队伍包括高校辅导员以及从事思想政治工作的相关教职工等。众所周知，思想政治教育的师资队伍是高校思想政治工作开展的基本保障，如果高校思想政治教育单位有着较强的师资队伍，在某种程度上我们可以说该校思想政治工作有着一定建树，毕竟师资是衡量工作质量的一个重要指标。那么，纵观海南各大高校，除了一些学校没有相应的教学单位设置以外，有独立教学单位的院校都配备了较强的师资队伍。其基本呈现出以下特点。第一，本科院校与专科院校相比师资力量更为强大。例如，海南大学与三亚航空旅游职业学院是两个极端。第二，国办高校与民办高校相比拥有更强的师资力量。这多半与民办高校资金紧张和领导意识有关。第三，高校思想政治师资队伍呈现出量的增长与质的提高。量的增长体现在教师总数上，近些年海南省各大高校负责思想政治教育的教师数量逐渐增加。质的提高体现在职称与学历上，而本科院校和国办院校比专科院校和民办院校增长幅度要大。据最新的数据统计，部分高校的思想政治教育单位教师人数如表9-11所示。

表9-11 海南省部分高校思想政治教育教师队伍情况统计表

（单位：人）

| 学校名称 | 总人数 | 职称 | | | 学历 | | |
|---|---|---|---|---|---|---|---|
| | | 教授 | 副教授 | 讲师、助教 | 博士 | 硕士 | 本科 |
| 海南大学 | 40 | 6 | 17 | 17 | 14 | 26 | 0 |
| 海南师范大学 | 14 | 8 | 6 | 0 | 11 | 3 | 0 |
| 琼州学院 | 45 | 4 | 4 | 37 | 3 | 26 | 16 |
| 海南医学院 | 23 | 4 | 9 | 10 | 4 | 10 | 9 |
| 海南工商职业学院 | 9 | 0 | 0 | 9 | 0 | 7 | 0 |
| 琼台师范高等专科学校 | 16 | 0 | 6 | 10 | 1 | 9 | 6 |
| 三亚航空旅游职业学院 | 4 | 0 | 0 | 4 | 0 | 2 | 2 |

3. 思想政治教育工作开展顺利

无论一所高校是否设有马克思主义学院，该校都会开设思想政治教育的基本课程。调查发现，"中国近现代史纲要""毛泽东思想和中国特色社会主义理论体系概论""马克思主义基本原理概论""形势与政策""思想道德修养和法律基础"是大部分院校都会开设的课程。多数院校的课程教育取得了较好成绩。例如，海南大学思想政治理论课教学团队曾于20世纪90年代在海南省率先开展邓小平理论案例教学，受到学生的普遍欢迎。《新华每日电讯》《海南日报》《中国青年报》等多家媒体先后报道过海南大学的教学改革经验。海南大学思想政治理论课教学团队曾获全国五一劳动奖章；再如，海南师范大学马克思主义学院有"毛泽东思想与中国特色社会主义理论体系"和"马克思主义理论"两个省级教学团队。在省教育工委、省教育厅举办的第一、二、三、四届全省高校思想政治理论课教师教学大赛中多次获奖；在代表海南省参加第一、二届粤桂琼三省（区）及第一届粤桂赣滇琼五省（区）高校青年教师思想政治课教学基本功大赛中获1个一等奖、1个二等奖和3个三等奖的佳绩；在教育部教育管理信息中心主办的全国多媒体课件（高校组）比赛中，该校老师制作的"中国近现代史纲要"课专题"中国人民选择了中国共产党"课件获优秀奖。此外，琼州学院马克思主义学院的思想政治理论课教学团队被评为省普通高校优秀教学团队，"中国近现代史纲要""马克思主义基本原理概论""毛泽东思想和中国特色社会主义理论体系概论"课程被评为校级精品课程。这表明，海南高校的思想政治教育工作开展顺利。

4. 教学方法改革取得一定成绩

进入21世纪以来,海南高校的思想政治课程的教育模式发生了显著的改变。某些高校从以往的单纯的课堂讲授逐步发展为多方式、多渠道授课模式。例如,海南工商职业学院思想政治课部始终坚持在教学实践中积极进行教学方法改革的探索与实践,形成了以师生互动、问题探究、案例教学为主的一套具有特色的课堂教学模式。在此基础上大胆改革和创新实践教学,与"海南省博物馆""李硕勋革命烈士纪念亭""海南省东寨港红树林自然保护区"合作建立了三个校外实践教学基地。海南大学思想政治理论课教学团队开展的邓小平理论案例教学模式也受到了同学们的广泛欢迎。琼台师范高等专科学校社科部成立以来,积极探索思想政治课课程改革和实践教学的开展模式,现正着手建设校内"琼台书院"实践教学基地和校外"母瑞山革命根据地""海南省博物馆""海口市琼山区人民法院"等实践教学基地。教育方式的改革往往能起到关键性作用,海南省高校的思想政治教育改革在一定程度上突破了原有的教育模式,其创新性和趣味性也得到了提升。

5. 科研项目数量与质量都有不同程度的提升

海南省各高校都十分重视思想政治理论的研究工作,许多院校在思想政治理论的科研项目上都有突出的贡献。2007年以来,海南师范大学有关思想政治理论的省部级以上课题新增了百余项,其中国家社科规划项目5项,教育部等部委项目9项;发表CSSCI和中文核心期刊论文150余篇;出版学术专著31部;获省部级科研成果奖10多项。该院积极以海南省中国特色社会主义理论体系研究中心、海南省生态文明研究中心两个省人文社科重点研究基地为平台,成功承办了教育部中国特色社会主义理论体系研究中心、教育部高等学校社会科学发展研究中心召开的"全国高校中国特色社会主义理论体系研究中心"工作交流研讨会;与中国社会科学院经济学研究所联合举办"生态文明·低碳经济·自由贸易"论坛;与全国高校马克思主义理论学科研究会、《思想理论教育导刊》编辑部共同举办了"全国高校马克思主义理论学科研究会"学科论坛;与中国社会科学院马克思主义研究院、《马克思主义研究》杂志社、琼州学院联合举办了"全国马克思主义青年论坛"等高端会议。三亚学院教师近年来在《中国社会科学》等知名学术期刊发表论文近百篇,承担国家社科基金课题2项,教育部人文社会科学规划基金课题1项,省级社科基金课题4项,海南省教育厅规划课题4项,出版专著及教材5部。

#### 6. 突出自身特色的工作模式

目前，海南省各高校的思想政治工作已经形成了自身的特色。有不少创新之处值得全国高校借鉴。三亚学院下设的德育研究院是该校与教育部人文社会科学百所重点研究基地"清华大学高校德育研究中心"联合成立的重要研究机构，它旨在促进高校德育研究接地气、成体系、树标杆，协调民办高校资源，整合民办高校德育功能与作用，推动民办高校德育出实效、出经验，充分发挥民办高校思想政治理论课及其他哲学社会科学课程在"立德树人"中的主阵地、主渠道作用，以实现"培养社会主义合格建设者和可靠接班人"的终极教育目标。另外，学院下设的马克思主义政治哲学研究所和琼学研究中心均为三亚学院一级研究机构。两家研究机构既为马克思主义学院提供学术支持，为课程建设、专业建设及学科建设出力，出色践行三亚学院"以科研促进教学"的教育理念，也致力于服务地方经济、社会与文化发展，为海南国际旅游岛建设出谋划策，并积极参与国内外前沿学术活动，坚持理论创新，争取经过数年积累，推出一批有影响力的标志性学术成果。琼台师范高等专科学校为了凸显办学特色和加强思想政治课实效性建设，加强大学生文化素质教育，正在着手"琼台讲坛"教育载体的建设。在学校党委的高度重视下，社科部结合学校学生的特点和以校内"琼台书院"为主体的爱国主义教育资源的优势，充分开展相关的教材建设和课题研究，现已建成多个相关课题。另外，三亚学院网络思想政治访谈室的建设也成为该校思想政治工作的一大特色。

### （三）思想政治工作依然存在的问题

#### 1. 部分专科院校没有正式的思想政治教育教学单位

这里的思想政治教育教学单位主要是指马克思主义学院。海南省18所高校中，没有马克思主义学院的院校有13所。在这13所院校中，部分学校设有思想政治教研部。但是没有独立教学单位的现象依然存在，各高校承担思想教育的部门也不是十分统一（见表9-12），显得杂乱无章。这些院校没有马克思主义学院的原因有三：一是领导不够重视。部分专科院校的校级领导只注重该校特色专业和优势专业的建设，对思想政治教学工作不予重视，认为思想政治教育工作只是说道理、讲空话，没有实际的用处。二是上级教育部门资金投入欠缺。海南省专科院校有的是省属院校，有的则是市属院校，海南省教育厅和各市教育局对他们下辖的高校由于各种原因未能加大资金的支持力度。然而，高校的资金支持又是其在学科建设中的关键力量。三是学院缺乏长远考虑。某些校领导缺乏大局意识，忽略了思想政治教育工作的重要性，未能意识到思想政治专业的欠缺将成为该高校长远发展的不利因素。

表9-12 海南高校思想政治教学单位设置情况

| 高校 | 思想政治教学单位 |
| --- | --- |
| 海南大学 | 海南大学马克思主义学院 |
| 海口经济学院 | 海口经济学院马克思主义学院 |
| 三亚学院 | 三亚学院马克思主义学院 |
| 海南师范大学 | 海南师范大学马克思主义学院 |
| 琼州学院 | 琼州学院马克思主义学院 |
| 海南医学院 | 海南医学院人文社会科学部 |
| 海南工商职业学院 | 海南工商职业学院思想政治理论课教学部 |
| 海南经贸职业技术学院 | 海南经贸职业技术学院思想政治理论教学部 |
| 琼台师范高等专科学校 | 琼台师范高等专科学校社会科学部 |
| 三亚航空旅游职业学院 | 三亚航空旅游职业学院基础教学部 |
| 三亚城市职业学院 | 三亚城市职业学院思想政治理论教学研究部 |

2. 校园文化建设流于形式

校园文化建设是高校思想政治工作的重要组成部分。高校的校园文化建设应该突出社会主义特色的文化建设优势，坚持我国高等教育的社会主义方向，促进社会主义精神文明建设，培养大学生运用马列主义、毛泽东思想、邓小平理论以及"三个代表"重要思想的基本立场、观点和方法去分析问题、解决问题的能力，帮助大学生树立科学的世界观、人生观、价值观，全面提高大学生的素质，特别是思想政治素质，使其成为中国特色社会主义事业的合格建设者和接班人。但是，海南省高校在校园文化建设方面还有许多不足。一是校园文化建设搞表面文章，形式主义严重。有些人把校园文化建设当作一种时髦，或者说是当作一种摆设，热衷于提口号，修建活动场所，组织文体活动，而对校园文化建设的内容、措施、目标，特别是对如何建设具有本学校特色的校园文化没有去进行认真的思考和研究。二是机构不全，责任不清。有的人认为校园文化建设是政工部门的事，与其他部门毫不相干。因此，在校园文化建设上，职能不清，责任不明，缺乏协调性、主动性和创造性。

3. 多头领导现象依然存在

根据《中国共产党普通高校基层组织工作条例》的规定，按照《中华人民共和国高等教育法》的规定，高校可以根据实际情况，建立和规范内部管理体制。当前我国高校思想政治工作的运行机制主要是高校党委领导,行政(校长)负责,党政工团具体实施的运行机制。海南省目前绝大多数高校(包括国家重点院校、行业院校、省属院校)都采取这种运行机制。但是海南省高校中大部分院校都没有统一的管理体制。导致思想政治工作重点不突出,内容杂乱无章,缺乏系统性。

4. 课程教学存在脱离实际、枯燥无味的情况

"两课"教学内容过于重复和相对滞后,并且针对性不强,从而弱化了其教学效果。"两课"教学内容的重复性表现在:一是和中学政治品德课教学内容有相当一部分重复,二是思想政治理论课程之间内容的重复。据统计,大学思想政治理论课和中学政治课内容存在简单重复。脱离实际主要表现为两个方面:一方面,一些教师的思想政治理论课教学脱离国内外形势,思想政治工作时代性差;另一方面,一些教师的思想政治理论课教学脱离学生的思想、生活实际,思想政治工作与学生关心的热点问题结合不紧,不合层次,光讲大道理,不讲小道理,针对性差。随着我国进入全面建设小康社会,加快推进社会主义现代化的新的发展阶段和社会主义市场经济的逐步完善,在加入世界贸易组织后进一步扩大开放,社会经济成分、组织形式、就业方式、利益关系和分配方式日益呈现多样化,大量新情况、新问题、新现象不断涌现,人们的思想观念、价值观念也呈现多元变化。面对这些复杂情况,大学生思想政治工作显得有心无力、效果不佳。

(四)海南省高校在宣传"三个倡导"工作中的突出优势

1. 高校作为人才的聚集地,对"三个倡导"的宣传有着天然的优势

海南省的高校水平在全国虽说不是处于前列,但也有一大批高校是海南文化强省的支撑。在这些高校内,聚集了一大批专业的教师和学生。学生容易接受新事物,高校作为大学生的聚集地,容易宣传最新的理论。另一方面,大学生对于各种活动的积极性也比较高,在高校内举办大型宣传活动往往能取得很大成功。所以,在高校举办各种活动,开展思想教育,宣传"三个倡导"容易取得良好的效果。

2. 高校是学术的前沿阵地,目前海南省各高校都有自己的学报,而且学报的学术水平正逐步向着高水平学术期刊靠拢

在这种形势下,利用学术阵地,如学报、期刊、报纸等来宣传"三个倡导",在学术界掀起广泛的讨论,必定会提高学生的思想政治素养。如海南师范大学与中国社会科学院经济学研究所联合举办了"生态文明·低碳经济·自由

贸易"论坛；与全国高校马克思主义理论学科研究会、《思想理论教育导刊》编辑部共同举办"全国高校马克思主义理论学科研究会"学科论坛；与中国社会科学院马克思主义研究院、《马克思主义研究》杂志社、琼州学院联合举办"全国马克思主义青年论坛"等高端会议。这些学术探讨对"三个倡导"的宣传是极有益处的。

3. 思想政治教育上，高校思想政治理论课可以作为宣传"三个倡导"的主阵地

海南省无论是国办高校还是民办高校都开设了思想政治理论课程。高校的思想政治理论课程是宣传"三个倡导"精神的主阵地。这样可以让同学们在课堂上就能学到最新、最前沿的理论，提高在校生的思想政治理论水平，使"三个倡导"深入人心。

## 二、"三个倡导"对海南高校思想政治工作的具体指导

高校思想政治教育坚持与教学业务工作相结合，坚持"又红又专"，既注重学生思想道德素质的提高，又注重学生科学文化素质的发展，坚持推进德育与智育的有机统一。在此基础上，创新海南省高校思想政治工作应做到以下几点。

（一）充分发挥大学生群体的主人翁意识，开展各种思想政治教育活动

杜绝形式主义，充分发动大学生群体，开展各种活动，积极宣传"三个倡导"，积极开展思想政治教育，各高校学生工作部门和辅导员队伍应该积极履行其职能。首先，认真贯彻和落实上级领导的精神指示，把各项活动有条不紊地开展起来。其次，还应在"三个倡导"的指引下，自主开展一系列思想政治教育活动，如参观社会主义教学实践基地，举办大型演讲比赛、歌唱晚会，丰富大学生的精神生活，开展"党在我心中"主题团日活动，充分调动大学生的积极性，让其深深感受到思想政治教育的重要性，在"三个倡导"的深刻影响下，意识到自己身上肩负的使命，向着国家和人民靠拢，培养高素质高觉悟的人才。

（二）推进马克思主义学院的建设和完善，厘清各机构的职能，做到职能分类合并，提高思想政治工作的效率

目前，海南省部分高校尤其是某些专科类院校还未设置马克思主义学院。马克思主义学院在宣传各种党和国家的政策方面的先锋领导作用是不容忽视的。从某种意义上说，马克思主义学院对一个高校的思想政治工作十分重要。各院校应以"三个倡导"的提出为契机，积极开展马克思主义学院的建设和完善工作。例如，海口经济学院可以将其党委工作部整合扩展为马克思主义学院，海

南科技职业学院和海南工商学院在条件成熟时应将其思想政治教育部扩改为马克思主义学院，担起思想政治教育和其他各项工作的重担。另外，对于现阶段拥有马克思主义学院的高校，如海南大学、海南师范大学等，应充分发挥其在思想政治工作中的龙头作用。各马克思主义学院应积极宣传党的最新政策，特别要加大对"三个倡导"的宣传力度。除此之外，还应完善教学工作，把校党委的各项指标认真完成。

除了在马克思主义学院建设方面存在着不少问题，海南某些高校中负责思想政治工作的部门还存在着职能不清、相互交叉、多头领导的现象。宣传"三个倡导"，领导机构和主要负责机构是十分重要的。各高校应认真分析各思想政治部门所担负的职责。马克思主义学院、思想政治部、宣传部、学工处应充分明确自己的职能，厘清自身的职能界限，避免在思想政治工作中出现相互扯皮推诿的现象，更要避免"多头领导"的出现。负责学生思想政治工作的部门和负责辅导员教师培训的部门应积极配合校级思想政治部门的工作，校级思想政治部门应做到同类职能机构的合并和职能的重新划分。唯此才能在实际的思想政治工作中提高效率。

（三）利用网络平台，开展线上思想政治工作

观念是创新之本，失去创新的观念，就如无本之木、无源之水。思想观念能否创新，直接决定着思想政治工作能否创新，从这个意义上说，思想观念创新是思想政治工作创新的基础和前提。践行"三个倡导"，高校可以从整体上转变思想，开辟新的平台。在这个网络时代，推进高校的思想政治工作不能忽视网络平台的构建。在充分发挥实体思想政治工作平台作用的基础上，各部门尤其是工会和宣传部门应把部分特色的部门和活动转移至线上，利用互联网传播的高效性、便捷性来开展思想政治工作。三亚学院的网络思想政治访谈室就是一个很好的榜样。每一个高校都有自身思想政治工作的特色，应在线上充分发挥这种特色，借此来体现高校开展思想政治工作的优越性。另外，日常的思想政治工作也应尽量上线，通过在线授课、在线讲座等来宣传"三个倡导"。

（四）充分发挥科研优势，从理论上和学科建设上加强思想政治工作创新机制研究

高校是各项理论的前沿研究基地。高校拥有雄厚的师资力量和大批高素质人才，在学术前沿问题的讨论上有着巨大的优势。在"三个倡导"提出的契机下，各高校应充分利用校内的学术平台，如大学学报、期刊、校内网站等，发

起关于思想政治工作机制创新的学术交流与探讨活动,邀请本校或外校的领域内专家,深刻剖析"三个倡导"的内涵及其对各学院乃至全校思想政治工作的指导意义。在整个海南省高校范围内掀起一场大讨论,并形成海南高校思想政治工作的一大特色,使"三个倡导"的观念深入人心,必要时也可将这种模式向全国推广。

(五)科学、规范、合理地安排思想政治教育课程

目前,海南省各高校的思想政治理论课程存在着课程安排不合理和课时过短等问题,这就要求各高校尤其是大专院校对思想政治课程给予高度重视,积极落实上级领导指示,为思想政治课不完善的专业增添在校生的思想政治课程。在新的形势下,对大学生进行思想政治教育,形式必须多样化,必须生动活泼,必须使受教者在轻松、自然的状态下,愉快地接受教育,要讲求春风化雨、潜移默化,力戒空谈说教和简单粗暴,在工作方式上注意不断创新,由显性教育向显隐结合转变。另外,还应适当加长思想政治教育的课时,确保思想政治教育不打折扣不缩水。最后,还应在课程方式上做出创新。要紧跟时代步伐,加强高科技教学手段在课程讲授过程中的应用,要把理论传授和课后实践相结合。可以定期组织学生参观红色革命基地,开展各种形式的以"三个倡导"为主题的课外综合实践活动。以多姿多彩的授课形式提高在校生的思想政治理论水平。

## 本章小结

本章分为四节,分别对广东、广西、福建、海南四省(自治区)高校思想政治教育工作机制的现状与发展进行了论述。

广东省高校思想政治工作以"三个倡导"为指导,取得了长足的进步,但是广度和深度仍待提高。广东省各高校必须主动按照社会主义核心价值观的新要求,对思想政治工作机制进行创新和发展:全面统筹,建立完善育人机制;鼓励辅导员参与思想政治课教学,建立健全协同教育机制;规范管理,充实队伍,提高教学满意度,建立健全教师队伍机制;加强实践教学,创新思想政治理论课建设的保障机制。

广西壮族自治区高校思想政治工作在部门设置、领导机制、队伍建设、教育教学方法等多方面有待提升。今后,各高校要以"三个倡导"为指导,

加强和完善高校思想政治工作组织建设和平台建设；要以"三个倡导"为标准，建立健全思想政治工作领导机制；要完整配齐队伍，建立健全高校思想政治工作队伍机制；要利用新媒体平台，丰富教学方式方法，改进思想政治教育机制。

福建省高校思想政治工作注重制度保障，各高校采取课堂教育与学术活动相结合等策略，有效推进了高校思想政治教育活动。但需要从以下几方面加强：一是完善全方位的保障机制，确保"三个倡导"融入思想政治工作中；二是采取多渠道的运作机制，确保思想政治工作的时效性；三是健全恰当的激励机制，提升思想政治工作的实效性。

海南省高校不论是在思想政治工作的队伍建设和教育教学改革上，还是在组织领导、机构设置和平台建设上，都有突出成绩。创新海南省高校思想政治工作机制，还需要充分激发大学生群体的主人翁意识，开展各种思想政治教育活动；还需要推进马克思主义学院的建设和完善，厘清各机构的职能，做到职能分类合并，提高思想政治工作的效率；还需要充分发挥科研优势，从理论上和学科建设上加强思想政治工作创新机制研究。

**【参考文献】**

[1] 宋静. 网络交友与人际信任问题研究 [D]. 临汾：山西师范大学，2014.

[2] 曾学龙，高岳仑，黄礼彬. 扎实干事 锐意创新——广东高校思想政治理论课建设与改革的特点、经验及启示 [J]. 思想理论教育导刊，2010 (10)：4-8.

[3] 张社强. 广东高校思政教师工作满意度调查 [J]. 教育与职业，2009 (31)：48-49.

[4] 贺伟，郝纪超，顾欣. 如何在高校学生中践行社会主义核心价值观 [J]. 中小企业管理与科技（上旬刊），2015 (3)：187-188.

[5] 王芳. 高校思想政治教育机制创新的意义 [J]. 现代经济信息，2014 (10)：428，431.

[6] 周永军. 构建高校思想政治工作新机制的研究 [D]. 太原：山西财经大学，2008.

[7] 曹召胜. 高校辅导员参与思想政治课实践教学的制度保障 [J]. 大学教育，2015 (03)：5-7.

[8] 巩鹏. 新农村建设视角下的农村思想政治教育研究 [D]. 西安：陕西

科技大学，2014.

[9] 中共中央国务院发出《关于进一步加强和改进大学生思想政治教育的意见》[J]. 中国高等教育，2004（20）：5-7.

[10] 骆郁廷，储著斌. 大学生日常思想政治教育的力量整合 [J]. 学校党建与思想教育，2010（28）：8-12.

[11] 李梁. "慕课"与思想政治理论课教学模式创新 [J]. 思想理论教育，2014（1）：65-69.

[12] 梁军. 广西民办高校办学改革的构想 [J]. 教育教学论坛，2014（23）：38-40.

[13] 广西教育厅. 关于进一步加强全区高等学校辅导员、班主任队伍建设的意见 [EB/OL]. 广西电力职业技术学院，2018-06-12.

[14] 普通高等学校辅导员队伍建设规定 [J]. 中华人民共和国国务院公报，2007（22）：8-10.

[15] 周波，罗萍. 广西高校思想政治理论课课程教学实效性提升的思考 [J]. 高教论坛，2013（6）：22-25.

[16] 郭玉芝. 高校思想政治工作创新研究 [D]. 北京：北京交通大学，2010.

[17] 福州教育网.

[18] 中国教育新闻网.

[19] 李秀良，苏双平，段兴华. 高校思想政治工作机制创新的几点思考 [J]. 内蒙古农业大学学报（社会科学版），2004（03）：139-141.

[20] 朱德友. 高校激励机制建设研究论纲 [J]. 湖北社会科学，2009（11）：169-171.

[21] 章黛丽. 高校激励机制的构建 [J]. 天津商学院学报，1994（3）：67-71.

[22] 陶建宁. 论高校思想政治工作机制的创新 [J]. 中国科教创新导刊，2008（7）：110-111.

[23] 周永军. 构建高校思想政治工作新机制的研究 [D]. 太原：山西财经大学，2008.

[24] 张耀灿，曹清燕. 新中国成立60年来高校思想政治教育的基本经验 [J]. 思想理论教育导刊，2009（8）：70-76.

[25] 张俊华. 当前高校思想政治教育工作面临的挑战与对策 [J]. 山东省青年管理干部学院学报，2007（4）：73-74.

[26] 乔蔚虹，刘志斌. 互联网对高校思想政治工作的影响及对策 [J]. 江苏高教，2005 (2)：64-66.

[27] 王德勋. 高校思想政治教育工作创新研究 [J]. 黑龙江高教研究，2007 (12)：145-147.

[28] 聂沉香. 高校思想政治工作互动机制运作模式探讨 [J]. 探索，2009 (1)：126-128